개와 고양이의 윤리학
길들여진 동물을 위한 철학

길들여진 동물을 위한 철학

개와  고양이의 윤리학

최훈 지음

사월의책

개와 고양이의 윤리학
길들여진 동물을 위한 철학

1판 1쇄 발행 2025년 4월 30일

지은이 최훈
펴낸이 안희곤
펴낸곳 사월의책

편집 박동수
디자인 김현진

등록번호 2009년 8월 20일 제2012-118호
주소 경기도 고양시 일산서구 중앙로 1388 동관 B113호
전화 031)912-9491 | **팩스** 031)913-9491
이메일 aprilbooks@aprilbooks.net
홈페이지 www.aprilbooks.net
블로그 blog.naver.com/aprilbooks

ISBN 979-11-92092-49-2 93190

* 이 저서는 2020년 대한민국 교육부와 한국연구재단의 지원을 받아 수행된 연구임
 (NRF-2020S1A6A4046500)
* 책값은 뒤표지에 있습니다.

차례

1장 머리말: 새로운 윤리적 성찰의 대상   9

I부 애완동물을 태어나게 해도 되는가?

2장 애완동물: 장난감인가, 피보호자인가?   29
1. 머리말   29
2. 장난감 모형   32
3. 피보호자 모형   35

3장 애완동물: 의존적이면서 취약한 존재   41
1. 치명적인 귀여움   41
2. 의존성과 취약성   45
3. 의존적이고 취약한 애완동물을 책임져야 하는가?   54
4. 애완동물을 태어나게 하지 않는 것이 옳은가?   60

4장 애완동물: 반려자 또는 동무인가?   71
1. 반려 모형   71
2. 애정과 지배   83
3. 맺음말: 의존성을 탈피한 애완동물   89

II부 고양이의 시각에서 애완동물 바라보기

5장 경계 동물의 윤리: 도둑고양이인가, 길고양이인가?   97
1. 머리말   97
2. 경계 동물의 윤리의 필요성   101
3. 경계 고양이의 정체성   106
4. 경계 고양이의 해악   111
5. 캣맘과 포식의 윤리   119
6. 또 하나의 종 차별주의   126
7. 맺음말   140

6장 애완동물의 행복: 가두어 기르기 vs 놓아기르기   143
   1. 머리말   143
   2. 놓아길러야 행복하다   147
   3. 동물 판 경험 기계   151
   4. 애완동물의 진정한 행복   158
   5. 맺음말   166

7장 애완동물에게 시민권을?   169
   1. 머리말   169
   2. 확장된 동물권 이론   172
   3. 동물권을 넘어 시민권으로   177
   4. '의존적 행위자'의 정체   182
   5. 동물의 기본적 사회화   192
   6. 맺음말   196

Ⅲ부 개의 시각에서 애완동물 바라보기

8장 존재의 위태로움: 선택적 교배는 윤리적인가?   201
   1. 머리말   201
   2. 고착된 숨겨진 결함   206
   3. 비동일성 문제   213
   4. 비동일성 문제의 세 가지 숨은 전제들   221
   5. 첫 번째 해결책: 절대적으로 나쁜 삶   225
   6. 두 번째 해결책: 넓은 의미의 정체성   233
   7. 맺음말   242

9장 동물은 물건이 아니다: 그 철학적 의미　　　　247
　1. 머리말　　　　247
　2. 동물의 도덕적 지위와 법적 지위　　　　250
　3. 동물이 물건일 때의 도덕적 정신 분열　　　　258
　4. 동물이 물건이 아니라는 의미　　　　266
　5. 맺음말　　　　277

10장 개는 인간의 친구인가?: 동물의 존엄성과 개 식용 문제　　　　283
　1. 머리말　　　　283
　2. 다른 소수 민족 관행과의 비교　　　　288
　3. 인간의 존엄성과 동물의 존엄성　　　　295
　4. 친구는 먹어서는 안 되는가?　　　　301
　5. 맺음말　　　　316

11장 다문화주의와 개 식용 문제　　　　321
　1. 머리말　　　　321
　2. 다문화주의와 보편적 가치　　　　324
　3. 동물 정치학　　　　327
　4. 권리의 도구화　　　　333
　5. 또 하나의 종 차별주의　　　　339
　6. 맺음말　　　　345

12장 맺음말: 길들임과 책임　　　　349

주　　　　354
참고문헌　　　　389
찾아보기　　　　402

1장
머리말: 새로운 윤리적 성찰의 대상

동물 윤리학 연구에서 가장 많이 논의되는 연구 주제는 육식과 동물 실험이다. 애완동물을 주제로 하는 윤리 연구는 걸음마 수준의 논의만 있을 뿐이다. (시작부터 '반려동물'이 아닌 '애완동물'이라는 용어가 나와 거부감이 있으리라 생각되는데, 15쪽에서 그 이유가 언급되고 4장에서는 주제적으로 다룬다.) 동물 윤리학을 대표하는 두 저서로 흔히 꼽히는 싱어의 『동물 해방』과 레건의 『동물권 옹호』에서도 애완동물과 관련된 언급은 거의 찾아보기 힘들다. 『동물 해방』은 "이 책은 애완동물에 대해 쓴 책이 아니다. 이 책은 동물에 대한 사랑이 단순히 고양이를 어루만져 준다거나, 정원의 새들에게 모이를 주는 것이라고 생각하는 사람들이 마음 편히 읽으라고 쓴 것이 아니다."라고 말한다. 애완동물은 도덕적 고려가 아니라 애호의 대상인데, "동물의 조건을 개선하기 위해 노력하는 사람들은 동물을 애호해야 한다."라고 가정할 필요가 없다는 것이 싱어의 생각이기 때문이다.[1] 한편 『동물권 옹호』에서 애완동물은

"유기되고 원치 않은 건강한 애완동물"의 안락사를 언급하면서 한 번 거론될 뿐이다.[2] 그 외 저명한 동물 윤리학자 중 애완동물을 주제로 길게 논의한 이는 롤린 정도이다. 그가 쓴 『동물권과 인간의 도덕』[3]의 5개 장 중 한 장의 제목은 '도덕과 애완동물'이다.

 동물 윤리학 연구의 주된 주제인 육식과 동물 실험이 그 대상으로 하는 동물은 각각 농장 동물과 실험동물이다. 그러나 애완동물은 이 농장 동물이나 실험동물보다 오히려 인간의 눈에 더 자주 띄는 동물이다. 공장식 사육이 널리 퍼진 지금은 농장 동물을 축사 밖에서는 보기 어렵고, 소비자는 고기를 슈퍼에서 포장된 형태로만 접한다. 한편 연구 관계자가 아니고서는 실험동물이 실험의 대상이 되는 현장에 접근할 수 없으며, 우리는 동물 실험의 결과를 약품으로 된 형태로 접하기에 그 과정에서 동물이 이용되고 있다는 사실조차 알지 못한다. 포식(predation)도 동물 윤리학에서 간혹 논의되는 주제이지만, 야생 동물 사이에서 일어나는 포식은 야생의 일일 뿐이다. 살아 있는 동물을 가장 흔하게 접할 수 있는 것은 바로 애완동물이다. 우리나라만 치더라도 애완동물을 기르는 가구 수는 전 인구의 27.7%가 되고[4] 그 인구는 점점 늘어날 것이며, 직접 기르지 않더라도 '살아 있는' 형태로 거리에서 산책하는 애완동물들을 매일 마주친다.

 애완동물을 이렇게 흔하게 보는데도 농장 동물이나 실험동물에 견줘 애완동물을 대상으로 한 윤리 연구가 많이 이루어지지 않은 까닭은 무엇일까? 그것은 농장 동물이나 실험동물은 열악한 대우를 받지만 애완동물은 그 지나침을 걱정할 정도로 인간으로부터 애정을 받는다고 생각하기 때문일 것이다. 잘 알려져 있다시피 농장 동물은 터무니없이 좁고 불결한 공장식 축사에서 길러지며, 인간에게 고기를 제공하기 위해 자연 상태의 수명보다 훨씬 짧은 생을 마감한다. 실험동물은 각종 병균이 인위적으로 주입되어 고통스러운 삶을 살아야 한다. 동물원이나 서커스도 좁은 우리에 동물을 감금하고 동물의 자연스러운 생태에 맞지 않는 행동을 강요한다. 이런 관행들은 동물에게 고통을 주는 데 비해 애완동물로 동물을 이용하는 것은 동물에게 고통을 주는 것이 전혀 없어 보인다. 애완동물은 인간에게 집 지키기나 사냥하기나 양떼 몰기나 쥐잡기와 같은 일, 그리고 귀여움 따위를 제공한 대가로 먹이가 주어지고 천적의 공격에서 보호받기 때문에 고통은커녕 이득을 얻는다고 생각된다.[5] 애완동물의 소유주는 단지 먹을 것과 잠잘 곳만 제공하는 데 그치는 것이 아니라 가족의 일원으로 대우하며, 그들이 애완동물에게 보여 주는 애정과 관심은 애완동물에게 직접적인 도덕적 지위까지 부여하는 것으로 판단된다. 그런데도 애완동물을 키우는 것은 윤리적으로 그른 일일까?

물론 현재에도 애완동물을 둘러싼 윤리적 논쟁을 주변에서 드물지 않게 볼 수 있다. 애완동물의 윤리라고 생각하면 학대를 생각할 텐데, 사실 그것은 논쟁거리가 되지 않는다. 애완동물은 물론이고 동물을 이유 없이 괴롭히는 학대는 사람을 학대하는 것이나 마찬가지로 윤리적으로 그르다는 것은 논란의 여지가 없기 때문이다.[6] 인터넷 공론장을 자주 달구는 문제들은 다음과 같은 것이다.

- 애완동물에게 입마개를 해야 하는가?
- 사람을 문 애완견은 안락사해야 하는가?

- 길고양이에게 먹이를 주는 것은 옳은가?
- 개를 식용으로 먹는 것은 옳은가?

위 논쟁은 애완동물을 애호하는 쪽과 그렇지 않은 쪽 사이에 벌어진다. 사람이 개에게 공격을 받아 다치거나 심지어 죽게 되는 일이 가끔 발생하기 때문에 외출 시 애완동물에게 목줄은 물론이고 입마개까지 해야 한다거나 사람을 문 애완견은 안락사해야 한다는 여론이 일고, 다른 한편에서는 이것은 심한 규제라는 반대 의견이 제기된다. 그리고 지역 사회에서는 길고양이에게 먹이를 주는 이른바 '캣맘'의 행동을 두고 다툼이 자주 벌어진다. 개 식용 논쟁은 한국 사회에서 오래된 뜨거운 논쟁이다. 애완동물과 농장 동물을 다르게 취급하는 것이 옳으냐, 다문화주의와 동물권 중 어느 쪽을 우선해야 하느냐는 문제부터, 개의 식용을 금지하는 법제화 문제와 식용 개 업자의 생존권 문제까지 얽혀 보신탕 소비가 느는 매년 여름철을 맞아 논쟁이 되풀이되었다. 그러다가 2024년에 개 식용 금지법이 국회에서 통과되어 법적으로는 일단락되었지만, 윤리적 논쟁은 여전히 지속되고 있다.

반면에 애완동물을 애호하는 사람들 사이에서 이루어지는 논쟁도 있다.

- 애완동물 구입과 입양은 엄격한 심사를 거쳐야 하지 않는가?
- 애완동물을 펫 숍에서 구입하는 대신 입양해야 하지 않는가?
- 애완동물 번식 농장(퍼피밀)은 허용 가능한가?
- 애완동물의 인위적인 품종 개량은 옳은가?

- 애완동물을 온종일 혼자 집에 두는 것은 학대인가?
- 애완동물의 중성화 수술은 학대인가?
- 회복할 수 없는 질병에 걸리지 않았는데도 애완동물에 대한 안락사는 허용되는가?
- 길고양이를 포획한 후 중성화 수술을 하거나 안락사를 하는 것은 옳은가?

애완동물 학대와 더불어 자주 거론되는 사회적 문제는 애완동물의 유기이다. 애완동물을 물건 버리듯이 버리는 주된 이유는 애완동물에 대한 책임감이 부족해서일 텐데, 그러다 보니 아기를 입양할 때 엄격한 심사를 거치듯이 애완동물을 구입하거나 입양할 때도 엄격한 심사를 거쳐야 하지 않느냐는 주장이 제기된다. 그리고 독일의 경우처럼 구입을 금지하고 입양만을 허용해야 하지 않느냐는 주장도 나온다. 애완동물을 구입하는 인구가 많다 보니 인위적으로 번식시키는 농장이 생기고, 귀여운 동물만을 찾는 소비자의 구미에 따라 인위적인 품종 개량이 늘어난다. 이는 동물의 자연스러운 번식을 막는 행위인데, 애완동물을 온종일 혼자 집에 두는 것이나 중성화 수술과 마찬가지로 동물의 자연스러운 본성을 막는 것 아니냐는 비판이 제기된다. 한편 2019년 1월에는 한 동물권 단체의 대표가 긴급 구조한 애완견들의 개체 수가 많다는 이유로 안락사를 시킨 사건이 논란이 되었다. 이 대표는 구조한 개들을 보호한다는 명목으로 지원금을 받았는데도 그와 달리 안락사를 시켜 공분을 사고 논란이 되었지만, 투명하게 진행한다면 애완동물의 안락사가 허용 가능한지 진지하게 물을 수 있다. 현재 일정 기간 보호 기간이 지난 유기견을 개체 수 과잉의 이유로 안락사를 할 수 있는데, 이것 자체가 옳은지 물음을 던지는 것이다.[7] 그리고 유기견뿐만 아니라 길고양이의 과잉 때문에 길고양이를 포획하여 중성화 수술을 하거나 안락사를 시켜야 한다는 여론이 있는데(TNR 또는 TE), 특히 안락사를 반대하는 의견이 많다.

이것들은 애완동물과의 교류가 늘어나면서 새롭게 생기게 된 문제들로서, 모두 애완동물의 구체적인 탄생 또는 존재 양상과 관련된 실천적인 윤리적 논쟁이다. 그러나 나는 이보다는 애완동물이 존재하는 것 자체가 윤리적으로 옳은가라는 더 근본적인 질문을 던지려고 한다. 설령 애완동물이 인간의 애정을 받는다고 하더라도 애완동물을 태어나게 하는 것은 윤리적으로 바람직한가 묻는 것이다. 위 질문들은 모두 야생 동물이나 농장 동물에서는 발생하지 않는 문제들이다. (물론 인위적인 품종 개량이나 번식 농장은 농장 동물에서도 발생하는 문제이기는 하지만 앞으로 살펴보겠지만 애완동물의 경우와 그 목적이 다르다.) 이는 동물이 애완화되었기 때문에 생기는 문제들이다. 따라서 애완동물이 존재하는 것 자체가 윤리적으로 옳으냐는 근본적인 질문이 의미가 있고 선행되어야 한다.

이 질문에 부정적으로 대답한다면, 다시 말해서 애완동물이 존재하는 것이 옳지 않다고 대답한다면 그것은 애완동물이 태어나지 않게 해야 한다는 뜻으로, 그것은 이른바 **애완동물 폐기론**에 동조하게 된다. 이 책은 철학적 반성답게 애완동물 폐기론도 한 가지 가능한 대안으로 삼겠지만, 그에 앞서 애완동물을 바라보는 여러 모형을 검토하겠다. 2장에서 4장까지가 그 작업이다. 내가 검토하는 애완동물의 세 가지 모형은 '장난감 모형', '피보호자 모형', '반려 모형'이다. 먼저 2장에서는 장난감 모형과 피보호자 모형을 검토하는데, **장난감 모형**은 애완동물을 재산 또는 물건으로 간주하는 것으로 '장난감'을 뜻하는 '완(玩)'이라는 말에 그것이 잘 드러나 있다. 그러나 애완동물을 기르지 않는 사람들도 애완동물을 한갓 물건으로 생각하지는 않고 애완동물에는 어떤 도덕적 지위가 있다고 생각한다는 점에서 장난감 모형은 유지될 수 없다.

피보호자 모형은 애완동물을 어린아이처럼 돌봄의 대상으로 간주하는 것이다. 피보호자는 보호자에게 전적으로 의존하는 관계이다. 그리고 이 의존적인 관계는 인간의 부모-자식 사이에서도 발견된다. 그러나 나는 3장에서 아이는 부모에게 한정된 시기 동안에 의존하지만 애완동물은 평생 의존한다는 사실을 지적함으로써 피보호자 모형도 실패한다고 주장한다. 애완동물의 근본적인 문제는 유년기의 신체적·행동적 특성을 평생토록 유지하도록 선택되었기에 생기는 **의존성**과 **취약성**으로, 나는 이 특징을 집중적으로 논의하여 그것은 애완동물 폐기론으로 귀결될 수 있다고 주장한다.

그렇다고 내가 애완동물 폐기론을 지지하는 것은 아니다. 4장에서는 애완동물 폐기론을 피해갈 수 있는 대안으로 **반려 모형**을 검토한다. 이 모형은 애완동물을 한갓 소유물도 아니고 단순히 피보호자도 아니고 평생 같이 사는 가족의 구성원으로 생각한다. 그리고 이 모형을 지지하는 사람들은 '애완동물'이라는 말을 '반려동물'이라는 말로 대체해야 한다고 주장한다. 실제로 우리나라의 경우 애완동물의 역사가 오래되었는데도 pet과 companion animal이 여전히 섞여 쓰이는 서구와 달리, '반려동물'이 '애완동물'을 거의 대체해서 쓰이고 있다. 반려 모형이 말하는 반려는 가족 중에서도 구체적으로 배우자이다. 그러나 나는 배우자와 애완동물의 근본적인 차이를 지적함으로써 반려 모형도 실패한다고 주장한다. 그 가장 중요한 차이로 애완동물을 기르는 사람들이 애완동물을 반려자라고 생각하면서 실제로는 반려자에게 할 수 없는 행동을 하는 것을 지적한다. 애완동물을 사고팔거나 '주인'의 목적대로 품종을 '개량'하거나 생활 습관을 바꾸는 것이 그런 사례이다. 나는 이것을 애정이 지배 또는 착취와 구분되지 않는 현상이라고 말한다. 여기서 딜레마가 생긴다. 애완동물을 향한 애정이 강하면 의존성을 강하게 만들고 자율성을 침해한다. 그렇다고 해서 자율성을 존중한다는 것은 애완동물을 방치하거나 야생으로 돌려보낸다는 뜻인데, 그렇게 되면 더는 애완동물이 아니게 된다. 그래서 나는 이 딜레마를 빠져나오기 위해서는 애완동물을 의존적이지 않게 만들고 자율성을 주되, 애완동물인 한에서 자율성을 주어야 한다고 주장한다. 그것은 애완동물의 본성을 존중해 주는 선택이다. 예컨대 애완견의 경우 뛰어다닐 수 있는 넓은 공간과 동료 개들과 어울릴 수 있는 환경을 마련해 주어야 한다.

애완동물의 적절한 모형을 세우는 2장부터 4장까지는 크게 보아 한 장이다. 그래서 다른 장들과 달리 2장의 머리말에서 시작하여 4장의 맺음말로 매조지한다. 그다음에 5~7장은 고양이를 중심으로, 8~11장은 개를 중심으로 애완동물의 윤리적 문제를 검토한다. 당연히 5~7장의 주제가 개와 관련이 없는 것은 아니고 8~11장의 주제가 고양이와 관련이 없는 것은 아니지만, 주된 관심사가 각각 고양이와 개일 뿐이다.

5장은 집에서 키우는 애완동물도 아니고 야생에서 사는 야생 동물도 아니면서 도시에서 인간의 주변에서 사는 '경계 동물'을 다룬다. 경계 동물로 대표적인 동물은 애완동물이었다가 유기된 길고양이이다. 우리 사회에서 길고양이에게 먹을 것과 쉴 곳을 제공하는 이른바 '캣맘'을 둘러싼 논쟁이 치열한 것을 감안할 때 길고양이와 관련된 윤리적 반성은 시급하다. 이 장에서는 길고양이가 끼치는 해악이 구체적으로 어떤 것이 있는지 살펴볼 것인데, 그 해악 중 그동안 관심을 못 받았지만 가장 중요하게 살펴보아야 할 문제로 길고양이가 새를 비롯한 다른 동물을 잡아먹는 문제, 곧 포식의 문제를 다룬다. 그럼으로써 경계 동물로서의 고양이의 개체 수를 조절하는 방법으로 안락사도 윤리적으로 허용될 수 있음을 주장한다. 고양이를 고양이가 포식하는 동물과 다르게 대우하고, 또 다른 유해 동물인 비둘기와도 다르게 대우하는 것은 '또 하나의 종 차별주의'라는 것이 이 장의 결론이다.

  6장 역시 고양이를 대상으로 한다. 앞서 4장에서 애완동물 폐기론을 피하기 위해서는 애완동물의 본성을 존중하는 방향으로 나아가야 한다고 말했는데, 고양이는 배회하고 사냥하는 본성을 가지고 있기에 그 본성을 존중해 주기 위해서는 놓아서 길러야 한다는 주장이 제기된다. 다른 한편으로 고양이를 비롯한 애완동물은 인간에 의해 길들여졌으므로 가두어 지내도 충분히 행복하다는 주장이 있다. 이 장에서는 고양이를 가두어 기르는 것과 놓아기르는 것 중 어느 쪽이 고양이에게 진정한 행복인지 다룬다. 그러기 위해서 애완동물에게 무엇이 진정한 행복인지 주장하는 이론으로 쾌락주의, 완전주의, 선호주의를 검토하고, 이 이론들은 공통으로 고양이는 밖에서 놓아길러야 한다는 결론을 함축함을 보인다. 그러나 고양이를 밖에 내보내는 것은 다른 동물을 잡아먹는 것을 허용한다는 딜레마가 생긴다. 나는 이 딜레마를 해결하는 실용적인 방법을 몇 가지 제시한다.

7장은 애완동물에게 시민권을 부여하자는 도널드슨과 킴리커의 주장을 비판적으로 다룬다. 애완동물이든 야생 동물이든 경계 동물이든 모든 동물은 이유 없이 고통받지 않을 권리와 같은 소극적 권리를 갖는다. 도널드슨과 킴리커는 그것을 넘어서 농장 동물 및 애완동물과 같은 길들여진 동물에게는 시민권을, 야생 동물에게는 자치권을, 경계 동물에게는 거주권(denizen)을 부여한다. 만약 애완동물에게 시민권을 부여한다면 애완동물은 인간과 마찬가지로 기본적인 교육(사회화), 의학적 치료, 정치적 대표 따위와 같은 권리까지 부여받는 체계 내에 들어오게 된다. 애완동물에게 반려동물이라는 이름만 주는 것이 아니라, 실질적인 권리까지 주는 명실상부한 반려 모형이 된다. 도널드슨과 킴리커는 중증 지적 장애인과의 유비를 중요하게 이용한다. 장애인은 자신의 주관적 선을 잘 아는 수탁인을 통해 정치에 참여하는 주체성을 발휘할 수 있는데, 동물도 마찬가지라는 것이다. 나는 이러한 '신뢰 모형'이 장애인에게는 적용되지만 애완동물에게는 적용되지 않음을 주장한다. 이 모형에서 신탁인은 자신의 주관적 선을 잘 아는 수탁인에 의존해서 주체성을 행사하는데, 인간 보호자는 길들여진 동물의 주관적 선을 잘 안다고 말할 수 없기 때문이다. 그들은 신뢰 또는 수탁 관계를 '의존적 행위자'라는 말로 표현하는데, 도대체 '의존적'이면서 주체적인 '행위자'가 될 수 없다는 것이 내 비판의 핵심이다.

애완동물을 비롯한 길들여진 동물은 인간으로부터 길들여지며 이득도 생기지만 반대급부의 해악도 생긴다. 6장은 고양이를 중심으로 그 이득(안정적인 먹이 공급과 천적의 위험 피하기)과 반대급부의 해악(가두어 길러지기)을 비교했다. 8장은 개를 중심으로 이득과 반대급부의 해악을 비교한다. 고양이는 집에서 가두어 기르면서 집 밖에서 놓아기르는 것이 가능하지만 애완견은 그 특성상 돌봄의 상태에서 야생으로 내보내는 것은 유기밖에 없기에 고양이와 달리 놓아기르는 것은 고려하지 않는다. 그 대신에 개는 순종을 찾거나 특정 미적 취향을 원하는 인간에 의해 선택적으로 교배되어 선천적인 질병에 걸리는 것이 큰 해악이다. 우리나라의 개들은 여기에 더해 아파트에서 키울 수 있는 작고 귀여운 개가 선호되어 열악한 환경의 퍼피밀에서 번식되는 해악이 있다. 그런데 애완동물은 그런 해악이 없었으면 아예 태어나지 못했거나 태어났더라도 그 개체와 다른 개체가 태어났을 것이므로 해악을 입지 않았다는 '비동일성 문제'가 제기된다. 나는 그 문제에 숨어 있는 세 가지 전제를 밝혀내어 그것들을 하나씩 비판한다. 비동일성 문제는 더는 문제가 아니고 선택적 교배 또는 인위적 번식은 비윤리적이라는 결론을 내린다.

현재 우리나라 법률은 동물을 물건으로 취급하고 있다. 따라서 타인의 동물을 다치게 하거나 죽였을 때는 재물 손괴죄의 적용을 받거나 시장 가격에 따라 보상을 하면 된다. 그러다가 법무부는 2021년 7월 19일에 민법 제98조의2로 "동물은 물건이 아니다."라는 조항을 신설할 것을 입법 예고하였다. 9장은 이 조항의 철학적 의미를 다룬다. 철학계의 대체적인 견해는 동물은 인간과 같은 도덕적 지위를 갖는다는 것이다. 그런데 도덕적 지위가 같으면 법적 지위도 같아야 하는가? 나는 그 관계를 찾기 위해 유비 논증을 이용한다. 인간의 경우 모든 인간이 평등하게 도덕적 지위를 갖는다는 전제에서 그 법적 지위도 같아야 한다는 결론을 도출하고, 그것이 법률에 반영되어 있다. 그렇다면 마찬가지로 인간과 동물의 도덕적 지위가 같다면 그 법적 지위도 같아야 한다는 결론이 따라 나오는 것이다. 나는 동물을 물건으로 생각하지 않는 우리의 직관과, 실제로는 물건으로 다루는 우리의 관행 사이의 모순을 프랜시온의 용어를 빌려 '도덕적 정신 분열'이라고 부른다. 그리고 이 정신 분열을 치료하기 위해서는 동물에게 법적 지위를 부여해야 한다고 주장한다. 그런데 미성년자나 외국인은 성인이나 내국인과 사람이라는 법적 지위는 같지만 법적 권리는 같지 않다. 마찬가지로 동물이 사람의 법적 지위를 갖는다고 하더라도 법적 권리까지는 같지 않을 것이기에, 동물이 구체적으로 어떤 법적 지위를 가져야 하는지 논의한다. 동물이 물건이 아니라는 조항을 만드는 데 찬성하는 사람들은 대체로 애완동물을 염두에 두지만, 동물에는 애완동물만 있는 것이 아니라 농장 동물이나 실험동물도 있다. 이 조항이 생긴다면 공장식 농장이나 동물 실험처럼 동물을 다루는 현재의 관행은 모두 동물을 물건으로 취급하는 것이므로 금지되어야 한다. 이는 우리 삶에 큰 변화를 가져오는 수준이므로 동물이 물건이 아니라는 조항은 단순히 선언적인 의미가 아니라 그 의미를 심각하게 받아들여야 한다.

  10장과 11장은 개 식용 문제가 주제이다. 앞서 말했듯이 개 식용은 대한민국에서 불법이 되었지만, 지금 다루려는 주제는 철학적 논쟁이다. 2019년에 헌법재판소에서 형법의 낙태죄 조항에 대해 헌법 불합치 결정을 내려 우리나라에서 임신 중절은 더는 불법이 아니지만 임신 중절이 윤리적인지 토론이 가능한 것처럼, 개 식용도 철학적·윤리적 논쟁이 가능하다. 앞에서 애완동물의 반려 모형은 애완동물을 가족

중 반려자로 취급하는 모형이라고 말했다. 그러나 반려 모형은 애완동물을 동무로 보는 견해도 가능하다. 개 식용을 반대하는 가장 큰 근거로는 개는 우리의 친구라는 주장이고, 개 식용을 찬성하는 가장 큰 근거는 다문화주의이다. 이 중 10장은 개는 우리의 친구이므로 개고기를 먹어서는 안 된다는 주장을, 11장은 개고기는 다양한 전통문화 중 하나이므로 먹어도 된다는 주장을 검토한다. 우선 10장에서 개 식용 외에 세계 곳곳에서 동물권 운동과 충돌하는 동물 학대 관행을 소개하는데, 개 식용은 다른 관행들과 달리 개에게 고통을 주려는 것이 근본 목적이 아니기 때문에 개를 고통 없이 죽여 먹는 것이 가능함을 지적하기 위해서이다. 그리고 나서 개를 비롯한 동물을 고통 없이 사육하고 도살하는 것은 윤리적으로 문제가 없는지 고찰한다. 인간이 존엄성이 있다는 것은 고통 없이 죽인다고 하더라도 옳지 않다는 뜻인데, 동물이 존엄성이 있는지 검토하는 것은 동물을 고통 없이 죽여도 되느냐는 질문에 답을 내려 줄 것이다. 개에게 존엄성이 있다는 흔한 논거가 개는 인간의 친구라는 주장인데, 나는 이를 '우정 논증'이라고 부르고 그것을 살펴본다. 그리고 결론으로 개는 인간의 친구가 아니며, 그런 점에서 소나 돼지와 다르지 않다고 주장한다. 먹을 수 없다면 똑같이 먹어서는 안 되고, 먹어도 된다면 똑같이 먹어도 된다는 것인데, 실제로는 특정한 조건이 만족되면 똑같이 먹어도 된다는 주장을 펼친다.

11장은 문화의 다양성을 인정하고 장려하는 '다문화주의'의 하나로서 개 식용 문제를 다룬다. 다문화주의는 개 식용을 비롯한 각 나라의 동물 관련 관행들은 동물 학대가 아니라 각 민족의 다양한 고유문화 차원에서 존중되어야 한다고 주장한다. 동물권 운동과 다문화주의는 양립 불가능한 것일까? 동물권 운동은 인간이든 동물이든 어떤 종에 속하느냐에 상관없이 생명과 고통을 똑같이 고려하자는 주장에 바탕을 두고 있고, 다문화주의는 어떤 문화에 속하느냐에 상관없이 그 문화를 똑같이 존중하자는 주장인데, 통하는 면이 있지 않을까? 이 질문에 대답하려는 것이 이 장의 목표이다. 나는 다문화주의라고 해서 모든 것이 허용되는 것이 아니라 '인간을 향한 존중과 불필요한 해악의 금지'가 보편적 가치로 받아들여진다고 주장한다. 이 가치가 동물에까지 확장되어 쾌락과 고통을 느낄 수 있는 능력인 감응력(sentience)이 있는 존재를 향한 존중과 그들에게 불필요한 해악을 금지하는 것이 또 다른 보편적 가치로 받아들여져야 한다. 그래서 다문화주의와 동물권 운동은 그 옹호 근거가 같은 선상에 있음을 보여 준다. 그러고 나서 인종 차별주의 또는 성차별주의에서 이용되는 차별화 · 열등화 · 경시화가 종 차별주의에서도 이용됨을 보여 주어, 소수 문화의 동물 관행을 비판하는 서구 주류 문화는 동물권을 옹호하려는 의도가 아니라 소수자를 향한 편견을 드러내려는 의도에서 나온다고 주장한다. 비판자들이 공장식 축산과 소수 문화의 동물 관행에 이중 잣대를 사용하는 데서 그런 판단을 한다. 이런 논의를 우리나라의 개고기 반대 운동에도 적용하여 그것은 '또 하나의 종 차별주의'라고 주장한다. 그렇지만 나는 개 식용을 비롯한 소수 문화의 동물 관행은 여전히 도덕적으로 옳지 않다고 생각한다. 다만 공장식 축산과 그것 중 어느 것을 먼저 비판하느냐는 운동의 전략 차원의 문제이다.

마지막으로 맺음말에서는 '길들이다'는 것은 '관계를 맺는다'라는 뜻이라는 『어린 왕자』의 명대사를 인용하며, 그것은 결국 책임을 진다는 뜻이라고 주장한다. 이를 통해 애완동물을 진정으로 책임지는 것이 무엇인지 생각해 보도록 한다.

'길들이다'라는 말이 나온 김에 본문에 들어가기에 앞서 이 책의 주제어인 '길들이다'와 '길들여지다'의 표기에 관해 한마디하고 넘어가겠다. 우리말에서 '길들다'는 자동사이고 '길들이다'는 그것의 사동형인 타동사이다. 그리고 '길들여지다'는 다시 '길들이다'의 피동형이다. 그래서 '길들여지다'를 구태여 쓸 필요 없고 '길들다'를 쓰면 된다는 의견도 있다. 실제로 '아래아 한글' 소프트웨어의 맞춤법 검사기는 '길들여지다'를 '길들다'로 수정 제안한다. 그러나 일단 '길들여지다'는 '잊혀지다'와 같은 이중 피동은 아니기에 바로잡아야 할 잘못된 표현은 아니다.[8] '길들이다'는 어떤 일에 익숙하게 하다는 뜻이므로 어린 왕자와 같은 인간의 경우에 '길들이다'는 관계를 맺고 책임을 지는 주체적인 의미이므로, '길들여지다' 대신에 '길들다'를 쓰자는 제안이 적절한 것 같다. 그러나 애완동물의 입장에서 '길들이다'는 인간에 의해 의도적으로 길들여진 수동적[피동적] 결과이므로 '길들여지다'를 써도 될 것 같다. 동무 관계에서 관계를 맺는 어린 왕자와 여우는 서로 간에 능동적으로 '길들이는' 관계이기는 하지만 수동적으로 '길들여지는' 관계는 아니다. 그러나 그런 관계가 아닌 인간과 애완동물은 주인인 인간이 애완동물을 '길들인' 것이고 애완동물은 주인에게 '길들여진' 것이다. 그것이 '아래아 한글' 소프트웨어에서 작업하는 내내 '길들여지다'에 빨간 밑줄이 그어짐에도 수정하지 않은 이유이고, 이 책을 관통하는 생각이기도 하다.

이 책의 내용에는 이미 발표한 글을 바탕으로 재구성한 곳이 있어 여기에 밝힌다. 2장부터 4장까지는 2019년에 쓴 『동물 윤리 대논쟁』의 10장에서 출발했지만 상당히 많이 덧붙였다. 5장은 2019년에 『도시인문학연구』 12권 2호에 발표한 「도둑고양이인가, 길고양이인가? - 도시의 경계 동물의 윤리」를 토대로 한다. 7장은 2021년에 『윤리학』 10권 2호에 실은 「도널드슨과 킴리커의 동물 시민권론 비판」을 바탕으로 한다. 8장은 2024년에 『환경철학』에 실은 「존재의 위태로움: 기후 위기는 위기인가?」를 바탕으로 하는데, 그 논문에 비동일성 문제의 사례로 선택적 교배를 덧붙인 것이다. 9장과 10장은 강원대학교 환경법 센터의 초청으로 발표한 논문이다. 모두 수정 전 형태가 2022년에 『환경법과 정책』에 실렸는데, 28권의 「동물은 물건이 아니다: 그 철학적 의미」와 30권의 「동물의 존엄성과 개 식용 문제의 철학적 고찰」이 그것이다. 11장은 2019년에 『순천향 인문과학논총』 38권 3호에 실은 「동물권 운동과 다문화주의」를 바탕으로 한다.

6장을 발표할 2019년까지만 해도 놀랍게도 '도둑고양이'가 표준어였고 '길고양이'는 표제어가 아니었다. 그리고 10장과 11장을 발표할 때는 우리나라에서 개 식용이 불법이 아니었다. 현실은 이렇게 빨리 변한다. 그만큼 현실의 문제를 연구 대상으로 삼는 응용 윤리가 의의가 있고 진가를 발휘한다고 생각한다.

철학자는 현장 연구와 가장 거리가 먼 사람이지만, 방금 말한 대로 주제가 주제인지라 외국의 몇 군데 현장을 둘러보았다. 2019년 1월에는 아르헨티나와 칠레 일원의 도시에서 경계 동물화한 유기견을 관찰했는데, 도움말을 주신 아르헨티나의 동물권 단체 Proyecto 4 Patas의 대표 Carolina Martín께 감사드린다. 2024년 5월에는 이탈리아 로마에서 동물학자인 Eugenia Natoli 박사의 안내로 유기견 동물 병원인 ASL Roma 3 Servizio Veterinario와 고양이 보호소인 Associazione per la salute e la tutela degli animali를 방문했다. Natoli 박사께 감사드린다. 2024년에는 강원대학교로부터 귀한 연구년을 얻어 원고를 마무리 지을 수 있었다. 학교와 동료 교수들께 감사의 마음을 전한다. 특히 박용숙 교수에게 여러 법학 자문을 했는데 고마움을 표한다. 물론 서술에서 생기는 오류는 내 책임이다. 『동물을 위한 윤리학』과 『동물 윤리 대논쟁』에 이어 동물 윤리학 연구서를 연이어 사월의책에서 내게 되었다. 기꺼이 허락해 주신 안희곤 사장님과 편집을 맡아 여러 도움말을 주신 박동수 편집장이 없었으면 책이 나올 수 없었을 것이다. 동물 윤리학의 토론과 비판의 자리를 마련해 준 한국환경철학회 회원들에게도 감사드린다. 내가 쓴 다른 책도 마찬가지지만 이 책은 특히 가족의 도움이 컸다. 애완동물을 주제로 한 토론에 응해 주었고, 특히 딸은 외국 답사 때 통역을 맡아 주었다. 감사와 사랑을 전한다.

2025년 4월
최훈

1부
애완동물을 태어나게 해도 되는가?

2장

애완동물:
장난감인가, 피보호자인가?

1. 머리말

1장 머리말에서 이 책은 "애완동물이 존재하는 것 자체가 윤리적으로 옳은가?"라는 질문에서 시작한다고 말했다. 이 질문에 대답하기 위해서는 애완동물이 인간에 의해 또는 자발적으로 **가축화된** (domesticated) 것이 그 동물에게 이득인지 아닌지를 살펴보는 경험적 방식이 필요하기는 하다. 나도 부분적으로 그런 방식을 사용할 것이다. 그러나 거기에 전적으로 의존하는 것에는 한계가 있다. 애완동물의 가축화가 과연 그 동물에게 이득인지 아닌지 판단하기에는 어려운 점이 많기 때문이다. 우리가 그 동물의 처지가 직접 되어 볼 수도 없고, 그 동물이 가축화하지 않았을 때와 비교해서 어느 쪽이 그 동물에게 더 좋은지 반(反)사실적으로 판단하기 어렵기 때문이다. 애완동물은 가축화되면서 안정적인 잠자리와 먹을거리 그리고 천적으로부터의 보호라는 이득을 얻는다. 반면에 노동력을 제공하거나 (이 기능은 거의 없어졌다) 동료와 떨어져 살거나 실내에서 갇혀서 지내거나 뛰거나 사냥하는 본성을 발휘하지 못하거나 특정한 외형이 만들어지는 대가로 선천적으로 장애가 생기는 해악이 생긴다. 그러나 이 이득과 해악 중 어느 쪽이 더 큰지 판단하긴 어렵다. '박쥐가 된다는 것이 어떤 것인지'[1] 알 수 없는 것처럼, 우리가 직접 그 애완동물의 처지가 될 수 없기 때문이다. 예컨대 같은 갯과에 속하면서 길들지 않은 늑대와 비교했을 때 지금의 개가 더 나은 삶을 사는지 못한 삶을 사는지 평가하는 것은 불가능하다. 몇 만 년 전의 늑대에게 현재의 개의 삶을 보여 주면서 야생의 삶을 계속할 것인지 가축화를 선택할 것인지 묻는 사고 실험을 해 본다고 하더라도, 우리는 늑대들이 춥고 배고프지만 자유로운 삶과, 속박되어 있지만 안락한 삶 중 어느 쪽을 선택할지 확정할 수 없다. 동물의 합리적 선택을 위한 '충분한 정보'를 우리는 알지 못할뿐더러 안다고 하더라도 동물에게 그 정보를 줄 수도 없는 노릇이다.

그래서 나는 그런 경험적인 접근보다는 개념적인 접근을 하려고 한다. 애완동물을 설명하는 프루와 워치니안스키의 두 가지 모형[2]을 변형한 세 가지 모형을 제시하고, 각 모형에서 애완동물이 적절한지 살펴보는 방식이 그것이다. 세 가지 모형은 각각 **장난감 모형**, **피보호자 모형**, **반려 모형**이다. 나는 애완동물은 이 세 가지 모형 어디에도 적합하지 않다는 것을 보여 줄 것이다. 이 과정에서 애완동물의 **의존성**과 **취약성**이 핵심적으로 논의될 것이다. 그렇다면 애완동물에 대한 다른 적합한 모형이 있기 전까지는 애완동물을 존재하지 않게 하는 것이 옳다는 결론을 받아들여야 한다. 그것은 **애완동물 폐기론**을 받아들인다는 뜻인데, 이것은 꼭 애완동물을 키우지 않는 사람에게도 지지받기 어렵다. 철학 논증이 대중의 지지 여부가 지지 근거가 되지는 않지만, 나는 애완동물 폐기론이 아니더라도 애완동물의 적합한 모형이 있다고 제시할 것이다. 그것은 애완동물의 의존성과 취약성을 없애거나 줄이는 것으로서, 애완동물이 가지고 있는 본성을 존중하는 방식이다. 애완동물을 의존적이지 않게 만들고 자율성을 주되, 애완동물인 한에서 자율성을 주는 것이다. 그것은 애완동물의 본성을 존중해 주는 선택이다.

프루와 워치니안스키는 애완동물을 설명하는 두 가지 모형을 제시한다. 첫째 모형은 '주인-재산 모형'으로서, 애완동물을 개인의 사적 재산으로 생각한다. 이 모형에서 사람과 동물의 관계는 소유주-재산 관계에 지나지 않게 된다. 둘째 모형은 위 모형의 문제점이 '개선된 모형'으로서, 소유자-재산 관계를 보호자-피보호자 관계로 대체한 것이다. 보호자-피보호자 관계는 부모-자식 관계에서 찾아볼 수 있는데, 아이가 부모의 피보호자이듯이 애완동물도 기르는 사람의 피보호자라는 것이다. 이 모형에서 애완동물은 가족과 같으므로 그것을 소유한다는 생각은 파기해야 한다고 본다. 나는 프루와 워치니안스키의 두 모형에 바탕을 두고, 애완동물을 각각 장난감, 피보호자, 반려로 보는 세 가지 모형으로 확장 가능하다고 생각한다. 장난감 모형은 프루와 워치니안스키의 주인-재산 모형에 해당하고, 보호자-피보호자 관계의 개선된 모형은 피보호자 모형과 반려 모형으로 좀 더 세분될 수 있다고 생각한다. 반려 모형을 별도로 고려하는 것은 애완동물을 반려동물로 보아야 한다고 주장하는 최근의 상황을 반영한 것이기도 하고, 이 모형이 프루와 워치니안스키가 자신들의 개선된 모형에서 애완동물을 설명될 수 없다고 할 때 생각할 수 있는 또 다른 대안이기 때문이다. 지금부터 이 장의 2절에서는 장난감 모형을, 3절에서는 피보호자 모형을 살펴본다. 장난감 모형이 성립할 수 없음은 바로 보여지는 데 비해, 피보호자 모형의 성립 여부를 판단하기 위해 3장 전체를 할애해서 의존적인 관계가 무엇인지 파헤치겠다. 반려 모형은 그다음 4장에서 살펴본다.

2. 장난감 모형

먼저 **장난감 모형**을 보자. 프루와 워치니안스키의 주인-재산 모형은 애완동물을 재산 또는 물건으로 간주하는 것인데, '애완'의 '완(玩)'에 그 뜻이 잘 반영되어 있다. 애완동물은 물건은 물건이지만 애정을 주면서 즐기는 물건이므로 다른 물건과 다르게 장난감이 적절한 용어인 듯하여, 장난감 모형으로 부르기로 한다. 이 모형은 애완동물에 관한 현재의 법률을 가장 잘 반영하고 있다. 현재 우리나라의 민법은 애완동물을 포함해서 동물을 동산에 해당하는 물건으로 취급하고 있고(제99조 제2항), 형법에서 동물은 재물에 해당하여 다른 사람의 동물을 학대하면 재물 손괴죄(제366조)가 성립한다.[3] 법률은 이렇지만 이 법률은 사람들의 생각을 제대로 반영하지 못한다. 여러 철학자는 애완동물을 한갓 물건으로 보았을 때 생기는 윤리적 문제를 언급한다.[4] 만약 애완동물이 장난감에 불과하다면 애완동물을 쓰고 버려도 되는 존재로 취급하고, 일부러 죽여도 죄가 안 되기도 하고, 경제적 이득이 있을 때는 학대를 해도 된다. 그러나 도덕적 지위를 가지고 있다고 생각되는 동물을 소유물로, 한갓 수단으로 여겨서는 안 된다는 것이 우리의 상식이다. 동물을 수단으로 간주하는 것은 갓난아이나 식물인간이나 중증 지적 장애인과 같은 이른바 가장자리 인간[5]을 한갓 수단으로 간주하는 것이나 마찬가지로 비윤리적으로 생각된다. 이런 점에서 동물을 물건으로 취급하는 현재 법률은 사람들의 상식을 전혀 반영하지 못하므로 어떤 식으로든 개정이 되어야 한다. (그렇다고 해서 물건이 아니라고 선언하는 데 그쳐서는 안 된다. 이것은 9장에서 본격적으로 논의할 것이다.)

그러나 물건처럼 버려도 되고 학대해도 된다고 생각할 수 있기에 장난감 모형은 문제가 있다는 접근 방식은 디즈니 만화 영화 〈토이 스토리〉의 주인공 앤디처럼 '장난감'을 애지중지하는 경우에는 그 모형이 문제없이 유지된다. 애완동물에게 최대한의 복지를 제공해 주면서도 애완동물은 물건에 불과하다고 생각하는 사람이 있다면 위와 같은 비판은 적용되지 않기 때문이다. 장난감 모형이라고 해서 애완동물을 장난감처럼 함부로 다루어도 된다고 극단적으로 주장하지는 않는다. 그보다는 애완동물은 필요(사역이나 귀여움 제공) 때문에 '사용하고' 그것의 보답으로 안전한 복지를 제공해 준다는 주장이 가능하다.[6] 현실적으로 애완동물 '소유주'들도 애완동물을 단순한 물건으로 취급하지 않는다. (물건으로 취급하지 않으면서 현실에서는 '소유주'나 '견주'처럼 물건에나 쓸 낱말을 쓰는 것은 아이러니이기도 하고 인지 부조화이기도 하다.)

그렇지만 동물 복지를 겸비한 장난감 모형이라고 하더라도 그것은 동물에게 도덕적 지위가 있다는 사실과 양립 가능하지 않다. 꼭 애완동물을 키우지 않는 사람들도 동물이란 존재를 무엇인가 생명이 있는 대상이므로 단순한 물건 이상으로 생각하는데, 우리와 함께 사는 애완동물에 대한 인식은 그 이상일 것이다. 따라서 데카르트처럼 동물을 자동인형에 불과하다고 생각하지 않는 이상 동물에게 도덕적 지위를 부여해야 하는 것이 상식이다. 나는 『동물을 위한 윤리학』에서 동물은 **직접적 도덕적 지위**를 갖는다고, 다시 말해서 다른 존재와의 관련 때문에 도덕적 지위를 갖는 것이 아니라 그 자체가 도덕적 지위를 갖는다고 주장했다.[7] 만약 동물이 직접적 도덕적 지위를 갖는다면 그런 애완동물을 정원석처럼 한갓 소유물로 생각할 수는 없다. 〈토이 스토리〉의 앤디가 장난감을 다루듯 애완동물을 애지중지하든, 같은 영화의 악동 시드가 장난감을 고문하듯 애완동물을 학대하든 상관없이 말이다. 도덕적 지위를 직접 갖는 존재는 어떻게 대우를 받든 그 자체로 소중한 존재이기 때문이다. 물론 동물이 비록 직접적 도덕적 지위가 없는 물건이라고 하더라도 동물을 함부로 다루어서는 안 되는 까닭을 설명할 수 있다. 1장에서 말했듯이 만약 그렇게 하면 인간의 품성에 나쁜 영향을 끼치기 때문이라고 말이다. 아퀴나스와 칸트로 대표되는 이 이론은 **동물에게 간접적 도덕적 지위**를 부여한다. 이 이론의 주장대로 장난감을 함부로 다루면 동물도 함부로 다룰 것 같고 또 다른 사람에게도 함부로 할 것 같다고 생각할 수 있다. 〈토이 스토리〉의 시드가 그렇다. 그러나 장난감이나 동물에게는 함부로 하지만 다른 사람들에게는 친절한 사람을 상상하는 것이 무리는 아니다. 자신의 스트레스를 장난감이나 동물에게 해소하고 사람에게는 한없이 친절할 수 있는 것이다.[8] 따라서 동물은 도덕적 지위가 있을 뿐만 아니라 그것도 직접적으로 있으며, 장난감 모형은 동물에게 도덕적 지위를 간접적으로밖에 부여할 수 없으므로 파기되어야 한다.[9] 그것은 애완동물의 소유주가 동물에게 해를 끼치든 끼치지 않든 상관없이 성립한다.

3. 피보호자 모형

다음에 검토할 애완동물 모형은 피보호자 모형이다. 이 모형은 애완동물을 한갓 소유물이나 재산으로 취급하지 않고 돌봄의 대상으로 대한다. 그런 점에서 장난감 모형과 달리 애완동물을 도덕적 지위를 갖는 대상으로 보고 애완동물에게 도덕적인 책임을 보인다는 차이점이 있다. 소유물의 켤레말은 '소유주' 또는 '주인'이고, '피보호자'의 켤레말은 '보호자'이다. 보호자는 어린이나 돌봄이 필요한 장애인처럼 법률적으로나 신체적으로 스스로 권리를 행사할 수 없는 사람을 보호할 책임이 있는 사람을 가리킬 때 쓰인다. 따라서 피보호자 모형은 프루와 워치니안스키도 지적하듯이[10] 부모가 아이를 돌보는 관계에서 대표적으로 드러난다. 인간 보호자는 피보호자인 아이가 성인이 될 때까지 헌신하며 보호한다. 아이는 스스로는 독립적인 삶을 꾸릴 수 없지만 엄연히 직접적 도덕적 지위를 갖는 존재이다. 자식이 건강하게 위험을 피하며 자라도록 하고, 기본적인 의식주는 물론이고 재능을 계발할 수 있도록 뒷바라지를 한다. 그리고 아이를 낳은 부모가 이러한 활동을 한다고 해서 자선을 베푼다고 생각하지 않고 기본적인 의무를 다한다고 생각한다. 그래서 그러한 의무를 다하지 못하는 부모는 사회적인 비난을 받고 심할 때는 보호자의 자격을 박탈당하기도 한다.

피보호자 모형에서는 애완동물을 상대로도 보호자는 마찬가지의 의무를 져야 한다고 본다. 사람에게 길들여진 애완동물은 인간에게 의존적인 존재가 되었지만 엄연히 직접적 도덕적 지위를 갖는 존재이다. 애완동물의 보호자는 애완동물이 건강하게 위험을 피하며 자라도록 해야 하고, 기본적인 먹을 것과 잠잘 곳을 제공해 주어야 하며, 애완동물이 재능(본성)을 계발할 수 있도록 뒷바라지를 다해야 한다고 생각한다.[11] 그리고 보호자가 그 의무를 다하지 못했을 때는 도덕적으로 비난한다. 보호자의 의무를 다하지 못하는 부모에게 "책임지지 못할 거면서 왜 낳았느냐?"라고 비난하는 것처럼, "책임지지 못할 거면서 왜 기르느냐?"라고 비난하는 것이다. 비록 애완동물의 보호자는 애완동물을 직접 낳지 않고 구입하거나 입양했지만, 구입이나 입양의 의사 때문에 그 동물이 존재하게 되었으므로 그에 따르는 책임을 요구하는 것이다. 그래서 애완동물을 더 이상 키울 수 없어서 유기하거나 유기하지는 않더라도 먹을 것을 주지 않고 방치하는 것도 학대나 마찬가지로 윤리적으로 비난받는다. 애완동물의 주인이 된 이상 그 동물에게 잘 곳과 먹을 것을 주겠다는 계약을 한 것이고 방치하면 그 계약을 어겼으므로 윤리적으로 옳지 않기 때문이다. 애완동물은 혼자서는 살 수 없는데, 주인이 소유의 의사를 밝혔기 때문에 특정 개체는 존재하게 되었다. 구매하거나 입양한 경우도 소유자가 있으리라는 예상에서 태어나게 했으므로 마찬가지이다. 소유주가 없었으면 태어나지 않을 존재를 태어나게 했으므로 그 존재를 보살필 의무가 있다. 그 의무를 다하지 않는 것은 윤리적인 비난을 받아 마땅하다.

피보호자 모형을 적극적으로 주장하는 이는 스튜어트이다. 그는 사람-애완동물 관계는 가족을 모형으로 해야 한다고 생각하는데, 그가 염두에 두는 가족은 부부가 아니라 부모-자식이다. 애완동물을 가족으로 생각한다고 할 때 부부 관계로 생각한다면 다음 장에서 살펴볼 반려 모형에 해당할 것이고, 부모-자식 관계로 생각한다면 지금 살펴보는 피보호자 모형에 해당한다. 그는 애완동물이 야생을 떠나 이미 오랫동안 길들여진 역사에 주목한다. 그런 역사를 감안할 때 자연에 풀어주자는 주장은, 사실 애완동물을 더 이상 태어나게 하지 말자는 주장과 다름없다. 애완동물은 이미 야생에서 살 수 있는 능력은 상실했고, 길들여졌다는 새로운 능력을 획득했다. 따라서 애완동물은 어떤 형태로든 인간과 함께 살아야 하는데, 그것은 부모-자식의 형태여야 한다는 것이다. 사실 부모-자식 관계가 꼭 혈연에 의해 구성될 필요는 없다. 이미 우리 사회에서는 혈연이 아니더라도 입양이나 돌봄이나 공동체의 형태로 부모와 자식 관계를 이루는 사례가 흔하다. 그는 '도덕적 부모'가 되게 하는 조건은 무엇인가를 묻고 유전적 근거, 노동 근거, 의도, 인과의 네 가지 대답을 한다.[12] 직접 낳거나 보조 생식 기술을 이용해서 출산했을 때 부모가 된다는 것이 전통적 견해인데, 이것이 유전적 근거와 인과에 해당한다. 그러나 스튜어트는 입양 등도 부모가 되는 중요한 방법임을 고려할 때, 부모로서 돌봄의 노동력을 제공하는 노동 근거와 자식으로 삼겠다는 의도가 결합한 것이 부모가 되는 조건을 가장 잘 설명한다고 본다. 이 조건은 애완동물에게도 그대로 적용될 수 있다. 애완동물은 인간과 혈연은 아니지만, '인간 부모'는 똑같이 '동물 자식'을 돌보며 평생 친족 관계를 유지하므로 부모와 자식 관계라고 불러도 된다는 것이다.

스튜어트는 그런 점에서 '종 간 육아'가 가능하다고 주장한다.[13] 그리고 이것이 가족의 개념을 넓힐 수 있다고 말한다. 인종끼리의 결혼이 허용되지 않은 시대가 있었지만 지금은 허용되고, 성 소수자끼리의 결혼도 점점 허용되어 가는 추세임을 고려할 때 애완동물도 얼마든지 새로운 가족으로 받아들일 수 있다는 것이다.[14] 프란치스코 교황은 2022년에 아이 대신에 애완동물을 키우는 것은 이기적이라고 비판한 적 있다.[15] 그러나 스튜어트에 따르면 생물학적으로 유전 관계에 있는 자식을 갖든 인간 아이를 입양하든 '동물 아이'를 입양하든 다양한 가족의 형태로 존중해 주어야 한다. 그러므로 그에 따르면 인간 아이는 없고 애완동물을 기르는 사람한테 "왜 애를 낳지 않느냐?"고 묻는 것은 실례가 된다.[16] 교황의 발언이 오히려 예의에 어긋나는 것이다. 스튜어트는 더 나아가 '동물 아이'도 당당한 가족의 한 구성원이므로 '인간 아이'처럼 대우받아야 한다고 주장한다. 그래서 비행기에 탑승할 때 유아를 동반하면 우선 탑승시키는 것처럼 애완동물을 동반하면 우대해야 하고, 집을 임대할 때 아이가 있다고 차별해서는 안 되는 것처럼 애완동물이 있다고 차별해서는 안 된다고 주장한다.[17]

스튜어트의 '확장된 가족'은 애완동물을 부모-자식 관계로 간주하는 피보호자 모형을 잘 보여 준다. 따라서 애완동물의 보호자-피보호자 관계가 부모-자식 관계를 잘 반영하고 있는가를 보면 이 모형의 성패를 판정할 수 있을 것이다. 애완동물이든 인간의 아이든 피보호자가 되는 까닭은 스스로는 의식주를 해결하지 못하기 때문이다. 다시 말해서 피보호자는 보호자에게 전적으로 의존하는 관계이다.[18] 보호자인 부모는 피보호자인 아이에게 잘 곳과 먹을 것을 제공해 주며, 가장 중요하게 가족에서만 느낄 수 있는 애정을 보여 준다. 이 의존 관계에 대한 분석이 이루어져야 피보호자 모형의 성패가 판가름 난다. 인간의 아이는 성인이 되기 전까지 부모에게 의존하는 존재일 수밖에 없다. 그런데 인간이 낳지 않은 애완동물은 왜 인간에게 의존하는 존재가 되었을까? 나는 먼저 그 연원을 통해 피보호자 모형의 적절성을 판정하려고 한다.

3장

애완동물:
의존적이면서 취약한 존재

1. 치명적인 귀여움

애완동물은 농장 동물과 함께 우리가 가축화한, 다시 말해서 길들여진 동물이다. **길들여진 동물**(domesticated animals)은 인간의 이익을 위해서 강제로 갇혀 있으며 인간의 목적을 위해서 선택적으로 번식되고 인간에게 계속해서 돌봄을 받아야 하는 의존적 존재를 말한다.[1] 야생 동물은 인간에 의해 길들여지면서 인간에게 의존하는 존재가 되었다. 야생 동물을 사로잡아 '노예화'하고[2] 번식시키는 과정은 철저히 인간의 목적과 이익을 만족하기 위해서인데, 길들이는 과정에서 선택적 교배를 통해 동물의 생리도 바꾼다. 대체로 야생 동물과 비교할 때 덩치가 작아지고 유순해지는 방향으로 바꾸는데, 교배 과정에서 농장 동물과 애완동물은 각각 다른 특성을 발전시킨다. 가령 농장 동물인 젖소는 우유를 많이 생산하게 하려고 젖이 커지게 하고 닭이나 칠면조는 가슴살을 많이 생산하게 하려고 가슴을 크게 하는데, 이런 현상은 최근의 공장식 사육에서 극대화된다. 애완동물은 성체가 되어서도 어릴 때의 신체적·행동적 특성을 그대로 간직하도록 하는데, 이런 특성을 **유형성숙**(幼形成熟, neoteny)이라고 부른다.[3] 어릴 때의 특성은 곧 귀여움을 말한다. 아기들의 동그란 얼굴, 큰 눈, 작은 코를 비롯한 외모와 부드러운 촉감, 달콤한 냄새, 그리고 어리숙한 행동은 귀여움을 느끼게 하고 보호 본능을 자극한다. 이런 귀여움은 인간의 아기뿐만 아니라 포유류의 새끼에게서도 발견된다. 동물학자 콘라드 로렌츠는 이것을 '아기 스키마'(Kindchenschema, baby schema)라고 부르고, 어미의 보호 없이는 살 수 없는 연약한 새끼를 양육하게 만드는 진화론적 특징이라고 설명한다.[4] '치명적인 귀여움'이 생존의 무기가 되는 것이다. 미키 마우스나 뽀로로와 같은 애니메이션 캐릭터가 인기를 끄는 것도 아기 스키마가 특징적으로 드러나도록 디자인되었기 때문이다. 아기를 키우면서 아기의 귀여움에 빠져든 부모는 평생 이 귀여운 상태가 계속되었으면 하고 바랄 때가 있다. 그러나 정말로 그런 일이 실현되면 평생 보육을 책임져야 하므로 다시 현실로 돌아간다. 그런 바람을 대신해서 만족시켜 주는 것이 동물에게 구현한 유형 성숙이다. 보육의 책임이 길어야 15년 남짓 되는 개나 고양이에게 유아 때의 귀여움이 성체가 되어서도 나타나게 하여, 귀여움을 항상 만끽하려고 한다. 애완동물은 아니지만 판다도 그런 특성을 가지고 있어, 동물원에서 가장 인기 있는 동물이 된다.[5]

과학 저술가인 부디안스키에 따르면 인간이 개나 고양이와 같은 애완동물을 키우면서 가장 선호하는 것은 유형 성숙이다. 우리는 흔히 인류의 조상이 개를 길들이게 된 동기를 집을 지키거나 사냥에 쓸모가 있어서라고 생각하지만 부디안스키는 동물 행동학이나 고고학 연구를 보면 수천 년 전에도 대부분의 개는 "하는 일 없이 밥만 축내는 존재"였다고 한다.[6] 우리가 경비나 사냥처럼 개에게 기대하는 일을 제대로 하는 개들은 예나 지금이나 일부일 뿐이라는 것이다. 그에 따르면 개가 우리와 친숙하게 된 것은 다름 아닌 귀여움 때문이다. 인간은 귀엽고 작은 존재를 향한 타고난 호감이 존재하는데, 개는 바로 이 점을 이용하여 "우리를 마음대로 조종하고 휘두른다"라는 것이다.[7] 길들여진 동물은 인간의 이익을 위해 신체뿐만 아니라 정신(성격)까지 바꾼 것이다.

늑대와 개는 서로 교배가 가능한 같은 종이며, 그 유전적 차이는 0.04%에 불과하다.[8] 사람의 인종 간 유전적 차이가 0.125%[9]라는 것을 고려하면, 늑대와 개의 유전적 차이는 인종 간 차이보다 작음을 알 수 있다. 결국 개와 늑대의 차이는 귀여움과 친근함뿐이라고 말할 수 있는데, 이것은 유전적 특징으로도 보여진다는 연구 결과가 있다. 인간의 장애 중 하나인 윌리엄스-보이렌 증후군(Williams-Beuren Syndrome, WBS)과 염색체에서 유사한 부분이 개에게서 발견된다는 것이다. WBS를 가진 환자는 평균 지능지수는 58 정도이지만, 성격이 매우 사교적이고 친숙하다. 지나칠 정도로 정중함과 친밀감을 표시하고 낯선 사람을 두려워하지 않으며, 자신의 또래보다는 어른들과 더 가까이하려는 성향이 나타난다고 한다.[10] 진화 생물학자 폰홀트 연구팀은 GTF2I과 GTF2IRD1 단백질이 만들어지는 위치(인간은 염색체 7, 개는 염색체 6)에 결함이 생겨 WBS가 생긴다는 것을 밝혀냈다.[11] 그 결과 개는 늑대와 달리 인간과 친근한 사교적인 성격을 갖게 되었다는 것이다.

사람이 동물을 가축화하는 목적은 사용에 유리하게 하기 위해서이다. 소는 노동력과 고기·가죽 따위의 부산물을 얻기 위해, 말은 이동 수단으로 쓰기 위해 가축화했다. 개의 애초 사용 목적은 사냥과 경비였다.[12] 부디안스키는 그것이 수된 목적이 아니라고 부인하지만, 애완견의 진화 과정을 보면 사냥과 경비에 귀여움 제공이 붙어 따른 것 같다. 지금은 애완용 작은 개[13]인 테리어와 스패니얼과 푸들도 본디는 사냥개였다. 테리어는 terre(땅)라는 말밑에서 알 수 있듯이 땅을 기어 사냥감을 몰아내도록 개량되었고, 스패니얼은 새를 쫓거나 사냥하도록 개량되었다. 독일이 원산인 푸들은 물에서 첨벙거리다는 뜻의 pudeln에서 이름이 생겼다는 데서 알 수 있듯이, 본디는 물에서 오리 등을 사냥하는 데 쓰였다. 애완용 작은 개를 가리키는 영어인 lapdog는 무릎에 앉히는 작은 강아지라는 뜻인데, 테리어나 스패니얼은 지금은 무릎 위나 방 안에서 기르는 작은 강아지지만 본디 사냥용이므로 뛰는 것을 매우 좋아하고 잘 짖는다.

그러던 것이 사냥과 경비의 필요성이 줄어든 지금은 '귀여움'을 통해 인간의 미적 취향을 즐기게 하는 목적 이외의 것은 상상할 수 없다. 지금의 애완견은 뛰지 못하도록 훈련받는다. 인문 지리학자인 투안이 지적한 것처럼, 애완견에게 가장 먼저 가르치는 말은 '앉아!'나 '기다려'이다. 잘 훈련된 개는 주인의 명령을 듣고 몇 시간이나 같은 장소에 앉아 있기도 한다. 사냥을 하던 시대에는 조용히 기다리는 것이 사냥개에게 필요한 능력이었다. 그러나 애완견을 더는 사냥의 목적으로 사용하지 않는 현대에도 가만히 있는 것을 훈련하는 것은 애완견을 지배하고 복종을 받으려는 인간의 욕망이 투영된 것이라고 투안은 말한다.[14] 상대방이 가지고 있는 본능을 전혀 사용하지 못하도록 힘을 사용하는 것은 분명히 짜릿하고, 그것을 즐기는 인간은 많다. 애완견의 본성을 억누른다는 점에서 이것은 잔인하다. 물론 우리나라에서 개를 움직이지 못하게 훈련하는 것은, 투안의 지적처럼 단순히 개의 복종을 즐기려고 하는 것보다, 좁은 아파트에서 개가 본능대로 뛰지 못하게 한다는 현실적인 목적이 있다. 그러나 이것도 본성을 억누른다는 점에서 잔인하기는 마찬가지이다.

2. 의존성과 취약성

피보호자 모형은 인간의 부모-자식 유비에 의존한다고 했는데, 나는 이 유비에 주목해야 한다고 생각한다. 그래서 나는 애완동물과 인간의 아이 사이에는 결정적인 차이가 있기에 그 유비는 개연성을 잃게 되고, 그에 따라 피보호자 모형도 실패하게 된다고 생각한다. 그것은 아이는 부모에게 한정된 기간 의존하지만 애완동물은 평생 의존한다는 사실이다. 여기서 지적하려는 근본적인 문제는 유년기의 신체적·행동적 특성을 평생토록 유지하도록 선택되었기에 생기는 **의존성**과 **취약성**이다.

가축은 인간의 필요로 길들었다고 흔히 생각한다. 예컨대 인류의 조상들이 살던 주거지에서 쓰레기를 주워 먹던 늑대를 인간이 집을 지키거나 사냥할 때 데리고 다니면 쓸모가 있겠다고 생각하여 데려다 키운 것이 개의 기원이라는 것이다. 그러나 부디안스키는 여기에 반대 의견을 낸다고 말했다. 동물을 길들인 것은 인간 자신의 선택이 아니라 거꾸로 동물이 인간을 선택했다는 것이다. 그에 따르면 어떤 종이 길들여진다는 것은 기후 변화, 지질학적 변화, 진화 등 인간이 좌지우지할 수 없는 거대한 힘에 의한 자연적 과정이다.[15] 1만 5000년 전에 기후의 변화에 따른 생태계의 변화로 일부 동물이 인간의 주거지 근처에서 살게 되었다. 그래서 들판에 떨어진 곡식이나 음식물 찌꺼기 따위로 배를 채우고, 지리적인 고립으로 인해 다른 종과 섞이지 않고 이러한 특성이 후대에 유전되었다. 좀 더 구체적으로 개를 예로 들어 말해 보면, 최근의 DNA 분석에 따를 때 인간의 농경 문화나 정착 생활이 시작되기 전인 1만 4000년보다 훨씬 전에 야생 늑대와 개가 유전적으로 분리되었다고 한다.[16] 개가 늑대와 갈라진 것은 인간이 늑대를 길들여서가 아니라 그 이전에 돌연변이에 의해 갈라졌다는 것이다. 그리고 인간 주변을 맴도는 개와, 인간 세계에는 접근하지 않는 늑대 사이에는 교미가 이루어지지 않고 완전한 분리가 일어났다는 것이다. 그래서 부디안스키는 우리 인간이 개를 길들인 것이 아니라 개 자신의 의지에 따라 인간 사회에 정착했다고 결론을 내린다. "결국 공존을 선택한 것은 우리가 아니었다. 바로 개가 우리 인간을 선택한 것이다."[17]

부디안스키의 주장에 따르면 개를 비롯한 길들여진 동물이 인간에 의해 '노예화'되었다는 것은 사실이 아니다. 인간의 경우에는 스스로 선택하여 '노예'가 되었다고 해서 노예가 윤리적으로 문제가 안 되는 것은 아니다. 한 사람의 주체적인 선택권을 다른 사람에게 전적으로 맡기고 자존심을 버리는 것은 인간의 본성에 어긋나기 때문이다. 그러나 길들여진 동물을 포함해서 대부분 동물은 그 본성에 존엄성이 있다고 보기 힘들므로 스스로 노예가 되었다고 해서 윤리적으로 문제가 되지 않을 것 같다.[18] 그러나 부디안스키의 주장대로 길들여진 동물이 처음부터 인간에 의해 길든 것이 아니라 인간이 좌지우지할 수 없는 자연적 과정에 의해 인간과 같이 살게 되었다고 하더라도, 그 자연적 힘은 어디까지나 인간의 주거지 근처에 살게 되는 과정에까지만 미친다. 마치 지금의 떠돌이 개나 길고양이처럼 인간이 흘리거나 버린 음식물을 먹고 살던 동물 중 유순하고 귀여운 성질을 가진 동물만이 인간으로부터 선택을 받고 애완동물화된 것이다. 이는 부디안스키도 인정한 것인데, 그에 따르면 인간 근처에 살게 되는 자연화 과정에서 "인간이 미친 영향이란 공격성이 강한 동물을 쫓아 버리고 온순하거나 귀여운 동물은 그냥 참고 넘어가 주는 것뿐이었다."[19] 그는 그것 '뿐'이라고 말하지만 지금 의존화의 윤리를 논의하는 자리에서는 그것은 주목할 만한 인간의 영향이다. 인간의 주변에서 살면서 가축화되지 못한 동물들도 많다. 도널드슨과 킴리커는 야생 동물과 길들여진 동물 외에 '경계 동물(liminal animals)'을 별도로 분류하는데, 비둘기, 참새, 쥐, 코요테, 캐나다거위처럼 가축화되지는 않았지만 인간과 떨어져서 야생에서 살지도 않는 동물을 말한다.[20] 이런 경계 동물과 달리 애완동물은 인간의 가축을 공격하지 않고 적당한 덩치에 애처롭게 구걸하는 귀여운 모습이 인간으로부터 선택되어 인간에게 완전히 의존적으로 된 것이다. 결국 애완동물은 인간에 의해 의존적이고 취약하게 되었다.

애완동물, 특히 개의 인간 의존성은 단순한 관찰로 드러나는 특징이 아니라 여러 실험으로 확증된다. 동물 행동학자인 미클로시 연구팀은 개와 사회화된 늑대를 대상으로 먹이를 찾게 하는 실험을 했다. 통 안에 든 먹이를 찾게 하는 실험인데, 뚜껑을 닫아 놓아 일부러 문제 해결을 어렵게 했다. '차단된' 실험에서 개는 문제를 해결하지 못하자 7마리 중 5마리가 사람을 쳐다보았는데, 늑대는 거꾸로 7마리 중 2마리만 사람을 쳐다보았다.[21] 비슷한 실험을 시행한 동물 행동학자 마샬-페시니에 따르면 사람을 '뒤돌아보는' 행동은 사람의 도움을 바라는 의사소통 행동으로 해석된다. 개는 문제 해결을 못할 때 사람에게 의존하는 특성이 있음을 보여 주는 것이다.[22]

보호자와 애완동물의 관계는 일방적이다. 애완동물은 잠잘 곳과 먹을 것과 같은 기본적인 사회적 욕구뿐만 아니라 질병의 치료까지 인간에게 의존한다. 애완동물은 보호자가 없으면 스스로 생존할 수 없다. 애완동물은 보호자가 없으면 예컨대 깡통 안에 든 먹이처럼 차려져 있지 않은 먹이도 먹을 수 없고 운동도 할 수 없다. 고양이는 다르지만 개는 대소변을 가리는 훈련이나 사람들에게 복종하는 기본적인 예절도 인간에게서 배운다. 사실 이런 훈련이나 예절은 인간의 필요 때문에 이루어지는 것이므로 애완동물의 처지에서는 훈련에 성공하거나 예절을 습득하지 못했다고 해서 특별히 문제가 되지는 않는다. (주인에게 유기될 명분을 줄 수 있으므로 큰 문제일 수도 있다.) 그러나 잠잘 곳과 먹을 것을 인간에게 의존한다는 것은 치명적이다. 보호자와 애완동물의 관계가 일방적이라는 말이 갖는 의미는 애완동물의 생사가 순전히 보호자의 선택(이라고 쓰고 '변덕'이라고 읽는다)에 달려 있다는 사실이다. 보호자가 애완동물을 다시는 키우지 않겠다고 마음을 먹고 돌보지 않거나 버리면, 자립할 수 없는 동물은 죽게 될 가능성이 크다. 인간의 비위에 맞추기 위해 유순하게 되어 공격적인 본성을 잃은 애완동물은 거친 야생에서 먹이를 찾지도 못하고 추위에도 견디지 못한다. 그래서 의존성은 취약성으로 말해지기도 한다.[23] 애완동물은 인간의 보호가 없다면 환경에 매우 취약하다. 의존적이고 취약한 애완동물은 급기야 '사회적 기생 동물'로 불리기도 한다.[24] 사실은 기생 동물보다 더 열악하다. 기생 동물은 적어도 보호자로부터 유기되는 일은 없기 때문이다. 물론 인간은 기생충의 존재를 안다면 그것을 박멸하려고 노력한다. 그렇다고 해도 기생 동물은 애완동물과 달리 인위적으로 만들어진 것이 아니므로 존재 자체가 윤리적 비난거리가 되지는 않는다. 보호자와 애완동물은 서로에게 이익을 주므로 기생 동물보다는 '공생 동물'이 더 적절한 비유일 것도 같다. 그러나 공생 동물도 한쪽이 다른 한쪽을 유기하는 일은 없다.

취약성은 착취로 쉽게 연결된다. 발드먼은 누군가를 착취한다고 말할 수 있는 두 가지 조건을 제시하는데, 그 하나는 상대방으로부터 지나친 이득을 얻는다는 것이고, 다른 하나는 착취에 해당하는 제안을 상대방이 합리적으로 거절할 수 없다는 것이다.[25] 그는 착취와 예로 해독제 사례를 든다. A와 B가 먼 산에서 자전거를 타다가 B가 독사에게 물렸다. 마침 A는 해독제를 가지고 있는데 단돈 10달러짜리지만 2만 달러를 요구했다. A는 이 요구로 터무니없는 이득을 얻고 B는 그 요구를 합리적으로 거절할 수 없는 상황이다. 여기서 합리적으로 거절할 수 없다는 것을 취약하다는 뜻으로 해석할 수 있다. B는 A의 제안에 동의할 테고 A는 그것을 근거로 합리적인 거래로 우기겠지만, B가 그 제안을 거절한다는 것은 곧 어쩔 수 없이 죽겠다는 뜻이다. 따라서 A는 B를 착취한 것이다. 애완동물 소유주는 인정하기 싫겠지만, 취약한 애완동물을 기르는 것이 딱 발드먼이 말한 착취의 조건에 부합한다. 소유주는 애완동물로부터 귀여움과 미적 취향이라는 오락을 제공받는데, 이는 애완동물이 뺏기는 본성에 견주면 지나친 이득이다. 소유자의 이득은 얼마든지 다른 것으로 (캐릭터나 예술품 따위의 인공물로) 대체 가능한 사소한 이득이지만 애완동물이 뺏긴 본성은 다른 것으로 대체할 수 없는 것이기 때문이다. 그리고 애완동물은 소유주의 보호를 합리적으로 거절할 수 없다. 보호를 거절한다는 것은 야생에서 산다는 뜻인데 인간에게 길들여진 동물은 야생에서 성공적으로 살아갈 수 없기 때문이다. 애완동물을 기르는 사람은 애완동물도 인간의 보호를 받는 데 동의한다고 말하겠지만, 위 해독제 상황과 마찬가지로 이 동의는 취약성에서 생긴 것이므로 합리적인 것이 아니다. 인간은 애완동물의 취약성을 기회주의적으로 이용하여 착취한 것이다.

앞 장에서 피보호자 모형을 논의하며 애완동물과 소유주 사이의 계약을 이야기했는데, 애완동물을 포함한 길들여진 동물이 가축화하는 과정을 인간과 맺은 계약 과정으로 설명할 수 있다.[26] 야생 상태에서 배고픔, 포식자로부터 잡아먹힘, 질병 따위에 시달리던 동물 중 일부는 인간과 맺은 계약을 통해 쉴 곳과 먹을 것, 그리고 의학적인 치료를 받고 그 대신에 인간에게 노동력과 고기, 우유, 털과 가죽 따위를 제공하거나 동무가 되어 주고 재미를 주었다고 말이다. 물론 이 계약은 역사 속에서 실재하는 계약이 아니라 철학자들의 '사회 계약'처럼 가상의 계약이다. 많은 사람은 늑대가 진화의 과정을 거쳐 개가 되었다고 생각한다. 하지만 우리는 롤스의 원초적 상황에 동물이 합리적 계약자로서 참여한다고 할 때 이러한 계약에 과연 동의할지 물어볼 수 있다.

사람과 동물 모두에게 유리한 상생 계약이므로 기꺼이 계약에 동의할까? 동물들이 계약 조건과 다른 현재의 실상을 알면 그런 계약을 하지 않을 것 같다. 일단 농장 동물을 보면 포식자의 위협이 없다는 점을 제외하고 야생에서 살 때와 큰 차이가 없다는 전제에서 인간과 계약을 한 것이다. 물론 소나 말의 경우 노동력을 제공해야 하므로 힘이 들지만, 그 정도는 가축이 됨으로써 받는 혜택으로 상쇄될 수 있으므로 개의치 않을 것 같다. 또 고기나 털과 가죽을 제공하기 위해서는 죽어야 하지만 자신의 인지 상태가 죽음 공포를 예측 못하고 도살이 고통 없이 이루어진다면 그런 계약은 받아들일 것 같다.[27] 그러나 현대의 공장식 농장에서는 그런 계약은 쉽게 깨지고 만다. 농장 동물에게 더는 노동을 시키지는 않지만, 이제는 야생에서와 같은 동물의 본성에 맞는 환경에서 사육하지 않고 도살 과정에서도 여전히 고통을 주기 때문이다. 애완동물도 소유주의 집에서 소유주에게 귀여움을 주고 그 대신에 안락함과 먹을 것을 제공받기만 하는 것은 아니다. 소유주의 변덕에 의해 언제든지 버림받을 수 있고, 동료와 누리는 사회생활이 불가능하며 온종일 혼자 있어야 하는 일이 빈번하고 선택적 교배로 질병을 가지고 태어날 가능성이 있으며, 위에서 말했듯이 의존적이고 취약한 존재이기에 버려진 환경에서 스스로 살아남을 수 없다. 그리고 강아지 공장에서 태어나 열악한 환경에서 자라다가, 입양이 되지 않으면 안락사되거나 심하게는 고기로 팔려갈 수도 있다.

농장 동물과 애완동물의 이러한 비참한 현실은 바로잡아야 할 현실이므로 이것을 근거로 계약의 '사기성'을 주장하는 것은 논의에 별로 도움이 되지 않는다. 현실보다 더 중요한 논의거리가 있는데, 그것은 인간과 동물 사이의 계약은 언제든지 깨질 수 있다는 점이다. 인간은 계약을 파기했을 때 얻을 이득이 상당히 많으므로 언제든 계약을 깨뜨릴 유혹에 빠질 수 있다. 계약론은 인간 사이의 윤리를 설명할 때도 자주 이용된다. 계약론적 윤리설의 가장 큰 문제점으로 소수 민족, 어린이, 장애인, 미래 세대 등 굳이 대등한 관계에서 계약할 필요가 없는 존재와는 계약하지 않는다는 점이 자주 지적된다. 자신의 힘으로 상대방을 억누르거나 무시할 수 있는데 굳이 '윤리적인' 계약을 할 필요가 없는 것이다. 계약의 필요성이 없는 사회적 소수자에 동물도 포함된다. 설령 계약했다고 하더라도 사회적 약자와 맺은 계약은 언제든지 깨뜨릴 수 있다. 상대방은 계약의 파기를 항의하지 못하거나 항의하더라도 무시하면 그만인 존재이기 때문이다. 그런데 혹시 계약한 후 계약을 깨뜨렸다고 하면 그 소수자가 아닌 다른 사람들로부터 신용을 잃게 되어 다른 계약을 할 때 곤란을 겪게 될 수는 있다.[28] 약자와 맺은 계약이라고 해서 저렇게 함부로 깨뜨리는 사람은 믿을 수 없다는 인상을 주기 때문이다. 그러나 동물과 한 계약을 깨뜨렸다고 하더라도 그런 취급을 받을 걱정은 없다. 대부분의 주위 사람들은 계약이 파기 당한 동물을 가엾게 생각하지 않고 오히려 거기에 동조하여 이익을 얻기 때문이다. 계약을 파기한 공장식 농장주에게 항의하는 사람은 고기를 비싸게 먹을 각오가 되어 있어야 하는데, 대부분 사람은 고기를 싸게 자주 먹을 수 있는 현재의 환경에 만족스러워할 것이다. 파머는 동물과의 계약에 관해 재미있는 지적을 하는데, 동물에게 이 계약이 문제되는 또 다른 이유는 무를 수 없는 계약이기 때문이란다.[29] 계약 당사자 중 한쪽이 일방적으로 계약을 파기하고 그 잘못을 물을 수 없는 상태라면, 그 계약이 애초에 무효라고 무르는 것도 한 가지 방법이다. 그러나 길들여진 동물이 소유주가 계약 내용을 지키지 않았다고 해서 돌아갈 곳이 어디인가? 길들여지기 이전의 야생 상태로 돌아갈 수 있겠는가? 이미 인간에게 길들여졌는데, 야생으로 돌아가 자립적으로 생존할 수 있겠는가? 길들여진 동물은 계약이 없었다면 아예 존재할 수 없는 운명이니 계약을 파기하는 순간 사라지고 마는 존재론적 문제를 안고 있다. (이것은 '비동일성 문제'로서 8장의 주제이다.) 그러니 울며 겨자 먹기로 불공정한 계약 파기를 따를 수밖에 없는 것이다. 이렇게 보았을 때 인간이 농장 동물을 열악한 환경에서 사육하고 애완동물을 언제든지 유기하는 것은 바로잡아야 할 일부 인간의 일탈 행위가 아니라 그 계약의 성격상 필연적으로 일어나게 되는 일이다.

  이 절을 시작하면서 피보호자 모형은 인간의 부모-자식 유비에 기대지만 애완동물과 인간의 아이 사이에는 결정적인 차이가 있다고 말했다. 아이는 부모에게 유아 시절까지만 의존하지만 애완동물은 평생 의존한다는 사실이다. 앞 절에서 유아기의 귀여움이라는 특성은 인간의 보호 본능과 미적 취향을 자극하지만, 아이를 평생 보호하기에는 부담스러우므로 보호 기간이 짧은 애완동물로 대체했다고 말했다. 그래서 애완동물은 처음부터 평생 인간에게 의존하도록 만들어진 존재이다. 그러나 의존성은 양날의 칼이다. 귀여움 덕분에 의존성이 생겼지만, 그 귀여움이 한평생 지속되는 탓에 언제든 계약이 파기될 수 있는 취약한 존재가 되었다. 피보호자 모형의 설득력은 상당히 떨어진다.

3. 의존적이고 취약한 애완동물을 책임져야 하는가?

애완동물이 인간에 의해 의존적이고 취약하게 되었다면 우리가 고려해야 하는 윤리적 문제는 크게 세 가지가 있다.

첫째, 우리는 의존적이고 취약한 동물을 끝까지 책임져야 하는가?
둘째, 우리는 모든 의존적이고 취약한 동물을 책임져야 하는가?
셋째, 우리는 의존적이고 취약한 동물을 만들지 말아야 하는가?

첫째 문제에는 대답하기 쉽다. 앞서 인간의 부모에게도 "책임지지 못할 거면서 왜 낳았느냐?"라고 비난하는 것처럼, 애완동물의 보호자에게도 "책임지지 못할 거면서 왜 기르느냐?"라고 비난한다고 말했다. 인간의 아이는 성인의 도움이 없으면 살지 못하는 연약한 존재이므로, 그런 연약한 존재를 만든 부모는 아이를 돌보아야 할 책임을 지는 것을 당연하게 생각하고 그런 의무를 다하지 않은 부모에게는 윤리적으로 비난한다. 물론 인간의 부모는 자신의 선택으로 아이를 낳았지만 애완동물의 소유주는 그 동물을 낳은 것은 아니다. 그럼에도 불구하고 인간의 보육 의무를 애완동물에도 똑같이 적용할 수 있다. 애완동물의 소유주는 그 동물을 직접 낳은 것은 아니지만 태어나도록 부추겼기 때문이다. 애완동물을 직접 짝짓기를 시키거나 짝짓기를 허용하는 것은 직접 낳는 것이나 마찬가지이다. 그리고 짝짓기를 하지 않고 입양이나 구입을 했다고 하더라도 입양이나 구입의 수요가 있지 않았다면 그 개체가 태어나지 않았을 터이므로 태어나게 한 것이나 다름이 없다. 그러므로 애완동물의 소유주는 태어나게 한 또는 입양·구입한 개체를 돌보아야 할 책임이 있다. 그리고 그 책임은 애완동물이 죽을 때까지 적용되는데, 앞서 말했듯이 애완동물은 인간과 달리 성체가 된다고 해서 의존성을 벗는 것은 아니기 때문이다. 특히나 그렇게 평생 의존성을 벗어나지 못하게 한 것은 인간의 책임이다. 인간은 선택적 번식으로 의존성을 더 키우도록 교배한다. 인간의 경우에는 특정 성질이 더 발현되도록 선택적으로 교배를 하지 않는다. 태아에서 장애가 발견될 경우 출산을 포기하는 일은 있지만, 특별한 방식으로 인간을 만들지는 않는다.[30] 만약 그렇게 만든다면 윤리적인 비난을 면치 못할 것이다. 그러나 애완동물의 경우에는 인간이 원하는 미적 취향을 갖는 개체를 낳기 위해 근친 교배를 하고, 그 결과로 선천적으로 장애가 있는 개체가 태어나 인간에게 더욱 의존하게 된다. (이 점은 8장에서 주제적으로 살펴볼 것이다.) 앞서 살펴본 애완동물의 두 가지 모형 중 장난감 모형에서는 이런 교배가 받아들여질지 모르지만, 피보호자 모형에서는 받아들여질 수 없다.

둘째 문제는 우리가 직접 태어나게 하거나 입양한 애완동물이 아니어도 돌보아야 할 책임이 있느냐는 문제이다. 가깝게는 유기견을 입양해야 하느냐는 문제부터 멀리는 재난 현장에서 조난한 애완동물을 구조해야 하는 문제까지가 이 부류의 문제에 해당한다. 우리나라만 놓고 볼 때 유기견은 전국의 유기 동물 보호소나 보호 센터의 집계에 따르면 한 해 평균 6만 마리이다. 그러나 동물권 단체는 통계에 잡히지 않는 유기견까지 합하면 한 해 평균 10만 마리에 이른다고 보고 있다.[31] 유기견을 만든 소유주는 책임을 다하지 않았으므로 윤리적인 비난을 받아야 함은 첫째 문제에서 언급했다. 지금 검토하는 문제는 소유주가 아닌 사람들도 유기견을 돌보아야 할 책임이 있느냐는 것이다. 내가 버리지 않았는데 내가 책임져야 하는가?

파머는 '이익 논변'으로 이 질문에 대답한다. 곧 길들여진 동물에서 이익을 얻었다면 설령 직접 키운 동물이 아니더라도 버려졌으면 돌볼 책임이 있다는 것이다. 우리는 음식이나 가죽이나 오락 따위로 동물이 주는 이득을 보았다. 그리고 파머는 만약 엄격하게 채식을 하고 동물 부산품을 이용하지 않으며 동물을 길들이는 것을 반대한다면, 그런 의무에서 면제가 된다고 말한다.[32] 파머의 이익 논변은 길들여진 동물 중 농장 동물에는 분명히 적용된다. 엄격하게 채식하고 동물 부산품을 전혀 이용하지 않는 사람은 아주 드물기 때문이다. 그런 사람마저도 필요할 때 약을 먹지 않을 수는 없는데, 약품용 캡슐의 재료도 돼지 껍데기에서 나온 젤라틴이다. 본디는 야생 동물이지만 인간의 이익 때문에 경계 동물이 된 동물에도 이익 논변은 적용된다. 파머는 코요테를 그런 동물의 예로 든다. 인간의 개발로 서식지가 파괴되어 살 곳을 잃은 코요테를 그 개발로 이득을 본 인간들이 보호할 책임이 있다고 말이다. 비록 인간이 코요테를 태어나게 하지 않았고 우리에 가두어 키운 것도 아니지만 우리의 행위가 없었다면 자족적으로 살아갔을 동물이 취약하게 되었기 때문이다. 이 코요테 사례를 우리나라의 멧돼지에도 적용할 수 있을 것 같다. 멧돼지가 밭의 작물을 해치거나 도심지에 출몰하는 일이 종종 일어난다. 그러나 멧돼지가 인간 사회의 영역에 출몰하는 것은 원래는 멧돼지가 살던 영역까지 인간이 삶의 터전을 넓혀서 멧돼지의 서식지를 파괴하고 생태계의 축을 끊어 놓았기 때문이다. 그러므로 멧돼지가 밭의 작물을 해치거나 도심지에 출몰할 때 살처분하는 것은 적반하장의 행태이다. 멧돼지의 서식지를 침범함으로써 이득을 본 사람들이 멧돼지에게 새로운 서식지를 제공해야 할 의무가 있다. 그런데 파머의 이익 논변은 지금 관심사인 애완동물에는 적용될까? 그럴 것 같지 않다. 농장 동물을 직접 키우지 않아도 어떻게든 고기나 가죽 따위의 동물이 주는 이익을 얻고 경계 동물의 서식지 침해를 직접 하지 않았어도 그 이득은 모든 인간에게 돌아가지만, 미적 취향의 만족이나 오락 제공 따위의 애완동물이 주는 이익은 그 동물을 직접 키우는 사람에게 국한되기 때문이다. 애완동물을 직접 기르지 않은 사람은 거기서 어떤 이익도 얻은 것이 없으므로 버려진 애완동물을 돌볼 책임이 없다.

설령 내가 어떤 이익도 얻게 한 아이가 아니더라도 버려진 아이가 있는데 나 몰라라 하고 지나친다면 법률적인 처벌은 받지 않을지라도 윤리적인 비난을 받는다. 버려진 아이를 직접 키워야 하는 의무는 지지 않더라도 그 아이를 임시로 직접 보호할 수도 있고 보호할 수 있는 시설로 보낼 수 있기 때문이다. 우리 사회에서 버려지거나 부모가 일찍 죽은 아이는 가까운 친인척이 돌보거나 입양을 하거나 시설을 통해 양육의 책임을 져야 한다는 동의가 이루어져 있다. 반면에 야생 동물이 어미가 죽어 새끼만 남았다거나 가뭄으로 굶어 죽거나 홍수로 서식지가 없어졌다고 해서 구조의 의무가 있다고 생각하지는 않는다. 버려지는 애완동물은 버려진 아이와 재난에 빠진 야생 동물 중 어느 쪽에 더 가까울까?

버려진 아이와 재난에 빠진 야생 동물에 대한 시각 차이가 생기는 이유는 무엇일까? 인간은 우리와 같은 종이지만 동물은 같은 종이 아니라는 종 차별주의적 시선도 한몫했을 것이다. 종 차별주의는 윤리적으로 지지하기 힘들다. 아마도 인간 아이의 경우에는 우리가 인위적으로 태어나게 했으므로 우리 사회가 책임을 져야 하지만, 포식의 문제를 논의할 때 언급되듯이 야생 동물을 구한답시고 야생에 개입하는 것은 자연의 질서를 깨뜨리므로 책임질 필요가 없다는 이유가 대답이 될 것이다.[33] 만약 이런 이유가 두 경우의 차이를 설명해 준다면 버려진 애완동물의 경우도 사회 전체가 책임을 져야 한다는 결론이 나온다. 비록 내가 버리지는 않았더라도 이 동물은 야생 동물과 달리 인간이 태어나게 하지 않았으면 존재하지 않았을 것이므로 우리 사회가 공동으로 책임을 져야 한다. 물론 인간의 경우에도 아프리카처럼 먼 곳에서 굶어 죽는 아이를 돕는 의무가 우리에게 있느냐는 논란이 되고 있다.[34] 그러나 적어도 한 국가 내에서 굶어 죽는 아이를 비록 내가 태어나게 하지 않았고 내가 버리지 않았다고 하더라도 모른 체해도 된다고 생각하지는 않는다. 직접 거두어서 보호하지 않더라도 기부금이나 세금의 형태로 지원해야 할 의무가 있다고 생각한다. 그렇다면 버려진 애완동물의 경우에도 똑같은 의무가 적용될 것이다. 내가 태어나게 하지 않았더라도, 내가 버리지 않았더라도 우리 사회가 공동으로 돌보아야 할 의무가 있으며, 내가 직접 키우지 않더라도 기부금이나 세금의 형태로 돌봄을 지원할 수 있다. 애완동물을 설명하는 피보호자 모형을 받아들이는 쪽에서는 이런 의무를 반대할 수 없다. 피보호자로서의 애완동물의 도덕적 지위는 아기의 도덕적 지위와 다를 바 없는데, 내 책임이 아닌 아기라도 우리 사회가 양육해야 하지만 애완동물은 그럴 필요가 없다고 생각하는 것은 비일관적이기 때문이다. 이런 의무에서 면제되기 위해서는 피보호자 모형 대신에 장난감 모형을 받아들이거나 애완동물을 태어나게 해서는 안 된다는 입장을 받아들여야 한다.[35]

이러한 결론은 유기된 애완동물의 사례에만 적용되는 것은 아니다. 2010년에 연평도가 북한의 폭격을 받아 주민들이 피난을 가자 그 섬에 남은 개들은 동물권 단체의 주목을 받았다. 일본에서는 2011년 후쿠시마의 원전 사고 후 동물 구조 활동을 하는 비영리 단체가 사고 지역에 남아 있는 동물들을 구조하는 활동을 했다. 그리고 미국에서는 2005년 허리케인 카트리나의 피해를 본 뉴올리언스 지역에서 동물권 단체가 동물들을 구조하고 보호하는 활동을 했다. 그 후 미국 하원에서는 2006년 재난이나 비상사태 때의 운영 계획에 동물을 포함하라는 법률이 통과되었다.[36] 이러한 노력들을 접하고서 사람이 죽고 사는 마당에 동물을 구조하는 것은 사치라는 시각이 있을 수 있다. 그러나 애완동물을 피보호자라고 여긴다면 동물 구조는 사치가 아니라 피보호자에게 져야 하는 의무가 된다.

결국 우리가 모든 의존적이고 취약한 동물을 책임져야 하느냐는 둘째 물음은 피보호자 모형의 성공 여부에 달려 있다. 피보호자 모형이 받아들여질 수 있다면 우리는 유기견을 비롯한 버려진 동물에 책임을 져야 한다. 다음 절에서 우리는 의존적이고 취약한 동물을 만들지 말아야 하느냐는 셋째 질문을 다룰 것이다. 그 질문을 톺으면서 피보호자 모형의 성공 여부도 함께 검토될 것이다.

4. 애완동물을 태어나게 하지 않는 것이 옳은가?

애완동물을 비롯한 길들여진 동물에서 철학적으로 가장 중요한 주제는 태어나지 않았을 존재를 우리가 태어나게 했다는 점이다. 야생 동물의 탄생에는 우리가 개입하지 않았으며, 포식의 문제에서 주장하듯이 그 동물이 받는 고통도 우리에 의해 생긴 것은 아니다. 그러나 길들여진 동물은 우리가 필요로 해서 존재하게 되었다. 농장 동물은 고기, 우유, 가죽, 털 따위를 필요로 해서, 애완동물은 사역과 오락을 필요로 해서 존재하게 되었다. 그리고 그 동물들이 겪는 고통은 존재하지 않았으면 겪지 않아도 될 고통이다. 그래서 길들여진 동물의 경우에는 그 동물을 태어나게 하는 것이 옳으냐는 물음이 철학적으로 중요하게 제기되고, 우리는 의존적이고 취약한 동물을 만들지 말아야 하느냐는 셋째 질문을 심각하게 고려해야 한다. 사실 "태어나는 게 더 나은가?"라는 질문은 베너타가 애초에 인간을 대상으로 제시한 철학적 물음이었다.[37] 개똥밭에 굴러도 이승이 낫다는 속담처럼 죽는 것보다 살아 있는 게 낫다는 것이 상식이다. 그러나 베너타는 고통이 없으면 좋지만 쾌락이 없으면 나쁘지 않다는 쾌락과 고통의 비대칭성에 근거해서 존재하지 않는 것이 존재하는 것보다 낫다는 결론을 끌어낸다. 살아 있는 것이 죽는 것보다 더 행복하다는 것이 상식인 인간에게서도 이러한 결론이 따라 나올 수 있는데, 열악한 사육 환경을 견뎌야 하는 농장 동물이나 인간에게 그 존재를 의존하거나 언제든 버림받을 수 있는 애완동물의 경우에는 태어나지 않는 것이 더 낫다는 결론은 훨씬 논란이 덜하다. 애완동물을 둘러싼 가장 중요한 철학적 주제는 태어나지 않았을 존재를 태어나게 하는 것이 옳으냐는 것이라고 했는데, 그런 물음을 던지는 것은 결국 애완동물의 인간 의존적인 삶이 옳다고 생각하지 않기 때문이다. 비록 베너타의 결론은 존재 그 자체가 쾌락보다 고통이 더 많다는 형이상학 전제에서 따라 나오지만, 적어도 애완동물과 관련해서는 의존적인 삶이 바람직하느냐고 물을 수 있어서 좀 더 구체적인 논의가 가능하다.

도널드슨과 킴리커도 애완동물이 존재함으로써 필연적으로 생기게 되는 피해들을 나열하는데, 주인이 변심했을 때 버리는 것이 그 대표적인 사례이다.[38] 애완동물은 사람에게 의존하는 존재이므로 유기되면 살지 못한다. 재난 따위의 이유로 어쩔 수 없이 유기하는 일도 있겠으나 이때도 어쩔 수 없다고 말할 수 없는 것이, 프러시와 워치니안스키가 말한 피보호자 모형을 따른다면 피보호자를 버리는 셈이니 어쩔 수 없다는 변명이 통하지 않는다. (이 점에 대해서는 아래에서 자세히 다루겠다). 강아지 공장에서의 죽음과 괴로운 훈련, 주인을 기다릴 때의 지루함도 필연적인 피해들에 추가된다.[39]

더구나 애완동물의 존재는 인간에게 큰 짐이 된다. 부디안스키는 개가 얼마나 "인간에게서 먹을 것을 빼앗고 노동과 자본이라는 형태의 경제적 자원을 엄청나게 소모하며 병을 퍼뜨리기도" 하는지 서술한다.[40] 개를 '사회적 기생 동물'로 부른 이가 그인데, 개를 다른 종의 둥지에 새끼를 낳는 뻐꾸기에 비한다. 그러면서 뻐꾸기 새끼는 다른 새끼들을 밀어 둥지에서 떨어뜨리는 짓을 하지만 개는 인간의 아이와 경쟁하고 그 자리를 대신하여 차지하려고 들지는 않으므로 뻐꾸기보다는 낫지 않느냐고 묻는다. 그리고 바로 "조만간 그렇게 될 가능성도 있기는 하다."라고 말하는데, 정말로 아이를 낳지 않고 그 대신에 애완동물을 기르는 사람이 늘어나고 있다. 나는 앞에서 아이의 귀여움을 평생 유지시킬 수 없기에 평생 귀여움이 유지되는 애완동물로 대체한다고 말했는데, 유년기 때의 아이의 귀여움마저도 애완동물의 귀여움으로 대체되는 것이다. 우리나라와 마찬가지로 합계 출산율이 1명 미만인 대만은 14세 이하 아동의 수보다 애완동물의 수가 더 많다고 한다.[41] 우리나라의 경우는 아동의 수와 애완동물의 수를 직접 비교한 자료는 없지만 추산은 해 볼 수 있다. 0세에서 14세까지의 인구를 '유소년 인구'라고 부르는데, 2021년의 우리나라 유소년 인구는 6,143,634명이다.[42] 애완동물의 수는 등록제가 완벽하게 시행되지 않는 탓에 정확한 수를 알 수 없지만, 신뢰성 있는 통계에 따르면 312.9만 가구(2020년의 인구주택총조사)에서 638.1만 가구(2020년 농식품부 동물보호에 대한 국민의식조사)에 이른다. 한 가구가 기르는 애완동물의 수를 1.2마리에서 1.5마리로만 잡아도 애완동물의 수는 유소년 인구에 육박하거나 그것을 넘는다. 애완동물을 키우기 때문에 아이를 낳지 않는 것인지 아이를 낳지 않기 때문에 애완동물을 키우는 것인지 그 인과 관계를 분석하는 것은 글쓴이의 능력을 넘어서는 일이다. 다만 여기서는 애완동물이 아이를 대체하고 있다는 현상만 제시하기로 한다.

애완동물의 증가는 인구 정책에도 영향을 주지만 공중 보건이나 환경의 측면에서도 영향을 준다. 부디안스키는 매년 미국에서 개에게 물려서 병원 치료를 받는 사람이 100만 명에 이르고, 목숨을 잃는 사람은 12명이고, 개에게 물린 것을 보상하는 보험비가 2억 5,000만 달러이고, 미국에 사는 개 5,500만 마리가 먹어 치우는 음식은 로스앤젤레스 전체 인구가 소비하는 양과 비슷하고, 개가 수의사로부터 치료받는 비용은 70억 달러라는 통계를 제시한다. 그리고 미국의 거리에 쌓이는 개의 똥은 200만 톤에 이르고, 개의 배설물에서 인간에게 옮기는 질병은 65가지가 넘는다는 점을 지적한다. 환경 과학자인 정민걸은 애완동물이 지속 가능한 환경에 주는 부담을 지적한다. 그가 인용한 자료에 따르면 2021년 EU에서 가구의 46%인 9천만 가구가 애완동물을 키우고 있고, 먹이 판매액이 연간 277억 유로로 1,000만 톤이 판매되었으며, 애완동물 서비스와 상품 관련 판매액이 235억 유로였다. 그는 애완동물 사육이 "인류의 경쟁, 허영과 과시 욕구에 따른 과소비"의 측면이 있다고 보는데, 이것은 "지구 환경의 지속 가능성에 위협적인 근본 원인"이라고 주장한다.[43]

의존적 삶 자체가 나쁜 것은 아니다. 앞에서 강조했듯이 의존적 삶이 언제든 취약한 삶으로 바뀔 수 있다는 것이 문제이다. 애완동물의 의존성에 관하여, 애완동물뿐만 아니라 인간도, 그리고 모든 생태계가 의존적인데 왜 애완동물의 의존성만 문제되느냐는 반론이 가능하다.[44] 그리고 애완동물만 소유주에게 의존하는 게 아니라 소유주도 애완동물에게 의존한다고 볼 수 있다. 인간이나 생태계가 의존적이라고 말할 때 '의존'은 상호 연결되어 있다는 뜻이지 자신의 생사여탈이 다른 존재의 의지에 좌지우지된다는 뜻은 아니다. 인간은 쌀에 의존하지만 쌀이 없어도 대체재가 있다. 그러나 애완동물은 소유주 외의 '대체재'는 없다. 현 소유주의 맘이 바뀌면 다른 소유주가 대체재가 되지 않겠냐고 말하겠지만, 다른 소유주를 만날 가능성보다는 유기될 가능성이 크고 설령 다른 소유주에게 가더라도 그렇게 소유주를 바꾸는 삶은 또 다른 괴로움일 뿐이다. 소유주가 애완동물에게 의존한다는 것은 애정을 느낀다는 뜻이다. 분명 소유주는 애정을 느끼는 애완동물이 없어지면 괴로워하겠지만, 그것 때문에 소유주의 존재 자체가 치명적인 상태가 되지는 않는다. 반면에 애완동물은 소유주가 없어지면 존재 자체를 위협받는다. 이렇게 애완동물이 의존적이라는 말은 자신의 삶을 소유주에게 전적으로 맡긴다는 아주 구체적이고 실존적인 의미로서, 결국 취약하다는 뜻이다.

앞에서 기생 동물 또는 공생 동물을 예로 들었지만 이 동물들은 한쪽으로부터 버려질 염려가 없으므로 취약한 삶이 되지 않는다. 인간의 아이도 부모에게 의존적 삶을 살지만 그것은 성인이 될 때까지 한시적일 뿐이다. 물론 취약한 존재는 돌보아 주어야 한다. 우리는 의존이 필요한 어린이나 장애인을 향한 돌봄을 윤리적 의무라고 생각한다. 그러나 처음부터 취약한 존재임을 알면서도 태어나게 하는 것은 별개의 문제이다. 나는 『동물 윤리 대논쟁』에서 장애인을 차별하지 않는 것과 선택할 수 있다면 장애인을 선택하지 않는 것은 별개의 문제라고 말하면서, 부분-인간화 동물은 장애인으로 태어나게 하는 것과 비슷한데 왜 그런 도덕적 부담감을 스스로 지느냐고 물었다.[45] 처음부터 취약한 존재임을 알면서도 태어나게 하는 것에도 똑같은 질문을 던질 수 있다.

뒤투아는 애완동물을 기르는 것이 도덕적으로 허용될 수 없다는 세 가지 논변을 제시한다.[46] 자유를 제한한다는 반론과 재산으로 삼는다는 반론이 그중 첫째와 둘째 반론이다. 나는 이 중 자유를 제한한다는 반론은 애완동물에게 반대급부로 이득이 주어지므로 우리가 판단하기 어렵다고 말했다. 그리고 재산으로 삼는다는 반론은 사람이 애완동물의 소유주가 아니라 피보호자가 되면 해결이 된다고 말했다. 그러나 세 번째 반론인 의존성 반론은 심각하게 생각해야 한다. 의존하는 존재는 존엄성이 없다. 그런 존재는 홉스의 용어로 말하면 취약하고 짧고 비참한 삶을 살 가능성이 크다. 현실의 용어로 말하면 유기가 될 가능성이 크다. 인간의 경우에도 의존적인 존재가 있지만 종 전체가 의존적이지는 않다. 어린아이는 의존적이긴 하지만 성인이 되면 의존성을 벗고 자립한다. 그러나 성인이 되어도 부모에게 또는 사회에 의존하는 사람은 사회적 문제를 일으킨다. 일부 장애인과 노인처럼 가족에게 또는 사회에 영원히 의존하는 사람도 있지만, 장애인이나 노인은 처음부터 의존적인 존재로 의도된 것은 아니다. (장애인과 달리 누구나 노인이 될 수 있지만 노인이라고 해서 모두 남에게 의존하지는 않는다.) 그러나 애완동물을 만드는 것은 처음부터 의존적인 존재를 만드는 것이기에 태어나게 하지 말아야 한다는 주장이 나올 수 있다. 그런데 우리 사회에는 너무 많은 유기견이 있고 강아지 공장에서는 계속 강아지를 태어나게 한다. 그래서 뒤투아는 기존에 있는 애완동물은 입양하고 앞으로는 태어나게 하지 말아야 한다고 주장한다.[47] 애완동물의 입양 수요가 기존의 동물보다 많으면 계속 태어나게 할 수 있지만 그럴 일은 없을 것 같으므로, 애완동물 폐기론을 지지하는 것이다.

프랜시온도 애완동물을 태어나게 하는 것은 도덕적으로 그르다고 주장한다.[48] 그 이유는 애완동물은 동물을 소유물로 다루는 것이고 그것은 동물의 권리를 인정하지 않는 것이기 때문이다. 동물 복지 주장은 아무리 동물을 인도적으로 대우한다고 해도 결국은 동물을 소유물로 다루는 것이다. 프랜시온은 인간 노예를 아무리 도덕적으로 대우해도 그것은 소유물로 다루는 것이고 이것은 노예의 도덕적 가치를 0으로 부여하는 것이므로 옳지 않다는 것에 비유한다. 그는 꼭 도덕 권리 이론이 아니더라도 상식적으로 동물을 소유물로 다루는 것에 반대할 수 있다고 하는데, 2007년에 풋볼 선수 빅(Michael Vick)이 투견 도박에 관여한 일에 사람들이 비난한 예를 든다. 빅의 행동을 비난한 이유는 동물을 쾌락과 오락의 도구로 사용하기 때문이다. 이와 마찬가지로 가축이나 애완동물도 동물을 쾌락과 오락의 도구로 사용하는 관행이므로 역시 비난받아야 한다는 것이다. 하지만 나는 『동물 윤리 대논쟁』에서[49] 동물은 존엄성이 없기에 오락의 대상이 되어도 윤리적으로 문제가 안 될 수 있다고 말했기에, 쾌락과 오락의 도구로 사용되기에 비난받아야 한다는 비판은 피할 수 있다. 물론 투견은 단순히 쾌락과 오락의 대상에 그치지 않고 개에게 본성과 다른 고통을 주므로 비난받기는 해야 한다. 쾌락과 오락의 대상이 문제가 아니라 의존적이고 취약한 삶이 문제이다.

동물뿐만 아니라 인간의 아이도 부모에 의해 버림받는 일이 일어나기는 한다. 그러나 그것은 흔한 일이 아니고 인간 사회는 그런 아이를 돌볼 수 있는 시스템을 갖추고 있다. 이와 달리 우리 사회에는 너무 많은 유기견이 있고 강아지 공장에서는 계속 강아지를 태어나게 하고 있다. 인간의 아동 보호소처럼 유기 동물을 보호하는 시스템이 구축되면 해결된다는 반론도 가능하겠지만, 유기될 줄 뻔히 예측하면서 유기 동물 보호소를 만드는 것은 난센스다.

그러나 의존적인 존재인지 알면서 태어나게 했더라도 그 피보호자를 절대 유기하지 않고 돌보겠다는 각오가 있는 사람에게는 위 반론은 타당하지 않을지도 모른다. 의존적인 존재라고 하더라도 내가 평생 돌보겠다는데 왜 문제가 되느냐고 말할 테니까. 이런 반론에는 프루와 워치니안스키의 좀 더 근본적인 문제 제기에 주목할 만하다. 피보호자 모형은 부모가 아이를 돌보는 관계에서 대표적으로 나타난다고 말했다. 그리고 스튜어트가 제안한 확장된 가족 모형에서 그 실례를 보았다. 그러면 현실에서 부모가 아이를 어떻게 돌보는지 생각해 보자. 인간의 경우 보호자는 피보호자에게 헌신한다. 부모와 자식의 관계에서 부모는 자식의 이익을 위해 최선의 노력을 기울인다. 자식이 위험을 피하게 하고 건강을 도모하고 잘 자라도록 하는 것이 부모의 기본적인 관심이다.[50] 부모는 심지어 자식의 이익이 다른 이익과 충돌을 할 때 그 이익이 아무리 커도 자식의 이익을 우선한다. 가령 전 재산을 다 바쳐서라도, 심지어 자신의 목숨을 바쳐서라도 자식을 지키려고 한다. 프루와 워치니안스키에 따르면 이런 헌신이 보호자와 피보호자 관계에서 보이는 기본적인 특성이다. 그러나 애완동물을 피보호자로 여기는 보호자라고 하더라도 이런 헌신의 특성을 보일까? 의존적인 존재라는 것을 알면서도 평생 유기하지 않고 기르겠다는 사람들도 끝까지 헌신의 자세를 보일까? 이 질문에 대답하기 위해 애완동물을 기르는 사람들을 대상으로 여론 조사를 하는 것은 철학적인 접근 방식은 아니다. 프루와 워치니안스키는 몇 가지 사고 실험을 통해 그렇지 않음을 보여 준다.[51] 우리에게 익숙한 구명보트 상황을 생각해 보자. 구명보트에 자리가 하나만 남았는데 피보호자인 애완견과 모르는 사람 중 누구를 태워야 할까? 우리는 동물의 침해할 수 없는 권리를 인정하는 레건과 같은 이도 구명보트 상황에서 네 명의 사람을 구하기 위해서는 백만 마리의 개도 버릴 수 있다고 주장함을 알고 있다.[52] 그러니 아무리 보호자와 친숙한 개라고 하더라도 그 개를 구하기 위해서 모르는 사람을 버리는 것은 받아들이기 힘들다. 프루와 워치니안스키는 이 구명보트 상황을 몇 가지 추가적인 딜레마로 변형한다. 입양아와 피보호자인 개 중에서 한쪽만 치료해야 한다면 누구를 먼저 치료할 것인가 하는 딜레마, 입양아와 애완동물 각각을 치료하는 데 치료비가 많이 들어 치료를 포기하고 그 돈을 대신 기부한다고 할 때 똑같이 비난받을까 하는 딜레마, 화재 현장에서 피보호자인 딱정벌레와 모르는 사람 중에 누구를 먼저 구할 것인가 하는 딜레마가 그것이다. 이런 딜레마 상황에서 아무리 애완동물의 진정한 보호자라고 생각하는 사람도 애완동물을 선뜻 먼저 구하기는 쉽지 않고 만약 먼저 구해야 한다고 하면 큰 비난을 받을 것이다.[53]

프루와 워치니안스키는 이러한 사고 실험을 근거로 인간의 보호자-피보호자 관계에서 기대하는 헌신은 애완동물에서 기대할 수 없다고 결론 내린다. 사고 실험은 어디까지나 '사고'에 의해 실험하므로 직관에 기대어 그 실험의 설득력을 주장한다. 프루와 워치니안스키는 위 사고 실험들에서 사람이 아닌 애완동물을 선택하는 사람은 비난받을 것이라는 직관에 기대고 있지만, 그 직관이 현시점의 많은 사람에게 받아들여질지 의문이다. 현재 애완동물을 기르는 사람들은 그 상황에서 애완동물을 구하는 것이 당연하고 그것이 비난받을 행동이 아니라고 생각할 가능성이 크기 때문이다. 몇 가지 통계가 그런 의식의 변화를 보여 준다. 애완동물을 키우는 사람은 그 동물을 '또 하나의 가족'으로 생각하고, 실제로 가족 소개를 할 때 키우는 개나 고양이의 이름을 말하는 경우가 종종 있다. 미국의 통계에 따르면 애완동물 소유자

83%는 자신을 애완동물의 '엄마', '아빠'로 부른다고 하는데, 20년 전에는 55%였다고 한다. 그리고 90% 이상은 개나 고양이를 가족으로 생각하고, 70%는 애완동물의 생일잔치를 연다고 한다.[54] 우리나라에서도 통계는 없지만 애완동물을 흔하게 '우리 애기'라고 부른다. 2011년쯤에 유명 인터넷 커뮤니티의 게시판에 "모르는 사람과 내 개가 같이 물에 빠졌을 때 개를 구하겠다."라는 말을 듣고 충격을 받았다는 글이 올라와 치열한 논쟁이 붙은 일이 있다. "그런 생각을 하다니 역시 충격이다."라는 쪽과 "반려동물 키우는 사람한테 자기 개는 가족과 같은데 나도 내 개부터 구하겠다."라는 쪽이 붙어 속된 말로 '개판'이 되었다.[55] 미국에서는 이와 관련된 설문 조사가 있다.[56] 몇 가지를 예로 들어 보면, 애완동물을 기르는 사람 2,000명을 대상으로 한 설문에서 54%는 자신의 개나 고양이의 다리를 구하기 위해 손가락을 내놓겠다고 대답했고, 43%는 애완동물을 구하기 위해 끓는 물에 뛰어들겠다고 대답했고, 25%는 자신의 동물이 걸을 수 있다면 자신의 손발을 희생할 수 있다고 대답했고, 23%는 자신이 애완동물을 위해 자신의 목숨을 포기하겠다고 대답했다. 이 대답은 자신의 애완동물을 위해 자신을 희생할 수 있다는 대답이지만, 자신의 애완동물과 모르는 사람 중 어느 쪽을 택하겠느냐는 설문도 있다. 51%는 자신의 애완동물 대신에 사람을 먹겠다고 대답했고, 32%는 만약 동물을 위해 필요하다면 누군가를 죽일 것이라고 말했다.

    이제는 모르는 사람과 자신의 애완동물이 물에 빠진 경우 한쪽만 구할 수 있을 때 사람을 당연히 구하여야 한다는 직관은 통하지 않으며, 그런 직관에 기대어 피보호자 모형을 비판하는 사고 실험은 성공하지 못한다. 그러나 나는 또 다른 사고 실험이 가능하다고 생각한다. 애완동물은 피보호자라고 하더라도 보호자의 피보호 순위에서 밀려날 가능성이 항상 있다. 물에 빠진 대상이 애완동물을 기르는 '사람' 자식과 애완동물 '자식'이라고 할 때 애완동물을 먼저 구해야 한다고 말하는 사람은 없을 것이고, 만약 있다면 비난받을 것이다. 물에 빠진 대상이 '사람'인 자식 두 명이라고 할 때 어느 한쪽을 먼저 구했다고 해서 비난받지 않으며 그런 선택을 하게 된 부모의 고충은 동정의 대상이 된다. 그러나 자신의 자식 대신 애완동물을 구하겠다는 선택은 존중도 동정도 받지 못할 것이다. 2023년에 아이가 아토피 피부염에 걸린 이유가 개털 때문인데 개를 분리하지 않으려고 고집하는 엄마의 사연이 인터넷 커뮤니티에 널리 퍼졌다. 당연히 그 엄마는 누리꾼으로부터 뭇매를 맞았다. 사고 실험이든 현실에서 일어난 일을 보든 애완동물은 피보호자라고 해도 급이 다른 피보호자일 수밖에 없고, '또 하나의 가족'이 아니라 '다른 종류의 가족'으로 취급받는다. 피보호자인 자식은 깨물었을 때 아픈 손가락이지만, 애완동물은 우선순위에서 가장 먼저 밀리게 되는 가족인 것이다. 가족 내에서는 그런 식의 피보호자는 존재하지 않는다. 따라서 애완동물은 진정한 피보호자가 되지 못하며, 피보호자의 위상으로 어울리지 않는다. 결국 피보호자 모형은 애완동물의 모형으로 적합하지 않다.

앞서 살펴본 장난감 모형도 적절하지 못했다. 그렇다면 장난감 모형과 피보호자 모형 모두 인간과 애완동물의 도덕적 관계를 도덕적으로 적절하게 규정할 수 없으니 "애완동물을 키우는 관행은 폐기되어야 한다."라는 결론이 도출된다.

4장
애완동물: 반려자 또는 동무인가?

1. 반려 모형

장난감 모형과 피보호자 모형이 적절하지 못하다면 두 모형 이외의 그럴듯한 애완동물 모형이 제시되지 않는 이상 애완동물은 폐기되어야 한다는 결론이 나오게 된다. 앞에서 프루와 워치니안스키가 피보호자 모형을 비판하는 사고 실험은 모르는 인간과 애완동물 중 한쪽을 구해야 할 때 모르는 사람을 구한다는 내용이었다. 피보호자 모형은 애완동물을 아이처럼 생각하기에 거기에 헌신해야 하는데, 막상 긴급한 상황에서는 헌신하지 못한다는 것이다. 이 비판을 피하기 위해서는 왜 꼭 그런 상황에서 애완동물을 구해서는 안 되느냐고 반문하면 된다. 프루와 워치니안스키의 딜레마 상황에서 그리고 레건의 구명보트 상황에서 인간을 구하지 않았을 때 비난을 받는다는 것이 그들의 직관이지만, 사람들의 직관이 꼭 그들이 생각하는 대로 형성되지는 않는다. 앞에서 애완동물을 향한 직관이 변해가는 통계를 몇 가지 인용했고, 실제 인터넷 커뮤니티에서 확인되는 사람들의 생각도 그런 식으로 변하고 있다. 나는 '사람' 자식과 애완동물 중에서 하나를 구해야 하는 사고 실험은 피보호자 모형을 무너뜨린다고 주장했지만, 그것이 기대는 직관도 언젠가는 변할지 모른다. '사람' 자식과 애완동물 사이에서 똑같이 고민하거나, 속 썩이는 사람 자식보다 충성하는 애완동물이 더 낫다고 진심으로 생각하게 될지도 모른다.

직관은 사람마다 다르고 지배적인 직관이라도 변할 수 있으므로 이 문제는 직관으로 접근해서는 안 되고 규범 차원에서 접근해야 한다. 프루와 워치니안스키의 질문은 애완견과 모르는 사람 중 누구를 **구하는** 선택을 하겠느냐고 묻는 것이 아니라 누구를 구하는 것이 **옳으냐**고 묻는 것이다. 우리는 친숙함에 의한 감정이나 본능을 가지고 있지만 그런 감정이나 본능에 기초한 판단이 꼭 도덕적인 것은 아니다. 나와 가까운 친척, 고향 사람, 인종에 친근감을 느끼는 것은 자연스러운 감정이지만 그것에 끌려 어떤 결정을 내릴 때는 연고주의나 정실주의라고 비난받는다. 그런 친근감을 바탕으로 애완견을 선택한다면 나와 같은 종이라는 이유로 동물보다 인간을 우선하는 종 차별주의와 다를 바가 없다. 그렇다면 친근감이라는 자연적 감정을 배제하고 '이성적으로' 모르는 사람과 내 개 중 누구를 구해야 '도덕적'인지 생각해 보자. 그때 판단의 근거가 되어야 하는 것은 인간과 애완견의 삶의 가치이다. 내가 『동물 윤리 대논쟁』에서 이미 살펴보았듯이,[1] 자신이 시간 속에서 사는 존재임을 인식하고 미래를 계획할 수 있는 능력, 자의식, 존재의 대체 가능성, 존재하지 않게 되었을 때 주변의 상실감 등을 고려할 때 인간이 애완견보다 삶의 가치가 높다고 생각하는 것은 종 차별주의적 판단이 아니다. 그러나 애완동물을 가족 구성원으로 생각하는 쪽은 애완동물을 가장자리 인간과 똑같이 생각한다. 가장자리 인간, 예컨대 어린아이도 자신이 시간 속에서 사는 존재임을 인식하고 미래를 계획할 수 있는 능력이나 자의식이 없다는 점에서 애완동물과 똑같다. 그리고 애완동물을 가족 구성원으로 생각한다면 위에서 말한 존재의 대체 가능성이나 존재하지 않게 되었을 때 주변의 상실감은 애완동물이나 어린아이나 차이가 없다. 노벨상 수상자인 동물 행동학자 로렌츠는 "삶에서 절친한 벗이 차지했던 자리는 그가 죽고 나면 영원히 빈자리로 남지만, 개가 남긴 빈자리는 다시 채워질 수 있다."라고 말한다.[2] 장난감이 훼손되면 새 장난감 사듯이, 애완견은 대체 가능하다는 뜻이다. 그러나 최근 애완동물을 기르는 사람들은 애완동물이 죽었을 때 가족을 잃은 것처럼 슬퍼하지 대체품으로 여기지는 않는다. 그렇다면 사람들의 직관을 떠나 규범적으로 판단해 볼 때 모르는 사람 대신에 애완동물을 구했다고 해서 비난을 받을 일은 아니라는 것이다.

이런 반론이 성공할 수 있다면 장난감 모형과 피보호자 모형 이외에 제3의 모형이 가능하다. 이런 모형을 **반려 모형**이라고 불러 보자. 이 모형은 애완동물을 한갓 소유물도 아니고 단순히 피보호자도 아니고 평생 같이 사는 가족의 구성원으로 생각한다. 사실 이 모형에서는 내가 계속 쓰고 있는 '애완동물(pet)'이라는 용어에 대해서도 강력히 반대하고 '반려동물(companion animal)'이라는 용어를 써야 한다고 주장할 것이다. 애완동물은 "좋아하여 가까이 두고 귀여워하며 기르는 동물"이라는 국어사전의 풀이처럼 인간의 동물에 대한 일방적인 소유의 관계를 나타낸다. 장난감 모형이 바로 거기에서 나왔다. 반면에 반려동물은 국어사전에서 "사람이 정서적으로 의지하고자 가까이 두고 기르는 동물"이라고 풀이하고 있는 데에서 알 수 있듯이 반려동물이라고 할 때의 동물은 인간과 대등한 존재의 위치이다. '반려'는 짝이 되는 동무라는 뜻이다. 남편이나 부인을 인생의 '반려' 또는 '반려자'라고 하듯이 반려동물이라고 할 때는 동물도 인간처럼 평생을 함께하며 정서적으로 교류하는 동무가 될 수 있다고 생각하는 것이다. 반려 모형은 애완동물을 가족처럼 생각하지만 피보호자 모형처럼 부모-자식 관계로 생각하는 것이 아니라 부부 관계로 생각한다. 절친한 동무 관계로 생각해도 된다. (특히 개 식용을 반대할 때 개는 인간의 친구라는 주장이 자주 나오는데, 이 주장은 10장의 주제이다.)

　동물을 '기른다'고 하지 않고 동물과 '함께 산다'고 생각하는 인식이 늘어나는 현실을 고려할 때, 단지 살아 있는 장난감으로 취급하는 '애완동물'이라는 말보다는 가족의 하나로 생각하는 '반려동물'이라는 말이 '반려인'의 입장에서는 정치적으로 올바른 표현일 것이다. 그러나 나는 '반려동물'이 반려인의 지향점을 드러내는 표현이긴 하지만 현실을 정확히 반영한 표현이라고 말하기는 어렵다고 본다.[3] 그리고 바로 그 점에서 반려 모형도 애완동물을 설명하는 적절한 모형이 될 수 없다고 생각한다. 이렇게 생각한다고 해서 앞서 부정한 장난감 모형이 그럴듯하다고 받아들이는 것은 아니다. 다만 애완동물이라는 표현이 꼭 장난감 모형을 함축하는 것은 아님을 주장하는 것이다. 애완이라고 한다고 해서 일부 사람들이 주장하듯이 꼭 '희롱'의 뜻이 들어 있는 것은 아니다. '완'이 '구'와 결합하면 장난감이라는 뜻이 되지만, '완' 자체가 장난감이라는 뜻은 아니다. 한자어를 구성하는 한자는 어떤 한자와 결합하느냐에 따라 다른 뜻으로 쓰일 수 있다.[4] '애완'에서는 '완'이 '애'와 결합했기 때문에 사랑한다는 뜻을 내포하고 '완구'에서는 '구'와 결합했기 때문에 '가지고 논다'는 뜻을 내포하는 것이다. 따라서 '애완'은 애호의 뜻으로 쓰이기에 '희롱한다'거나 '가지고 논다'는 뜻보다는 '사랑하고 아낀다'는 뜻으로 이해할 수 있다. 설령 장난감이라고 하더라도 〈토이 스토리〉의 앤디 예처럼 장난감을 애지중지하는 사례도 있음은 2장에서 보았다.

애완동물이라는 용어에 대해서는 조금 이따 다시 언급하자. 지금은 장난감이 아니라 가족의 하나이기에 '애완동물'을 '반려동물'로 바꿔야 한다는 주장에 대해 애완동물의 위상이 거기에 부합하는지 살펴보자. 애완동물을 '기르는' 사람은 장난감 주인처럼 '소유주'라고 부를 수 있는 데 반해 반려동물과 '함께 사는' 사람은 어떻게 불러야 할까? '반려인'이라는 표현도 쓰이기는 하지만, 과연 동물이 짝이 되는 동무라는 '반려'의 뜻에 맞는 위상이지는 의심스럽다. 앞에서 계속 강조한 의존성이 그 위상을 어둡게 만든다. 애완동물은 태어날 때부터 그리고 구입 또는 입양될 때부터 죽을 때까지 '주인'에게 의존해야 하고 주인의 선택에 전적으로 따라야 하는 일방적인 관계인데 이를 반려라고 말하기는 어렵기 때문이다. 현재 애완동물을 기르게 되는 가장 보편적인 통로는 애완동물 가게[펫 숍]에서 구입하는 것인데, 돈 주고 사는 관계를 반려라고 부르지는 않는다. 애완동물은 인간과 같은 자의식이 없으므로 그것을 재산처럼 사고판다고 해서 그 존재에게 해가 되는 일은 없다는 반론이 가능할 것이다. 그러나 재산으로 취급한다는 것은 이미 문제점을 지적한 애완동물의 장난감 모형과 다르지 않다. 한편에서는 자의식이 없으므로 재산처럼 사고팔아도 된다고 말하고, 다른 한편에서는 가족과 다름없는 반려라고 말하는 것은 모순이다. 그리고 8장에서도 말하겠지만 인간이 원하는 형질을 만들기 위해 선택적 교배를 해서 태어난 애완견들은 태어날 때부터 각종 질병에 시달린다. 고통이 있을 때 그 아픔을 함께해 주는 존재가 반려이지만, 고통이 있을지 알면서 태어나게 하는 것은, 더 정확히 말하면 일부러 고통을 유발하여 태어나게 하는 존재가 반려일 순 없다.

애완동물을 비롯한 동물을 물건으로 취급하는 현재의 국내 법률에 따르면 반려동물은 법률과 거리가 먼 표현이다. 물론 반려동물이 적절한 표현이라고 하면 법률은 수정될 수 있으므로, 법률을 근거로 하여 반려동물의 위상을 문제 삼는 것은 수정되어야 할 대상이 거꾸로 수정을 거부하는 근거가 되는, 일종의 선결문제 요구의 오류일 수 있다. 그러나 법률뿐만 아니라 사람들의 의식은 아직도 반려동물보다는 소유물에 가깝다. '애완견'이 아닌 '반려견'이라고 불러야 한다고 말하는 사람들조차도 '견주'라는 표현을 쓴다.[5] 반려동물이라면 평생을 함께 살아야 하는데, 한 동물권 단체의 조사에 따르면 반려동물이 죽을 때까지 같이 사는 사람은 12%밖에 되지 않는다.[6] 그 이외의 사람들은 이사나 소음으로 인한 이웃과의 분쟁이나 배변 문제 등의 개의 나쁜 습관 때문에 개를 다른 사람에게 주거나 심지어는 유기하기까지 한다. 인간끼리의 반려 관계에서는 있을 수 없는 현실이다. 물론 이러한 현실도 법률과 마찬가지로 수정되어야 할 대상이지 수정을 거부하는 근거가 될 수는 없다. 근본적인 문제는 개를 비롯한 반려동물은 수명의 차이로 인간과 평생을 같이 살 수 없다는 것이다. 위 조사는 꽤 오래 전의 것이므로 반려동물과 죽을 때까지 같이 사는 사람의 비율이 지금은 좀 더 늘어났을 것이다. 그러나 설령 모든 사람이 반려동물을 유기하지 않고 반려동물이 죽을 때까지 같이 산다고 하더라도 인간과 반려동물의 수명 차이로 반려동물을 먼저 떠나보내는 경우가 대부분이다. 반려, 곧 짝이 되는 동무인데 항상 한쪽이 먼저 죽는다. 그런데 그것을 알면서도 함께 산다는 것은 인간의 반려 관계에서는 상상할 수 없다. 그래서 미국의 작가인 화이트(T. H. White)는 "나는 30년을 더 살 수도 있는데, 이것은 개의 수명의 두 배이다. … 그리고 이것이야말로 개를 열렬하게 사랑하는 것을 방해한다."라고 말한다.[7] 물론 인간도 시한부 인생인 것을 알면서 여생을 함께 사는 때가 있지만 그것은 예외적인 상황이다. 이와 같은 이유로 나는 '반려'라는 말은 인간과 애완동물의 관계를 적절하게 나타내는 표현은 아니라고 생각한다. 그래서 반려 모형도 애완동물에 대한 적절한 모형이 아니다.

반려 모형이 실패하는 또 다른 이유는 애완동물을 기르는 사람들이 스스로는 반려동물이라고 부르면서 실제로는 장난감으로 다루고 있기 때문이다. 8장에서 자세히 살펴보겠지만 사람들은 사람에게는 하지 않는 선택적 교배를 개에게는 한다. 이것만으로도 반려동물이라는 말이 무색한데, 그 선택적 교배의 목적에는 이제 사냥과 경비는 없고 오로지 소유주의 미적 취향만 있다. 개 번식업계에서는 '장난감 품종(toy breed)' 또는 '장난감 개(toy dog)'라는 말이 대놓고 쓰이고 있다. 앞에서 본디는 사냥용 개였다고 말한 테리어와 스패니얼과 푸들이 대표적인 이 품종이다. 무릎에 올려놓을 정도로 작은 개라는 뜻으로 lapdog라는 말도 쓰인다. '장난감 품종'이나 '장난감 개'는 우리말로 '소형 품종' 또는 '소형 개'라고 옮기는데, 생명체에게 '장난감'이라는 말을 붙이기에는 민망하기 때문일 것이다. 그러나 그것은 말로써 현실을 덮는 것이다. 현실에서는 귀여움만을 목적으로 하는 장난감으로 취급하기 때문이다. 과거 중국 사회에서 여성의 발을 어릴 때부터 묶어 자라지 못하게 하여 작게 만드는 악습인 전족이 있었다. 전족을 하는 이유 중 하나로 남성의 여성에 대한 지배와 우월감이 거론된다. 발이 작고 뒤틀린 여성은 뒤뚱거리면서 걸을 수밖에 없으므로 멀리 갈 수 없으며, 노동에 종사할 수 없기에 남성의 노리개 구실밖에는 할 수 없다. 인문 지리학자 투안은 개를 가만히 있게 훈련하는 것은 애완견을 지배하고 복종을 받으려는 인간의 욕망이 투영된 것이라고 말하는데, 전족을 하는 목적도 이와 다르지 않다. 전족이 악습으로 비판받는 지금, 우리는 개에게 똑같은 짓을 하고 있는 것이다. (투안의 주장은 다음 절에서 자세하게 살펴보겠다.)

애완동물을 사고팔거나 장난감으로 취급하는 현실은 바로잡아야 하는 것이지 그것을 이유로 반려 모형이 실패한다고 말하기 어렵다고 지적할 수 있다. 그래서 반려 모형을 비판하기 위해서는 더 근본적이고 개념적인 문제점을 지적해야 하는데, 그것은 애완동물은 반려 또는 동무 관계에서 일반적으로 기대되는 특성을 만족할 수 없다는 것이다. 부부는 가족의 하나이지만 자식처럼 일방적인 돌봄을 주는 관계가 아니므로 아주 친한 동무라고 간주하는 게 적절하다. 따라서 반려 모형은 동무 관계로 이해해야 한다. 그것은 단순히 알고 지내는 동무가 아니라 평생을 함께하는 동무 관계이다. 일반적으로 우정이라고 할 때 요구되는 바는 무엇일까? 아바트는 우정에는 상호성, 선택, 평등성, 차이의 존중이라는 네 가지 특성이 있어야 한다고 말한다.[8] 이 중 상호성과 차이의 존중은, 다음 절에서 다시 살펴보긴 하겠지만, 넓게 해석한다면 인간과 애완동물에도 성립한다고 말할 수 있다. 문제는 선택과 평등성이다. 인간 사이에는 평등한 관계에서 스스로 선택해서 부부가 되고 동무가 된다. 그러나 애완동물이 스스로 한 선택으로 인간과 반려 관계를 맺는가? 앞서 늑대가 스스로 인간 사회를 찾아와 길들여진 동물이 되었다는 부디안스키의 견해를 소개했지만, 그것은 역사적인 그리고 종 차원의 설명일 뿐이지 개체 차원에는 적용되지 않는다. 강아지나 고양이 개체는 입양되든 구매되든 인간 보호자와 강제로 관계를 맺으며, 싫다고 해서 그 관계에서 빠져나갈 수는 없는 것이다.[9] 이상적인 부부나 동무 관계는 평생 유지되어야 하지만, 필치 못할 사정으로 그 관계가 깨질 때에는 꼭 평등한 관계에서 스스로 선택하는 것은 아니다. 한쪽의 일방적인 선언으로 이혼하고 절연하는 사례는 인간관계에서도 드물지 않게 볼 수 있다. 그러나 부부나 동무는 헤어지더라도 혼자 힘으로 살 수 있다. 하지만 여러 번 강조했듯이 의존성이 강한 애완동물은 취약하기에 인간으로부터 일방적으로 버려지면 자기 힘으로 살 수 없다는 문제가 생긴다. 전통 사회의 여성이 자립할 수 없기에 굴욕적인 부부 관계를 계속 유지했던 것을 비윤리적이라고 비판하는 것처럼, 의존적인 애완동물이 '굴욕적인' 애완 관계를 유지하는 것도 비윤리적이라고 비판받아야 한다. 반려 모형은 애완동물을 기르는 현실에 맞지 않는다. 애완동물은 반려자도 동무도 아니다.

애완동물이 인간의 친구임은 개고기 논쟁에서 자주 거론된다. 개는 인간의 친한 친구인데 친구를 먹을 수 있느냐는 반론이 그것인데, 이런 논증도 반려 모형에 터를 잡고 있다. 나는 이것을 '우정 논증'이라고 부르고 8장에서 자세하게 다루겠다. 그 이전에 반려 또는 동무에게 기대되는 바가 애완동물에게는 현실에서 실현되지 않는 사례를 몇 가지 말하겠다. 가족 또는 친구라고 하면서 실제로는 가족이나 친구에게 하지 않는 짓을 동물에게는 하는 것이다. 좀 유치한 지적으로 보일 수도 있는데, 반려라는 비유가 적절하지 않음을 보여 주려는 의도이다.

- 가족이나 친구에게는 목줄을 채우지 않는다. 그러나 개를 산책시킬 때는 목줄을 채워야 한다.
- 애완동물을 데리고 식당에 들어갈 수 없다. 케이지에 넣지 않고서는 대중교통을 함께 이용할 수 없다. 국립공원에도 함께 입장할 수 없다.
- 사람의 아기는 아무 데서나 똥오줌을 누게 하지 않는다. 그러나 반려동물에게는 아무 데서나 똥오줌을 누게 하고, 똥은 치운다지만 오줌은 치우지도 않는다.
- '식구(食口)'라는 말이 한집에서 함께 살면서 끼니를 같이하는 사람이라는 말에서 나왔듯이, 같은 가족끼리는 한 상에서 밥을 먹는다. 그러나 애완동물에게는 바닥에서 밥을 먹인다.

개를 산책시키면서 목줄을 채우지 않는 것은 많은 나라에서 불법이다. 영문학자인 앰브루스터는 이렇게 말한다.

개와 개의 반려인이 갈 수 있는 장소에는 심각한 제한이 있으며, 공공 보도와 공원 잔디밭에서도 목줄 없이 걷는 것은 거의 보편적으로 금지되어 있다. … 개는 공공장소에서 (허용된다고 하더라도) 단지 반려인의 소유물이자 때로는 삶의 액세서리로 용인될 뿐이다. 사실, 반려견과 공공장소를 둘러싼 담론과 관행만큼 반려견의 재산으로서의 법적 지위를 명확하게 보여주는 것은 없다.[10]

우리나라도 마찬가지이지만 미국에서도 애완동물은 (시각 장애인 안내견을 제외하고는) 식당에 출입할 수 없다. 사람들은 애완동물을 집에서는 가족으로 취급하면서도 공적인 영역에서는 문명화된 삶과 양립불가능하다고 생각한다. 그런 점에서 유해 동물인 비둘기나 쥐와 같은 처지이다. 더 아이러니한 것은 애완동물은 야생 동물에서 진화한 동물인데도 국립공원 출입이 금지된다는 사실이다. 앰브루스터는 이것은 개를 오염된 존재로 취급하는 것이라고 말한다. 그에 따르면 국립공원에 개를 출입시키는 것은 "개가 '자연'에 속하지 않는다고 가정하는 일부 인간 방문객의 때 묻지 않은 자연에 대한 경험을 망친다고 여겨진다."[11] 결국 애완동물은 식당이나 가게에서는 사람과 함께 들어갈 만큼 문명화되지 못했다고 생각되고, 거꾸로 국립공원에서는 야생 동물과 함께 어울릴 만큼 자연스러운 존재가 아닌 것으로 인식된다. 애완동물은 사회에서 이리저리 치이는 존재이다. 애완동물을 기르는 인구가 지금보다 더 많아지면 이런 현실이 바뀔까? 목줄을 채우지 않아도 더는 불법이 아니고 개나 고양이를 데리고 아무 데나 출입할 수 있을까? 지금도 애완동물을 기르는 사람들부터 그에 대한 저항이 없는 것을 보면 그럴 것 같지 않다. 곧 애완동물을 기르는 사람들은 스스로는 의식하지 못하지만 앰브루스터의 말대로 애완동물을 재산이나 오염된 존재로 의식하는 것이다.

영어에서는 아직도 반려동물을 뜻하는 companion animal과 함께 애완동물을 뜻하는 pet이 널리 쓰인다. 그러나 우리나라의 경우는 '반려동물' 대신에 '애완동물'을 쓰면 정치적으로 올바른(politically correct) 언어를 사용하지 않는 사람으로 매도되는 느낌이다. 앞서 말했듯이 애완동물은 동물을 장난감으로 취급한다고 생각되기 때문이다. 그러나 말은 현실을 덮을 수 없다. 설령 말이 현실을 덮을 수 있더라도 그것은 잠시뿐이다. 현실이 바뀌지 않으면 옛말이 가지고 있는 부정적인 내포가 새 말에도 그대로 전이된다. 예컨대 '장애자'라는 말이 가지고 있는 차별적인 내포를 없애기 위해 '장애인'으로 바꾸었지만, 장애인 차별의 현실이 바뀌지 않는 이상 '장애인'은 또다시 그런 차별적인 내포를 가지게 된다.[12] 애완동물이 장난감의 내포가 있다고 가정해 보자. 그래서 '애완동물'을 '반려동물'로 바꿔 부른다고 하더라도, 언중은 이제 '반려'를 '애완'의 뜻으로 쓰게 된다. 이미 그와 같은 현상이 관찰된다.

"빅데이터로 알아보는 반려 식물"[13]
"반려견만 동반자인가요? 반려 인형도 가족이랍니다."[14]
'질의 삶'을 높여주는 반려 기구[15]

식물이나 인형이나 장난감은 도덕적 지위가 전혀 없으므로 자신이 소유한 것을 훼손하거나 버린다고 하더라도 직접적인 도덕적 문제는 생기지 않는다.[16] 그런 점에서 그런 것들에 '반려'라는 말을 붙인다는 것은 애착을 보내는 물건의 의미로 쓰는 것이다. 애완을 안 쓰려고 반려를 썼는데 그 반려가 애완의 뜻으로 변해 버린 것이다.

2. 애정과 지배

특정 대상에게 애정을 쏟는다는 것 자체가 모든 것을 용서해 주는 것 같다. "사랑해서" 그런다는데 무슨 불만이 있겠는가? 애완동물과 부모-자식 관계가 가능하다고 보는 스튜어트가 주목하는 것도 생물학적 혈연이 아니라 부모의 역할을 하는 보호자가 피보호자에게 쏟는 애정이다. 스튜어트도 인간 보호자가 애완동물에게 보내는 애정과 돌봄은 상호적인 것이 아니라 일방적인 것임을 안다. 그러나 그는 상호적인 애정만 애정으로 인정한다면 인간관계에서 보이는 상당히 많은 애정 관계를 배제해야 한다고 말한다. 인간 아이나 심각한 정신 장애인은 보호자에게 자신의 애정을 언어적인 형태로 표현할 수 없기 때문이다.[17] 그래서 애정의 개념을 넓혀서 우리와 애완동물 사이에도 충분한 애정과 관심을 주고받는다고 생각해야 한다는 것이 스튜어트의 주장이다.

그러나 인간 사이의 애정과 인간과 동물 사이의 애정은 단순히 정도의 다른 차원이 아니라 아예 종류가 다른 차원이라는 데 문제가 있다. 우리는 인간관계에서 상대의 의사를 존중하지 않는 애정이 집착이나 심하면 스토킹으로 연결되는 경우를 자주 목격한다. 그러나 이것은 인간관계가 필연적으로 수반하는 근본적인 문제는 아니다. 반면에 애완동물과 맺는 관계는 지배와 착취가 근본적일 수 있는 소지가 있다. 투안은 서구의 애완 역사에서 애정은 지배 또는 착취와 구분되지 않는다고 말한다.

> 애정은 지배의 반대말이 아니다. 오히려 그것은 온건한 지배, 다시 말해 인간의 얼굴을 한 지배를 뜻한다. 지배는 그 안에 애정의 요소는 전혀 없는, 잔혹과 착취일 수 있다. 지배가 만들어 내는 것은 희생물이다. 반면에 지배는 애정과 결합할 수 있는데, 그래서 만들어 내는 것이 애완물(pet)이다.[18]

애완물은 길들여진 동물이다. 그에 따르면 '길들임'의 영어인 'domestication'과 '지배'의 영어인 'domination'의 말밑이 같다.[19] 둘 다 집을 뜻하는 라틴어 domus에서 나왔는데, 무엇인가를 자신의 집 또는 영역으로 가져온다는 것이다. 나의 힘이 미치는 영역으로 가져온다는 것, 그것이 곧 지배하는 것이다.

인간은 자연뿐만 아니라 다른 인간도 지배한다. 그러나 투안이 말하는 지배는 겉으로는 애정으로 포장된 것이다. 그는 그런 애완물(pet)의 사례로 애완동물 외에 인간의 미적 목적을 위해 변형된 식물, 흑인 소년, 난쟁이까지 든다. 일단 식물은 직접적 도덕적 지위가 없으므로 그것을 '지배'한다고 하더라도 인간 환경에 끼치는 간접적인 문제는 있을 수 있어도 도덕적 지위를 직접 해치지는 않는다. 투안은 "식물의 줄기를 비틀어서 영양 모양으로 만드는 데서 즐거움을 느낀다고 할 때 식물을 착취한다고 말할 수 있을까?"[20]라고 묻는데, 이 질문에는 '아니다'라고 대답할 수 있겠다. 흑인 소년이나 난쟁이는 직접적 도덕적 지위가 있으므로 상황이 완전히 다르다. 18세기에 귀부인이나 부유한 매춘부는 흑인 소년을 '이국적인 장식품'으로 삼았는데, 다른 남자 하인들은 들어갈 수 없는 응접실이나 침실에까지 데리고 다녔다.[21] 흑인 소년은 귀여우면서도 우스꽝스러운 옷을 입고 춤과 노래로 주인에게 즐거움을 주었다. 그리고 난쟁이 역시 주인의 노릿감인 어릿광대의 역할을 했다.[22] 투안은 이렇게 말한다.

> 18세기의 영국 귀부인이 흑인 소년을 애완물로 삼는 것은 옳은가? 그 부인은 그렇게 생각했다. 흑인 소년에게 좋은 옷을 입히고 특권을 허용하지 않았는가? 물론 지금의 우리 중 일부는 소년의 존엄성은 그의 애완물이라는 신분에 의해서, 심지어 여자 주인의 호의와 관용에 의해서도 보상되지 않는다고 주장하며, 동의하지 않을 것이다. 애정은 지배력을 완화시켜 부드럽고 받아들일 수 있게 하지만, 애정 자체는 불평등의 관계에서만 가능하다. 그것은 자신이 아끼고 후원할 수 있는 것들에 대한 따뜻하고 우월한 감정이다. '돌봄'이라는 단어는 인간미가 너무 많이 배어 있어서, 우리는 그것이 이 불완전한 세상에서 후원과 거들먹거림으로 거의 피할 수 없게 얼룩져 있다는 것을 잊는 경향이 있다.[23]

투안은 흑인 소년을 애완물로 삼는 것이 옳으냐는 질문에 "우리 중 일부는" 동의하지 않을 것이라고 했지만, 아마 대부분이 동의하지 않을 것이다. 아무리 호의를 베풀어도 누군가의 놀잇감으로 삼는 것은 인간의 존엄성과 어울리지 않는다고 생각하기 때문이다. 그러나 동물에 대해서는 어떨까? 10장에서 자세하게 논의하겠지만 애완동물은 그런 존엄성이 없다. '우월한 감정'의 대상이 된다는 의식을 하지 못한다. 애완동물에게 '호의와 관용'을 베푼다면 애완물로 삼는 것은 옳지 않은가?

대부분의 동물은 자신이 놀잇감의 대상이 된다는 것을 의식하지 못한다. 자존감이라고 부를 수 있는 것도 없으므로 그것을 훼손한다고 말할 수도 없다. 그루언은 광대로 분장시킨 곰의 사례를 동물의 존엄성을 훼손한 예로 든다.[24] 그러나 곰은 스스로가 광대로 분장했고 사람들로부터 웃음거리가 된다는 것을 의식하지 못하므로 존엄성의 예로 적절하지 못하다. 곰에게 감정이입하는 사람은 곰을 대신해서 존엄성이 훼손된다고 느낄지 모르지만, 훼손되는 존엄성은 곰의 것이 아니라 인간의 것이다. 광대 분장을 한 곰의 존엄성이 문제된다면 애완견에게 옷을 입히고 신발을 신기는 것도 문제가 될 수 있다. 오히려 따져보아야 할 것은 곰의 존엄성이 아니라, 광대 분장으로 인하여 곰이 불편해하지 않느냐는 것이다. 애완견에게 옷을 입히고 신발을 신기는 것도 '견주'의 만족일 수는 있지만, 무엇인가를 걸치는 데 익숙하지 않은 개에게는 그것이 매우 불편할 수 있다. 요컨대 문제는 자존감의 훼손이 아니라 인간의 놀잇감이 되면서 동물의 본성을 존중받지 못한다는 것이다. 부인의 놀잇감이 된 흑인 소년은 좋은 옷과 맛있는 음식을 받았을지 모르지만, 소년으로서 누려야 할 마땅한 활동을 하지 못했다. 가족과 떨어져 살아야 했고 친구를 사귈 수 없으며 미래를 위해 자신의 능력을 개발하지도 못했다. 푸안은 언급하지 않았지만, 흑인 소년은 소년기가 지나면 더 이상 '놀잇감'의 가치가 없으므로 버려졌을 가능성이 크다. 자신의 능력을 개발하지 못한 소년은 제대로 된 삶을 살리라고 기대하기 어렵다. 소년의 삶은 주인에게 전적으로 의존한다는 점에서 지속 가능하지 못하고 그런 점에서 취약하다. (지속 가능성과 취약성은 6장의 3절에서 다시 강조하겠다.) 흑인 소년은 자존감을 포함해서 인간으로서 존중받아야 하는 중요한 본성을 존중받지 못한 것이다.

투안은 금붕어와 개를 예로 든다. 금붕어는 중국의 송나라 시대에 본디 초록색이거나 회색빛의 붕어가 빨간색 돌연변이가 된 것을 연못에서 애완동물로 키우기 시작했다고 한다. 그 후 여러 가지 형태로 개량되었는데, 금붕어의 행동을 변하게 한 것은 아니지만 모양은 변하게 했다. 금붕어는 관상용이라는 점에서 행동까지 유순하게 변하게 하는 개와 다르다. 금붕어의 본디의 행동반경이 연못을 벗어나지 않는다면 애완동물로 사는 것이 금붕어에게 고통을 주지 않을 것이다. 문제는 따로 있는데, 푸안은 그 예로 툭눈금붕어(telescope goldfish)를 든다.[25] 툭눈금붕어는 툭 튀어나온 눈이 특징인데, 이 눈 때문에 고생한다. 딱딱한 물체에 부딪혀 눈이 멀기도 하고, 다른 물고기, 특히 송사리의 공격을 받기 쉽다. 툭눈금붕어로 개량한 것은 화려하고 기이한 모양을 찾는 금붕어 애완인의 욕구 때문이다. 그 욕구는 금붕어에게 태어나면서부터 고통을 느끼도록 하는 것이다.

'개량'은 나쁜 점을 보완하여 더 좋게 고친다는 뜻이다. 농산물에 쓰이는 '품종 개량'은 어떤 생물의 유전적 성질을 교잡·돌연변이와 같은 방법을 이용하여 더욱 우수한 품종을 만드는 일이라고 풀이하고 있다. 이때 '좋다'는 기준은 순전히 인간의 기준이다. 툭눈금붕어의 사례에서 보듯이 화려하고 기이한 것을 보고 싶은 인간의 욕구를 만족시켜 주기에 좋은 것이다. 금붕어 입장에서는 화려하고 기이한 특성은 종의 번식에 도움이 된다고 볼 수도 있다. 인간의 욕구 때문에 툭눈금붕어라는 종이 생기고 번식하기 때문이다. 이것은 전형적인 '식료품실의 논리'이다.[26] 이 세상에 유대인만 있었다면 돼지는 멸종되었으리라는 주장이 일리가 없는 것은 아니므로, 종 차원의 논의보다 개체 차원의 논의로 집중하자. 툭눈금붕어 개체 입장에서는 강에 살 때보다 연못에 살 때 포식자의 위협에서 벗어날 수 있고 먹이를 지속적으로 공급받는다는 장점이 있다. 그러나 그 장점이 튀어나온 눈 때문에 눈을 다칠 가능성이 크다는 점을 상쇄할까? 이 질문에 '그렇다'는 대답이 가능하긴 하다. 그 개체는 그런 특성이 없었으면 태어나지 않았을 것이고 존재한다는 것은 존재하지 않는 것보다 이득이라는 이유 때문이다. '비동일성 문제'라고 불리는 이 대답은 툭눈금붕어뿐만 아니라 인간의 미적 취향을 만족시키려다 보니 선천성 질환을 앓고 태어난 애완동물에게 모두 적용되는데, 특히 개를 중심으로 8장에서 자세하게 논의하겠다.

지배하기 위해서는 다루기 쉽게 해야 한다. 다루기 쉽게 하는 가장 쉬운 방법은 크기를 줄이는 것이다. 개뿐만 아니라 고양이, 소, 양 등은 야생 동물일 때보다 길들여진 동물이 되었을 때 크기가 줄어들었다는 것은 고고학적 증거가 보여 준다.[27] 크기가 줄어든 동물은 그만큼 힘도 약해지고 인간이 다루기 쉬워진다. 어릴 때의 해부학적 및 행동학적 특성을 평생 갖도록 하는 유형 성숙도 동물을 다루기 쉽게 하는 특성 중 하나이다. 길들여진 개의 특성은 좁은 턱, 작은 이, 짧은 털, 동그랗게 말린 꼬리, 군턱(턱 아래 쳐지고 접인 살), 늘어진 귀 따위를 들 수 있다. 이 중 동그랗게 말린 꼬리와 늘어진 귀는 주인을 향한 복종의 모습으로 보인다.[28] 이런 외모뿐만 아니라 아양을 떠는 생물학적 특성도 길들여진 개의 특성이다. 귀여운 외모와 행동은 모든 동물의 유년기에서 관찰할 수 있지만, 길들여진 동물은 평생 그것을 간직한다. 로렌츠는 이런 '유아적 특성'을 가지고 있지 않은 개를 상상해 보라고 말한다.

유아성이 완전히 결여된 개들은 독립성을 갖고 있다는 측면에서 동물 심리학적으로 흥미로운 대상이 될 수는 있겠지만, 그 주인으로서는 이 '떠돌이 개'를 키워도 별로 기분이 좋지 않을 것이다. 그런 개들은 좀 나이가 들면 경우에 따라서는 매우 위험한 행동을 할 수도 있다. 개들이 전형적으로 가진 복종심이 결여되어 있으므로 다른 개들한테 그러는 것처럼 아무런 거리낌 없이 사람을 세게 물고는 흔들어 버리곤 한다.[29]

인간이 개에게서 바라는 것은 독립성이 아니다. 그것은 '노예와 같은 복종'이다.[30]

3. 맺음말: 의존성을 탈피한 애완동물

이 책은 애완동물의 윤리에 대한 근본적인 질문을 던졌다. 과연 애완동물을 기르는 것 자체가 옳은 일인가? 그 대답을 찾기 위해서 애완동물에 대한 프루와 워치니안스키의 두 모형을 빌려와 변형하였다. 장난감 모형과 피보호자 모형이 그것이었다. 일단 모든 동물의 직접적 도덕적 지위를 인정하는 이상 애완동물을 재산으로 인정하는 장난감 모형은 받아들일 수 없다. 피보호자 모형도 애완동물의 현실을 볼 때 적절하지 않다. 애완동물은 의존성과 취약성을 그 본질로 가지고 있다. 그 존재 자체를 보호자에게 의존할 수밖에 없는데 거기서 필연적으로 방치와 유기의 문제가 생긴다. 이런 문제는 현실에서 흔하게 일어나기는 하지만 그것은 바로잡아야 할 문제이지 애완동물의 존재를 부정하는 문제는 아니라는 반론이 가능하다. 다시 말해서 '필연적'으로 따라 나오는 문제는 아니라는 것이다. 그러나 애완동물의 문제는 단순히 현실의 문제가 아니라 근본적인 문제라는 데 심각성이 있다. 애초부터 평생토록 의존적인 존재일 수밖에 없다는 것을 알면서 태어나게 하는 것은 그 존재가 혼자서는 살 수 없고 그것은 유기의 가능성을 언제나 내포하고 있다는 뜻이기 때문이다. 애완동물의 존재가 정당화되기 위해서는 두 모형 이외의 모형이 가능해야 하는데, 나는 반려 모형을 그 대안으로 고려해 보았다. 그러나 평생을 함께 살 수 없고 평생을 의존적인 상태로 살아야 하는 존재를 반려라고 말할 수 없으므로 이 모형 역시 받아들일 수 없다고 말했다.

피보호자 모형이나 반려 모형을 주장하는 사람들은 애완동물을 향한 애정을 강조한다. 그러나 앞 절에서도 강조했듯이 그 애정은 지배의 다른 이름이다. 여기서 **딜레마**가 생긴다. **애완동물을 향한 애정이 강하면 자율성을 침해하여 의존성을 강하게 만들고 결국 취약한 존재가 되게 한다. 그렇다고 해서 자율성을 존중한다는 것은 애완동물을 방치하거나 야생으로 돌려보낸다는 뜻인데, 이것은 더 이상 애완동물이 아니게 된다. 경계 동물로 머물거나 취약했던 존재라 그 전에 죽게 된다.**

결국 애완동물은 어떤 모형에도 어울리지 않는다. 그렇다면 남는 결론은 그런 존재를 새롭게 태어나지 않게 해야 한다는 것이다. 애저녁에 누군가의 필요 때문에 이 세상에 나오게 된 존재이기에 취약성이라는 근본적인 문제를 낳게 되었으므로, 그 존재를 이 세상에 나오지 않게 하는 것이 그 문제의 근본적인 해결 방법이다. 그래서 애완동물을 태어나게 하는 것은 도덕적으로 그르다고 주장하는 프랜시온[31]이나, 기존에 있는 반려동물은 입양하고 앞으로는 태어나게 하지 말아야 한다고 주장하는 뒤투아[32] 같은 이들은 **애완동물 폐기론**을 주장한다. 이들에 따르면 기존에 있는 애완동물을 보호하는 것은 그들을 존재하게 한 우리의 의무이므로 당분간은 애완동물을 가게에서 구입하는 대신 입양해야 한다. 결국에 인간의 도움을 받지 않은 자발적인 번식으로 존재하게 되는 애완동물은 인간과 떨어져 살지만 그렇다고 해서 야생에서 살지도 않는 경계 동물[33]로 남거나, 야생 동물화할 것이다.

나는 애완동물 폐기론을 벗어나는 방법으로 애완동물의 의존성과 취약성을 없애거나 줄이는 것을 진지하게 고려해야 한다고 생각한다. 그것이 애완동물이 폐기되지 않고 남을 수 있는 한 가지 방법이다. 이것은 앞서 말한 딜레마에서 뿔 사이로 피하는 방법이다. **애완동물을 의존적이지 않게 만들고 자율성을 주되, 애완동물인 한에서 자율성을 주는 것이다. 그것은 애완동물의 본성을 존중해 주는 선택이다.** 사실은 농장 동물도 의존적이다. 그러나 농장 동물의 사육에 반대하는 것은 공장식 사육 때문이지 그 의존성 때문은 아니다. 농장 동물의 본성을 존중해 주는 방식으로 사육한다면 공장식 사육에서 생기는 고통의 문제도 해소할 수 있고 본성에 따라 생활하는 농장 동물은 어느 정도 자율성을 가질 수 있다. 예컨대 현재 공장식 축산 방식으로 사육되는 동물들은 좁은 우리에서 주어지는 먹이에 익숙해져 있으므로 야생에 내보내도 스스로 살 수 없지만, 곧 취약성이 크지만, 본성을 존중해 주는 방식으로 '윤리적으로[인도적으로]' 사육되는 동물은 혹시 야생으로 나가더라도 스스로 살 가능성이 훨씬 크다. 가장 중요하게 농장 동물은 '농장주'의 재산이므로 유기할 가능성은 없다. 다시 말해서 애완동물과 달리 취약성을 내포하지 않는다. 애완동물도 이런 사육이 가능하다면 꼭 폐기론으로 귀결되지 않을 수 있다. 현재 의존성과 취약성이 특히 강한 애완동물은 아파트에서 기르는 작은 개다. 이런 개들은 귀여움이 극대화되도록 선택적으로 교배되었고 안락한 실내 생활에 익숙해져 있으므로 거칠고 추운 야생에 유기되었을 때 스스로 살아남지 못한다. 반면에 경비와 사냥을 주목적으로 하는 사역 개들은 상대적으로 의존성과 취약성이 덜하다. 경비와 사냥을 하는 능력은 야생에서 살아남는 능력으로 연결되기 때문이다. 그러므로 애완동물의 폐기론이 적절해 보이는 현실에서는 애완동물에게 자립성을 주는 방안을 적극적으로 검토해야 할 것이다. 누스바움의 역량 이론을 여기에 적용할 수 있다. 누스바움은 인간의 존엄성을 보장하기 위해 존중받아야 할 인간의 10가지 역량을 제시한 것으로 유명한데, 이와 비슷하게 동물의 10가지 역량을 제시한다. 그것은 (1) 생명, (2) 신체 건강, (3) 신체 보전, (4) 감각, 상상, 사고, (5) 감정, (6) 실천 이성, (7) 연대, (8) 다른 종과의 관계, (9) 놀이, (10) 자신의 환경 통제이다.[34] 그는 각 종이 이런 역량을 발휘하는 고유한 방식이 있고 우리는 그것을 존중해 주어야 한다고 말하지만, 어떤 구체적인 행동들을 통해 종 특유의 역량을 정의하지는 않는다. 그러나 우리는 각 종의 동물에서 어떻게 해야 그런 역량을 발휘할 수 있는지 짐작할 수 있다. 가령 가축화가 된 개라고 하더라도 뛰어다니고 동료들과 교류하는 역량은 가지고 있다. 대부분의 개는 넓은 공간에 풀어 놓았을 때 뛰어다니고 동료 개가 있으면 함께 어울리는 것을 관찰함으로써 이런 역량을 확인할 수 있다. 개를 애완동물로 기르더라도 이 역량을 존중하고 북돋아 주어야 한다. 뛰어다닐 수 있는 넓은 공간과 동료 개들과 어울릴 수 있는 환경을 마련해 주어야 한다.

우리나라의 동물권 단체들은 마당에서 온종일 1미터짜리 줄에 묶여 지내는 시골 개를 비난한다.[35] 과거에는 묶어 놓고 길렀기에 동네를 마음대로 돌아다녔지만, 지금은 유기견으로 생각해서 보호소에 끌려가기 십상이기에 묶어 놓고 기르는 일이 많다. 그러나 아파트 안의 공간은 1미터의 반경보다는 훨씬 넓으므로 개에게 다행일까? 뛰어다니며 동료 개들과 어울리는 역량을 발휘할 수 없다는 점에서는 똑같다. 이는 인간을 강제로 구금하고, 많은 사람이 수용되어 칼잠을 자야 하는 방 대신에 독방을 주었다고 해서 배려했다고 말할 수 없는 것이나 마찬가지이다. (목줄을 비롯해서 애완동물을 가두어 기르는 문제는 6장에서 주제적으로 다룬다.)

결국에 인간의 도움을 받지 않은 자발적인 번식 때문에 존재하게 되는 애완동물은 경비견이나 사냥개와 같은 형태로 존재하거나, 인간과 떨어져 살지만 그렇다고 해서 야생에서 살지도 않는 경계 동물로 남거나, 야생 동물화할 것이다. 그러나 경계 동물이나 야생 동물은 더 이상 애완동물이 아니므로 애완동물 폐기론을 받아들이는 셈이다. 애완동물이 폐기되지 않고 진행될 가능성은 애완동물의 의존성을 탈피하게 하는 것이다. 경비견이나 사냥개처럼 인간과 함께 살지만 좁은 실내 공간이 아니라 야외에서 자신의 역량을 마음껏 발휘할 수 있게 하여 인간에 대한 의존성을 줄인 애완견이 유일한 대안이다. 현대 사회에서 개에게 꼭 집을 지키거나 사냥을 하는 업무를 부과할 필요는 없다. 다만 길들여진 동물이긴 하지만 개가 가지고 있는 타고난 역량을 최대한 존중하는 형태로 사육이 이루어져야 한다. 위에서 말한 대로 마음껏 뛰어다니고 동료들과 교류하는 환경을 만들어 주어야 한다.

개와 함께 애완동물로 많이 기르는 고양이는 사정이 다르다. 인간에 대한 의존성이 많이 약한 고양이는 지금까지 거론한 의존성과 취약성 문제가 덜 적용된다. 그러다 보니 유기되었을 때 쉽게 죽거나 들개가 되는 개와 달리 고양이는 경계 동물이 되어 길고양이로 인간 주변에 남는다. 이것은 또 새로운 윤리적 문제를 낳는다. 5장에서 이 문제를 다루겠다.

II부
고양이의 시각에서 애완동물 바라보기

5장

경계 동물의 윤리:
도둑고양이인가, 길고양이인가?

1. 머리말

동물 애호가는 물론이고 일반인도 놀랄 것 같지만 현재 국립국어원의 표준국어대사전에는 '도둑고양이'가 표제어로 올려져 있다. "사람이 기르거나 돌보지 않는 고양이"라는 뜻으로 풀고 있다. 거리를 헤매는 고양이를 가리킬 때 쓰이는 최근의 말은 '길고양이'이다. 조례 등에서는 이미 '길고양이'로 부르고 있었지만, '길고양이'는 정식 표제어는 아니고 사용자가 자유롭게 참여하는 '우리말샘'에만 등재되어 있었다.[1] 그러다가 2021년에 이르러서야 길고양이는 표제어로 등록이 되었으며 "주택가 따위에서 주인 없이 자생적으로 살아가는 고양이"라고 풀이된다. 그리고 지금의 길고양이를 뜻했던 '도둑고양이'는 "몰래 음식을 훔쳐 먹는 고양이라는 뜻으로, '길고양이'를 낮잡아 이르는 말"이 돼 버렸다. 이제 도둑고양이는 비하하는 의미로만 쓰인다.

국가에 의해 관리하는 사전에서 한쪽은 정식 표제어로 등재되고 한쪽은 비허어로 강등되었지만, 그렇게 된 데는 '길고양이'와 '도둑고양이'라는 낱말에 고양이에 대한 인간의 시각이 투영되어 있기 때문이다. '도둑고양이'의 도둑질은 인간의 음식을 대상으로 한다. '도둑질'이라는 인간의 행동을 고양이에 부여한 의인화는 이 개체를 향한 부정적인 어감을 보여 주려는 의도에서 만들어졌겠지만, 동물 윤리적인 시각에서는 독립적인 생활을 하지 못하고 인간에게 의존하는 생태를 포착하고 있다. '길고양이'라는 말에는 당연히 그런 부정적인 어감은 없다. 2000년 이후 고양이 애호가나 동물권 단체가 쓴 것으로 추정되는 이 말은 2000년대 후반부터 널리 쓰이게 되었다.[2] 이 말 자체는 긍정적인 느낌도 부정적인 느낌도 없지만, 도둑고양이와는 상대적으로 이 개체가 '길'이라는 공간에서 당당하게 살아가는 존재라는 것을 드러낸다.

　'길고양이'의 '길'이라는 말은 고양이가 사는 공간을 보여 줌과 동시에 동물 윤리학의 관점에서 동물을 분류하는 중요한 단서가 된다. 동물의 윤리적 대우를 주제로 삼는 동물 윤리학에서는 그동안 동물을 '길들여진 동물'[가축]과 '야생 동물'로만 구분했다. 2장에서 길들여진 동물은 "인간의 이익을 위해 강제로 갇혀 있으며 인간의 목적을 위해 선택적으로 번식되고 인간에게 계속해서 돌봄을 받아야 하는 의존적 존재"라고 정의했다. 길들여진 동물은 다시 '농장 동물'과 '애완동물'로 나눌 수 있다. 동물 윤리학의 관심은 그간 육식이 가장 큰 주제였기에 이 중 농장 동물에 집중되었다. 육식에 이어 동물 윤리학에서 많이 다루어지는 주제는 동물 실험인데, 실험동물은 생쥐[마우스]나 쥐[래트] 또는 토끼처럼 길들이지 않은 동물이 가장 많이 쓰이고 비글처럼 일부 길들여진 동물도 쓰이기는 한다. 야생 동물이라고 할 때는 그 거처가 야생이어야 하는데, 실험동물은 야생에 살지 않으므로 야생 동물의 정체성은 없다고 보아야 한다. 따라서 동물 윤리학에서 야생 동물에 관한 관심은 거의 없다고 볼 수 있다. 그리고 길들여진 동물 중 애완동물에 관한 관심도 최근에 시작되었을 뿐이다.

문제는 '길고양이'처럼 '길'에서 사는 동물을 어떻게 분류할 것이냐 하는 점이다. 도시에서 인간이 사는 건물과 공원 주변에는 비둘기, 참새, 쥐, 다람쥐, 갈매기, 까치, 까마귀 따위의 동물이 산다. 그리고 길고양이뿐만 아니라 유기견도 길거리를 헤매고 다닌다.[3] 이들은 야생 동물과 같은 야생성을 보이지 않고 그들의 삶을 인간이 만든 환경에 의존한다. 인간이 버린 음식 쓰레기가 그들의 먹을거리가 되고, 인간이 만든 건물이나 공원 등이 그들의 보금자리가 된다. 그렇다고 해서 이 동물들을 인간이 길들였다고 말하기는 어렵다. 비록 인간이 만든 환경에 의존하기는 하지만, 위에서 말한 길들여진 동물의 정의에 부합하는 면이 없기 때문이다. 이러한 이유로 인간 주변에 사는 동물을 부르는 별도의 용어가 필요하다. 다행히도 도널드슨과 킴리커가 부른 **경계 동물**(liminal animals)이라는 용어가 있다.[4] '경계'라는 말은 당연히 길들여진 동물도 아니고 야생 동물도 아닌 중간의 지위를 가리키기 위해 쓰였다. 나도 계속 '경계 동물'이라고 부르도록 하겠다.

그간의 동물 윤리학 연구에서 야생 동물에 관심을 보이지 않은 것은 인간과 교류를 하지 않기에 특별한 윤리적 문젯거리가 생기지 않기 때문이었다. 인간이 자연을 파괴함으로써 야생 동물의 보금자리가 파괴될 때 생기는 윤리적 문제가 있지만, 이는 동물 윤리학보다는 주로 환경 윤리학에서 논의되었다. 경계 동물에 대한 윤리적 반성은 야생 동물이나 애완동물보다도 적다. 그러나 경계 동물은 현실에서 심각한 윤리적 문제를 낳는다. 특히 문제가 되는 경계 동물은 고양이처럼 애완동물에서 경계 동물로 변신한 동물이다. 길고양이는 전염병을 유발하고 환경을 훼손하며 새나 다람쥐 따위의 다른 경계 동물을 죽인다. 똑같이 애완동물에서 유기되었어도 인간에 대한 의존성이 커서 경계 동물로 적응하지 못한 개와 달리 의존성이 약한 고양이는 경계 동물로 자리를 잡았지만, 인간 그리고 다른 동물에게 해를 끼치는 존재로 인식되는 것이다.

이 장은 경계 동물을 대상으로 어떤 윤리적 반성이 가능한지 모색하는 데 목표가 있다. 방금 말한 이유로 고양이가 그 분석 사례가 될 것이다. 나는 앞 장에서 '애완동물'이라는 말 대신에 '반려동물'을 써야 한다는 주장에 맞서 애완동물을 사육하는 현실은 반려동물의 이념에 맞지 않는다는 반론을 했다. '애완동물'인가 '반려동물'인가라는 논쟁은 단순히 용어 사용의 다툼이 아니라 그 올바른 실체를 드러내는 역할을 한다. 나는 이 장에서도 도둑고양이에서 길고양이로 바뀐 용어를 화두로 삼아 경계 동물의 올바른 윤리적 대우는 어떠해야 하는가를 탐구할 것이다. 결론적으로 '애완동물'인가 '반려동물'인가라는 논쟁과 마찬가지로 '길고양이'라고 부를 때는 그에 걸맞은 대우를 해 줘야 한다고 주장할 것이다.

먼저 2절에서는 경계 동물을 정의하고 그것을 반성하는 윤리의 필요성을 언급할 것이다. 경계 동물의 윤리가 필요한 이유는 경계 동물이 인간 또는 다른 동물에게 끼치는 해악 때문이다. 그래서 3절에서는 그 해악이 구체적으로 어떤 것이 있는지 살펴볼 것이다. 4절에서는 그 해악 중 그동안 관심을 못 받았지만 가장 중요하게 살펴보아야 할 문제로 경계 고양이가 다른 동물을 잡아먹는 문제, 곧 포식의 문제를 다루겠다. 그럼으로써 경계 동물로서의 고양이의 개체 수를 조절하는 방법으로 안락사도 윤리적으로 허용될 수 있음을 주장하겠다. 고양이와 고양이가 포식하는 동물을 다르게 대우하고, 또 다른 유해 동물인 비둘기와도 다르게 대우하는 것은 '또 하나의 종 차별주의'라는 것이 이 장의 결론이다.

2. 경계 동물의 윤리의 필요성

경계 동물은 길들여진 동물도 아니고 야생 동물도 아니고, 도시에서 인간 주변에 사는 동물을 말한다. 인간이 길들인 동물도 아닌데 인간 주변에 사는 이유는 여러 가지가 있을 것이다. 이는 생태학에서도 체계적인 연구가 된 부분이 아니어서 추측할 수밖에 없다. 첫째, 가장 흔한 이유로는 인간 주위에 있을 때 인간이 남긴 음식물로부터 생기는 먹을 것이나 포식자로부터의 안전을 보장받을 수 있기 때문이다. 쥐나 갈매기가 여기에 해당한다. 애완동물과 같은 귀여움은 가지고 있지 않지만, 의존성은 가지고 있다고 볼 수 있다. 둘째, 인간의 주거가 점점 동물이 사는 생태계 쪽으로 침범함에 따라 자연스럽게 야생과 도시에 걸쳐 사는 종도 있다. 이 동물들은 본인의 의지와 달리 경계 동물이 되었고, 거주 지역이나 생태에서 야생 동물과 큰 차이를 보이지 않기도 한다. 참새, 까치, 까마귀, 황조롱이 따위의 조류나 다람쥐가 여기에 해당한다. 외국의 경우 여우, 사슴, 스컹크 등의 포유류도 도시에서 관찰할 수 있다. 3장의 3절에서 우리는 모든 의존적이고 취약한 동물을 책임져야 하느냐는 질문에 대해 설령 우리가 유기하지 않았더라도 거기서 이익을 얻었다면 돌보아야 한다는 이익 논변을 말했는데, 이 동물이 그 대상이 된다. 셋째, 인간에 의해 인위적으로 인간 주변에 살게 된 종이 있다. 1966년에 쓰인 김광섭 시인의 「성북동 비둘기」는 "성북동 산에 번지가 새로 생기면서 / 본래 살던 성북동 비둘기만이 번지가 없어졌다"라고 노래한다. 인간의 삶의 터전이 산 쪽으로 침범하면서 본래 살던 성북동 비둘기의 터전이 없어진 것이다. 이 시로 짐작해 볼 때 1960년대만 하더라도 비둘기는 도심에 살지 않았던 듯하다. 그리고 둘째 부류의 경계 동물처럼 야생과 경계에 동시에 사는 종이 될 수도 있었을 듯한데 그렇지 않았다. 아마 김광섭 시인이 본 비둘기는 '양비둘기'일 가능성이 있다. 현재 도심의 '집비둘기'는 그리스의 '바위비둘기'를 수입하여 각종 행사에서 날려 보낸 비둘기이다. 1986년 아시안게임과 1988년 서울올림픽에서는 각각 3,000마리가 방사됐으며 1985년부터 2000년 사이 모두 90차례에 걸쳐 비둘기를 날리는 행사가 열렸다고 한다.[5] 인간에 의해 길러지다가 버려지거나 길을 잃은 길고양이나 유기견도 이 부류에 속한다.

생존 전략 측면에서 보자면 동물의 경계 동물화는 성공적이다. 위 비둘기의 예를 볼 때 양비둘기는 전국적으로 몇십 마리밖에 관찰이 되지 않지만, 집비둘기는 서울시가 마지막으로 개체 수를 조사한 2009년에는 3만 5,000마리이고 전문가들은 2015년에는 4만 5,000마리로 늘었으리라고 추측한다.[6] 또 다른 조사에서는 20만 마리 정도로 추산하기도 한다.[7] 그러나 개체 수가 늘었다고 해서 마냥 행복한 것은 아니다. 인간과 동물 모두에게 부정적인 결과를 낳기 때문이다. 비둘기의 경우 중금속에 오염되어 있고 소음과 오물 때문에 환경부에 의해 유해 야생 동물로 지정되었으며, 해롭다고 '깃털 달린 쥐'라고 불리거나 뚱뚱하다는 이유로 '돼둘기' 또는 '닭둘기'라고 천대받고 있다.

경계 동물의 정체성은 무시당하는 존재거나 박멸의 대상이다. 쥐나 길고양이처럼 눈에 띄지 않는 동물은 그 유해성이 노출되기 전까지는 그 존재 자체도 의식되지 않는다. 그래서 도시에서 건물이나 도로, 하수도, 공원을 설계할 때 전혀 고려의 대상이 되지 않는다. 야생 동물은 차라리 관심의 대상이 된다. 종 복원의 대상이 되기도 하고, 도로나 댐을 만들 때 산짐승이나 물고기를 위한 길을 만들어 주기도 하고, 보호종이 있으면 공사를 중지하기도 한다.[8] 경계 동물이 주목받지 못한다는 것은 두 가지 의미일 수 있다. 첫째는 마치 도시에 사는 우리에게 야생 동물이 눈에 띄지 않지만 자신들의 삶을 문제없이 살아가고 있는 것처럼, 경계 동물도 우리의 눈에 띄지 않지만 자신들의 삶을 문제없이 살아가고 있다는 뜻이다. 이종찬이 사용하는 행위자-연결망 이론에 따르면 '블랙박스'가 되어 우리 눈에 보이지 않는 것이다. 그에 따르면 "어떤 대상을 불편함이나 문제없이 일상적인 것, 상식으로 느낀다면 그것은 그 대상의 연결망이 잘 구축되"었을 때 그 연결망이 '블랙박스'화 되었다고 말한다.[9] 쉽게 말해 우리 삶의 자연스러운 일부가 되었다는 뜻이다. 둘째는 무시당한다는 뜻으로, 인간으로 비유하면 투명 인간 취급받는 꼴이다. 인간은 도시 생활을 하거나 도시 설계를 하면서 이들 동물을 없는 존재로 취급한다. 그래서 도널드슨이나 킴리커는 경계 동물이 "의도하지 않은 피해의 희생자"라고 말한다.[10] 경계 동물이 주목받지 못한다고 할 때는 둘째 의미일 것이다. 첫째 의미의 '블랙박스'는 인간과 동물 사이에 공존의 연결망이 있다는 것을 전제로 하는 것인데, 그런 것이 있을 리가 없기 때문이다.

길들여진 동물 및 야생 동물과 별개로 경계 동물의 정체성이 인정된다고 하더라도 경계 동물에 특별한 윤리적 성찰이 필요한지도 논란이 될 수 있다. 기존의 동물 윤리학은 동물 일반의 윤리적 대우를 주장하지 동물별로 구분해서 주장하지는 않기 때문이다. 가령 동물의 쾌락을 증진하고 고통을 감소해야 한다고 주장하는 동물 해방론에 따르면 경계 동물의 쾌락과 고통도 얼마든지 고려 대상이 된다. 그리고 동물의 기본적 권리를 주장하는 동물 권리론에 따르더라도 경계 동물도 길들여진 동물이나 야생 동물과 마찬가지의 기본권을 고려하면 된다. 농장 동물의 경우는 오랜 논의를 거쳐 어떻게 윤리적으로 대우해야 하는지 어느 정도 합의가 되었다. 공장식 농장에서의 사육과 도축은 동물에게 상당한 고통을 주거나 기본권을 침해하는 데 비해 그로부터 생기는 인간의 이득은 그것을 능가할 만큼 크지 않으므로, 적어도 공장식 농장의 사육과 도축은 옳지 않다고 말이다. 야생 동물은 야생의 지배권을 인정하고 인간이 개입하지 않는다면 특별히 생기는 윤리적 문제가 없기에, 앞서 말했듯이 동물 윤리학에서 많이 논의되지 않았다.

문제가 되는 것은 최근에 논의가 시작된 애완동물의 윤리이다. 앞 장들에서 주장한 것처럼 애완동물은 인간에게 의존하기에 취약한 존재이고 동료 또는 가족과 떨어져서 감금된 삶을 산다. 이러한 취약성 때문에 유기되었을 때 생존하지 못하는 위험에 언제든지 빠질 수 있다. 이런 이유로 과연 인간의 애완동물 보호가 애완동물에게 쾌락을 주고 기본권을 존중해 주느냐는 논란이 벌어진다. 이런 논란은 경계 동물의 경우에도 똑같이 생길 뿐만 아니라 좀 더 복잡하다. 농장 동물이나 애완동물은 인간으로부터 피해를 받지만 그들이 인간에게 끼치는 해악은 없는 데 비해, 경계 동물은 인간 또는 다른 동물에게 해악을 끼치는 존재로 인식되기에 동물의 윤리적 대우를 고민할 때 그것까지 계산에 넣어야 하기 때문이다. 나중에 살펴보겠지만 공중 보건의 위협, 환경 훼손 및 소음 유발, 다른 동물의 포식 따위가 경계 동물이 끼친다고 생각되는 해악이다. 야생 동물처럼 주거 공간의 지배권을 인정할 수도 없다. 경계 동물이 사는 공간은 우리가 사는 공간과 겹치고, 그것을 나누어 쓸 수도 없기 때문이다. 앞서 경계 동물은 주목받지 못하는 존재라고 말했지만, 간혹 주목되는 경우는 문제를 일으킬 때다. 다시 말해서 박멸의 대상으로 주목하는 것이지 배려의 대상으로 주목하는 것은 아닐 것이다. 그들은 공중 보건에 해로운 동물로 인식되기에 구제(驅除) 캠페인의 대상이 되는 것이다.

도널드슨이나 킴리커의 말처럼 도회 생활과 동물은 양립할 수 없는 것으로 인식된다.[11] 경계 동물은 '자신들이 사는 땅'도 인정받지 못하는 존재가 되고 말았다. 가능한 해결책으로는 경계 동물을 '자신들이 살던 땅'으로 돌아가라고 하거나 길들여진 동물로 만드는 것이다. 그러나 인간에게 길들여진 동물이 야생으로 돌아가서 살 수 없듯이 경계 동물도 야생으로 돌아가서 살 수 없다. 그렇다고 해서 애완동물화할 수도 없다. 현실적으로 가능하지도 않지만, 애완동물에서 생기는 자율성 침해와 취약성 증대라는 윤리적 문제를 새롭게 낳기 때문이다.

경계 동물 중 특히 길고양이가 윤리적으로 주목받는 존재이다. 경계성 동물이기는 하지만 한때 길들인 동물이기에, 계속해서 보살펴 주어야 한다고 생각하는 사람들이 있기 때문이다. 길고양이는 길들여진 동물이기에 인간에 대한 의존성이 있다. 이것 때문에 독립적인 생활이 불가능하거나 어렵다고 생각하여 먹이 공급이나 보금자리 제공 따위의 복지를 제공해야 한다는 것이다. 길고양이를 제외한 경계 동물이나 야생 동물에게 복지를 제공하는 것은, 뒤에서 '포식의 문제'에서 다시 논의하겠지만, 자연에 대한 간섭이고 동물의 자유를 침해한다고 생각된다. 예컨대 동물에게 먹이를 주는 것은 스스로 먹이를 찾는 습관을 망치고, 개체 수 증가와 같은 예상치 못한 악영향을 가져올 수 있다고 생각된다. 그러나 유기견과 길고양이는 원래 인간에게 의존하는 동물이었으므로 그렇게 해도 간섭이 아니라고 보는 견해가 많다.

길들여진 동물과 야생 동물을 어떻게 대우하는 것이 윤리적인지 논쟁이 되지만, 적어도 그 정체성이 부정되지는 않는다. 이런 점에서 경계 동물은 그 정체성마저도 부인되는 존재이다. 그러다 보니 경계 동물에 대한 윤리적 성찰이 없었다. 길고양이와 유기견에 대한 윤리적 주장이 없는 것은 아니지만 그것도 애완동물의 정체성을 가지고 관심을 보이는 것이지 경계 동물로서 관심을 보이는 것은 아니다. 이제 경계 동물에 대한 윤리적 성찰이 새롭게 필요하다.

3. 경계 고양이의 정체성

우리나라의 경우 가장 문제가 되는 경계 동물은 비둘기와 길고양이다. 비둘기는 평화의 동물로 인식되지만 현실에서는 천덕꾸러기이다. 도시 환경에서 개체 수가 급격하게 번식하여 배설물, 악취, 털 날림으로 민원을 일으킬 뿐만 아니라 배설물은 시설물을 부식하는 피해를 일으킨다. 비둘기 자체도 인간이 버리거나 주는 음식물 쓰레기나 먹이를 쉽게 구할 수 있어서 '돼둘기'라고 불릴 정도로 심각한 비만으로 쇠약해졌다. 그래서 2009년에 유해 동물로 지정되어 비둘기에게 인위적으로 먹이를 주는 것은 금지되어 있고, 번식을 막기 위해 알이나 둥지를 제거한다. 다만 부득이한 경우가 아니라면 과도한 포획은 시행하지 않고 있다.[12] 현실적으로 조류인 비둘기를 총기나 덫을 이용해 포획하거나 살상하기 어려운 문제도 있기는 하다.

그런데 여기서 주목할 점은 비둘기의 유해 동물 지정 이후의 반응이 앞으로 살펴볼 길고양이의 경우와 사뭇 다르다는 점이다. 비둘기의 경우는 유해 동물로 지정되었어도 이를 심하게 항의하는 시민이나 동물권 단체는 많지 않았다. 리얼미터의 조사에 따르면 국민의 77.2%는 환경부의 비둘기 개체 수 조절에 찬성하였고, 비둘기에 대한 평소 이미지의 1위는 '지저분하고 비위생적'이라는 대답이 '평화의 상징'과 '친근한 이미지'라는 대답을 제쳤다. 여기서 주목할 것은 국민의 60.1%가 비둘기를 유해 야생 동물로 지정한 사실 자체를 '모르고 있었다'는 사실이다.[13] 비둘기와 길고양이는 모두 경계 동물이고 인간에 끼치는 해악이 있을 뿐만 아니라 길고양이는 거기에 덧붙여 다른 동물을 포식하기까지 한다. 그런데도 비둘기와 길고양이에 대한 반응이 왜 다른지는 검토해 볼 주제이다.

유기견과 길고양이는 모두 길들여진 동물에서 경계성 동물이 되었지만, 유기견에 비해 길고양이는 윤리적 문제를 심각하게 일으킨다. 그 이유로는 의존성의 차이 때문이다. 아파트에서 기르는 소형견은 인간에 대한 의존성이 강한 취약한 존재로서 경계 동물로서 살지 못하고 쉽게 도태된다. 의존성이 특히 심한 개는 유기되어도 한 세대를 넘어서 생존하기 어렵기 때문이다. 의존성이 심하다는 것은 꼭 먹이를 비롯한 생활 습관을 인간에게 의존한다는 뜻만이 아니라, 주택에서 거주하도록 신체 조건이 바뀌었다는 뜻이기도 하다. 일부 의존성이 덜한 대형견은 산으로 가서 들개가 되고 등산객 등을 위협하는 문제를 낳지만, 이것은 경계 동물의 문제는 아니다.[14] 유기견은 이렇게 경계 동물로서 살지 못하거나 야생 동물이 되기 때문에 경계 동물로서의 정체성도 없다. '유기견'으로 뭉뚱그려 부르지 '도둑고양이'나 '길고양이'처럼 경계 동물로서의 개를 가리키는 용어가 따로 없는 것은 그런 이유 때문이다.

반면에 고양이는 야생에 잘 적응하는데, 먹이를 구하기 좀 더 쉬운 도시의 경계에 머문다. 고양이가 경계든 야생이든 인간의 집 밖에 잘 적응하는 것은, 개에 견줘 길들임, 곧 가축화의 역사가 짧기 때문이다. 대부분의 길들여진 동물은 유전자 분석에서 야생종과 큰 차이를 보인다. 개와 늑대는 유전자 표지에서 일관된 차이를 보이고, 말과 야생마는 염색체 개수까지 다르다.[15] 그러나 유독 고양이만은 인간과 함께 사는 종과 야생종 사이에 뚜렷한 차이가 없다. 유전학자들은 집고양이인 아비시니안고양이의 게놈을 다른 집고양이, 야생 고양이, 다른 포유류와 비교한 결과, 고양이는 야생의 고양이가 가진 사냥, 감각, 소화 특성을 상당히 가지고 있다고 결론을 내린다.[16] 집고양이는 유순함, 가냘

품, 색소 따위를 제외하고는 야생 고양이와 형태학적·행동학적 차이를 보이지 않는데, 유전학 연구에서도 13개의 유전자만 차이를 보임이 드러났다. 그리고 부디안스키에 따르면 집고양이와 아프리카들고양이, 유럽들고양이의 유전자 배열을 분석해 보았을 때 3개 내지 5개의 유클레오티드 치환이 나타날 뿐이다. 이 정도는 오차 범위에 들어갈 정도로 작은 차이인데, 집고양이 또는 들고양이 집단 내부에서도 나타난다고 한다.[17] 이러한 이유는 가축화의 역사가 3만 년이 넘는 개에 비해 고양이는 그 역사가 9000년 정도밖에 되지 않은 탓이 크다. 또한 고양이는 가축화의 목적이 농부들이 쥐의 피해를 막기 위한 데 있었기에, 본격적으로 개량을 시작한 것은 200년밖에 되지 않았던 탓도 있다.[18] 한마디로 고양이는 **절반만 길들여진**(semi-domesticated) 것이다. 이런 이유 때문에 주인에게 충성을 바치는 개에 비해 집고양이는 주인이 완전히 제어하기도 힘들다. 그래서 고양이를 기르는 사람들은 상전의 수발을 드는 것 같다고 해서 스스로를 '집사'라고 장난스럽게 부른다. 그리고 먹이도 개는 습관에 따라 채식이 가능하지만 고양이는 육식에서 벗어나기 어렵다. 이 절반만 길들여졌다는 특성은 뒤에서 캣맘의 간섭이 자연에 대한 간섭이라는 주장의 근거가 될 것이다.

길고양이가 유기견과 달리 윤리적 문제를 일으키는 또 다른 이유는 길고양이는 유기견과 달리 인간에게 직접적으로 위협을 준다고 생각되지 않기 때문이다. 사람들은 산길에서는 말할 것도 없고 도시에서도 목줄을 매지 않은 개를 만나면 위협을 느낀다. 그러나 길고양이에게는 오히려 가여움을 느끼는 사람이 많다. 길고양이에게 먹이를 제공해 주고 쉼터를 만들어 주는 것은 이런 이유 때문인데, 그러다 보니 윤리적 문제를 일으킨다.

우리가 통상 '도둑고양이' 또는 '길고양이'라고 부르는 종류는 더 세분화할 수 있다. 일단 애완동물인 고양이는 '집고양이'라고 한다. 이는 표준국어대사전에도 등재된 낱말이다. 경계 동물인 고양이를 가리키는 영어 낱말은 stray cat과 feral cat이 있고 outdoor cat도 가끔 쓰인다. stray cat은 한때 애완동물이었으나 경계 동물이 된 고양이를 말하고, feral cat은 애완동물이었던 적이 한 번도 없었지만 길거리를 배회하는 고양이를 말한다. 물론 stray cat은 어느 정도 시간이 지나면 feral cat이 될 것이다. 그러나 stray cat은 언제라도 다시 애완동물이 될 수 있다는 점에서 feral cat과 다르다. 하지만 stray cat과 feral cat은 외관상 구분할 수 없다고 한다. 그래도 이 구분은 고양이의 포획 후 입양을 판단하는 데 중요하다. 그래서 포획 후 쉼터에서 시간을 두고 관찰하여 사회화 여부를 판단해야 한다.[19] 우리나라의 환경부는 stray cat과 feral cat을 각각 '배회 고양이'와 '들고양이'라고 이름을 붙이고 있다.[20] 그리고 '배회 고양이'는 직접적인 소유주가 없이 방치되거나 인가의 쓰레기에 어느 정도 의존하여 생활하고, '들고양이'는 인간에게 의존하지 않고 야외에서 스스로 먹이를 해결하여 생활한다고 말한다. 좀 더 구체적으로 인간이 생활하는 도심으로부터 300미터를 기준으로 그 안의 고양이는 배회 고양이로, 그 밖의 고양이는 들고양이로 구분해 관리한다. 이는 관리상의 필요에 의한 구분이겠지만, 아주 정확한 용어는 아니다. 특히 '들고양이'는 '살쾡이'와 동의어로 이미 존재하던 말이다. 살쾡이는 산림 지대의 계곡과 암석층 가까운 곳에 살며 고양이와 같은 고양이과에 속하기는 하지만 속(屬)이 다르다. 들고양이, 곧 살쾡이는 야생 동물에 속한다. 한편 농림축산식품부가 2006년에 발표한 '고양이 중성화사업 실시 요령'에는 "도심지나 주택가에서 자연적으로 번식하여 스스로 살아가는 고양이"를 '길고양이'라고 칭하고, 서울특별시의 2019년 동물보호조례(서울특별시조례 제5356호)에서도 "'길고양이'란 도심지나 주택가에서 자연적으로 번식하여 자생적으로 살아가는 고양이를 말한다."라고 말하고 있다. 두 법령 모두 길고양이의 서식지를 '도심지나 주택가'로 한정하고 있으니, '길고양이'는 stray cat과 feral cat 모두에 해당한다.

나는 도심에서 관찰되는 고양이라면 '경계 동물'로서의 고양이의 정체성을 부여하며, stray cat과 feral cat의 구분은 그리 중요하게 고려하지 않을 것이다. 윤리적 관점에서는 그 동물들이 인간과 공존할 수 있는가 그리고 인간에게 어떤 피해를 주느냐가 의미가 있고, 그런 점에서는 경계 동물로서의 고양이로 뭉뚱그려 취급해도 큰 문제가 있지 않기 때문이다. 앞으로 '경계 동물로서의 고양이'는 줄여서 '경계 고양이'라고 부르겠다. 혹시 윤리적 관점에서 구분이 필요하다면 임시로 stray cat과 feral cat으로 부르겠다.

4. 경계 고양이의 해악

경계 고양이의 해악을 거론하는 까닭은 개체 수를 감소해야 하는 이유 때문이다. 그 이유 때문이라면 경계 고양이 자체의 복지 수준이 열악하다는 점도 언급해야 한다. 이를 위해서는 집고양이나 들고양이에 견줘 수명이 짧다거나 몸무게가 덜 나간다든가 하는 객관적인 증거가 있을 수도 있고, 음식 쓰레기를 파헤친다는 가여운 모습이 증거가 될 수도 있다. 그러나 짧은 수명이나 저체중은 설령 사실이라고 하더라도 경계 고양이의 고유의 정체성일 수 있으므로 복지 수준이 열악하다는 증거라고 보기는 어렵다.[21] 그리고 다른 맹수가 남긴 고기를 먹는 하이에나를 가엽게 보는 시선은 없다. 따라서 여기서는 경계 고양이가 인간이나 환경이나 다른 동물에 끼치는 해악만 검토하겠다.

경계 고양이가 끼친다고 생각되는 해악은 첫째 소음이 있다. 주택가에서 사람이 고양이를 만났을 때 외관만으로 깜짝 놀라는 폐해도 있겠지만, 고양이에 대한 선입견이 없다면 크게 문제될 일은 아니다. 그보다는 싸울 때 또는 발정 시기에 짝을 찾을 때 내는 경계 고양이의 소리는 주거 지역에서 인간에게 실제적인 고통을 준다. 둘째, 음식을 찾기 위해 쓰레기 더미를 헤쳐 지저분하게 하고 벌레가 끓게 만든다. 셋째, 고양이의 배변은 냄새도 심하고, 방금 말한 헤쳐진 쓰레기와 함께 공중위생 문제를 낳는다. 경계 고양이의 사체도 미관상뿐만 아니라 위생상 문제가 된다.[22] 넷째, 고양이는 전염병을 퍼트려 피식자 이외의 동물에도 피해를 준다. 톡소포자충(Toxoplasma gondii), 사코시스티스(Sarcocystis neurona), 바르토넬라(Bartonella) 박테리아가 그 예이다.[23] 다섯째, 기물을 파손하는 피해도 준다. 인터넷의 자동차 동호회 커뮤니티에는 고양이가 주차장 보닛 위에 올라가 흠이 났다는 하소연이 자주 올라오고 블랙박스에 찍힌 영상도 공개한다.[24] 그리고 고양이가 화단이나 텃밭에 배변하기 위해 땅을 파헤치는 피해도 주는데, 역시 화훼나 농사 커뮤니티에는 이를 방지하는 비결이 공유되는 지경이다.

이상은 경계 고양이가 인간에게 또는 도시 환경에 끼친다고 생각되는 해악이다. 우리나라에서 길고양이를 둘러싸고 생기는 갈등 및 윤리적 논쟁은 주로 경계 고양이를 돌보는 캣맘과 캣맘을 반대하는 주민 사이의 갈등이다. 이것은 방금 말한 경계 고양이가 인간에게 또는 도시 환경에 끼치는 해악과 경계 고양이의 복지 사이에서 어느 것을 우선해야 하느냐는 논쟁이다. 이에 비해 서구에서 더 논쟁이 되는 것은 경계 고양이와, 경계 고양이가 해악을 끼치는 다른 동물 중 어느 쪽의 복지를 우선하느냐이다. 경계 고양이는 인간뿐만 아니라 다른 동물에도 해악을 끼친다. 육식성 동물로서 다른 동물을 잡아먹는 것이다. 잊어서는 안 되는 것은 고양이는 호랑이나 사자 등 고양잇과 동물이고, 사냥하는 본능이 있다는 사실이다. 현재 도시의 경계 동물 중 최상위 포식자인 고양이는 쥐, 다람쥐, 작은 조류나 포유류의 새끼 따위를 죽인다. 쥐를 잡는 것은 예전부터 고양이를 기르던 목적이었고 그것은 쥐의 유해성을 생각할 때 바람직하기는 하지만, 현대 도시 환경에서 쥐는 그리 많지 않다. 우리나라에서는 경계 고양이 때문에 다람쥐가 자취를 감추었다는 뉴스는 가끔 보도되지만 어느 정도의 피해가 있는지 통계 자료는 없다.[25] 미국의 경우 로스 등의 연구는 매년 고양이에 의해 죽는 동물은 조류는 13~40억 마리, 포유류는 63~223억 마리, 양서류는 0.8~3.2억 마리, 파충류는 2~8억 마리라고 결론을 내린다.[26] 이 연구에서 피해를 준다고 말한 고양이에는 들고양이가 포함되어 있지 않다. 연구 제목에서 보듯이 집고양이(domestic cats)와 같은 종, 같은 속인 경계 고양이이다. 도심에 새가 그리 많지 않은데 고양이로부터 얼마나 피해를 보겠느냐는 반론도 있지만, 새가 도시에 자리 잡지 못하는 것은 고양이 때문일 수도 있다. 공포 효과 가설은 새는 고양이가 있는 것만으로도 먹이를 못 찾고 번식을 못한다고 가정한다.[27] 영국의 한 연구는 검은새는 고양이가 있을 때 둥지에 의미 있게 덜 방문한다는 것을 관찰했다. 새끼에게 먹이를 그만큼 덜 가져다준다는 뜻이다.[28]

오스트레일리아 정부는 2015년 7월에 '길고양이와의 전쟁'을 선포하고 2020년까지 200만 마리의 길고양이들을 '감축'하겠다는 계획을 발표했다. 오스트레일리아에서 멸종된 동물 29종 중 28종이 길고양이의 포식 때문이고 지금도 120여 종이 멸종 위기에 놓여 있다는 게 그 이유이다. "다른 야생 동물을 잡아먹는 길고양이를 오스트레일리아 생태계의 일원으로 인정할 수 없다."는 게 오스트레일리아 정부의 단호한 태도이다.[29] 파머는 고양이의 포식을 '과잉 포식'(hyperpredation)이라고 부른다.[30] 자연 상태에서 일어나는 포식이 아니라 먹이에 의도적으로 노출함으로써 그것을 심하게 넘는 포식이 일어나고, 이로 인해 고양이의 개체 수와 밀도가 훨씬 늘어나게 된다는 것이다.[31] 실제로 고양이는 먹이를 위해서가 아니라 장난으로 피식자를 죽이고, 심지어는 가지고 놀다가 죽이기도 한다.

각각 환경학자와 작가인 마라와 산텔라의 저서 『고양이 전쟁』(*Cat Wars*)의 부제는 "사랑스러운 킬러의 치명적인 영향들"(The Devastating Consequences of a Cuddly Killer)이다. '사랑스러운 킬러'는 당연히 고양이를 가리킨다. 그들은 주로 고양이의 조류 포식에 주목하면서, 고양이가 없다면 고양이에게도 새에게도 사람에게도 세상은 훨씬 좋아졌을 것이라고 말한다. 그들은 고양이의 폐해를 강력하게 제시하는데, 고양이는 세상에서 100가지 가장 나쁜 침략성(invasive) 외래종이라거나, 고양이는 전 지구에 걸쳐 멸종된 파충류, 조류, 포유류 238종 중 33종(14%)

의 멸종에 기여했거나 그것의 원인이라는 주장이 그것이다.[32] 그러면서 새를 해치는 다른 종류의 행위와 비교한다. 가령 물새 사냥꾼과 고양이를 비교했을 때 고양이가 더 해로운데 법은 사냥만 금지한다든가, 철새 보호 조약에 따르면 연못에 살충제를 버리거나 전선의 절연 처리를 잘못하여 철새에게 피해를 주면 처벌받는데 고양이를 풀어 철새를 포식하게 하는 것은 처벌받지 않는 것이 그런 사례이다.[33] 사실 살충제 때문에 멸종된 새가 있다는 증거도 없는데 말이다.

마라와 산텔라의 주장에 대해서는 반발이 심하다. 저자 중 한 명은 여행 작가 겸 마케팅 컨설턴트이고, 다른 저자는 조류 전문가이지만 소속 기관인 스미소니언의 공식 업무로 저술한 것은 아니라는 인신공격성 비판도 있기는 하지만,[34] 가장 큰 비판은 고양이의 조류 포식을 인정하면서도 그 수가 과장되었다는 것이다.[35] 가령 그들에 따르면 고양이가 미국에서 매년 죽이는 새는 약 13억에서 40억 마리인데, 미국 전체의 새가 약 32억 마리이므로 이들의 추측대로라면 새는 멸종되어야 한다는 것이다. 그리고 그들은 뉴질랜드의 스티븐스 섬에 풀린 한 마리 고양이에 의해 굴뚝새가 멸종되는 이야기로 책을 시작하는데,[36] 특정 섬의 이야기를 대륙으로 일반화하지 말아야 한다는 것이다.[37]

특정 조류의 멸종이 고양이 때문인지 또는 고양이가 멸종에 일부라도 이바지를 하는지 단정하기는 어렵다. 인간 주거지와 농경지 확장으로 인한 서식지 파괴나 기후 변화 등이 원인일 수도 있기 때문이다. 경계 고양이나 외출을 허락한 집고양이의 목에 소형 카메라(일명 '키티캠')를 달아 관찰하는 실증적 연구를 하기는 하지만, 연구 결과가 일관적이지 않다. 한 연구에 따르면 도시의 경계 고양이는 생각과 달리 쥐를 잘 잡지 않는다고 한다. 키티 캠 관찰에 따르면 150마리 쥐를 보고서 세 번 시도하고 두 마리만 잡는 데 성공했다. 연구진은 그 이유를 도시 쥐(rat)가 크고 흉포하기 때문에 고양이는 쥐보다 더 작은 새나 생쥐(mouse)나 도마뱀을 공격한다고 본다.[38] 이 연구에 따르면 고양이를 이용해 쥐를 잡는 것은 별로 도움이 안 될 것이다.

아바트와 피셔는 각각 마음대로 돌아다니게 하는 집고양이(다음 장의 주제)가 경계 고양이보다 포식의 피해가 크지 않다고 주장하기 위해 모든 집고양이가 사냥을 하는 것은 아니라는 통계를 보여 준다. 미국의 통계에 따르면 89%의 포유동물과 69%의 조류의 죽음은 경계 고양이에게 원인이 있다. 반면에 집고양이에게 키티 캠을 달아 관찰한 결과 44%만이 사냥하고 30%가 성공했다.[39] 그들은 경계 고양이에 비해 집고양이가 사냥을 많이 하지 않는다는 것을 보여 주기 위해 이 통계를 제시했지만, 사냥에 익숙하지 않은 집고양이가 절반 가까이 사냥을 한다는 것은 그들의 의도와 달리 놀라운 수준이다. 경계 고양이처럼 먹잇감을 자주 접하고 사냥할 기회가 더 많아지면 그 수치는 더 높아질 것이다.

브래드쇼는 자유롭게 기르는 집고양이가 포식하는 확률은 30~60%라고 말한다. 포식한 동물을 집으로 가져오는 경우는 영국에서 1년에 고양이 한 마리당 4.4마리이다. 고양이에게 키티 캠을 달아 관찰한 결과, 포식한 동물의 4분의 1은 가져오고 4분의 1은 먹고, 나머지는 안 먹고 둔다. 그러나 이 관찰은 고양이가 맛없어하는 도마뱀 사례이므로 쥐의 경우는 가져오거나 먹는 경우가 더 높을 것이다. 그는 영국에서 1년에 2억 7,500만 마리 포식한다는 것은 과장 같고, 1억~1억 5,000만 마리 사이일 것 같다고 추측한다. 스미소니언 연구는 1년에 미국에서 고양이가 포식하는 동물의 수를 4억 3,000만~11억 마리로 추측한다.[40]

이 연구는 일부 지역의 일부 고양이에 한정된 것이기에 일반화하는 데 한계가 있다. 뉴질랜드나 오스트레일리아의 상황을 우리나라에 적용하는 것도 문제가 있다. 뉴질랜드나 오스트레일리아는 원래 고양이가 살지 않던 곳이었으나 18세기 이후 쥐를 잡기 위해 고양이를 들여와 완전히 새로운 '외래종'이라고 볼 수 있기 때문이다.[41] 그래서 경계 고양이가 포식을 어느 정도 하는지, 그게 조류를 비롯한 환경에 끼치는 영향이 어느 정도 되는지에 대한 가장 솔직한 대답은 "모른다."라는 것이다.[42] 탄틸로는 이런 대답을 근거로 해서 경계 고양이를 택할지 새를 택할지는 미적 취향의 문제라고 말한다. 그에 따르면 외래종과 토종 중 어느 쪽을 좋아하는지는 순전히 미적인 문제이다. 그리고 고양이가 외래종이라고 해서 박멸하고 토종을 선호해야 한다는 생각은 외국인 혐오와 같은 인종 차별주의의 태도와 그 뿌리가 같다고 말한다.[43] 하지만 이런 비판들도 고양이의 새 포식은 그 규모가 문제이지 일어난다는 것은 인정은 한다. 다만 그들이 주목하는 것은 고양이가 새를 포식한다는 사실보다 고양이의 본성과 그 본성을 만족시키지 못하게 했을 때의 고통이다. 고양이의 고통과 포식당하는 새의 고통을 비교하는 것이 단순히 취향의 문제인지, 아니면 저울질 가능한 것인지는 다음 절에서 검토하겠다.

경계 고양이의 포식을 '잔혹성'이라는 프레임으로 사유하고 있다는 시각이 있다. 전의령은 1992년 대학 캠퍼스에서 고양이가 다람쥐를 잡아먹는다는 기사를 인용한다는 다음에 "20여 년이 지난 지금 90년대

초의 고양이 박멸 작전 같은 사건은 점점 더 '잔혹성'과 '무참함'이라는 프레임을 통해 사유되고 있다."라고 지적한다. "지금의 동물 복지라는 맥락에서 동네와 골목이라는 도시 공간에 서식하는 고양이는 분명 90년대의 고양이와 다른 존재라고 할 수 있으며, 이는 동시에 인간의 존재 양태 또한 그만큼 변했음을 시사"하는데 이 프레임은 그것을 반영하지 못한다는 것이다.[44] 그러나 잡아먹히는 야생 동물의 고통이 상상을 초월함을 안다면 그런 시각은 고양이에게 편파적이다. 철학자 토머식(Brian Tomasik)이 운영하는 '고통 감소 연구'(http://reducing-suffering.org) 누리집은 야생에서 잡아먹히는 동물이 겪는 고통을 증언하는데, 가령 사자가 얼룩말을 바로 죽이는 것이 아니라 엉덩이에 이빨을 박아 살을 찢고 목에 이빨을 박아 숨구멍을 막아 질식시켜 죽기까지 5~6분 정도 걸린다. 먹잇감이 되는 동물은 죽는 순간의 고통뿐만 아니라 죽을까 봐 항상 공포 속에서 살아야 하는 트라우마도 겪는다. 특히 고양이는 사냥감을 내몰아서 지치게 하는 것을 좋아하고 배고프지 않아도 사냥을 하며 (이를 '과잉 살해 surplus killing'라고 부른다) 죽이기 전 가지고 놀기 때문에 거기서 생기는 공포는 극에 달한다. 고양이는 먹잇감을 잡았다가 놓아주고 다시 잡는 행동을 반복하여, 죽이기 전에 괴롭히는 행동을 한다. 고양이를 밖에 나다니도록 길러본 사람들은 고양이가 쥐나 새를 잡아 가져오는 것을 본 적이 있을 것이다. 고양이는 배가 고프지 않아도 주인에게 과시할 요량으로 사냥을 하기도 한다. 어미 고양이는 새끼 고양이에게 쥐를 산 채로 던져 줘서 직접 잡아 보게 한다. 새끼들이 실패하면 어미 고양이는 쥐를 다시 잡아 던져 주기를 반복한다.[45] 고양이의 새 사냥에 대해 고양이는 주로 병들거나 다쳐서 제대로

움직이지 못하는 새를 사냥하므로 어차피 죽을 새를 죽인다는 변명도 있다.[46] 막 집고양이에서 길고양이가 된 고양이는 사냥 능력이 뛰어나지 않기에 열악한 새 위주로 사냥을 할 수 있다. 그러나 사냥 능력이 점점 숙달되면 '어차피 죽을 새'만 사냥하지는 않는다. 더 중요한 것은 '어차피 죽을 새'라고 하더라도 고양이의 잔인한 사냥 행태를 이해한다면 병들거나 다쳐서 죽는 것과 비교할 수 없는 고통을 겪게 된다는 것을 알게 될 것이다.

경계 고양이의 윤리에 대해 궁리할 때 우리는 포식의 해악도 심각하게 고려해야 한다. 그러나 시민의 의식이나 학술적인 연구에서는 이 점은 무시되고 있다. 나는 경계 고양이의 윤리적 대우를 판단할 때 이 해악에 주목할 것이다.

5. 캣맘과 포식의 윤리

경계 고양이를 그대로 내버려 두는 사람도 있고 오히려 먹이를 주고 보호하는 사람도 있다. 경계 고양이에게 먹이를 주고 심지어 쉼터까지 만들어 주는 사람을 '캣맘'이라고 부른다. 영어의 cat mom은 자신의 고양이에게 강한 애정을 갖는 여성을 일컫는 말이므로 우리가 부르는 '캣맘'과는 그 의미가 다르다.[47] 우리말의 '캣맘'에 해당하는 영어는 cat caretaker로서, '캣맘'보다는 '돌보는 사람'이라는 어감이 더 좋으므로 우리나라에서도 최근에는 '케어테이커'라는 말이 쓰이기 시작한다.

공동체 내에서 캣맘과 이를 막는 주민들 사이의 갈등이 크다. 경계 고양이에게 먹이를 주는 것은 개체 수를 유지하거나 증가하게 하므로,

앞에서 말한 해악의 원인이 되거나 적어도 방조한다고 생각하는 사람이 많다. 그래서 캣맘과 지역 주민이 싸우는 사건도 일어나고 고양이를 직접 학대하는 사건도 일어난다. 2006년 5월에는 서울시의 한 아파트에서 지하실을 폐쇄해 거기에 있던 고양이들을 죽게 만든 사건이 일어났다. 평소에 지하실에서 풍기는 악취 때문에 민원이 많았고 고양이가 전기 시설을 건드려 정전 사고가 일어났기에 폐쇄했다고 한다.[48] 급기야 2012년 7월에 인천시에서 지역 주민이 캣맘을 때리고, 고양이가 더럽힌다고 생각한 바로 그 문제의 음식물 쓰레기통에 거꾸로 집어넣는 사건이 발생했다.[49] 2022년에는 한 남성이 캣맘을 폭행해서 입건된 사건이 있었다. 그러나 남성은 캣맘이 먼저 모욕하고 뺨을 때렸다고 주장했다. 남성은 고양이들이 자신의 오토바이에 대소변을 보고 긁힌 자국을 내니 그만 피해를 주라고 말하자, 캣맘은 옆에 있던 아이를 보고 "애 교육이나 잘 시켜요."라고 말하고 "나는 내 집 사서 사는데, 당신은 월세나 사는 주제에 아이를 키운다."라고 말하여 감정이 격해져 말싸움하다가 캣맘이 먼저 뺨을 때렸다고 말했다.[50] 이 사례들은 입건이 된 사건들이지만, 누리집의 커뮤니티를 중심으로 길고양이가 그렇게 피해를 주지 않는다고 말하는 캣맘과 캣맘의 이기적인 행동을 지적하는 사람들 사이에 논쟁이 끊임없이 벌어진다.

　　서구에서는 캣맘과 주민 사이의 갈등보다는 고양이 애호가와 환경론자 사이에서의 갈등이 크다. 고양이는 마음대로 돌아다니게 해도 된다고 주장하는 고양이 애호가와 고양이는 밖에 돌아다니게 해서는 안 된다고 주장하는 환경론자 사이의 논쟁이다.[51] 환경론자가 고양이를 밖에 돌아다니게 해서는 안 된다고 주장하는 이유는 새나 작은 포유동물을 포식하기 때문이다. 환경론자는 고양이가 포식하는 새를 비롯한 동물의 애호자들이다. 환경론자들은 동물의 애호자이므로 고양이의 애호자이기도 하다. 다만 고양이가 다른 동물을 포식하는 것을 반대할 뿐이다.

고양이 애호가와 환경론자 사이의 논쟁은 '고양이 전쟁'이라고 불릴 정도로[52] 우리나라의 캣맘 논쟁 못지않게 서구 사회에서 큰 갈등이다. 그중 2006년 11월 8일 아침에 텍사스의 걸프만에 있는 해협인 산 루이스 패스에서 일어난 사건이 상징적이다.[53] 전직 과학 교사로서 탐조가 취미였던 짐 스티븐스는 그곳으로 자주 새를 관찰하러 갔다. 그날 스티븐스는 고양이가 피리물떼새들을 괴롭히는 것을 보았다. 그 새들이 멸종 위기종임을 아는 그는 권총으로 고양이를 쏴 죽였다. 근처에 있던 존 뉴랜더라는 요금소 직원이 그를 경찰에 신고했고, 스티븐스는 동물 학대죄로 기소되었다. 뉴랜더는 평소에 그 근처의 고양이들에게 먹을 것을 주던 캣대디였다. 스티븐스의 죄는 고양이가 애완동물(pet)인지 유해 동물(pest)인지에 달렸는데, 미국의 다른 주나 마찬가지로 텍사스주의 법률도 개와 달리 고양이에 관해서는 명확한 규정이 없었다. 그래서 1년 이상 걸린 재판은 배심원들의 의견이 일치하지 않아 미결정 심리로 끝났고 검찰은 더는 기소하지 않았다. 재판 결과와 상관없이 미국에서는 스티븐스의 행동을 지지하는 새 애호가 측과 그의 행동을 비난하는 고양이 애호가 측의 논쟁이 붙었다.

환경 윤리학자들은 이 논쟁에서 당연하게 새 애호가 측의 편을 든다. 캘리콧은 작가인 부르스 바콧(Bruce Barcott)이 개인적으로 이 사건에 대한 의견을 묻자 다음과 같이 논평한다.

동물 복지 관점에서는 고양이를 감금하고 쏘는 것은 옳지 않다. 그러나 종 전체가 위험에 처하니까 환경 윤리 관점에서는 옳다. 개인적으로 나는 환경 윤리가 동물 복지 윤리보다 우위에 있다고 생각한다. 그러나 역시 개인적으로 동물 복지 윤리학자들도 거꾸로 생각할 것이다.[54]

그리고 롤스톤 3세도 이렇게 말한다.

당신은 자연 경관엔 어울리지 않는 외래종인 경계 고양이를 자연환경에 적합하게 진화한 피리물떼새와 맞바꾸고 있다. 그리고 그것은 멸종 위기에 처한 종인 피리물떼새를 멸종의 위험이 전혀 없는 고양이와 맞바꾸는 짓이다. 이 경우에 고통은, 그러니까 고양이의 고통 대 고양이가 잡아먹는 피리물떼새의 고통은 관련이 없다.[55]

캘리콧이나 롤스톤 3세나 환경 윤리학자다운 시선에서 논평했다. 그들의 언급처럼 새의 편을 들어준다면 경계 고양이의 해악을 어떻게 막아야 할지 고민해야 한다.

경계 고양이의 해악은 고양이의 과잉 개체(overpopulation) 때문에 생기는 문제이니 가장 바람직한 해결책은 개체 수를 조절하는 것이다. 개체 수를 조절하는 방법으로는 크게 문제가 되는 고양이들을 죽여서 해결하는 방법과 죽이지 않고 해결하는 방법으로 나눌 수 있다. 첫째, 죽여서 해결하는 방법은 오스트레일리아처럼 극약을 넣은 미끼를 이용하거나 포획 후 안락사하는 방법이 있다. 그러나 이 방법은 개체를 직접 죽이는 방법이기 때문에 꼭 캣맘에게가 아니어도 거부감을 사기 쉽다. 오스트레일리아의 사례는 고양이에 의한 야생 동물의 멸종 위기라는 심각한 해악이 있었고 당국의 강력한 의지가 있었기 때문에 가능했다. 그러나 앞서 살펴본 경계 고양이의 해악은 그 정도까지는 아니라고 생각되기에 안락사를 통한 해결책은 여론의 지지를 받기 어렵다. 이런 상황은 구제역이나 조류 독감이 창궐할 때 돼지나 닭을 살처분하는 상황과 비교된다. 돼지나 닭의 살처분은 심지어 안락사가 아니라 생매장을 하는데도, 거부감이 없는 것은 아니지만, 필요한 조치라고 용인된다. 구제역이나 조류 독감을 위험한 질병이라고 인식하고, 특히 돼지나 닭은 어차피 도살되는 동물이라고 생각하기 때문일 것이다.

둘째, 죽이지 않고 해결하는 방법으로는 다시 시설(쉼터)에 수용하는 것과 수용하지는 않고 TNR를 시행하는 것으로 나눌 수 있다. 수용하는 것도 또다시 안락사하는 쉼터("kill" shelter)와 안락사하지 않는 쉼터("no-kill" shelter)로 나뉘는데,[56] 전자는 일정 기간 지나서 주인이 찾으러 오지 않으면 죽이는 곳이고, 후자는 입양이나 죽을 때까지 수용하는 곳이다. 고양이는 생후 6개월부터 발정을 하며 임신 기간은 2달 정도이고 한 번에 1마리에서 많게는 6마리까지 출산을 하니 번식력이 매우 높다. 현재 가장 많이 사용되는 해결책은 경계 고양이를 포획해서(trap) 중성화한(neuter) 후 재방사하는(return) TNR 사업이다.[57] 이 사업을 시행하고 있는 서울시는 이를 '중성화 사업'이라고 부른다.[58] 중성화 수술은 수컷의 경우 고환을 제거하고 암컷의 경우 난소와 자궁을 적출하는 수술을 말한다. 이때 질병 검사도 하고 백신 접종도 한다. 수술한 고양이는 왼쪽 귀 끝을 1cm 잘라서 중성화 수술을 했다는 것을 표시한다.

중성화 사업은 고양이를 죽이지 않기 때문에 거부감이 적고 긍정적인 효과도 많다. 중성화된 고양이는 발정 때문에 생기는 소음도 사라지고 공격적 성향도 줄어든다. 그리고 경계 고양이는 죽인다고 해도 다른 개체가 와서 그 자리를 채우기 때문에(이를 '진공 효과'라고 한다), 중성화 수술 후 해당 지역에 풀어 주는 것이 더 효과적이므로 TNR가 효과가 있다고 한다.[59] 이 사업을 통해 경계 고양이가 주는 해악 중 소음 부분은 해결할 수 있다. 이종찬에 따르면 캣맘을 중성화 사업에 참여시켜 경계 고양이에게 먹이를 지속해서 주게 되면 쓰레기를 파헤치는 문제도 해결할 수 있다고 말한다.[60] 단순히 밥만 주면 식욕이 왕성해져 개체 수는 더 늘게 되어 고양이의 삶의 질도 낮아지게 된다. 그러나 중성화 후 밥을 주면 개체 수도 일정하게 유지되고 음식물 쓰레기도 파헤치지 않아 위생 문제도 해결할 수 있다는 것이다.

그러나 TNR는 위생 및 소음 문제 외에는 해결하지 못한다는 문제가 있다. 근본적으로 개체 수를 줄이는 것이 아니라 개체 수를 유지하는 정책이기 때문에 그 문제는 해결할 수 없는 것이다. 그리고 일단 포획을 해야 하는데 모든 개체를 포획할 수 없으니 개체 수는 늘 수밖에 없기도 하다. 그리고 개체 수가 줄지 않으니 포식 문제는 여전히 남는다. 고양이의 기본권 보호 차원에서 TNR를 반대하는 주장도 있다. 일부 캣맘이 이런 시각을 보일 텐데, 그것을 뒷받침하는 이론이 있다. 부닌은 고양이 또는 개의 중성화 수술은 레건이 말하는 동물의 기본권을 침해하기에 도덕적으로 허용할 수 없다고 주장한다. 동물은 '훌륭한 대우'(respectable treatment)를 받을 권리가 있는데 중성화 수술은 포획 과정에서의 스트레스, 수술 후 후유증, 번식할 자유의 침해 등으로 그런 권

리가 침해된다는 것이다.[61]

그러나 어떤 논의도 고양이의 포식 문제에는 집중하지 않는다. 나는 TNR의 장단점에 관해서는 윤리학 이외에 생태학 및 수의학 분야에서 충분히 논의가 이루어지고 있으므로, 여기서는 포식의 문제를 통해 경계 고양이의 개체 수 조절 문제에 접근하려고 한다. 더 근본적으로는 중성화 논의가 나오는 이유가 경계 고양이의 개체 수 증가 때문인데, 포식의 문제가 해결되면 경계 고양이는 그 개체 수를 우려하지 않아도 될 정도가 될 것이므로 중성화가 논란이 될 이유가 없기 때문이다. 나는 『동물 윤리 대논쟁』의 4장에서 포식의 문제를 다루었다. '포식의 문제'는 19세기의 스코틀랜드 철학자인 리치(David George Ritchie)가 당대의 동물권 철학자인 솔트(Henry S. Salt)에게 제기한 비판이었다. 그는 실제 고양이를 거론한다.

> 고양이가 쥐를 심술궂게 죽이지 못하도록 밤에 돌아다니는 것을 막는다면 '자연으로의 회귀'는 어떻게 될까? 강자에게 핍박받는 먹잇감의 권리를 옹호하는 것이 될까? 아니면 우리가 모든 먹잇감의 권리를 선언하는 것은 동물 애호가인 감상주의자들을 기쁘게 하는 위선적인 문구에 불과할까?[62]

리치의 의도는 고양이가 쥐를 못 잡도록 막아야 한다는 것이 아니다. 동물의 윤리적 대우를 주장하는 쪽에 제기하는 귀류법 논증이다. 만약 동물에게 도덕적 권리가 있다면 고양이에게 잡아먹히는 쥐나 암사자에게 잡아먹히는 얼룩말의 도덕적 권리도 존중해 주어야 하기에 잡아먹지 못하게 막아야 하는 의무가 있는데, 대부분의 사람은 그것이 터무니없다고 생각한다. 그러므로 우리는 동물에게 도덕적 권리가 있다는 주장을 받아들일 수 없고, 우리는 동물의 도덕적 권리를 존중할 의무가 없다는 것이다. 이 주장을 좀 더 생생하게 받아들이기 위해서 야생의 고양이가 어린아이를 공격하려고 하는 상황을 상상해 보자. 만약 누군가가 그런 상황을 목격했는데 고양이를 쫓으려는 아무런 행동도 하지 않는다면 엄청난 비난을 받을 것이다. (사자가 공격하려는 상황이라고 하면 우리가 사자를 감당할 수 없기에 의무 이상의supererogatory 상황이므로 고양이로 가정하였다. 그러나 그런 상황이라고 하더라도 대부분의 사람은 소리를 지르거나 다른 사람에게 도움을 요청할 것이다.) 그러나 같은 고양이가 토끼나 새를 공격하려고 하는 상황에서는 막으려고 하지 않아도 아무런 비난을 받지 않는다. 이것을 보더라도 동물은 인간과 같은 권리는 없다고 주장하는 것이 포식의 문제이다.

6. 또 하나의 종 차별주의

이 포식의 문제에 대응하는 방법은 두 가지가 있다. 하나는 기존의 동물권 이론에서 육식 및 동물 실험과 포식을 구분할 방법을 제시하면 된다. 그러면 육식과 동물 실험은 막으면서 포식은 막지 않는 이유가 설명될 것이다. 포식의 문제는 동물의 윤리적 대우를 논의할 때 핵심적으로 다루는 주제가 아니기 때문에 기존의 동물 해방론이나 동물 권리론에서 길게 대응하지 않는다. 그래서 나는 『동물 윤리 대논쟁』에서 동물 해방론이나 동물 권리론에서 그 이론에 기반해 추측할 때 어떤 식으로 해명할 수 있는지 설명했다.[63] 먼저 동물 해방론에서는 포식을 막기 위해 야생에 개입했을 때 이익보다 손해가 더 클 것이라는 예측, 더 나아가 예측할 수 없었던 재앙이 일어날 수도 있다는 근거로 포식을 막을 의무가 없다고 말할 것이다. 만약 사슴을 보호한다는 명목으로 사자를 없앤다면 사슴의 개체 수는 과잉이 되고 사슴의 먹이가 되는 식물이 남아나지 않게 될 것이며, 이는 사슴뿐만 아니라 그 식물에 의존하는 다른 초식 동물을 위험에 빠뜨릴 수 있다. 한편 동물 권리론자인 레건은 '도덕 행위자(moral agent)'와 '도덕 수동자(moral patient)'를 구분하여 이 문제를 해결하려고 한다. 도덕 행위자와 달리 도덕 수동자는 옳고 그른 행동을 할 수 없기에 도덕적 책임을 물을 수 없다. 그래서 레건은 "늑대는 누군가의 권리를 침해할 수도 없고 침해하지도 않기에, 늑대의 공격으로부터 양을 원조해야 하는 의무를 우리가 갖는다고 주장하는 것은 아니다."라고 말한다.[64] 여기서 레건은 상황을 오해하고 있다. 우리는 양을 잡아먹는 늑대에게 도덕적 책임을 묻는 게 아니라 그 늑대를 막지 않는 동물 권리론자에게 책임을 묻고 있기 때문이다. 늑대가 도덕 수동자인 것은 맞지만 그것을 막을 수 있는 우리는 도덕 행위자이다. 다만 레건에게 자비를 베풀어 해석한다면, 그의 주장은 우리가 양을 잡아먹었다면 양의 권리를 침해했지만, 사자가 잡아먹었다면 양의 권리를 침해하지 않았고, 그러니 우리에게는 사자의 행동을 막을 의무가 없다는 말이다. 쉽게 말해서 양에게는 권리가 있는 것은 맞지만 우리는 그것을 침해하지 않았다는 것이다.

이 포식의 문제에 대응하는 또 하나의 방법은 이 문제가 귀류법으로 몰고 가는 '터무니없는' 상황이 그렇게 터무니없지 않다고 응수하는 것이다. 다시 말해서 우리에게는 포식을 막을 의무가 오히려 있다고 주장한다. 나는 『동물 윤리 대논쟁』에서 동물 해방론과 동물 권리론의 대답도 반영하면서, 터무니없다는 비판을 받지 않을 수준에서 우리에게 포식의 고통을 막을 의무가 있다고 주장했다.[65] 거기서는 일반론의 수준에서 주장했는데, 그 주장을 여기서 경계 고양이의 경우에 적용해 볼 기회가 왔다.

자연에 개입했을 때 오히려 역효과가 날 수 있다는 동물 해방론의 지적은 옳다. 그렇다면 득보다 실이 크고 역효과가 나지 않는다는 것이 확실한 수준에서는 자연에 개입할 수 있으며 또 그런 의무가 있다는 결론이 나온다. 실제로 인간이 자연에 개입하는 일은 흔하다. 홍수나 폭풍 또는 질병 따위의 위협을 막기 위해 자연에 개입하며, 그것을 내버려 두었을 때 오히려 비난을 받는다. 마찬가지로 동물의 경우에도 예컨대 스스로 바닷가에 몰려든 고래를 (왜 그런 행동을 하는지 아직은 알지 못하지만) 바다로 돌려보내는 것을 도덕적 의무로 생각한다. 한반도에 호랑이가 없어진 것을 아쉬워하는 사람도 있지만, 만약 산하에 호랑이가 몇 마리라도 생존해 있다면 그것을 감탄하며 내버려 두기만 할까? 아마 어떤 식으로든 인간과 접촉을 막으려는 방안을 강구할 것이다. 결국 동물 해방론의 대답을 받아들인다고 하더라도, 아프리카의 초원에 가서 모든 맹수를 없애는 것은 능력 밖의 일이기도 하고 거기서 생기는 부작용을 예측할 수 없다. 그러나 경계 고양이의 포식을 막는 행위는 우리의 능력 안에 있고, 그것은 경계 고양이가 많지 않던 상태로 되돌리는 것이므로 예측 못할 부작용도 없다. 맹수가 없는 아프리카의 초원은 예상으로만 가능하지만, 경계 고양이가 많지 않던 상태는 우리는 이미 알고 있기 때문에 어떤 일이 일어날지 예측 가능한 것이다. 오히려 경계 고양이에게 먹이를 공급하는 행위가 예측 못한 결과를 낳는다. 과거와 달리 서울 도심의 공원이나 아파트 단지에서 너구리가 쉽게 목격되는데, 특히 고양이 먹이터 주변에서 출몰 빈도가 높다는 것이다.[66] 이러다 보면 야생 동물인 너구리가 경계 동물이 될 수 있는데, 만약 그렇다면 인간의 서식지가 넓어져 경계 동물이 되는 사례가 아니라, 인간의 인위적인 먹이 공급으로 의도치 않게 경계 동물이 되는 사례가 될 것이다.

양에게는 권리가 있지만 우리는 그것을 침해하지 않았다고 대답하는 동물 권리론자 레건에게는 여전히 고양이에게 위협당하는 어린아이의 상황을 물을 수 있다. 어린아이에게도 권리가 있지만 그렇다고 해서 우리가 침해한 것은 아니므로 내버려 두어도 된다는 말인가? 레건은 『동물권 옹호』의 개정판 머리말에서 정의의 요구는 언제나 자선의 권리보다 우선한다는 대답을 한다.[67] 우리가 누군가의 권리를 직접 침해했다면 그것은 정의를 어긴 것이므로 바로잡아야 하지만, 도덕적 수동자가 침해했다면 그것을 바로잡는 것은 자선의 의무이므로 중요도가 덜하다는 것이다. 레건이 정의의 의무가 자선의 의무보다 앞선다고 주장하지, 자선의 의무가 중요하지 않는다고 주장한 것은 아니다. 그가 자선의 '의무'라는 말을 쓴 것을 보면 그것도 의무의 하나이다. 따라서 우리가 충분히 실행 가능한 자선의 의무라면 지켜야 할 의무가 있다고 보아야 한다. 어린아이를 위협하는 고양이를 쫓아내는 일은 성인이라면 누구나 할 수 있으므로 그것을 하지 않았을 때는 도덕적 비난을 받아야 한다. 결국 레건에서도 우리가 할 수 있는 한도 내에서 포식을 막을 수 있다면 그것을 실천해야 한다.

한편 경계 고양이의 포식은 일반적인 포식의 문제와 근본적으로 다른 문제가 있다. 포식의 문제가 철학적으로 흥미로운 이유는 자연에서 일어난 일에 우리가 개입할 수 있느냐는 점 때문이다. 그러나 경계 고양이의 포식은 '자연스럽게' 일어나는 일이 아니라 '인간에 의해' 일어나는 일이다. 도둑고양이라는 말이 예전부터 있었던 것처럼 도시화 이전에도 우리 주변에 고양이가 살았다. 그러나 그 개체 수는 많지 않아 거기서 생기는 포식의 문제는 기존의 포식의 문제나 마찬가지로 자연에서 일어난 일이다. 그러나 현재 포식의 문제를 일으키는 경계 고양이는 경계와 야생에서 자연스럽게 살아온 고양이가 아니라 인간이 유입시킨 종이다. 애완동물에서 계속 유입되어 경계 고양이의 개체 수가 증가하므로 자연스러운 일이라고 말하기 어렵다.

만약 자연스러운 일이라면 인간이 개입해서는 안 된다. 경계 고양이만 새나 작은 포유동물을 잡아먹는 것은 아니다. 맹금류나 다른 포유동물도 그 포식자의 리스트에 이름을 올린다. 심지어 경계 고양이도 부엉이를 비롯한 맹금류의 포식 대상이 된다. 그 포식의 경쟁에 인간이 끼어들어 특정 편을 드는 것은, 애초에 포식이 자연스러운 일이라는 주장과 모순될 뿐만 아니라 공정하지도 못하다. 인간은 유기 등의 방법으로 경계 고양이의 개체 수를 꾸준히 늘게 한다. 그리고 애완고양이와 외모에서 다름이 없는 경계 고양이는 캣맘으로부터 동정을 받아 먹이를 공급받아 영양상으로 유리한 조건에 있다. 그래서 생물학자 브래드쇼는 스스로가 고양이 애호가이면서도 경계 고양이는 토착종과의 경쟁에서 유리한 위치에 있을 수밖에 없음을 지적한다.[68] 포식의 문제는 자연에서 일어나기 때문에 우리가 개입해서는 안 된다는 주장이 있을 수 있지만, 고양이의 포식에는 우리가 개입한다. 브래드쇼가 지적하듯이 캣맘은 고양이가 포식을 더 잘하도록 돕고 있기 때문이다. 앞에서 말했듯이 TNR도 자연에 개입하는 것이다. 그러나 캣맘은 고양이가 포식을 더 잘하도록 개입하고 있고, TNR는 포식을 하지 못하도록 개입한다. 둘 다 인위적인 개입이라면 이 세상의 고통의 양을 줄인다는 측면에서 어느 쪽 개입에 편을 들어야 할까? 만약 자연에서 일어나는 고양이의 포식이라면 내버려 두자는 해결책이 가능하다. 자연에서 포식은 흔한 일이기 때문이다. 거기에 우리가 개입할 수 없고 개입했을 때 어떤 예기치 못한 결과가 생길지 알 수 없다. 그러나 현재 고양이의 포식은 길고양이의 증가에 따라 인위적으로 생긴 일이기에 우리가 개입할 수 있다. 고양이의 포식을 막으면 고양이가 고통을 받고 고양이의 포식을 막지 않으면 새를 비롯한 다른 동물들이 고통을 받는다. 캣맘은 두 고통 중에서 특정 편을 든다는 데 문제가 있다. 이것은 공정한 게임이 아니다. 특히나 캣맘이 고양이 편을 드는 것은 종 다양성을 위한 고려나 환경에 대한 고려 때문이 아니라, 오로지 고양이의 '치명적인 귀여움' 때문이다. 고양이에게 특별한 혜택을 주는 것은 우리가 인간 사회에서 비난해 마지않는 '외모 차별주의'이다.

앞서 특정 조류의 멸종은 인간 주거지와 농경지 확장으로 인한 서식지 파괴나 기후 변화 따위가 원인일 수 있다고 말했는데, 아마 그것이 주된 원인일 것이다. 서식지 파괴는 새의 보금자리를 없애 직접 피해를 줄 수 있다. 또는 서식지가 파괴됨에 따라 새는 경계 고양이가 있는 곳으로 이동함에 따라 고양이의 쉬운 먹잇감이 될 수도 있다. 그러나 새의 죽음에는 그 외의 원인도 있다. 새는 전선에 앉아도 감전되지 않지만 그것은 한 가닥의 전선에만 앉기 때문인데, 날개가 다른 전선 가닥에 닿으면 감전되는 일이 있다. 또 금속 물질을 나뭇가지로 잘못 알고 그것으로 전봇대에 둥지를 쌓다가 감전되기도 한다. 그리고 새가 건물 외벽이나 도로의 방음벽에 부딪혀 죽는 일은 흔하다. 인간 주거지와 농경지 확장은 조류의 멸종에만 해당하지 않는 환경 파괴의 근본적 원인이므로 해결이 쉽지 않지만, 끊임없이 논의되는 환경 윤리학의 주제이다. 그리고 건물 외벽이나 방음벽에는 맹금류의 그림을 그리거나 반사 테이프를 붙이는 방법 따위로 새가 부딪히지 않도록 한다. (전신주에도 새가 앉지 못하도록 장치를 하는데, 이는 새를 보호하려는 목적보다 정전 방지 목적이 크다.) 어쨌든 인간은 인간이 원인이 되어 일어난 새의 죽음을 막기 위해 노력을 하고, 그 노력은 북돋움을 받았으면 받았지 어떤 윤리적인 반대도 받지 않는다. 고양이의 새 포식은 새 죽음의 원인 중 충돌과 견줄 만하거나 그것보다 높을지도 모른다. 그런데 왜 고양이의 포식은 이와 같은 새의 죽음의 원인과 같은 선상에 서지 못할까?[69]

생물학자인 빙기창은 철새의 중간 기착지인 홍도에서 철새가 죽는 원인을 연구했는데, 들고양이에 의한 포살(29.3%), 유리창과 같은 인공 구조물에 의한 충돌(22.3%), 기름 오염(15%) 등의 순으로 많았다. 빙기창이 '들고양이'라고 가리킨 고양이가 야생 고양이인지 경계 고양이인지 따로 밝히지 않았는데, 설령 경계 고양이라고 하더라도 자연의 일부분이므로 그것에 의한 철새 포식에 윤리적인 가치 개입을 할 필요는 없다. 맹금류도 작은 새를 잡아먹지만 그것은 자연에서 일어나는 일이므로 인간은 개입을 하지 않는 것이나 마찬가지이다. 그러나 고양이의 포식은 인간의 유기로부터 시작되었고, 캣맘의 활동은 포식을 부추긴다는 데 문제가 있다. 맹금류의 새 포식과 달리 고양이의 새 포식은 인간이 부추긴 일이므로 조류 충돌 방지 노력과 같이 취급되어야 한다.

고양이는 인간이 인위적으로 유입시켰다는 점에서 '외래종'이라고 부르는 것도 어색하지 않다. 생태계를 보호하기 위해 외래종을 박멸하는 일은 흔하다. 환경 윤리학 교과서에는 늑대와 같은 상위 포식자가 없어져 개체 수가 늘어난 사슴의 사냥을 한시적으로 허용하는 사례가 자주 나온다. 총에 맞는 사슴 개체의 고통을 고려하면 그것은 윤리적으로 반대해야 하지만, 사냥이 허용되지 않았을 때 늘어난 개체 수 때문에 서식지가 훼손되어 오히려 그 사슴은 굶어 죽는 더 심한 고통을 겪을 가능성이 크다. 방치하면 종 전체의 멸종을 가져오고 연쇄적으로 생태계 전체에 악영향을 끼칠 수 있다. 우리나라에서도 외래 생물 중에 생태계의 균형을 교란하거나 교란할 우려가 있는 생물을 '생태계 교란 생물'로 지정해 사육이나 재배를 규제하고 필요에 따라 방제를 한다. 황소개구리, 배스, 뉴트리아가 그런 사례이다.

그렇다면 동물 해방론이든 동물 권리론이든 자연에 주는 부작용이 없고 인간이 실천 가능한 정책이라면 포식에 개입해야 한다는 결론이 나온다. 나는 경계 고양이에 대한 포획(trap)과 안락사(euthanize), 곧 TE가 그런 정책이라고 생각한다. 먼저 고양이를 포획하여 안락사한다고 해서 자연에 예측할 수 없는 역효과가 생기지 않는다. 오히려 고양이가 있기 전의 상태로 되돌리므로 '자연'의 상태로 회복되는 것이다. 그리고 TE는 인간이 실천 가능한 정책이고 현재도 일부 국가에서 시행하고 있다. TNR와 마찬가지로 TE도 모든 고양이를 포획할 수 없다는 문제가 있지만, 오스트레일리아에서 경계 고양이 박멸용으로 사용되는 큐리오시티(Curiosity®)가 한 가지 해결 방법이다. (큐리오시티는 포획은 하지 않으므로 TE는 아니다.) 오스트레일리아 환경부에서 개발한 큐리오시티는 소시지 모양의 미끼로 그 안에 독소가 든 단단한 플라스틱 알갱이가 들어 있다. 그 알갱이가 몸 안에서 배출되면 고양이는 잠에 빠져들고 인도적으로 죽는다. 그리고 다른 육식 동물은 이것을 먹지 않도록 디자인되어 있다.[70]

물론 고양이를 죽이는 것에 꼭 캣맘이 아니어도 거부감을 느끼는 사람이 많을 것이다. 그런 이유 때문에 그동안 TE보다 TNR가 더 실효성 있는 정책으로 채택되었다. 파머는 TE보다 TNR를 채택해야 하는 세 가지 이유를 제시한다. 첫째, (파머는 이 용어를 쓰지는 않지만) 레건의 용어로 말하면 고양이는 도덕 수동자이므로 포식을 한다고 해서 도덕적으로 문제될 게 없기 때문이다. 둘째, 우리가 자연의 다른 포식 관계에는 끼어들지 않으면서 경계 고양이의 포식에만 끼어들 이유는 없기 때문이다. 셋째, 인간은 경계 고양이가 생기게 한 책임이 있으므로 고양이를 도와주어야지 해악을 끼쳐서는 안 되기 때문이다.[71] 그러나 이런 주장은 TE뿐만 아니라 TNR에도 반대하는 이유가 된다. 도덕적으로 문제가 안 되고 다른 자연사에는 끼어들지 않는다면서 왜 중성화는 하는가? 그리고 TNR는 도와주는 것이고 TE는 해악을 끼치는 것인가? 오히려 TNR는 위에서 본 부닌의 주장대로 포획 과정에서 스트레스를 주므로 고양이에게 해를 끼친다. 그러나 큐리오시티 방법은, 현재는 완벽하지 못할지라도 글자 그대로 편안한 죽음을 목표로 한다. 한 생명을 없앤다는 부담이 있기는 하다. 그러나 감정적인 차원에서 접근하지 않는다면, 인격체가 아닌 한갓 감각적 존재의 삶은 그 감각을 훼손하지 않게 죽임에 이르게 하는 경우 윤리적인 문제가 생기지 않는다. 10장에서 개와 관련해서 다시 자세하게 주장하겠지만, 인간처럼 과거와 현재에 걸쳐 존재를 인식하는 존재가 아니므로 고통 없이 죽인다면 직접적인 폐해를 끼치지 않기 때문이다.[72]

설령 고양이의 죽지 않을 권리가 존중되어야 한다고 하더라도 고양이의 죽음은 레건의 '최소 압도의 원리(the miniride principle)'에 의해서 정당화된다.

> 특별한 고려 사항은 차치하고, 무고한 다수의 권리를 압도하는 경우와 무고한 소수의 권리를 압도하는 경우 사이에서 선택해야만 할 때, 그리고 영향을 받는 개체들이 직견적으로 유사한 방식으로 해악을 입는다고 할 때, 다수의 권리를 압도하는 쪽보다는 소수의 권리를 압도하는 쪽을 선택해야 한다.[73]

이 원리가 공리주의의 주장과 다른 점은 해악의 총합을 최소화하라는 것이 아니라 권리 압도를 최소화하라고 주장한다는 점이다. 어느 한쪽의 해악이 압도적으로 크지 않고 그만그만할 때는, 각자의 권리 압도를 똑같이 고려해 주어야 하고 그런 압도를 최소화해야 한다는 것이다. 이 원리는 존중의 원리로부터도 도출된다. 잘 알다시피 레건에서 한 살 정도의 포유류는 '삶의 주체'이고 삶의 주체는 본래적 가치를 갖는다. 그리고 그는 본래적 가치를 존중하는 방식으로 본래적 가치를 가진 개체들을 처우해야 한다는 '존중의 원리'를 제시한다.[74] 존중의 원리에서는 본래적 가치를 갖는 모든 개체가 해악을 입지 않을 권리를 똑같이 가지므로 어느 개체도 하나 이상으로 간주될 수 없고 한갓 그릇이나 도구로 처우해서는 안 된다. 그런데 다수의 권리가 압도되는 경우와 소수의 권리가 압도되는 선택 사이에서 해악이 비교 가능하고 둘 중의 하나를 선택할 수밖에 없는 상황이라면, 문제가 되는 것은 오로지 개체 수밖에 없으므로 소수의 권리가 압도되는 쪽을 선택하는 것이 존중의 원리에 부합한다. 그렇게 하지 않는다면 그것은 그 소수를 하나 이상으로 간주한 것이 되기 때문이다. 그는 최소 압도의 원리를 설명하기 위해 51명의 광부가 매몰된 탄광에 갇혔고 곧 죽을 운명인데, 그중 50명은 채광 굴에 갇혀 있고 1명은 채광 굴로 가는 수직 통로에 갇혀서 50명이 갇혀 있는 채광 굴로 갈 수 있는 유일한 방법은 수직 통로를 폭발하는 것이라는 사고 실험을 제시한다.[75] 최소 압도의 원리는 1명을 희생하여 50명을 구하라고 말해 준다. 50명의 생명과 1명의 생명은 비교 가능하므로, 소수의 권리가 압도되는 쪽을 선택해야 하기 때문이다.

    부닌은 고양이에게 TNR를 해야 하느냐는 문제에 레건의 존중의 원리를 적용한다. 그는 "고양이를 모두 수용하기에는 가정이 충분하지 않습니다. 중성화하세요."나 "애완동물을 중성화하세요. 그들도 기뻐할 것입니다."라고 쓰인 자동차 범퍼 스티커를 본 것으로 이야기를 꺼낸다. 그리고 나서 "[TNR를] 시행하여 다른 동물들에게 주는 이득에 호소함으로써 한 동물에게 주는 해악을 정당화하는 것은 권리에 기반한 접근이 배제하는 전형적인 입장이다."라고 말한다.[76] 앞서 말했듯이 길고양이 TNR를 시행하면 여러 가지 이득이 있다. 그러나 그 이득은 모두 다른 동물 또는 인간의 이득이고 고양이의 존중받을 처우의 권리를 침해하므로, 그것을 시행하는 것은 윤리적으로 허용할 수 없다는 것이다. 파머 역시 TNR의 시행은 고양이를 "생태계 전체 또는 소유주의 더 쉬운 삶이라는 목적을 달성하기 위한 수단으로, 도구로 처우하는 것"이라고 주장한다.[77] 그러나 부닌과 파머의 주장은 레건의 존중의 원리만 적용하고 '최소 압도의 원리'를 적용하지 않고 있다. 레건은 존중의 원리 외에 "우리가 개체들에게 해악을 끼치지 말아야 할 직견적인 직접적 의무를 갖는다."라는 내용의 해악의 원리를 말한다.[78] 그런데 해악의 원리를 정식화할 때 '직견적(prima facie)'이라는 말이 붙은 것에 주목해야 한다. '직견적'이라는 것은 지금은 다른 의무보다 중요하다고 판단되어 우선시되지만, 때로는 다른 의무보다 덜 중요하다고 판단되어 보류되기도 한다는 뜻이다. 다시 말해서 해악의 원리는 무조건적으로 적용되는 것이 아니다. 우리는 누군가에게 해악을 끼칠 수밖에 없는 상황이 있다. 예컨대 자기방어를 위해 폭행범에게 해악을 끼칠 수도 있고, 범죄를 저지른 사람을 처벌하는 것도 그에게 해악을 끼치는 경우이다.[79] 만약 해악의 원리가 무조건적이어서 이런 해악을 허용하지 않는다면, 공리주의 못지않게 반직관적인 상황이 초래될 것이다. 레건이 최소 압도의 원리를 도입한 것은 이 때문이고, 따라서 우리는 고양이와 고양이가 잡아먹는 동물들이 있는 상황에 이 원리를 적용해 보아야 한다. 우리는 고양이와 고양이가 잡아먹는 동물 중 어느 쪽이 개체 수가 더 많은지 알고 있다. 그러니 고양이에게 잡아먹히는 동물이 '무고한 다수'임에는 논란의 여지가 없다. 길고양이는 '소수'이지만 '무고한 소수'일까? 인간에 의해 생겼고 인간의 지원을 받으므로 '무고한 소수'라고 말하기 어렵다. 백 보 양보하여 무고한 소수라고 하더라도 다수의 권리를 압도하는 쪽보다는 소수의 권리를 압도하는 쪽을 선택해야 하므로, 길고양이의 권리를 압도해야 한다. 그렇다면 길고양이의 TNR, 더 나아가 TE는 레건의 동물 권리론에 의해서도 옹호되는 것이다.

레건이 한 살 정도의 포유류가 본래적 가치가 있다고 했는데, 고양이가 잡아먹는 동물은 주로 새가 많으므로 '무고한 다수'는 본래적 가치가 없다는 반론이 있을 수 있다. 그러나 레건은 삶의 주체가 어디서부터인지 선을 긋는 문제가 끝없는 논쟁을 불러일으키기에 그 논쟁을 최소화하기 위해 보수적인 방책을 채택했다고 말한다.[80] 그리고 다른 저작에서 새나 물고기가 삶의 주체일 수 있다고 생각할 충분한 이유가 있다고 주장했다.[81] 또 고양이와 새의 본래적 가치가 동등하느냐는 반론도 가능하다. 그러나 레건은 본래적 가치가 그것을 갖거나 갖지 않거나 둘 중 하나인 '단정적인'(categorical) 개념이고, 삶의 주체인 모든 개체들은 동등한 도덕적 지위를 누린다는 것은 『동물권 옹호』의 곳곳에서 강조하는 바이다.[82] 그럼에도 고양이와 고양이가 잡아먹는 동물의 가치가 다르다는 반론에서 비둘기와 고양이를 향한 사람들의 공평하지 않은 시각을 확인할 수 있다고 생각한다. 앞서 비둘기를 유해 동물로 지정한 것에 사람들이 부정적인 인식이 많지 않다는 것을 언급했다. 조류인 비둘기는 현실적으로 포획이 힘들기에 둥지나 알을 없애는 방법으로 번식을 막을 뿐이지, 만약 큐리오시티와 같은 안락사 방법이 있다면 거부감 없이 그것을 시행했을 것이다. 그러나 고양이는 캣맘과 동물권 단체의 조직적인 보호를 받는다.[83] 경계 고양이는 비둘기와 달리 인간과 애정을 주고받는 애완동물과 같은 존재로 인식되기 때문일 것이다. 분명히 경계 고양이를 향한 특별한 인식이 있고 캣맘과 고양이 사이에 특별한 관계가 있다. 그러나 애정을 바탕으로 다르게 대우하는 것은 공평하지 않다는 것은 가장 기본적인 윤리적 사고이다. 가족끼리의 애정처럼 우리 사회의 근간을 지탱하는 애정이나 특별한 관계가 있는 것은 사실이지만, 경계 고양이와의 사이에서 형성되는 애정과 관계는 그런 성격의 것도 아니다. 윤리적 행동 지침을 정할 때는 그러한 애정 관계가 개입될 수는 없고, 개인적인 선호로 고양이와 비둘기를 다르게 대우해서는 안 된다. 물론 앞장에서 검토한 반려 모형에 따라 경계 고양이도 가족으로 생각한다면, 캣맘의 행동은 가족끼리 적용되는 특별한 애정으로 용인될 수 있지 않느냐고 반론할 수 있을 것이다. 그러나 경계 고양이가 정말로 가족이라면 입양의 방법을 채택해야 한다. 입양하여 함께 사는 책임은 지지 않으면서 거리에 배회하도록 놔두고 귀여움만 만끽하려고 하는 것은 가족에게 요구되는 자세가 아니다. 더구나 경계 고양이는 비둘기와 달리 위생 문제만 일으키는 것이 아니라 다른 동물에게 고통을 준다는 문제까지 일으키고 있지 않은가? 만약 고양이가 아닌 다른 포식 동물이 고양이와 같은 해악을 일으킨다면 어떤 반응을 보일지 생각해 보라. 똑같은 행동을 귀여움 때문에 다르게 대우받는다면 외모로 차별하는 행태와 다를 바가 없다. 고양이를 다르게 취급하는 것은 인간과 동물 종을 차별하는 종 차별주의와 마찬가지로 동물 종끼리 차별하는 '또 하나의 종 차별주의'이다. 동물을 윤리적으로 대우하고 동물에게 도덕적 지위를 부여하는 본격적 시도는 "문제는 그들이 **이성적으로 사고할** 수 있는가도 아니고 그들이 **말을 할** 수 있는가도 아니라, 그들이 **고통을 느낄** 수 있는가이다."[84] 라는 벤담의 유명한 구절에서 시작되었다. 인간이든 동물이든 고통을 느낀다는 점에서는 똑같은데 동물의 고통이라고 해서 차별할 정당한 근거는 없다는 것이다. 그런데도 동물의 고통이라고 해서 차별받아도 된다는 태도를 후대 사람들은 '종 차별주의'라고 이름 붙였다. '또 하나의 종 차별주의'는 이런 벤담의 생각을 이어받은 것이다. 동물 내에서도 고양이든 새든 고통을 느낀다는 점에서는 똑같은데 고양이의 고통을 더 우선하는 것 역시 종 차별주의인 것이다. 특히 고양이를 비둘기를 비롯한 다른 경계 동물들과 차별하는 것은 그 귀여운 외모 때문인데, 이것은 앞서 지적한 '외모 차별주의'이기도 하다.

7. 맺음말

물론 경계 고양이도 경계 동물의 하나이므로, 다람쥐나 비둘기 그리고 인간과 마찬가지로 도시에 당당하게 살 권리가 있다. 이 장의 2절에서 말한 블랙박스화하여 살면 된다. 그리고 고양이의 포식 활동도 야생에서 일어나는 포식처럼 인간이 개입할 필요가 없을 수도 있다. 고양이는 개와 비교할 때 '절반만 길들여진' 동물이라고 말했다. 이 말은 고양이는 개에 견줘 의존성과 취약성이 약하기 때문에 경계 동물로서도 자립할 가능성이 크다는 것을 말해 준다. 사람들은 개와 달리 고양이 등록제에 적극적이지 않다. 마라와 산텔라는 그 이유를 사람들이 유기견은 해롭다고 생각하지만 길고양이는 그렇다고 생각하지 않기 때문이라고 말한다.[85] 이런 이유도 있겠지만, 그보다는 고양이는 유기되어도 스스로 잘 살 수 있다고 생각하기 때문이다. 고양이는 원래 밖에서 쥐를 잡는 동물이다.

그러나 이 모든 문제는 개체 수 과잉이 원인이다. 위에서 오스트레일리아의 고양이 문제를 심각하게 거론했는데, 이는 로마의 고양이 사례와 흔히 비교된다. 로마의 토레 아르젠티나 고양이 보호 구역에서는 고양이가 고대 사원 유적지 사이를 돌아다니는 것을 볼 수 있는데, 이것이 관광객들에게 또 하나의 볼거리이다. 고양이들은 담장이 쳐져 있는 안에서만 돌아다닐 수 있으며 자원봉사자들에게 백신 접종 및 먹을 것과 치료를 받는다.[86] 이것이 가능한 것은 제한된 공간에서 적절한 개체 수가 유지되기 때문이다. 개체 수 유지의 관건은 먹이의 입수 가능성이다. 자연 상태에서 고양이의 먹이는 피식자이겠지만 도시 환경에서는 음식 쓰레기와 캣맘이 제공하는 먹이까지 포함된다. 따라서 음식 쓰레기를 노출되지 않게 하는 것과 함께, 캣맘의 행동이 특정 동물에게는 자비를 베푸는 행동일지 모르지만 더 많은 동물이 고통스럽게 죽어가는 것을 방조하는 행동임을 인식시켜야 한다. 위에서 주장했듯이 고양이의 고통과 다른 동물의 고통 중 고양이의 고통이 더 소중하다고 보아야 할 윤리적 이유는 없다.

조선 후기의 화가 김득신의 〈파적도〉는 고양이가 병아리를 몰고 달아나고 주인 부부는 그런 고양이를 쫓는 풍속화이다. 〈야묘도추〉라고도 부르는데, 야묘(野猫)가 병아리[雛]를 훔친다[盜]는 뜻이다. 같은 '야묘'라도 '野貓'는 들고양이, 곧 살쾡이를 뜻하는데, '野猫'라고 한 것을 보니 경계 고양이인 듯하다. 전통 사회의 사람들 사이에서도 이미 도둑고양이라는 인식이 있음을 알 수 있게 하는 그림이다. 앞 장들에서 애완동물에 대해 개관할 때 삶을 인간에게 의존하는 애완동물을 '사회적 기생 동물'로 부르는 논의를 소개하며, 기생충의 삶과 애완동물의 삶을 비교하였다. 기생충은 그 삶을 전적으로 숙주에게 의존하고, 집에서 기르는 애완동물도 인간이 없다면 굶어 죽는다는 점에서 기생 동물이다. 그러나 도둑고양이는 인간의 음식을 훔쳐 먹지 못하더라도 굶어 죽지 않고 자생적인 삶을 살 수 있기에 기생 동물은 아니다. 도시에서는 인간이 기르는 병아리를 훔쳐 가는 〈파적도〉와 같은 상황은 없다. 그러나 인간의 음식쓰레기를 훔쳐 먹는 상황은 계속해서 발생한다. 도둑질인가 아닌가는 인간의 가치 판단이고, 그것을 넘어서 그런 행동은 인간의 의존성을 버리지 못하게 만든다. 그리고 의존성을 버리지 못하게 한다는 점에서는 캣맘이 제공하는 먹이도 한몫을 한다. 음식쓰레기, 캣맘의 먹이 제공이 경계 고양이를 인간에게 의존하는 '도둑고양이'로 만드는 것이다. 인간과 함께 살 때뿐만 아니라 인간에서 벗어나 경계에서 살 때도 인간의 간섭을 부르고 의존하게 만든다. 스스로 먹이를 찾고 스스로 출산을 결정해야 하는데, 생존하게 하기 위해서는 먹이 공급이나 출산율 조절에 인간의 개입이 필요한 존재가 되는 것이다. 이에 견줘 '길고양이'는 도시의 경계 공간인 길에서 당당하게 살아가는 주체적인 동물의 이름이다. 인간의 개입이 없으면 인간에게 위협이 되지 않게 그 개체 수를 적절하게 유지하며 살 것이다. 경계 고양이에게 '길고양이'라는 이름을 붙여 주기 위해서는 그에 걸맞은 윤리적 정책과 행동이 요구된다.

6장

애완동물의 행복: 가두어 기르기 vs 놓아기르기

1. 머리말

애완동물은 인간으로부터 길들여진 대가로 인간으로부터 먹을 것과 천적으로부터의 보호라는 이득을 얻는다고 말했다. 그러나 이득만 있는 것은 아니다. 3장에서 말한 것처럼 개의 경우는 의존성과 취약성이 강해졌다. 그리고 인간의 취향에 맞춘 품종 개량은 개에게 각종 선천적 질병을 가지고 태어나게 한다. 8장에서 자세히 살펴보겠지만 가령 불도그처럼 얼굴 골격이 단축된 품종은 선천적으로 호흡 곤란을 겪게 된다. 여기에 덧붙여 가두어 길러진다는 피해도 있다.

애완동물의 가두어 기르기 문제는 동물원의 감금 문제와는 상황이 다르다.[1] 감금되었다는 것은 자신의 이익을 자신이 원하는 대로 추구할 수 없고, 다른 누군가의 통제를 받으며 그 사람에게 의존한다는 뜻이다. 애완동물이 감금되었다고 말하는 사람은 거의 없지만, 이 정의에 맞아 보인다. 개를 놓고 본다면 담이 쳐 있는 일정한 공간 안에 가두고 있으며, 특히 아파트 주거가 많은 우리나라는 실내에서 마음대로 뛸 수도 없다. 산책을 시킬 때도 목줄을 채우기에 자신이 원하는 곳에 갈 수도 없고, 원하는 대로 행동할 수도 없다. 2장에서 말한 대로 애완동물을 '또 하나의 가족'이라고 말하지만 가족에게는 하지 않는 감금을 한다. 동물원의 동물이나 애완동물이나 둘 다 감금된 것이 맞는 것 같은데, 동물원의 동물과 달리 애완동물은 감금되었다는 생각은 잘 하지 않는다. 두 가지 이유를 생각해 볼 수 있는데, 첫째는 길들여짐의 유무이다. 동물원의 동물은 인간에 의해 길들여지지 않았다. 그래서 동물원의 동물은 거기에 갇혀 있는 것이 동물의 본성에 어긋나지만, 애완동물은 가두어 길러지는 것까지 애완동물의 본성의 하나로 생각된다. 둘째는 인간과의 관계 유무이다. 동물원의 동물은 가두어진 채로 방치되고 구경거리의 구실만 하지만, 애완동물은 인간과 끊임없이 놀이 등의 상호작용을 한다. 따라서 동물원의 동물은 지루함을 견뎌야 하고 자연스럽지 못한 환경에 적응하지 못하는 스트레스를 받아 틀에 박히고 무의미한 정형 행동을 하지만, 애완동물은 그렇게 생각되지 않는다. 애완동물은 갇힌 환경이 자연스러운 환경이라고 생각되는 것이다. 이런 이유들 때문에 동물원의 동물과 달리 애완동물을 가두어 기르는 것은 특별한 윤리적 문제가 있다는 인식이 없다.

애완동물은 실내에서 가두어 기르고 놓아기르지 않는다. 이 말이 당연하게 들리겠지만, 인류가 동물을 길들인 역사에서 최근까지도 이 말은 사실이 아니다. 대표적인 애완동물인 개나 고양이는 인간이 길들였지만, 실내뿐만 아니라 마당 또는 농장 등 인간의 행동반경 근처에서 자유롭게 움직일 수 있었다. 사냥개는 들로 산으로 뛰어다녔다. 그러나 현대에 도시화가 진행되고 애완동물의 기능이 사냥이나 경비와 같은 사역에서 귀여움을 제공하는 것으로 국한되다 보니 움직일 수 있는 공간이 실내로 한정되게 되었고, 실외라고 하더라도 기껏해야 담으로 가로막힌 마당 정도가 되었다. 특히나 아파트가 주된 거주 형태인 우리나라의 경우에는 애완동물이 움직일 수 있는 공간은 실내로 제한되어 있으며 그 넓이도 극히 좁다. 주인과 함께 산책할 때도 줄에 묶여 있기에 뛰지도 못하고 원하는 곳에 마음대로 갈 수 없다. 4장에서도 한 번 언급했지만 우리나라의 동물권 단체는 1m밖에 되지 않는 목줄에 묶여 사는 시골 개의 복지 문제를 우려하며 목줄을 적어도 2m는 되어야 한다고 주장한다. 그런데 반려동물의 규정에는 반려동물의 외출 시 반드시 목줄을 채워야 하며 목줄의 길이가 2m를 넘지 못하도록 하고 있다.[2] 하나는 방치된 채 그 줄에 평생 묶여 사는 존재이고 하나는 보호받고 사는 존재인데, 같은 길이의 목줄이 하나에게는 '복지'가 되고 다른 하나에게는 '규제'가 되는 현실이 아이러니하다.

나는 3장의 결론으로 애완동물 폐기론을 벗어나기 위해서는 애완동물의 의존성과 취약성을 없애거나 줄여야 한다고 주장했다. 그 구체적인 방법으로 애완동물이 뛰어다닐 수 있는 넓은 공간과 동료 개들과 어울릴 수 있는 환경을 마련해 주어야 한다고 말했다. 아무리 길들여진 동물이라고 하더라도 가두어 기르는 것은 동물이 여전히 가지고 있는 본성을 억압하기에 옳지 않다. 애완동물의 본성을 존중하기 위해서는 가두어 기르지 않고 놓아길러야 한다. 적어도 개나 고양이가 뛰어다닐 수 있는 정도의 공간에서 놓아기르면 된다.

그러나 고양이의 경우는 그 본성을 존중하기 위해서는 또 다른 문제가 생긴다. 고양이는 야외를 배회하는 본성 외에 사냥하는 본성까지 있기 때문이다. 고양이의 이 본성을 만족시켜 주어야 한다는 것은 사냥하도록 허용해 주어야 한다는 뜻인데, 사냥한다는 것은 새나 작은 포유류와 같은 다른 동물을 해치는 것이고, 고양이를 놓아기른다는 것은 그런 동물을 해치는 것을 방조하는 행위가 된다. 5장에서 본 길고양이의 포식 문제는 길고양이 스스로 포식을 하고 인간이 그것을 돕기 때문에 문제가 됐지만, 고양이를 놓아기르는 것은 집고양이가 포식을 하도록 아예 더 적극적으로 부추기는 꼴이 된다. 이러한 이유 때문에 고양이를 실내에서 가두어 길러야 한다는 주장이 제기된다. 그리고 다른 한편으로 고양이를 비롯한 애완동물은 인간에 의해 길들여졌기 때문에 가두어 지내도 충분히 행복하다는 주장이 있기도 하다. 그러나 과연 실내에서만 가두어 길러지는 애완동물은 행복할까?

이 장에서는 먼저 2절에서 특히 고양이의 경우 놓아길러야 행복하다고 주장하는 아바트의 세 가지 논증을 살펴보려고 한다. 질적으로 다양한 쾌락 논증, 행동에 의한 논증, 진화 논증이 그것이다.[3] 나는 이 중 행동에 의한 논증은 동물에게 적용된 노직의 경험 기계 사고 실험이라고 생각하며, 이를 3절에서 검토해 볼 것이다. 마지막으로 4절에서 동물 행복에 대한 세 가지 견해를 통해 놓아기르는 것과 가두어 기르는 것 중 동물에게 진정한 행복은 무엇인지 살펴볼 것이다.

2. 놓아길러야 행복하다

집 안에서만 고양이를 기르는 우리나라와 달리 서구에서는 고양이를 집 안팎을 왔다 갔다 하게 하는 경우가 상당히 많다. 부디안스키에 따르면 미국에서 도시와 그 근교에 사는 애완 고양이의 40퍼센트는 마음대로 밖에 나갈 수 있는 환경에서 자라며, 시골로 가면 이 비율은 100퍼센트에 가깝다고 한다.[4] 공동 주택보다는 마당이 있는 주택에 사는 경우가 많기에 고양이가 집 안팎을 자유롭게 드나들 수 있도록 작은 문을 만들어 준다. 고양이는 담 이내에서 놀기도 하며 하루 이틀 정도 안 들어오는 경우도 있지만 집을 잘 찾아온다. 밖으로 나갈 수 있는 환경이 조성되어 있지만, 대소변만 밖에서 보는 고양이도 있고 스스로 실내에서만 머무는 고양이도 있다. 미국 동물 병원의 의료 차트에는 실내와 실외 생활의 비율을 묻는 항목이 있는데 그 비율은 9:1에서 3:7까지 다양하다고 한다.[5]

먼저 고양이를 가두어 길러야 한다고 주장하는 쪽은 고양이를 놓아길렀을 때 생기는 해악을 지적한다. 집 밖에서 사는 고양이는 집 안에서 사는 고양이들보다 평균적으로 수명이 짧다. 여러 가지 위험 요소 때문일 것인데, 동물 찻길 사고(로드킬), 포식자로부터의 위협, 동료 고양이들과의 싸움 따위의 이유가 있다. 고양이면역결핍바이러스(FIV)나 고양이백혈병바이러스(FeLV)와 같은 질병에 걸릴 위험도 높다.[6] 화학 약품이나 독극물을 섭취할 확률도 높다.[7]

그러나 위험이 있다고 해서 가두어 기르는 것이 옹호되는 것은 아니다. 아이를 밖에 뛰어놀게 하는 것은 수많은 위험에 처하게 한다. 거기에는 고양이를 놓아길렀을 때 닥치는 위험이 그대로 적용된다. 현대의 자연환경에서 포식자로부터의 위협은 없겠지만, 그 대신 안전사고나 유괴의 위험이 있다. 그렇다고 해서 아이를 밖에 나가지 못하게 하는 것이 옹호되지 않는다. 그래서 피셔는 고양이를 가두어 기르자는 쪽과 놓아기르자는 쪽의 논쟁에서 증명 책임은 가두어 기르자는 쪽에 있다고 말한다.[8]

고양이를 놓아서 길러야 한다고 주장하는 쪽도 가두어 길렀을 때 생기는 해악을 지적하는 방법이 가능하다. 가령 갇혀 있는 고양이는 지루하고 무기력하고 좌절감을 느낀다. 실내는 고양이가 활동하기에는 너무 좁고, 자극을 주는 요소가 없기 때문이다. 그러나 실내에서 고양이를 기르는 사람들은 고양이가 밖을 나가지 못한다고 해서 스트레스를 받는다고 생각하지 않는 경향이 있다. 고양이는 개처럼 산책을 즐기는 것도 아니다. 그래서 고양이는 자유롭게 돌아다녀야 한다고 주장하는 쪽은 실외 활동이 고양이에게 얼마나 큰 행복을 주고 보람된 삶을 살게 하는지 적극적으로 보여 주는 방식을 이용한다.

앞서 고양이는 개와 비교해 길들여진 역사가 길지 않아 야생의 습성이 많이 남아 있다고 말했다. 그 야생의 습성이란 사냥하는 능력이다. 그리고 특정 구역을 순찰하거나 특정한 곳에 오줌을 뿌리거나 문지르거나 시각적 표시를 남겨둠으로써 영역을 유지하는 능력도 있다. 고양이를 기르는 사람들은 고양이가 낚싯대 놀이나 레이저 포인터에서 쏘는 빛을 따라잡는 놀이를 즐기는 것을 보고 사냥하는 본능이 남아 있음을 알고 있다. 부디안스키에 따르면 집고양이가 즐기는 대부분의 놀이는 사냥, 도망, 짝짓기 행동을 부분적으로 연습하는 것이다.[9] 고양이 주인들은 그런 놀이로 사냥하는 본능을 충족해 준다고 생각한다. 그러나 이런 놀이는 어디까지나 대체품이므로 한계가 있다. 낚싯대의 미끼나 레이저 포인터의 빛은 결국 잡을 수 없는 먹잇감이고, 이것으로는 먹잇감을 잡아 가지고 노는 고양이의 사냥 및 포식 본능을 만족시켜 줄 수 없는 것이다. 오히려 고양이를 기만하는, 희망 고문이다. 그래서 아바트는 실내가 아닌 외부에서 사냥하고 영역을 유지하게 하는 활동이 고양이에게 훨씬 행복을 준다는 세 가지 논증을 제시한다.[10] 첫째는 질적으로 다양한 쾌락 논증이다. 실내의 단조로운 경험보다 실외의 질적으로 다양한 경험이 훨씬 더 많은 쾌락을 준다는 주장이다. 아바트는 이 주장을 지지하기 위해 브램블의 '육체적 쾌락(bodily pleasure)'과 '지속적 쾌락(flow pleasure)'의 구분[11]을 이용한다. 지속적 쾌락은 사랑, 학습, 미적 감상에서 오는 쾌락으로서, 육체적 쾌락보다 질적으로 훨씬 다양한 삶을 살게 한다. 육체적 쾌락은 언제나 똑같기에 아무리 오래 지속되고 그 양이 많아도 삶에 새로운 복지를 더하지 않는다. 이 주장에 따르면 실내에 사는 고양이는 아무리 오랫동안 쾌락을 느끼면서 살더라도 야외에서 다양한 체험을 하며 사는 고양이보다 행복하지 않다. 특히 고양이의 본능인 사냥과 영역 관리는 실내에서는 절대 채워 줄 수 없는 것이다.

동물의 단조롭고 반복적인 생활이 얼마나 스트레스인지는 동물원에 갇힌 동물이 잘 보여 준다. 한편에서는 사냥의 걱정 없이 끼니를 때우지만 다른 한편으로 자연 상태의 다채로운 자극이 없는 동물원의 동물은 맨 콘크리트로 된 좁은 우리 안에서 방책 좌우를 끊임없이 왔다 갔다 하는 틀에 박힌 정형 행동을 드러낸다.[12] 질적으로 다양한 쾌락이 더 행복을 준다는 것은 인간의 활동에서도 확인이 된다. 많은 사람들은 여러 친구를 사귀고 취미 생활을 하며 새로운 곳에 여행을 간다. 심지어 위험한지 알면서도 오토바이 타기나 익스트림 스포츠를 즐기기도 한다. 정적인 삶을 즐기거나 실내에서의 삶을 좋아하는 사람도 있지만 그들도 그 안에서 다양한 활동을 하려고 한다. 시시포스 신화가 말해 주듯이 쳇바퀴 같은 삶이 주는 지루함은 극도의 괴로움이다. 새롭고 다양한 활동을 할 때는 거기서 생기는 위험을 감수해야 한다. 실제로 실외 고양이는 실내에서만 사는 고양이보다 수명이 짧다. 아바트는 실외에서 사는 고양이의 평균 수명은 4.5년으로, 실내에서 사는 고양이의 평균 수명 15년보다 짧다는 통계를 인용한다. 그러나 이것은 사람의 보살핌을 전혀 받지 못하는 고양이의 사례이고, 아바트는 사람의 돌봄을 받는 고양이는 평균적으로 10년은 살 수 있다고 말한다.[13] 사람의 경우에도 평균 수명보다 오래 살지만 그 삶이 지겨움의 연속인 경우와 적절한 자극이 주어진 채 평균 수명만큼 사는 경우에서, 대부분 후자를 선택할 것이다.

고양이를 놓아서 길러야 한다는 아바트의 두 번째 논증은 행동에 의한 논증이다. 그는 이를 위해서 생리학적 욕구와 행동적 욕구를 구분한다. 생리학적 욕구는 음식, 물, 잠, 번식 따위를 말하고, 행동적 욕구는 먹이를 쫓아 사냥하거나 영역을 유지하는 행동을 말한다. 이 둘의 가장 큰 차이점은 육체적 쾌락은 완료적 행동(consummatory activities), 다시 말해서 어떤 행동이 성취된 후에 생기는 쾌락이지만 행동적 쾌락은 행동에 참여함으로써 생기는 쾌락이라는 점이다. 예를 들어 식욕이 주는 쾌락은 육체적 쾌락으로서, 밥 먹는 행동 자체에서 생기는 것이 아니라 그 결과로 생기는 쾌락이다. 반면에 사냥이나 영역 관리의 쾌락은 행동에 참여하고 인지적으로 도전하고 그것을 통제할 때 생기는 쾌락이다.[14] 이것은 일종의 도전과 성취에서 오는 기쁨인데, 첫 번째 논증에서 말한 질적으로 다양한 쾌락도 결국 이것과 일맥상통하는 것이다. 아바트가 이 구분을 한 의도는 고양이를 아무리 잘 먹여도 야외 활동을 허용하지 않으면 진정한 복지를 얻지 못한다는 것을 보여 주려는 것이다. 우리는 공장식 농장에서 사육되는 길들여진 동물에서 이 점을 확인할 수 있다. 배터리 케이지는 지속적인 산란을 위해 잠도 재우지 않고 강제 절식도 하므로 육체적 쾌락도 충족하지 못하기는 한다. 그래서 케이지 속에 갇혀 있고 먹이를 충분히 제공해 주고 잠자리를 편안하게 해 준다고 해 보자. 그래도 그 속의 닭은 흙 목욕을 하거나 높은 곳에 올라가는 본성, 곧 행동적 쾌락을 전혀 충족하지 못한다. 그런 닭은 앞서 예로 든 동물원의 동물이 보이는 틀에 박힌 행동을 보인다.

3. 동물 판 경험 기계

육체적 쾌락은 그 자체로 좋은 것이 아니라 다른 것의 만족을 위해 좋은 것이다. 반면에 행동적 쾌락은 그 자체로 좋은 것이기 때문에 다른 것으로 대체되지 않는다. 아바트는 언급하고 있지 않지만, 이 구분은 노직의 **경험 기계** 사고 실험을 떠올리게 한다. 노직은 이렇게 묻는다.

그대가 원하는 그 어떤 경험이라도 마련해 줄 경험 기계가 있다고 생각해 보자. 탁월한 신경 심리학자들이 그대의 두뇌를 자극하여 그대가 마치 위대한 소설을 쓰거나, 친구를 사귀거나, 또는 흥미 있는 책을 읽고 있듯이 생각하고 느끼게 만들 수 있게 한다. 이렇게 느끼는 동안 내내 그대의 두뇌엔 전극이 연결되어 있고, 그대의 몸은 경험 기계에 연결되어 있을 것이다. 그대의 생애의 체험들이 모두 미리 처리되어 그대의 뇌에 심어진 채, 그대는 이 경험 기계에 평생 연결되어 있기 원하겠는가? … 물론 그대가 그 기계 속에 있는 동안, 그대는 그대가 거기에 연결되어 있다는 것을 모를 것이다. 그대는 모든 것들이 실제로 일어난다고 생각할 것이다. … 그대는 기계에 연결되길 원하는가?[15]

노직은 이렇게 물은 다음에 내가 바라는 경험을 모두 할 수 있게 하는 기계가 있다고 하더라도 사람들은 거기에 연결되기를 원하지 않을 것이라고 주장한다. 그 이유는 세 가지이다.[16] 첫째, 우리는 어떤 것을 단지 경험하는 것이 아니라 그것을 실제로 하고 싶어 하기 때문이다. 둘째, 우리는 어떤 종류의 사람이기를 원하기 때문이다. 경험 기계에 연결되어 탱크에 떠 있는 사람은 용감한지, 친절한지, 지적인지, 재치 있는지, 사랑스러운지 말할 수 없는 '무규정의 형체 없는 덩어리'일 뿐이다. 셋째, 경험 기계는 인간이 구성할 수 있는 현실보다 심오하지도 중요하지도 않은 인공적인 현실이기 때문이다. 경험 기계는 심오한 현실을 흉내 낼 수는 있지만 그것을 실제로 접촉하는 것은 아니다.

노직의 경험 기계는 현실에 존재하지 않으므로, 만약 그것이 존재한다는 가정에서 거기에 연결되기를 원할지 물어볼 수밖에 없다. 그러나 나는 동물의 경우에는 경험 기계와 비슷하게 쾌락을 제공해 주는 장치가 **실제로** 있다는 점에서 철학적으로 흥미롭다고 생각한다. 실내가 바로 애완동물에겐 경험 기계가 되는 것이다. 인간은 야생 동물을 길들여 가축으로 만들었을 뿐만 아니라, 현대에 이르러 그중 애완동물은 실내로 들여온다. 거기서 애완동물에게 필요한 먹을 것과 잠자리를 모두 제공한다. 그리고 사냥을 대체하는 놀거리도 제공한다. 그러니 만약 경험 기계가 존재한다면 거기에 연결되기를 원하는지 묻는 것이 아니라, 고양이에게 (개에게도 마찬가지로) 실제로 존재하는 경험 기계―실내 사육―를 원하는지, 아니면 밖으로 오가면서 길러지는 것을 선택할지 묻는 것이다. 다만 노직의 경험 기계는 실제로 존재하지 않는다는 점에서 사고 실험이지만, 동물에게 실내 사육을 묻는 것은 대답을 들을 수 없다는 점에서 사고 실험이다.

　노직의 경험 기계 사고 실험은 워낙 유명하지만, 잘 주목되지 않는 점은 그의 『아나키, 국가, 유토피아』에서 경험 기계 사고 실험은 '동물에게는 공리주의, 사람에게는 칸트주의'를 주장한 이후에 등장한다는 사실이다. 노직은 "존재하는 것은 서로 독립적인 삶을 영위하는 서로 다른 개인들이며, 누구나 타인을 위해 희생되어서는 안 된다는 생각은 도덕적 측면 제약 사항들의 기초를 이루며, 이는 또한, 내 생각으로는, 타인에 대한 공격을 금지하는 자유주의적 측면 제약 사항(side constraint)에 귀결된다."[17]라고 말한다. 어떤 사람도 다른 사람의 권리를 침해할 수 없다는 칸트의 의무론을 그의 자유주의에 적용한 것이다. 그리고 나서 노직은 이 자유주의적 측면 제약이 동물에게는 적용되지 않는다는 입장을 '동물에게는 공리주의, 사람에게는 칸트주의'라고 부른다. 쉽게 말해서 동물은 쾌락과 고통으로 대표되는 경험이 중요하지만, 인간은 경험 이외에 위에서 말한 대로 현실과 공유하는 것이 중요하다는 이유로 경험 기계에 연결되기를 원하지 않을 것이라고 주장하는 것이다.[18] 그렇다면 동물은 인간과 달리 경험만 똑같이 제공된다면 동물 판 경험 기계에 선택되기를 원할까? 다시 말해서 실내에서 먹을거리와 놀거리와 쉴 곳이 충분히 제공된다면 밖으로 나가는 선택을 안 하지 않을까?

아바트는 고양이는 실내가 만족스럽고 편안해도 밖으로 나가는 쪽을 선택한다고 주장한다.[19] 그는 동물 행동을 관찰했을 때 **행동적 쾌락**이 **육체적 쾌락**보다 훨씬 쾌락이 크다는 것을 알려준다고 말한다. 이를 위해 고양이가 실내에서 편안히 쉴 수 있는데도 밖으로 나간다거나, 먹을거리가 충분히 있는데도 먹이를 찾아다니는 증거를 제시한다. 나는 이런 경험적 증거만으로는 고양이가 실내에서 육체적 쾌락이 충분히 주어져도 밖으로 나가 행동적 쾌락을 좇을 것이라고 입증하기 어렵다고 생각한다. 고양이의 그런 선택은 '충분한 정보'가 주어지지 않은 상태에서 한 행동이 아닐 수도 있고, 그 반대의 증거도 제시할 수 있기 때문이다. 이럴 때 철학자의 사고 실험이 도움이 된다. 이른바 '동물 판' 경험 기계 사고 실험이 그것이다. 노직이 사람들은 경험 기계에 연결되기를 원하지 않으리라고 말한 이유가 고스란히 애완동물에게 적용된다. 첫째, 애완동물이 원하는 쾌락은 어떤 것을 단지 경험하는 육체적 쾌락이 아니라 그것을 실제로 하고 싶어 하는 행동적 쾌락이다. 둘째, 육체적 쾌락만을 경험하는 동물은 무규정의 형체 없는 덩어리일 뿐이지, 어떤 종류의 동물이라고 말할 수 없다. 적극적 활동을 통한 행동적 쾌락을 느끼는 존재여야 용감하든 똑똑하든 어떤 종류의 동물이 된다. 셋째, 실내의 환경은 인공으로 만든 것이므로 현실과 접촉해서 얻는 심오하고 중요한 현실이 아니다. 노직은 위에서 말한 부족한 점이 경험 기계에 보완된 '변형 기계'가 나와도 사람들은 여전히 그 기계에 연결되기를 원하지 않을 것이라고 말한다.[20] 경험 기계가 제공하는 것은 여전히 실제 하는 것이 아니라 경험뿐이기 때문이다. 애완동물의 실내 사육도 마찬가지일 것이다. 실내를 아무리 실외 환경과 비슷하게 꾸며도 그것은 실제 현실이 주는 쾌락이 아닌 것이다. 고양이는 여전히 밖으로 나갈 것이다.

경험 기계 사고 실험에 대해 노직은 제기하지 않은 중요한 반론이 있는데, 나는 그것이 동물 판 경험 기계와 관련해서 중요한 점을 귀띔해 준다고 생각한다. 경험 기계에 연결되기를 거부하는 이유로 기계의 오작동을 중요하게 고려해야 한다는 것이 그것이다. 노직의 가정대로 "경험 기계에 평생 연결되어 있기 원하"기 위해서는 그 기계가 언제까지나 제대로 작동한다는 보장이 있어야 한다. 기껏 현실을 버리고 기계에 연결되었는데, 중간에 오작동으로 경험 기계 속의 인생이 중단되면 현실로 다시 복귀할 수도 없고 경험 기계에 계속 살 수도 없는 난감한 상황에 처하기 때문이다. 사고 실험이 해롭거나 쓸모없다고 비판하는 철학자들이 있는데, 사고 실험이 가정하는 가상의 상황은 모호하기 때문이거나, 사고 실험이 의존하는 직관이 증거로서의 역할을 하지 못하기 때문이라는 이유를 든다. 그러나 사고 실험이 법칙적으로 가능하지 않은 가능 세계를 상상하기 때문에 적법하지 않다는 비판은 제기되지 않는다.[21] 철학에서든 과학에서든 애초에 논리적으로 상상 가능한 것이라면 무엇이든 사고 실험으로 고안하므로, 다만 어떤 사고 실험이 잘못된 까닭은 무엇을 상상하고 있는지 알 수 없거나, 상상하는 내용이 명확하다고 하더라도 증거로서의 기능을 못하기 때문이라고 비판하는 것뿐이다. 그럼에도 지금 경험 기계 사고 실험의 오작동을 근거로 경험 기계에 연결되기를 거부할 것이라고 말하는 것은, 이 실험이 데카르트의 악마 사고 실험처럼 논리적인 상상만으로 진행하는 사고 실험이 아니라 현실의 사람에게 그 기계에 연결되기를 원하느냐고 묻는 사고 실험이기 때문이다. 논리적인 상상 속에서만 추론을 하면 되는 사고 실험들과 달리 현실에서 가상으로 갈지 묻는 경험 기계 사고 실험은 현실과의 관계를 고려하지 않을 수 없다. 인터넷에서 사용하는 데이터를 모아 두는 데이터 센터는 정전에 대비해서 이중, 삼중으로 대비 전원을 준비한다. 정전으로 데이터 센터에 접근할 수 없으면 거기에 의존하는 기업의 각종 서비스를 이용할 수 없고, 이는 천문학적 피해로 이어질 것이기 때문이다. 그럼에도 데이터 센터가 멈출 가능성은 언제든 있다. 하지만 설령 그런 일이 일어나도 천문학적 규모긴 하지만 경제적인 피해만 있을 뿐이지 우리의 존재 자체에 위협을 끼치지는 않는다. 그러기에 우리는 데이터를 출력된 형태로 보관하기보다 (이것은 가능하지도 않지만) 디지털화된 형태로 데이터 센터에 보관하기를 선택한다. 그러나 경험 기계는 상황이 전혀 다르다. 정전 따위의 이유로 경험 기계의 작동이 멈췄을 때는 단순히 경제적인 피해만 주는 것이 아니라, 거기에 연결되기를 선택한 사람의 삶 자체를 송두리째 황폐화할 수 있기 때문이다.

쉽게 말해 경험 기계에서는 현실에서와 달리 **지속 가능한 삶**을 살 수 없다. 언제든 일어날 수 있는 한 번의 정전만으로도 황폐해질 수 있는 삶이다. 쉽게 무너질 수 있고 되돌릴 수 없다는 것은 3장에서 강조한 의존성과 취약성을 떠올리게 한다. 인간에게 의존하는 애완동물은 그 의존이 끊기면 언제든지 버림을 당할 수 있는 취약한 존재라고 했다. 인간에게 길들여진 애완동물은 버림을 받으면 다시 야생 상태로 돌아갈 수 없다. 4장에서 귀부인의 놀잇감이 된 흑인 소년의 사례를 들면서, 이 소년은 놀잇감이 됨으로써 (동물과 달리) 존엄성도 훼손됐을 뿐만 아니라, '놀잇감'의 가치가 떨어지면 부인으로부터 언제든 버림받을 수 있기에 소년으로서 누려야 할 마땅한 활동을 하지 못하고 주인에게 의존한 소년은 지속 가능한 삶을 살지 못했다고 말했다. 그만큼 취약한 삶이다. 경험 기계 사고 실험은 이와 똑같은 의존성과 취약성을 보여 준다. 경험 기계에 연결되기를 원한 인간은 거기에 의존하게 되고, 어떤 오작동에 의해 언제든 오도 가도 못하는 상황에 빠질 수 있는 취약한 존재가 된다. 경험 기계에 연결되기를 거부하는 이유는 다른 게 아니라 바로 이 의존성과 취약성 때문이다. 똑같은 이유로 애완동물은 동물 판 경험 기계, 곧 밖에서 길러지는 대신에 실내에서 길러지는 것을 선택하지 않을 것이다. 실내에서의 삶은 동물에게 먹을거리와 놀거리와 쉴 곳을 충분히 제공하지만, 주인의 변덕에 의해 언제든 버림을 당할 수 있다. 경험 기계가 실제로 오작동을 하지 않더라도 그 가능성만으로도 연결이 거부되는 것처럼, 애완동물의 실내에서의 삶도 실제로 취약하지 않더라도 그 가능성만으로도 그 삶은 거부되어야 한다

4. 애완동물의 진정한 행복

고양이를 실외에서 놓아길러야 한다고 주장하는 아바트의 논증 중 두 번째 논증인 행동에 의한 논증을 검토하다가, 동물 판 경험 기계 사고 실험으로 그것을 보충하였다. 이제 아바트의 세 번째 논증을 마저 살펴보자. 그것은 진화 논증이다. 고양이가 먹이를 찾고 사냥을 하는 생태학적 행동을 하는 이유는 그것이 적응에 도움이 되기 때문이다. 실제 동물들은 적응에 도움이 되는 행동에서 더 쾌락을 느낀다. 그래야만 진화에 도움이 되기 때문이다. 고양이도 먹잇감을 찾아 돌아다니고 사냥을 하는 데 시간을 보낼 때 느끼는 행동적 쾌락이 음식을 먹거나 뒹굴뒹굴할 때의 육체적 쾌락보다 훨씬 크다. 실제로 돌아다니기보다 뒹굴뒹굴하며 음식만 먹는 고양이는 살이 쪄서 취약하게 될 것이다.[22] 물론 어떤 행동이 진화에 도움이 된다고 해서 그것으로부터 그 행동을 해야만 한다는 결론을 도출하는 것은 자연주의의 오류이다. 그리고 고양이는 스스로 진화에 도움이 되는 행동을 하지 못해도 고양이를 원하는 인간이 끊임없이 교배로 고양이를 이 세상에 태어나게 할 것이므로 (아이러니하지만) 진화는 걱정하지 않아도 된다. 그러나 진화에 의한 설명은 고양이가 적응에 도움이 되는 행동에서 더 쾌락을 느낀다는 증거의 역할은 충분히 한다.

지금까지 고양이를 놓아길러야 한다고 주장하는 아바트의 세 가지 논증을 검토하였다. 세 가지 다른 논증이지만 결국은 고양이를 놓아길렀을 때 행복하다는 것을 공통으로 주장하고 있다. 그러나 인간의 경우도 마찬가지지만 행복은 주관적인 개념이다. 고양이가 행복하다는 것을 어떻게 확신할 수 있는가? 아바트는 실내에서 아무리 좋은 복지를 제공해 주어도 고양이는 밖으로 나간다는 것을 그 근거로 제시한다. 그리고 사냥이나 영역 관리 등의 실외 활동이 적응에 도움이 된다는 증거도 제시한다. 그러나 같은 조건에서 모든 고양이가 밖으로 나가지는 않을 것이다. 실내에서 지내는 데 익숙해져서 또는 학습되어 나가지 않는 고양이도 분명히 있을 것이다. 아바트는 이 고양이에 대해 이렇게 말한다.

> 그러나 풍부한 환경이 조성되었다고 하더라도 실내에서만 사는 고양이에게는 행복이 없다. 그것은 야외에서 돌아다니는 것에서 생기는 쾌락이 고양이에게는 **특별히 즐겁고 보람이 있기** 때문이며, 그래서 이런 쾌락에 접근할 기회가 차단되면 아무리 풍부하게 조성된 실내 환경에서 육체적 쾌락을 많이 경험한다고 하더라도 행복을 얻는 고양이의 능력은 손상되기 때문이다.[23]

그에 따르면 스스로 밖에 나가지 않는 고양이는 행복해질 기회를 잃은 것이다. 그러나 여전히 우리는 이것은 아바트의 독단적인 판단이 아닌가 의심하게 된다. 실내에 머무는 고양이도 행복할 수 있다. 거꾸로 그런 선택의 기회에서 밖으로 나가는 고양이는 실외에 각종 위험이 얼마나 많은지 모르고 있는데, 진정한 행복이라고 말할 수 없지 않은가? 고양이 처지에서는 네가 뭔데 내가 행복하다, 안 행복하다고 판단하느냐고 비판할 것이다. 고양이를 키우는 '집사'의 처지에서도 똑같이 비판할 것이다.

이 질문 또는 비판에 대답하기 위해서는 동물의 행복이 무엇인지에 대한 견해가 전제되어야 한다. 사실은 인간의 행복이 무엇인지에 대해서도 합의된 견해가 있는 것은 아니다. 그렇기는 해도 인간의 행복에 대한 견해를 바탕으로 고양이의 행복이 무엇인지 탐구하려고 하는 시도들이 있다. 파머와 산되는 동물 행복에 대한 세 가지 견해를 제시한다.[24] 고양이에게 좋은 것은 무엇인가? 첫째는 **쾌락주의**로서, 중요한 것은 동물이 어떻게 느끼느냐라고 보는 견해이다. 행복은 고통, 두려움, 지루함 등의 부정적인 감정 상태가 없으며, 쾌락이라는 긍정적인 감정 상태가 있는 것을 말한다. 그러나 놓아기른 고양이도 쾌락을 느끼는 것 같고, 집 안에서 기른 고양이도 쾌락을 느끼는 것 같으므로, 이 견해는 별로 도움이 되지 못한다.

둘째 **완전주의**는 동물이 완전한 자연적 본성에 따라 사는 것이 행복이라고 주장한다. 우리는 자연적 본성에 따라 살지 못하는 공장식 농장 동물이 행복하지 못함을 잘 알고 있다. 그러나 그 동물들은 공장식 농장, 곧 고통을 느끼는 생명체라면 누구나 고통을 느낄 만한 열악한 환경에서 살고 있으므로 행복하지 않다는 것은 논란의 여지가 없다. 농장 동물의 경우에는 농장에서 놓아기르는 것이 본성인가 공장식 농장에서 사는 것이 본성인가가 논쟁거리가 되지 않는다. 후자는 전혀 동물의 본성에 맞지 않기 때문이다. 농장에서 놓아기르는 것이 본성인가, 길들이기 이전 상태인 야생으로 보내 살게 하는 것이 본성인가가 논쟁거리가 되어야 한다. 그러나 농장 동물은 오랜 역사 동안 인간에 의해 길들여졌기 때문에 야생에서의 삶은 본성에 맞지 않는다. 소나 돼지는 들소나 멧돼지가 아니므로 야생으로 내보내면 먹이와 잠자리를 찾지 못하고 포식자의 공격을 받을 것이다. 문제는 앞 장에서도 말했지만 '절반만' 길들여진 고양이의 경우이다. 길들여진 고양이라고 하더라도 고양이는 여전히 야외를 배회하는 본성과 사냥하는 본성까지 가지고 있다. 고양이는 공장식 농장에서 기르지 않고 실내에서 주인이 최고의 복지를 제공해 주므로, 실내에서 살지만 행복해 '보인다'. 그러나 아바트도 말했지만 집고양이는 집 밖으로 나갈 기회가 있으면 나간다. 실내의 삶과 실외의 삶 중 어느 쪽이 고양이의 자연적 본성에 더 맞는가?

그래서 파머와 산되는 중요한 질문을 던진다.

> '자신의 본성에 따라 사는 것'은 그 자체로 동물의 행복을 위해 좋은 것으로 이해되는가(물론 이때 **역시** 동물에게 쾌락을 줄 수 있을 것이다), 아니면 자신의 본성에 따라 사는 것은 더 즐거운 경험으로 이끌기 때문에 동물에게 좋은 것인가?[25]

자신의 본성에 따라 사는 것이 그 자체로 좋다는 것은 그렇게 사는 것이 본성에 따라 살지 않을 때보다 쾌락을 덜 느끼더라도 더 행복하다는 뜻이다. 이 견해는 이솝 우화의 시골 쥐와 서울 쥐를 떠올리게 한다. 시골 쥐는 서울 쥐보다 하찮은 것을 먹지만 시골에서 평화롭게 마음 편하게 사는 것이 훨씬 행복하다. 이 우화는 본성에 따라 사는 것이 쾌락은 덜하더라도 훨씬 더 행복하다는 것을 말해 준다. 반면에 자신의 본성에 따라 사는 것은 더 즐거운 경험으로 이끌기 때문에 좋다는 견해는 쾌락을 주는 것이 곧 행복이라는 견해이므로 쾌락주의와 차이가 없다. 따라서 우리는 본성에 따라 사는 것의 해석 중 전자를 완전주의로 받아들여야 한다.

동물의 진정한 행복에 관한 셋째 견해는 **선호주의**로서, 동물은 자신이 선호하는 것 또는 욕구하는 것을 얻었을 때 행복하다는 주장이다. 이 견해는 싱어로 대표되는 선호 공리주의를 떠올리는데, 동물은 자신의 선호를 말로 표현할 수는 없지만 선택을 함으로써 자신의 선호를 표현한다. 동물에게 먹을거리, 장난감, 잘 곳 따위에서 어느 쪽을 선택하는지 선호 테스트를 해 보면 동물이 무엇을 선호하는지 알 수 있다. 그러나 선호 공리주의자들은 대체로 자신들이 말하는 선호는 '충분한 정보를 가졌을 때(informed)' 선택하는 합리적인 욕구 만족이라고 말한다.[26] 어린이는 식사 시간 직전이라도 사탕을 먹지만 어른은 먹지 않는다. 어린이에게는 식전에 사탕을 먹으면 밥맛이 없어지고 그러면 영양이 나빠진다는 충분한 정보가 없기 때문이다. 따라서 어린이가 자신이 선호하는 사탕을 먹었다고 해서 행복하다고 말할 수는 없다. 합리적인 성인처럼 충분한 정보를 준 다음에 선호하는 욕구하는 것을 얻었을 때 행복하다고 말해야 하고, 자신이 충분히 알았다면 미래에 자신에게 나쁜 것이므로 선호하지 않았을 것을 무지에 의해 선호하는 것은 행복하지 않다고 말해야 한다. 누스바움은 그런 선호는 "잘못된 정보에 기반하고 악의적이고 두려움이 유발한 선호로서 잘못되거나 부정의한 배경 조건에서 형성된 적응적 선호"라고 말한다.[27]

인간의 경우 선호주의는 결국 자율성을 강조하는 입장이다. 설령 충분한 정보가 주어지지 않아 잘못된 선택을 하더라도 사람들은 자기 주도적인 삶을 살아간다는 데서 만족감을 느낀다. 이는 선호주의가 쾌락주의나 완전주의와 일맥상통하는 지점이기도 한데, 인간은 자율성을 누렸을 때 쾌락을 느끼고 그것이 인간답게 사는 길이기 때문이다. 노직이 사람들은 경험 기계가 아닌 실제 현실에서 느끼는 쾌락을 선택할 것이라고 말한 취지도 이와 같다. 그래서 레건은 충분한 정보가 주어지지 않았을 때 상대방의 미숙함을 일깨워 주고 바로잡아 주려는 온정주의적 간섭을 거부해야 할 한 가지 이유는 개인의 자유를 최대한 허용하는 것 자체가 일종의 이득이기 때문이라고 말한다. "자유를 누릴 수 있게 됨으로써 사람들은 자기 주도적인 삶을 살아간다는 느낌을 가질 수 있게" 되기 때문이다.[28] 그렇다면 동물은 어떨까? 인간처럼 선호 자율성을 갖는 생명체로 보아야 할까? 이런 질문을 할 때 칸트적인 의미의 자율성을 염두에 둔다면 당연히 동물은 자율적인 존재가 아니다. 칸트적인 의미에서 자율적인 존재가 되기 위해서는 주체는 자신과 유사한 상황에 놓여 있는 다른 모든 사람이 나와 동일한 이유로 나처럼 행동할 수 있음을 내가 의욕할 수 있는지를 물어야 하기 때문이다. 당연한 말이지만 동물은 그럴 수 없다. 그러나 레건은 칸트적 의미의 자율성만이 유일한 의미의 자율성은 아니라고 말한다. 그는 개체가 "자신이 가지고 있는 바람이나 목표(그것이 옳든 그르든)를 이루기 위해 행동할 능력을 갖추고 있고, 자신의 바람 혹은 목적이 특정 방식으로 행동함으로써 충족되거나 달성되리라 믿는 것만으로도 충분하다."라고 말한다.[29] 만약 동물이 레건이 말한 의미에서 자율적인 존재라면, 동물은 자신들이 바라는 것을 얻는 만큼 행복할 것이다. 설령 온정주의적 간섭이 필요할 때라도 개인의 자유를 최대한 허용하는 것이 인간에게 이득인 것처럼 동물에게도 개체의 자유를 최대한 허용하는 것이 이득이다.

아바트도 말했지만 고양이의 경우 집 밖에 나갈 기회가 있으면 나가는 쪽을 선호한다. 따라서 선호주의에서는 고양이를 놓아기르는 것이 고양이에게는 행복일 것 같다. 그러나 그런 선호가 충분한 정보를 가졌을 때의 선호인지 판단해야 한다. 동물의 합리성은 어른보다는 어린이에게 가깝다. 고양이의 야외 선호가 식전에 사탕을 먹는 어린이의 선호나 마찬가지로 합리적인 욕구 만족이 아니라고도 볼 수 있는 것이다. 그러나 이러한 고양이의 선택을 비합리적으로 보게 된다면 영장류를 제외한 모든 동물의 선택은 무지에 의해 선호한 것이므로 행복하지 않다고 말해야 하는데, 여기에 동의할 사람은 없을 것이다. 이는 동물의 모든 행동은 합리적임을 인정하자는 뜻이 아니라, 동물이 충분한 정보를 가지고 있느냐를 인간의 합리성 기준으로 판단할 수는 없다는 뜻이다. 동물은 자신의 방식으로 자연에 적응하려는 충분한 정보를 습득한다고 보아야 한다. 문제는 밖에 나가지 않으려고 하는 고양이의 경우이다. 쾌락주의에서도 가두어 길러질 때 쾌락을 느끼는 고양이가 있다고 했는데 야외에서 살아본 경험이 없는 고양이라면 자연적 본성과 다르게 집 밖에 나가지 않는 것을 선호할 수 있다. 이 선호는 충분한 정보가 주어지지 않은 상태에서 이루어진 것이라고 판단해도 되는가? 고양이가 밖에 나가지 않으려는 선호는 '정보에 입각한' 것인가? 밖에 나가면 질병이나 사고의 위험이 있다는 것을 알고서 판단한 것인가? 아니면 실내 생활에 익숙해져서, 나쁘게 말하면 '세뇌된' 것인가?

이른바 '세뇌된' 선호가 충분한 정보가 주어진 상태에서의 선호인지는 인간의 경우에도 지적된 것이다. 레건은 "총명하고 젊은 여성이 고통이 느껴지지 않는, 쇠약해지는 약물 주사를 맞음으로써 만족한 바보의 상태로 전락"한 예를 든다.[30] 그는 이 여성은 고통을 느끼지는 않지만 결국에는 상당한 해악을 입게 된다는 것을 말하기 위해 이 예를 든다. 총명한 여성으로서 누릴 수 있는 것을 누리지 못했기 때문에 해악이라는 것이다. 이른바 '박탈로서의 해악'이다. 물론 레건이 이 여성이 행복하지 못하다고 말했다고 해서 그가 바보가 행복하지 못하다는 것을 인정한다는 것은 아니다. 레건은 "만족스러운 바보보다 불만족스러운 소크라테스가 더 낫다."라고 말한 밀에 동의하지 않을 것이다. 이 여성은 누려야 할 것을 누리지 못하고 빼앗겼기 때문에 행복하지 못한 것이다. 레건의 이 기준을 고양이에게도 적용할 수 있을 것이다. 실내의 고양이는 '만족한 바보'가 된 여성과 마찬가지로 집 밖에서의 즐거움을 누릴 기회를 빼앗겼기 때문에 행복하지 않다. 야생의 습성이 완전히 없어진 농장 동물은 야생으로 나가지 않는다고 해서 야생에서 누릴 즐거움을 빼앗겼다고 말할 수 없다. 그러나 절반만 길들여진 고양이가 집 안에서만 지내는 것은 집 밖에서 누릴 즐거움을 빼앗겼으므로 행복하지 않다고 말해야 한다.

이렇게 보면 완전주의와 선호주의가 만나는 지점이 있는 것 같다. 동물이 완전한 자연적 본성을 누려야 하는데 그것을 빼앗겼을 때 동물은 행복하지 않다고 말할 수 있기 때문이다. 물론 인간에 의해 길들여진 애완동물의 본성이 무엇인지 딱 잘라 말하기 어렵다는 데 문제가 있고, 그런 이유로 이 장의 논의가 시작되었다. 그러나 적어도 고양이의 경우 배회하고 사냥을 하는 본능이 여전히 남아 있으므로 그것은 고양이의 자연적 본성이라고 할 만하다. 그것을 만족시키지 않으면 고양이의 중요한 본성을 빼앗는 것이 되고, 고양이는 행복하지 못하다.

이 결론을 개의 경우에도 똑같이 적용할 수 있다. 길들여진 개라고 하더라도 뛰어다니고 싶은 본성은 여전히 남아 있다. 따라서 좁은 실내에서 기르고 기껏해야 목줄에 묶어 산책시키는 것은 개의 중요한 본성을 빼앗는 것이 되며, 개는 행복하지 못하다.

5. 맺음말

그렇다면 진정한 행복에 대한 어떤 견해에서도 고양이는 밖에서 놓아길러야 한다는 결론이 나온다. 고양이를 집 안에서만 가두어 기르는 것은 고양이의 행복을 막는 것이다. 그러나 우리는 여기서 딜레마에 빠진다. 고양이를 밖에 내보는 것은 다른 동물을 잡아먹는 것을 허용하기 때문이다. 고양이의 포식은 바로 앞 장의 주제였다. 거기서는 길고양이의 포식이 주제였지만, 집고양이를 집 밖으로 나가게 해서 포식을 하도록 허용하는 것은 길고양이의 포식이나 마찬가지의 문제를 낳는다는 비난이 가능하다. 캣맘이 길고양이를 보호함으로써 길고양이의 포식을 돕는 것이 비난받는 것처럼, 집고양이의 주인은 집고양이의 포식을 방조하거나 또는 부추김으로써 고양이의 포식을 돕는다고 비난받게 되는 것이다. 결국 고양이를 가두어 기르면 고양이의 본성을 존중하지 못한다. 그렇다고 해서 고양이를 놓아기르면 다른 동물을 잡아먹는 데 방조하는 셈이 된다.

이 딜레마를 해결하는 한 가지 방법은 고양이가 외출하도록 하되 다른 동물을 잡지 못하게 막는 것이다. 이런 목적의 몇 가지 도구가 있다. 그중 하나는 고양이에게 목깃을 달게 하는 것이다.[31] 고양이 목깃은 여러 색깔의 천을 이어 붙여 알록달록하게 생겼다. 새는 인간보다 더 많은 색 구분 세포를 가지고 있는데, 고양이가 새를 덮칠 때 새는 목깃 덕분에 그것을 얼른 알아차리고 도망갈 시간을 벌게 되는 원리이다. 이것은 고양이가 움직일 때 소리가 나게 해서 쥐를 잡지 못하게 하는 고양이 방울과 비슷한 원리이다. (고양이 방울은 주인에게 고양이가 어디 있는지 알려 주는 구실도 한다.) 고양이 파티오를 만들어 주는 것도 한 가지 방법이다. 닭장처럼 우리를 만들어 고양이가 그 안에서 마음대로 뛰어놀 수 있게 하되 다른 동물들에게는 피해를 주지 않게 하는 것이다.

고양이 목깃이나 고양이 파티오는 고양이에게 마음대로 돌아다니는 본성을 어느 정도는 만족시킨다는 장점이 있다. 그러나 이것은 고양이가 사냥을 못하게 하는 것이 근본 목적이므로 사냥을 하는 본성은 존중하지 못하게 한다. 만약 고양이의 사냥 본성이 고양이에게 만족시켜 주지 않으면 큰 피해가 되는 타고난 역량이라면, 고양이를 길들이는 것은 고양이의 중요한 본성을 해치게 된다. 그러나 주인이 집고양이를 놓아기름으로써 포식을 허용하는 것이 캣맘이 길고양이의 포식을 돕는 것과 같은 종류의 것일까? 집고양이든 길고양이든 포식을 하는 것은 동물의 본성이므로 그것을 존중해 주면 되고, 방해나 부추기지 않으면 된다. 집고양이는 놓아기르는 것이 개체의 본성을 존중하는 것이라고 지금까지 주장했다. 따라서 설령 집고양이가 집 주위에서 포식하더라도 그것은 개체의 본성을 부추긴 것은 아니고 존중한 결과라고 보아야 한다. 이것은 4장의 맺음말에서 말했듯이 개의 뛰어다니는 본성을 만족시켜 주기 위해 마당이나 전용 공원처럼 뛰어놀 수 있는 공간을 만들어 주는 것과 비슷하다. 이와 비교할 때 길고양이는 사람의 보호를 받지 않는 경계 동물 또는 야생 동물이다. 길고양이에게 먹이를 주는 것은 집고양이의 놓아기르기와 달리 생태계에 불공정하게 개입한 것이고 포식을 부추긴 것이다. 집고양이의 포식 활동으로 새나 쥐의 희생이 따르겠지만, 만약 그것을 비난한다면 개나 고양이에게 육식 사료를 줌으로써 동물을 희생시키는 것도 똑같이 비난해야 한다. 그렇다면 집고양이를 놓아기른다고 해서 앞에서 말한 딜레마는 생기지 않는다.

7장
애완동물에게 시민권을?

1. 머리말

도널드슨과 킴리커의 『동물의 도시: 동물권 정치 이론』[1]은 두 가지 이유에서 동물 윤리학 연구에서 중요한 획을 긋는 것으로 평가될 수 있다. 첫 번째는 이 책의 부제가 말해 주듯이 동물에 대한 정치 이론을 정립한 점이다. 동물에 대한 기존의 윤리 이론은 동물을 권리를 갖는 주체로 보기는 하지만, 동물이 자치를 하는 정치 공동체를 이룬다거나 인간 정치 공동체의 구성원으로 참여한다는 생각은 하지 못했다. 그들은 각 유형의 동물들에게 인간과의 관계에 따라 시민권이나 자치권을 부여함으로써 동물에게 정치적 권리를 부여하고 동물과 인간의 정치적 관계를 천착했다는 점에서 의의가 있다. 두 번째는 동물 윤리의 탐구 대상을 기존의 농장 동물 또는 실험동물에서 애완동물, 경계 동물, 야생 동물의 영역에까지 확장한 점이다. 동물 윤리 연구는 대부분 육식과 동물 실험의 정당성에 집중되어 있기에, 육식과 동물 실험의 대상이 되는 농장 동물과 실험동물이 윤리적 연구의 대상이 되었다. 애완동물은 우리 주변에서 가장 흔히 볼 수 있는 동물이지만 인간으로부터 고통을 받는 농장 동물 및 실험동물과 달리 오히려 애정을 받는다고 생각되기에 윤리적 반성의 대상이 되지 못했다. 야생 동물 역시 인간으로부터 직접 고통을 받지 않기에 포식의 문제를 다룰 때를 제외하고는 깊이 논의되지 않는다.[2] 한편 쥐, 비둘기, 길고양이처럼 인간에 의해 길들여지지도 않았지만 야생에 살지도 않는 경계 동물은 전혀 윤리적 관심의 대상이 되지 못했다.[3] 그런데 도널드슨과 킴리커는 농장 동물 및 애완동물과 같은 길들여진 동물에게는 **시민권**을, 야생 동물에게는 **자치권**을, 경계 동물에게는 **거주권**(denizen)을 부여하며 본격적으로 논의하고 있다.

이 장은 이 중 도널드슨과 킴리커가 길들여진 동물, 특히 애완동물에게 시민권을 부여하는 과정에 주목할 것이다. 야생 동물의 자치권은 『동물 윤리 대논쟁』에서 포식의 문제를 다루면서, 경계 동물의 거주권은 5장에서 부분적이나마 다루었다. 나는 4장에서 반려 모형이 실패함을 지적했지만, 도널드슨과 킴리커의 주장은 시민권 부여를 통해 반려 모형에 또 다른 힘을 실으려는 시도라는 점에서 의의가 있다. 집에서 기르는 개나 고양이를 가족 또는 동무로 생각하여 '애완동물'보다는 '반려동물'로 더 많이 부르는 시대이기는 하지만, 상식적으로 국가나 사회를 구성하는 인민이 갖는다고 생각되는 시민권을 애완동물에게 부여한다는 발상에는 반려동물을 기르는 사람들도 선뜻 동의하지 못할 것이다. 애완동물이 시민권을 갖지 않는다고 하더라도 기존의 동물 윤리 이론은 애완동물에게 죽지 않을 권리나 고통을 당하지 않을 권리와 같은 기본권을 부여한다. 그런 권리는 애완동물뿐만 아니라 야생 동물, 경계 동물 모두에게 적용되는 권리이다. 그러나 애완동물에게 시민권이 부여된다면, 애완동물은 인간과 마찬가지로 기본적인 교육(사회화), 의학적 치료, 정치적 대표 따위와 같은 권리까지 부여받는 체계 내에 들어오게 된다. 명실상부하게 반려동물은 가족이나 동무가 갖는 권리까지 갖게 되는 것이다.

사정이 이러하기에 도널드슨과 킴리커는 인간에게 시민권을 부여하는 특별한 방식을 정당화하고 이것을 애완동물에게도 적용한다. 그들은 먼저 기존의 동물권 이론에서 말하는 동물의 불가침적 권리를 받아들이면서, 여기에 동물과의 정치적 관계에서 생기는 적극적 권리까지 주장한다(2절). 그리고 나서 그들은 시민권이 가져야 하는 세 가지 기능을 국적, 인민 주권, 민주적 정치 행위자로 제시하고, 길들여진 동물이 이를 행사할 수 있다고 말한다(3절). 이때 중증 지적 장애인과의 유비가 중요하게 이용된다. 장애인은 자신의 주관적 선을 잘 아는 수탁인을 통해 정치에 참여하는 주체성을 발휘할 수 있는데, 동물도 마찬가지라는 것이다. 나는 4절에서 이러한 '신뢰 모형'이 장애인에게는 적용되지만 길들여진 동물에게는 적용되지 않음을 주장할 것이다. 이 모형에서 신탁인은 자신의 주관적 선을 잘 아는 수탁인에 의존해서 주체성을 행사하는데, 인간 보호자는 길들여진 동물의 주관적 선을 잘 안다고 말할 수 없기 때문이다. 도널드슨과 킴리커는 신탁 또는 신뢰 관계를 '의존적 행위자'라는 말로 표현한다. 그러나 나는 이 말이 형용 모순임을 지적할 것이다. 그들은 동물에게 일종의 시민 교육인 '기본적 사회화'를 시켜야 한다고 주장한다. 그러나 나는 5절에서 이것이 인간에게도 동물에게도 도움이 안 된다고 지적할 것이다. 결국 길들여진 동물을 시민으로 인정하려는 도널드슨과 킴리커의 시도는 실패한다.

2. 확장된 동물권 이론

총 2부로 되어 있는 『동물의 도시』의 I부 제목은 "확장된 동물권 이론"이다. 이 제목에서 알 수 있듯이 도널드슨과 킴리커는 레건, 사폰치스, 프랜시온[4] 등에 의해 주창된 기존의 동물권 이론을 받아들이면서 그것을 확장하려고 한다. 동물권 이론의 핵심 주장은 동물이 '불가침의 권리'를 소유하고 있기에 정의의 대상이 됨을 인정하는 것이다.[5] 우리는 사람이 죽임을 당하지 않을 권리, 노예가 되지 않을 권리, 고문을 당하지 않을 권리, 감금을 당하지 않을 권리 따위와 같은 불가침의 권리의 소유자임을 인정한다. 아홉 명에게 장기 이식 수술을 하기 위해 한 사람을 죽이는 예가 엽기적으로 들리는 것처럼, 사회 전체로 보아 아무리 큰 혜택이 있더라도 한 개인의 위와 같은 권리들을 침해할 수 없다는 것이 상식이고, 이것이 '불가침'의 의미이다. 물론 공리주의 시각에서 권리 침해를 옹호하는 입장도 있겠지만 그것을 성공적으로 옹호하기에는 부담이 크다. 그러나 앞 장에서도 인용한 "동물에게는 공리주의, 인간에게는 칸트주의"라는 노직의 지적처럼, 동물에게는 불가침의 권리를 인정하는 상식은 그리 많지 않다.

도널드슨과 킴리커는 어떻게 해서 동물에게도 불가침의 권리를 인정해야 한다고 생각할까? 그들은 인간과의 유비를 이용한다. 인간이 왜 불가침의 권리를 갖는지를 검토한 다음, 그 이유를 동물에게도 적용하는 것이다. (나도 9장에서 동물의 법적 지위와 관련해서 마찬가지 유비 논증을 사용한다.) 인간이 기본권을 갖는 이유로 인간만의 특정한 인지적 능력 때문이라고 생각하기 쉽다. 그러나 이런 이유는 영·유아나 중증 지적 장애인 같은 이른바 가장자리 인간에게는 기본권을 배제하는 결과를 낳게 한다. 그래서 그들은 인간은 '자아(selfhood)'를 갖는 덕분에 기본권을 갖는다고 주장한다.[6] 여기서 자아를 갖는다는 것은 자신의 정체성을 성찰한다는 개념이 아니라(그러면 역시 가장자리 인간마저 배제된다), 자신만의 '주관적 경험'을 하는 존재라는 뜻이다.[7] 인간은 쾌락과 고통 따위의 감각이 부여되는 '나'를 갖는 의식적이고 감응력을 지닌 주체이다. 이 자아 개념에서 레건의 '삶의 주체' 개념을 떠올리는 사람이 많을 것이다. 도널드슨과 킴리커가 기존의 동물권 이론을 받아들이고 그것을 확장한다는 것을 생각하면 그들의 '자아' 개념이 레건의 '삶의 주체'와 크게 다르지 않음은 쉽게 알 수 있다. 내가 주관적 경험을 한다는 것은 '취약한' 존재라는 뜻이 된다.[8] 인간은 쾌락과 고통을 느낄 수 있는 존재이니 쾌락을 느끼지 못하거나 고통을 느끼면 신체적·정신적으로 쉽게 상처받을 수 있다. 도널드슨과 킴리커가 말하는 취약성은 3장에서 계속 강조했던 취약성과는 약간 다른 개념이다. 거기서는 유아기를 벗어난 인간과 달리 애완동물만이 갖는 특성인데, 그들은 인간이든 동물이든 모두 갖는 특성으로 설명한다. 그들에 따르면 인간에게는 그런 취약한 개체를 보호해 주기 위해 정의라는 이념이 등장하고, 각 개체는 취약하게 만드는 침해로부터 보호받을 기본적인 불가침의 권리를 갖는다. 그런데 자신만의 주관적 경험은 인간만이 하는 것이 아니라 동물 대부분도 한다. 레건은 한 살 이상의 포유류는 삶의 주체라고 말했다. 도널드슨과 킴리커는 어떤 동물이 주관적인 경험을 하는지는 구체적으로 말하지는 않았지만, "주관적인 경험을 하는 동물만이 이익을 가질 수 있으며, 또는 그런 이익을 보호하는 정의의 직접적 의무의 수혜자가 되어야 한다."라고 말한다.[9] 주관적 경험을 하는 동물은 이익의 침해에 취약하므로 이렇게 불가침의 권리를 갖는 것이다.

동물이 불가침의 권리를 갖는다면 우리는 동물에게 구체적으로 어떤 의무를 지는가? 동물은 소유물이 되거나 죽임을 당하거나 고문을 당하거나 가족과 헤어지지 않을 권리가 있으므로, 이것을 침해하는 것은 불가침의 권리를 존중할 의무를 다하지 못한다. 기존의 동물권 이론에 따르면 동물의 권리를 존중하는 방법은 이러한 권리를 존중하는 것이다. 동물의 권리 침해는 주로 농장 동물과 애완동물에서 생기는데, 마치 야생 동물의 삶에 우리가 간섭하지 않는 것처럼 농장 동물과 애완동물의 삶에 간섭하지 않는 것이다. 이것은 결국 농장 동물과 애완동물을 길들임 이전의 상태로 돌려보내자는 주장으로서, 길들여진 동물을 더 이상 존재하지 않게 하자는 프랜시온이나 두나이어의 이른바 '폐지론'으로 이어진다.[10]

도널드슨과 킴리커가 기존의 동물권 이론과 차별성을 드러내는 지점이 바로 이곳이다. 그들에 따르면 이런 폐지론은 동물 운동의 전략으로서도 실패한다. 애완동물을 없애자는 주장은 대중의 지지를 받기 어려울 것이며, 농장 동물을 없애자는 주장은 동물 산업의 이해 관계자가 많아 성공하기가 어렵기 때문이다.[11] 그들은 농장 동물과 애완동물이 간섭받지 않을 권리를 '소극적 권리'로 규정한다. 그리고 나서 동물은 그것을 넘어서 '적극적 권리', 곧 '관계적 권리'까지 갖는다고 주장한다. 그들은 이를 위해 다시 한 번 인간과의 유비를 사용한다. 인간이 방금 말한 소극적 권리를 갖는다는 것은 당연하다. 그렇지만 인간은 이것을 넘어 부모-자식, 스승-학생, 고용인-피고용인 등의 사회적 관계에서 돌봄의 의무가 생기거나, 정치 공동체 내의 정치적 관계에서 기인하는 시민의 권리나 책임이 생긴다.[12] 우리가 이런 관계를 끊을 수 없는 것처럼, 인간과 동물과의 관계도 끊을 수 없다. 예를 들어서 "우리가 길들여진 동물을 의도적으로 사육해서 우리에게 의존적으로 되게 만들었다는 사실은 우리가 소나 개에게" 야생 동물이나 경계 동물과는 다른 도덕적 의무를 지게 한다.[13] 자식을 낳은 부모라면 자식에게 부양의 의무를 지고 자식은 부양받을 권리를 갖게 되는 것처럼, 동물을 길들인 인간은 농장 동물과 애완동물을 돌볼 의무를 지고 그 동물들은 돌봄을 받을 권리가 있다는 것이다. 야생 동물이나 경계 동물에게도 그만큼의 밀접한 관계는 아니지만 우리의 의도치 않은 행위를 통해 그들의 서식지를 파괴하는 등의 행위로 관계를 맺게 된다. 그래서 도널드슨과 킴리커는 기존의 동물권 이론이 설명하지 못한 부분이 인간이 동물과 맺는 정치적 관계에서 생기는 동물에 대한 다양한 '정치적 의무'라고 생각한다. 그래서 그들은 인간 정치 공동체의 시민권 이론이 그것을 설명해 줄 수 있다고 주장한다.

시민, 거주자, 외국인 체류자, 주권과 같은 시민권 이론의 친숙한 범주들에 비추어 인간-동물 관계에 관해서 생각해 보면, 어떤 동물들이 인간에게 지니는 특별한 주장이 무엇이고 우리가 동물에게 저지

르는 특별한 부정의가 무엇인지 아는 데 도움이 될 것이다.[14]

그들에 따르면 우리는 길들여진 동물인가, 경계 동물인가, 야생 동물인가에 따라 서로 다른 관계를 맺게 되고, 그에 따라 그 동물들에게 서로 다른 권리, 곧 시민권, 거주권, 자치권을 부여하게 된다.

도널드슨과 킴리커가 동물의 시민권을 고려하는 출발점은, 방금 보았듯이, 인간이 동물과 맺는 관계, 그들의 용어에 따르면 '정치적' 관계이다. 그들은 이것을 주어진 현실로 받아들이고 여기에 바탕을 둔 시민권 이론을 제시한다. 그러나 우리가 동물과 맺는 관계는 성찰의 대상이지 현실로 받아들일 수 있는 것이 아니라는 점에서 그들의 출발 방법은 논점을 선취한다는 혐의가 있다. 길들여진 동물의 폐지론도 현실에 대한 성찰의 일환으로 나온 것인데 오히려 그 현실에 근거하는 것은 문제에 대한 올바른 접근 방법이 아니다. 예컨대 그들이 유비의 대상으로 삼는 인간의 부모-자식 관계에 대해서도 사적인 관계라서 공정한 윤리적 판단에 방해가 되기에 폐지해야 한다거나 가족 관계는 우리 사회를 유지하는 기본적인 버팀목이므로 꼭 필요하다는 논란이 이루어지는데, 이와 같은 성찰의 과정이 필요한 것이다.[15] 그런데도 길들여진 동물과 맺는 관계를 주어진 사실로 받아들이고 거기에 기대어 출발하는 것은 문제가 있다.[16] 이 문제는 이 정도로 지적하고, 이 장에서는 앞으로 도널드슨과 킴리커가 언급한 시민권 중 애완동물이 갖는 시민권에 집중하도록 하겠다.

3. 동물권을 넘어 시민권으로

도널드슨과 킴리커의 이론 중 핵심은 동물에게 시민권을 부여한 것인데, 이것은 동시에 그들의 이론에서 가장 의아하게 생각되는 부분이기도 하다. 시민이라고 할 때 우리에게 가장 먼저 떠오르는 것으로 시민으로서 갖는 권리도 있지만, 시민으로서 갖는 책임과 정치적 참여도 있다. 앞서 기존의 동물권 이론도 동물의 소극적 권리를 인정한다고 했으므로, 동물도 시민으로서의 권리를 가져야 한다는 주장에는 쉽게 동의가 된다. 그러나 과연 동물이 시민으로서 갖는 책임을 어떻게 다하고 어떻게 정치적 참여를 할 수 있는지는 선뜻 수긍하기 어렵다. 동물도 인간과 같은 권리를 갖는다는 주장에 대해 동물에게도 학교에 다닐 권리나 투표에 참여할 권리를 주라는 말이냐고 강변하는 것은 초보적인 수준의 허수아비 공격이다. 동물 권리론이 동물에게 권리를 부여한 것은 앞서 보았듯이 인간과 같은 동물의 감응력 때문이므로, 인지적 능력이 있어야 하는 학교에 다닐 권리나 투표에 참여할 권리를 동물에게 부여하라고 주장하는 동물 권리론자는 없다. 그러나 도널드슨과 킴리커는 동물의 시민권을 주장함으로써 허수아비 공격이 실은 정당한 공격임을 자인하는 것 아닐까?

이런 비판에 대답하기 위해 도널드슨과 킴리커는 자신들이 생각하는 시민권 개념이 무엇인지 제시해야 할 것이다. 그들은 시민권이 정치 이론에서 적어도 서로 다른 세 가지 기능을 수행한다고 말한다. 국적(nationality), 인민 주권(popular sovereignty), 민주적 정치 행위자(democratic political agency)가 그것이다.[17] 먼저 국적은 거주할 수 있는 영토가 있는 것을 말한다. 그리고 인민 주권은 국가의 주권이 왕이나 독재자가 아니라 인민에 속한다는 것을 뜻한다. 다시 말해서 국가의 공적인 선을 결정할 때 왕이나 독재자가 아니라 인민의 이익이 고려된다는 뜻이다. 마지막으로 민주적 정치 행위자는 민주적인 과정에 적극적으로 참여한다는 뜻이다. 예컨대 시민은 소극적으로 법의 적용만 받는 것이 아니라 적극적으로 법을 제정하는 당사자가 된다. 시민권이라고 할 때는 이 세 가지 기능이 모두 핵심적인 역할을 한다. 그런데 도널드슨과 킴리커에 따르면 불행하게도 일상 언어나 현대 정치 이론 문헌에서 시민권이라고 할 때는 세 번째 차원, 곧 민주적 정치 행위자에만 주목하기에 얼핏 보기에 동물에게는 시민권이 배제되는 것처럼 보인다.[18] 동물이 법의 제정 과정에 참여할 수 없는 것은 두말할 필요가 없기 때문이다. 그러나 그들에 따르면 시민권을 이렇게 좁게 해석하면 동물뿐만 아니라 가장자리 인간까지 시민에서 제외하는 결과를 낳는다. 어린이와 중증 지적 장애인은 분명히 우리와 같은 영토에 거주하며, 건강이나 교육 등의 공적 선이나 공적 서비스를 결정할 때 그들의 이익이 고려된다. 도널드슨과 킴리커는 외국인 방문자를 어린이와 중증 지적 장애인과 비교한다. 외국인 방문자는 민주적인 주체성을 행사할 수 있지만, 국적이 없으며 공적 선을 정할 때 그의 이익이 고려되지 않는다.[19] 곧 외국인 방문자는 시민이 아니지만 어린이와 중증 지적 장애인은 단언컨대 시민이다.

도널드슨과 킴리커는 일단 동물도 시민권의 첫 두 가지 의미에서는 시민에 속하는 것으로 보아야 한다고 주장한다.

[동물]은 우리가 공유하는 정치 공동체의 영토에 거주하고 그리 돌아올 수 있는 권리와, 공동체의 공공선을 결정할 때 자신의 이익이 포함되도록 할 권리를 가지고 있다. 이것은 특히 길들여진 동물에 대해서 참이라고 우리는 주장한다.[20]

그들의 이러한 주장은 앞 절 마지막에서 언급했던 논점 선취를 떠올리게 한다. 적어도 길들여진 동물이 야생이 아니라 우리가 사는 공동체에 함께 거주하는 것이 사실이라고 하더라도 그러한 권리가 있는지는 별도의 논의가 필요하기 때문이다. "공동체의 공공선을 결정할 때 자신의 이익이 포함되도록 할 권리"가 있다는 것은 더욱더 입증되어야 할 주장이지 모두가 의심 없이 받아들이는 사실은 아니다. 이 문제 역시 여기서 논의하지 않고 시민권의 세 번째 필요조건으로 돌아가 보자. 도널드슨과 킴리커는 기존의 논의가 시민권의 세 번째 기능에만 주목하는 것을 우려할 뿐이지, 첫 번째와 두 번째 기능만 가져도 된다고 말하는 것은 아니다. 민주적 정치 행위자를 언급하지 않는 시민 개념은 "빈곤한 시민권 개념"[21]이라고 말하는 것을 보면 그렇다. 그렇다면 동물은 물론이고 어린이와 중증 지적 장애인은 민주적 정치 행위자를 만족하지 못하는데, 어떻게 시민으로 간주된다고 말할 수 있는가?

그것은 정치 행위자 개념을 넓게 해석하는 것이다. 정치 행위자가 있다는 것은 사회의 문화나 제도를 구성하는 데 함께 참여해서 공동체를 공동으로 만들어나간다는 뜻이다. 공동체에서 소극적인 수혜자가 아니라 이러한 적극적인 역할을 하기 위해서는 롤스가 말한 세 가지 '도덕 능력'이 필요하다.[22]

(i) 주관적 선을 가지고 그것을 의사소통할 수 있는 능력.
(ii) 사회적 규범/협동에 따를 수 있는 능력.
(iii) 법의 공동 제정에 참여할 수 있는 능력.

어린이와 중증 지적 장애인 그리고 동물이 이런 능력을 가질 수 있을까? 도널드슨과 킴리커는 이 질문에 "아니오."라고 대답하는 것은 이 능력을 "고도로 지적이거나 이성적인 방식"으로 해석하기 때문이라고 말한다. 예컨대 "자신의 주관적 선을 가지고 그것을 의사소통할 수 있는 능력"이 있으려면 자신의 선에 대해 반성적으로 파악할 수 있어야 하고 그것을 민주적 과정에서 분명하게 표현할 수 있어야 하며, "사회적 규범/협동에 따를 수 있는 능력"이 있기 위해서는 합리적인 협상과 동의를 거친 공정한 협동에 따를 수 있는 능력이 필요하다는 식으로 말이다.[23] "법의 공동 제정에 참여할 수 있는 능력"은 새삼 말할 필요도 없다. 그러나 동물에게는 이런 능력이 없으므로 시민이 될 수 없다. 하지만 이런 능력은 중증 지적 장애인에게도 없다. 그래서 도널드슨과 킴리커는 도덕 능력을 이렇게 고도로 인지적 방식으로 해석하는 것을 멈춰야 이 능력을 중증 지적 장애인에게도 부여할 수 있고, 결국에는 동물에게도 부여할 수 있다고 주장한다. 그들에 따르면 장애인도 한때는 그런 능력이 없다고 생각되었다. 그러나 장애인 운동의 역사는 지적 장애인도 실제로 다음과 같은 능력을 가지고 있음을 인정하면서 시작되었다.

주관적 선을 가지며, 그 선을 의사소통하며, 공적 삶을 공동으로 만

들어 나가며, 신뢰와 협동의 관계를 만드는 능력.[24]

'주관적 선'이란 다름이 아니라 개인적인 "선호, 이익, 바람"[25] 따위를 말한다. 언어에 의한 의사소통이 불가능한 중증 지적 장애인이라고 하더라도 자신만의 선호와 바람이 있으며 만족해야 하는 이익이 있다. 그리고 이것을 비록 언어에 의해 전달할 수는 없지만, 여러 가지 방법을 통해 다른 사람들에게 전달한다. 이때 필요로 하는 것이 "친밀한 관계에 있는 사람의 세심하고 사랑스러운 관심"[26]이다. 이런 협력자가 있으면 몸짓 언어나 미묘한 동작과 소리를 해석하여 의사소통에 문제가 없는 것이다. 결국 첫 번째 도덕 능력을 갖추기 위해서 자신의 주관적 선을 이해하거나 반성할 능력이 꼭 있을 필요는 없다. 문제는 두 번째와 세 번째 도덕 능력이다. 중증 지적 장애인은 과연 사회적 규범과 협동을 따르고, 법의 공동 제정에 참여할 수 있을까?

도널드슨과 킴리커는 중증 지적 장애인이 법의 공동 제정에 참여할 수 있음을 설명하기 위해 사회 협동에 대한 '협상 모형'과 '신뢰 모형'을 구분한다.[27] 협상 모형에 따르면 합리적 토론을 통해 어떤 협동이 적절한지 논의하고, 선호하는 정의의 원리에 공동으로 서명한 다음 거기에 따른다. 이 협상 모형에서는 장애인은 행위자가 될 수 없다. 협상을 위해서는 자신의 선에 대해 반성적으로 파악하고 그것을 민주적 협상 과정에서 분명하게 표현할 수 있는 능력이 있어야 하는데, 중증 지적 장애인에게는 그런 능력이 없기 때문이다. 반면에 신뢰 모형에서는 신뢰 관계에 있는 양 당사자들이 신뢰 관계가 쌓여감에 따라 더 큰 협동의 틀을 만들고 유지해 간다. 그들은 이렇게 말한다.

이 신뢰 모형에서, 중증 지적 장애인은 한순간의 협상이 아니라 지속적인 협동 관계 속에서 사회 규범을 제정하고 수정하는 과정으로 그려지는 사회적 협동의 틀에 동의하고 거기에 따를 수 있다. 중증 지적 장애인은 전통적인 시민 참여 모형에서는 무시되었던 능력인 사랑, 신뢰, 상호 의존의 관계를 통해 협동의 틀에 참여하고 그것을 풍요롭게 한다.[28]

'신뢰'를 뜻하는 영어 trust는 우리말로 '신탁'으로도 번역된다. 중증 지적 장애인은 자신과 사랑, 신뢰, 상호 의존의 관계에 있는 협력자에게 자신의 선호와 바람과 이익을 신탁한다. 장애인도 주체성의 능력이 있는데, 다만 그들이 신뢰하는[신탁한] 특정 대행인과의 관계를 통해서 능력을 행사한다. 지금 '행위자'에 해당하는 영어 agency는 '대리인'을 뜻하기도 한다. 장애인은 자신의 주관적 선을 잘 아는 협력자 또는 대리인을 통해 법의 제정에 참여하고 간접적으로 정치적 활동을 하는 것이다. 장애인 운동에서는 장애인을 대변하는 사람을 '보호자'라는 말 대신에 '협력자'라고 부르는 것도 이런 이유에서이다. 이 신뢰 또는 신탁은 **의존적 행위자**라고도 불린다.[29]

4. '의존적 행위자'의 정체

도널드슨과 킴리커가 신뢰 모형을 통해 장애인이 시민으로 인정받는 장애인 운동의 역사를 거론하는 의도는 분명하다. 장애인도 한때는 시민으로 인정받지 못했지만 지금은 인정받듯이 동물도 시민으로 인정받을 수 있음을 보여 주기 위해서이다. 그들은 장애인이 주관적 선을 가지고 그것을 의사소통할 수 있는 능력이 있듯이 동물도 그런 능력을 가지고 있다고 말한다. 앞서 말했듯이 어떤 개체의 주관적 선은 그 개체의 선호, 이익, 바람 따위를 말한다. 길들여진 동물, 특히 애완동물을 기르는 사람이라면 동물이 그것을 가지고 있고 그것을 여러 가지 의도적인 방식으로 의사소통한다는 것을 잘 안다. 그들은 애완동물이 밖에 나가고 싶다는 것을 알리기 위해 문으로 걸어가거나, 먹을 것을 요구하기 위해 냉장고 앞에서 야옹 하고 울거나, 애정 표시로 코를 비비는 예를 든다.[30] 애완동물의 '협력자'는 여기에 관심을 보여 동물들과 의사소통하는 방식을 배우고 신뢰를 쌓아간다. 이것이 장애인의 경우에서도 보았던 '의존적 행위자'로서, 동물은 이것을 통해서 자신의 주관적 선을 제대로 표현할 수 있다는 것이다.

도널드슨과 킴리커는 동물의 시민권을 주장하기 위해 인간과의 유비를 즐겨 사용하는데, 지금까지 길게 살펴보았던 장애인과의 유비뿐만 아니라 흑인 노예와의 유비도 사용된다. 앞서 시민권의 구성 요소로 국적, 인민 주권, 민주적 정치 행위자를 언급했다. 흑인 노예는 국적은 있지만, 곧 그 영토에서 거주할 수는 있지만 인민 주권과 민주적 정치 행위자는 아닌 존재이다. 도널드슨과 킴리커는 백인 노예주들이 흑인 노예들을 아프리카에서 구입했을 때 그들에게 시민권을 줄 의도가 전혀 없었음을 지적한다.[31] 그들을 들여온 의도는 정의롭지 못했지만 그들은 이제 똑같은 시민권을 부여받는다. 도널드슨과 킴리커는 동물의 시민권도 그와 같은 상황임을 말하고자 한다. 흑인과 마찬가지로 동물이 인간에 의해 길들이기 시작한 것은 정의롭지 못했으며, 동물이 동등한 시민이 되리라 생각했다면 길들이지도 않았을 것이다. 그러나 이제 동물도 시민권을 부여받을 수 있다는 것이다.

일단 신뢰 모형의 적정성을 의심해 볼 수 있다. 누가 나의 주관적 선을 대변해 줄 수 있는가? 수탁인이 나의 주관적 선이 무엇인지 잘 알고 그것을 가감 없이 표현해 준다면 가능하다. 장애가 없는 사람도 협력자의 도움을 받을 수 있는데, 도널드슨과 킴리커가 든 이민자의 비유[32]가 여기서 적절하다. 거주하는 나라의 언어를 말할 줄 모르는 이민자는 통역의 도움을 받아 정치 토론을 이해하고 참여할 수 있다. 이와 마찬가지로 시각이나 청각 장애가 있는 사람은 협력자의 도움을 받아 정치 토론에 참여할 수 있다. 정도의 차이가 있지만 장애가 있든 없든 의존성은 누구에게나 있을 수 있고, 그런 점에서 신뢰 모형은 적절해 보인다.

그러나 나는 장애인의 경우에 신뢰 모형의 적절성은 인정한다고 하더라도 그것을 동물에 적용하는 것에는 문제가 있다고 생각한다. 중증 지적 장애인과 동물을 유비하는 것에는 심각한 잘못이 있기 때문이다. 신뢰 모형의 신뢰는 '신탁'을 뜻한다고 말했다. 동물도 정치 행위자의 능력이 있는데 그것을 언어로 의사소통할 수 없고 합리적인 협상에 참여할 수 없으니, 동물과 사랑, 신뢰, 상호 의존의 관계에 있는 협력자가 그것을 대변하여 간접적으로 정치적 활동을 한다는 것이다. 여기서 핵심은 동물의 협력자, 곧 수탁자가 동물의 주관적 선을 잘 안다는 전제이다. 협상 모형이 장애인의 정치적 활동을 제대로 설명하지 못하는 까닭은 장애인을 시민권을 행사할 수 있는 행위자가 아니라고 보기 때문이다. 또 수탁자의 관점이 아닌 부권적인 후견인의 관점에서 장애인의 주관적 선을 정하기 때문이다. 나에게 무엇이 좋은지는 내가 가장 잘 아는데 아무리 선의라고 하더라도 그것을 다른 사람의 시각으로 재단하는 것은 부권적 간섭이 갖는 전형적인 문제이다. 반면에 신뢰 모형에서는 끊임없는 사랑과 관심으로 신탁인의 주관적 선을 알고 그것을 대변할 수 있다. 신뢰 모형은 이렇게 신탁인이 무엇을 원하고 신탁인에게 무엇이 좋은지 잘 안다는 전제에서 성립한다. 장애인의 경우에는 협력자가 장애인의 주관적 선을 안다고 충분히 말할 수 있다. 언어에 의한 의사소통이 불가능하더라도 같은 인간으로서 갖는 종적 특성을 알고 있기 때문에 무엇을 원하는지 이해할 수 있는 것이다. 물론 도널드슨과 킴리커는 종의 표준(species norm)을 강조하는 누스바움 식의 능력주의 접근에 반대하고, 개인의 주관적 선에 주목해야 한다고 말한다.[33] 종의 표준은 객관적 선의 목록만 나열하지만, 선호나 바람 따위는 개인마다 다를 수 있고 특정 장애인이나 동물과 친밀한 관계를 맺으면 그 주관적 선을 알 수 있다고 생각하기 때문이다. 물론 선호는 개인마다 다르다. 그러나 그 선호도 종이 가지고 있는 표준적인 선호에서 크게 벗어나지 않는다. 가령 장애인마다 좋아하는 음식이 다 다르지만 그것은 인간이 먹을 수 있는 음식의 객관적 목록에서 벗어나지 않는다. 말을 못 하는 영·유아도 개인마다 선호가 다르지만 인류의 육아 경험과 아동학적 지식이라는 표준 지식이 없다면 육아는 가능하지 않다.

그러나 우리는 인간이 아닌 경우에는 그 종에 속하는 개체의 선호는 말할 것도 없고 그 종의 표준마저 제대로 안다고 말할 수 있는가? 물론 동물의 경우에도 동물 행동학적 연구를 통해 각 종의 표준을 안다고 말할 수 있다.[34] 그러나 인간이 오랜 세월 길들인 동물의 경우에는 야생의 습성도 어느 정도 남아 있기에 정확한 주관적 선이 무엇인지는 논란이 된다. 농장 동물의 경우 분명히 지금과 같은 공장식 사육에서 벗어나고 싶은 것이 동물의 선호이다. 그렇다고 해서 오랜 세월 동안 인간에게 길들여졌는데, 야생에서는 살 수 없으니 야생 상태로 복귀하는 것을 선호한다고 볼 수 없다. 공장식 사육과 같은 밀집 사육만 없다면 편안한 방목과 고통 없는 도살로 이어지는 사육을 선호한다고 볼 수 있다. 그러나 애완동물은 앞 장에서 고양이를 중심으로 가두어 길러지는 것과 밖으로 나갈지 어느 쪽을 선택할지 논의한 것처럼, 그 선호를 판단하기 쉽지 않다. 애완견은 밖에 나가고 싶다는 것을 알리기 위해 벽에 걸린 목줄을 잡아당기는 의사소통을 한다. 도널드슨과 킴리커는 이것을 애완견이 "돌아다니는 것을 좋아하지만 나갈 수는 없으니, 그 해결책으로 자신의 자율성을 지지하는 일종의 돌봄 역할을 핵심적으로 하는 사람을 찾는다."라고 말한다.[35] 그러나 애완견이 진정으로 선호하는 것은 간헐적인 산책일까, 아니면 감금되지 않은 상태에서 밖에서 영원히 뛰어다니는 것일까? 애초부터 길들이지 않았다면 또는 야생의 상태로 내보낸다면 굳이 '돌봄 역할'도 필요 없이 마음대로 뛰어다닐 수 있는 것 아닌가? 그렇다고 해서 농장 동물이나 마찬가지로 애완동물도 야생으로 돌아가는 것을 선호한다고 볼 수 없다. 앞 장의 동물 판 경험 기계 사고 실험은 애완동물이 길들인 인간 주변에서 목줄에 묶이지 않은 채 자유롭게 뛰어다니는 것을 원할 것이라고 말해 준다. 만약 그렇다면 애완동물의 주인은 애완동물과 신뢰 또는 신탁 관계가 되지 못한다. 동물이 원하는 바를 알지도 못하고, 또 동물이 원하는 바를 실현해 주지도 못하는 신뢰 관계는 있을 수 없기 때문이다. 애완견이 목줄에 묶여서 산책하는 것을 원하겠는가? 설령 동물이 그것을 계속 원한다고 하더라도, 목광수도 지적한 것처럼[36] 그것은 '순응된 선호'가 아니라고 배제할 수 없다. 결국 우리는 동물의 경우에 믿음직한 신탁인이 아니다. 애초에 자립적인 동물을 길들여서 의존적으로 만들고, 그 의존성을 더욱 강화해 가면서 신탁인으로 자처하는 것은 우스운 일이다. 애완동물에게 더 적절한 비유는 중증 지적 장애인이 아니라 흑인 노예이다. 백인 노예주는 흑인 노예로부터 이득을 뽑아내는 데 최우선의 관심이 있기에 흑인이 무엇을 원하는지 관심이 없거나 알면서도 그것을 무시한다. 이와 마찬가지로 인간 주인은 애완동물에게 귀여움이나 미적 취향이라는 이득을 뽑아내는 데 최우선의 관심이 있기에 애완동물이 무엇을 원하는지 관심이 없거나 알면서도 그것을 실현해 주지 않는다.

앞서 도널드슨과 킴리커는 신뢰 또는 신탁 관계를 다른 말로 '의존적 행위자'라고 부른다고 했다. 여기서 '의존성'과 '행위자'가 괴연 양립 가능한지 검토해 보아야 한다. 그들은 '길들임'에는 네 가지 특성이 있다고 정의하는데, (a) 인간의 욕구를 만족시키기 위한 목적, (b) 그 목적에 맞추기 위한 선택적 번식과 유전자 조작의 과정, (c) 계속해서 돌보는 처우, (d) 인간에게 계속해서 의존하는 상태가 그것이다.[37] 곧 길들임에서 의존성은 필수적인 특성이다. 프랜시온 등의 폐지론자들이 길들여진 동물의 폐지를 주장하는 핵심적인 근거는 3장에서 말한 대로 그 동물의 의존성이 곧바로 취약성으로 연결되기 때문이다. 길들여진 동물은 잠잘 곳과 먹을 곳을 인간에게 일방적으로 의존하기 때문에 보호자가 더는 키우지 않겠다고 마음을 먹으면 살 방도가 없다. 인간의 비위에 맞추기 위해 유순하게 되어 공격적인 본성을 잃은 길들여진 동물은 거친 야생에서 먹이를 찾지도 못하고 추위에도 견디지 못하는 것이다. 특히 애완동물은 유년기의 신체적·행동적 특성을 평생토록 유지하도록 선택된 유형 성숙 때문에 그 의존성과 취약성은 더 심하다. 물론 길들여진 동물이 평생토록 의존적인 상태에서 산다면 취약하게 될 일은 없으므로 이런 걱정이 기우에 불과할 수 있다. 그러나 보호자에 의한 의도적인 유기나 자연의 재해에 의해 의도치 않게 야생에 내버려지는 일은 흔하게 일어난다. 실제로 취약한 상태로 내몰리지 않더라도 한 생물학적 종이 언제든지 취약한 상태로 될 수 있는 특성을 가지고 있다는 것은 심각한 문제임을 3장에서 힘주어 강조했다.

그러나 도널드슨과 킴리커는 이 취약성 개념에는 집중하지 않는다. 이 장의 2절에서 그들이 취약성을 불가침의 권리를 부여하는 근거로 제시했다고 말했다. 그러나 거기서도 말했지만 그 취약성 개념은 지금 말하는 취약성 개념과 논의되는 맥락이 다르다. 그들은 취약성 대신에 의존성이 존엄성이 없고 자연스럽지 못하다는 반론을 검토한다. 길들여진 동물의 의존성은 인간의 필요로 의도적으로 만든 것이니 자연스럽지 못하며, 그 탓에 사회적 기생 동물로까지 불리게 되니 굴욕적이라는 반론을 3장에서 말했다. 그들은 두 가지 근거를 들어 그렇지 않다고 말한다. 첫째는 인간의 삶에서도 의존은 흔하다는 것이다.[38] 어린이와 장애인도 누군가에게 의존해야 하고, 성인이나 비장애인도 재난이나 질병 상황에서는 누군가에게 의존적으로 된다. 더 나아가 "우리 모두는 사회적 협동의 틀에 참여하기 위해서는 지원을 하는 사회 구조의 도움이 필요하다."라고 말한다.³⁹ 그렇다고 해서 그 상태를 존엄성이 없다고 생각하지는 않고, 의존적이어도 의미 있는 주체성과 독립성을 발휘할 수 있다는 것이 그들의 주장이다. 그러나 이는 전형적인 물타기 논법이다. 3장에서 강조했지만, 어린이의 의존성은 일시적인 것이고 장애인의 의존성은 일부러 만든 것이 아니기 때문이다. 한편 인간은 누구나 주체적인 행위자의 능력을 발휘하기 위해서 서로에게 의존하는 상호의존적 존재라는 말에 반대할 이는 없겠지만, 이때 '의존적'이라는 말과 지금 논의하고 있는 '의존적'이라는 말은 다른 의미이다. 인간이 상호의존적이라고 할 때는 서로 연결된 네트워크 속에 존재한다는 의미이지, 의존하는 상대가 없으면 곧바로 취약한 상태가 된다는 의미가 아니기 때문이다. 우리가 모두 의존적이기에 길들여진 동물의 의존성은 문제가 되지 않는다는 반론은 '의존성'의 애매성을 이용한 논변이다.

도널드슨과 킴리커는 의존적이라고 해서 존엄성이 없다고 말할 수 없는 둘째 이유로 길들여진 동물의 행동 자체가 존엄성이 없는 것이 아니라 우리가 의존성에 대응하는 방식이 존엄적이지 않기 때문이라고 말한다.

만약 우리가 의존성을 일종의 나약함으로 경멸한다면, 개가 [밥을 달라고] 밥그릇을 발로 찰 때나 산책 시간이 되었다는 것을 알리기 위해 애교 있게 옆구리를 찌를 때, 우리는 거기서 아부와 굴종을 볼 것이다. 그러나 우리가 의존성을 본질적으로 존엄성이 없는 것으로 보지 않는다면, 우리는 개가 자신이 원하는 것과 그것을 얻기 위해 의

사소통하는 방법을 아는 유능한 개체로, 곧 행위자, 선호, 선택의 잠재성을 지닌 누군가로 보게 될 것이다.[40]

같은 현상을 굴종으로 보느냐 아니냐는 시각의 차이일 수 있다. 그러나 아무리 그렇게 보더라도 그것을 "잠재적인 행위자"로 볼 수는 없다. 개는 협력자의 도움이 없다면 아무리 밥그릇을 차도 밥을 먹을 수 없고 아무리 옆구리를 찔러도 산책을 할 수 없기 때문이다. 사실 도널드슨과 킴리커는 '협력자'라고 부르지만, 동물이 그 사람에 매여 있다는 맥락에서 봤을 때 절대 권력을 행사하는 '소유주' 또는 '주인'이다. 실제로 우리는 '견주'라는 말을 쓴다.[41] 목숨이 주인의 의사에 따라 좌지우지되는데 거기에 도움을 받은 현실을 주체성이 있어야 하는 '행위자'로 부를 수는 없는 것이다. 그 현실은 그대로 둔 채 다른 시각으로 보기만 하면 된다는 것은 현실을 덮는 것이다. 결국 '의존적'이면서 '행위자'일 수는 없다. '의존적 행위자'는 '둥근 삼각형'처럼 형용 모순이다.

도널드슨과 킴리커는 동물이 정치에 참여한다고 해석될 수 있는 예를 더 구체적으로 든다. 시민의 중요한 역할 중 하나가 정치 참여이지만 중증 지적 장애인이나 동물은 정치 참여를 직접 할 수 없는데, 이들의 정치 참여가 어떻게 가능하다고 말하는지 궁금하다. 그들은 동물이 "단순히 모습만 보이는 것"으로 변화를 일으키는 행위자일 수 있으므로 정치 참여가 가능하다고 말한다.[42] 그러면서 두 가지 예를 든다.[43] 첫째는 유럽과 달리 개가 공공장소에 출입할 수 없는 미국에서 개를 공공장소에 자꾸 노출함으로써 공공장소 출입을 가능하게 하려는 시도이다. 둘째는 마약상과 성매매 여성이 들끓던 공원에 개를 풀어 놀게 했더니 불법적인 활동은 줄어들고 가족 단위의 방문객이 많이 늘어나게 된 예이다. 개들은 "의도적인 행위자"는 아니지만 단순히 모습만 보여 준 "행위자가 공공의 영역에서 행사되어 정치적 숙고의 촉매로서 기능한다."는 것이다.[44] 그러면서 그들은 이것은 "강요된 참여"가 아님을 강조한다.[45] 개들은 자신이 원하는 것, 곧 돌아다니고 놀고 동료들과 함께 시간을 보내는 주체적 행위를 했다는 것이다. 그들의 주장처럼 강요된 참여는 아닐 것이다. 그러나 여기서 중요한 것은 개의 '참여' 행위가 자신이 참여해서 이끌어 낸 정치적 발언 또는 법의 제정과 일치하느냐이다. 그들도 지적하다시피 "단순히 모습만 보여" 변화를 이끌어 내는 사례는 이미 장애인 운동에서 보여 주었던 것이다. 그러나 중증 지적 장애인은 자신의 참여가 갖는 의미를 이해하지는 못하더라도 그 참여가 이끌어 낸 법의 제정은 결국 장애인의 선호와 일치한다. 동물의 경우도 그럴까? 개가 과연 주인의 목줄에 매인 채 공공장소에 출입하고 정해진 시간 동안만 공원에서 뛰어노는 것을 원할까? 앞 장에서 고양이를 예로 들어 주장했듯이, 개의 경우에도 진정으로 원하는 것은 인간에 이끌려 뛰어노는 것이 아니라 마음대로 노는 것일 수 있다. 그렇다면 개의 모습을 보여 주어 변화를 끌어낸 것은 선의로 말하면 믿음직하지 못한 수탁인이 신탁인의 의사를 잘못 파악한 결과이다. 악의로 말한다면, 유형 성숙의 특징을 가지고 있는 개를 데리고 놀고 싶은 주인의 선호에 도구로 이용된 것이다. 이러면 개가 모습을 드러내는 것은 '의존적 행위자'가 아니라 '도구적 행위자'이다. '의존적'이든 '도구적'이든 '행위자'에게 붙일 수 있는 꾸밈말은 아니다.

5. 동물의 기본적 사회화

인간이 동물과 여러 관계를 맺고 있음을 고려할 때 동물에게 소극적 권리를 부여하는 것을 넘어서 정치적 관계까지 고민하기 시작해야 한다는 도널드슨과 킴리커의 주장은 분명히 의의가 있다. 인간 공동체에서는 인간에게 단순히 소극적 권리만 부여하는 것이 아니라 교육 및 의료 서비스의 수혜, 정치적 참여 등의 적극적 권리까지 인정한다. 그것이 시민이라면 누구나 갖는 권리이다. 동물이 인간과 동등한 도덕적 지위를 갖는다는 것이 널리 받아들여지는 견해라면, 동물에게도 시민으로서 갖는 권리를 부여하는 것은 합리적으로 보인다. 그래서 도널드슨과 킴리커는 시민으로서의 권리를 다음 9가지 영역으로 나누어 구체적으로 설명한다.

1) 기본적 사회화, 2) 이동권과 공적 공간의 공유, 3) 보호의 의무, 4) 동물 생산물의 이용, 5) 동물 노동력의 이용, 6) 의료, 7) 성과 출산, 8) 포식과 식단, 9) 정치적 대표.[46]

나는 지금까지 인간 협력자는 길들여진 동물의 주관적 선을 잘 알지 못하므로 길들여진 동물을 시민으로 인정하려는 도널드슨과 킴리커의 시도는 실패했다고 주장했다. 마무리로 그들이 언급한 위 권리 중 기본적 사회화를 중심으로 그 시도의 실패를 구체화하겠다. 그 과정에서 동물 노동력의 이용과 포식 항목도 언급될 것이다.

'기본적 사회화'는 일종의 시민 교육이다. 어린이에게 사회에서 지켜야 할 예의범절을 가르치는 것처럼 길들여진 동물에게도 "신체 과정과 충동을 조절하고, 기본적 의사소통, 사회적 상호 작용, 상대방 존중을 학습하는 것과 같이, 사회 공동체에서 받아들여지기 위한 기본적이고 일반적인 기술과 지식을 습득시키는"[47] 것을 말한다. 야생 동물도 새끼에게 공동체에서 살아가는 법을 가르치기에 사회화 자체는 문제가 없다. 문제는 동물의 '기본적 사회화'는 동물 공동체가 아닌 인간-동물 공동체에서 살아가는 법을 가르친다는 것이다. 예컨대 개는 함부로 뛰어다니지 않는 법이나 먹이가 있더라도 허락 없이 먹지 않는 법이나 공공장소에서 목줄에 매여 얌전히 있는 법을 배운다. 도널드슨과 킴리커는 이 과정이 맹인 인도견의 훈련처럼 특정 동물 노동을 위해 훈련시키는 것과 다르다고 말하는데,[48] 이런 단서를 다는 이유는 동물 노동은 동물의 자율성을 해친다고 생각하기 때문이다. 그들은 '동물 노동력의 이용' 항목에서 대부분의 동물 노동은 "자신의 잠재성과 이익을 개발하기 위해 훈련받는 것이 아니라 인간의 목적에 봉사하기 위해 주조되는 것"[49]이라고 말한다. 어린이의 사회학 교육에서도 그렇지만 교육은 기본적으로 본능을 억제하려는 측면이 있기는 하다. 그러나 인간을 교육한다는 것은 그 본능보다는 본능을 억제하는 예절이 인간의 '잠재성과 이익을 개발'한다는 데에 사회적 합의가 이루어져 있기에 본능 억제를 감수하게 한다. 동물이 자신의 공동체 안에서 새끼를 훈련시키는 것도 마찬가지이다. 그러나 인간-동물 공동체 내에서의 동물의 사회화도 그러한가? 동물 노동을 위한 강압적 훈련이나 착취 또는 '적응적 선호'는 아닌가? 애완동물이 순응하는 것처럼 보이지만, 스톡홀름 신드롬처럼 조용한 포로 상태가 되게 다루는 것은 아닌가?

도널드슨과 킴리커 스스로 그것을 구분하는 방안을 제시한다. 그들에 따르면 훈련이 착취나 '적응적 선호'가 아니기 위해서는 "동물이 그 활동을 즐기고 있으며, 동물이 자극과 접촉을 통해 성장하며, 그 작업이 동물이 마땅히 받아야 하는 사랑, 승인, 처우, 돌봄을 받기 위해 치른 대가가 아니라는 것을 확실하게 표시할 수 있는 위치에 있어야 한다".[50] 애완견은 목줄에 매여 있고 함부로 뛰어다니지 않는 것을 즐길까? 그것을 지키는 것이 자신의 주체성을 인간 협력자의 '돋움 역할'에 의해 발현하는 것일까? 우리는 단언할 수 없다. 애완견이 목줄에 묶여 있는 것을 거부하지 않는 것을 보면 싫어하지 않는다고 말할지 모르겠지만, 도널드슨과 킴리커 스스로 말하듯이 "그 활동을 즐기고 있"다는 것을 "확실하게 표시할 수 있는 위치에 있어야" 한다. 싱어는 특정 종의 동물이 자아감과 미래감과 과거감을 지닌 인격체인지 여부가 확실하지 않을 때는 그 동물의 편에서 인격체로 판단해야 한다는 '의심의 이득'을 적용한다.[51] 마찬가지로 동물이 인간의 통제 하에서 하는 특정 활동을 즐기는지 여부가 확실하지 않을 때는 그 동물에게 의심의 이득을 적용해야 할 것이다. 동물은 인간이 통제하지 않을 때 그런 행동을 하지 않을 것이기 때문이다. 도널드슨과 킴리커는 육식 동물인 고양이가 포식하는 문제를 길게 다루면서도 그것을 금지해야 하는지는 결론을 내지 못하고, 애완묘를 기르는 사람은 고양이를 세심하게 관찰해야 한다는 원론적인 말만 한다.[52] 고양이의 '기본적 사회화'를 위해서는 다른 생명체에게 해악을 끼치지 않도록 길들여야 하겠지만, 다시 말해서 포식을 못 하도록 막아야 하겠지만, 앞 장에서 논의했듯이 고양이는 분명히 포식을 즐긴다. 이런 사례들을 볼 때 동물의 기본적 사회화는 길들여진 동물이 즐긴다고, 다시 말해서 길들여진 동물의 주관적 선을 만족시킨다고 말하기 어렵다.

  동물의 기본적 사회화는 또 다른 문제가 있다. 인간의 기본적 사회화는 평생 이루어지는 것이 아니라 미성년 시기에 한정되고, 만약 성년이 되어서까지 이루어진다면 그것은 부권적 간섭으로 비난을 받는다. 성년이 된 인간을 계속 따라다니면서 사회화 규율을 제대로 지키는지 감시하는 것은 상상할 수 없다. 그러나 동물의 사회화는 평생 이루어진다. 사회화를 위한 교육을 끊임없이 하는 것은 아니지만, 길들여진 동물의 협력자는 동물과 언제나 동반하며 사회화된 행동을 하는지 감시해야 한다. 애완견이 사회화를 마쳐 사람이나 다른 동물에게 공격하지 않으며 마음대로 뛰어놀지 않는 데 익숙해졌다고 안심한다고 해서 개에게 더는 목줄을 매지 않고 공공장소에 마음대로 풀어 놓지 않는다. 길들여진 동물에게는 부권적 간섭을 할 수밖에 없다. 그것을 행위자의 능력이 발현되도록 협조한다고 말할 수는 없다.

  도널드슨과 킴리커가 말한 동물의 시민적 권리의 항목을 여기서 모두 다룰 수는 없다. 그러나 지금까지 기본적 사회화를 중심으로 살펴본 것처럼 그것은 주체적이고 자율적인 시민이 되기 위한 교육은 아니다. 동물은 인간의 도움을 받아서라도 민주적 정치 활동에 참여하는 것은 아니다. 그들의 의도와 달리 길들여진 동물에게 시민의 권리를 부여할 수 없는 것이다.

6. 맺음말

　동물에게 권리를 부여할 때 인간의 경우와 유비를 하는 것은 일반적인 방식이다. 성별 또는 피부색과 상관없이 인간에게 평등한 권리를 부여하는 이유가 종과 상관없이 평등한 권리를 부여하는 데도 적용된다는 것이 종 차별주의를 반대하는 핵심 논증이다. 그리고 가장자리 인간은 인간이 동물과 달리 갖는다고 생각되는 특성을 갖지 못하는데도 그런 특성을 갖는 인간과 같은 권리를 부여받는 것을 보고, 그 특성에서 가장자리 인간과 다름없는 동물에게도 동등한 권리를 부여하자는 가장자리 상황 논증이 제기된다. 인간과의 유비 논증들은 성별 또는 피부색과 상관없이 인간이 갖는 특성을, 그리고 가장자리 인간이든 아니든 인간이 갖는 특성을 동물도 갖는다고 생각되기에 대체로 성공적인 논증으로 평가된다.

　중증 지적 장애인과의 유비를 이용하여 동물에게 시민권을 부여하려는 도널드슨과 킴리커의 논증은 가장자리 상황 논증의 하나인 것처럼 보이지만 결정적으로 다른 점이 있다. 중증 지적 장애인이 비장애인이 행사하는 정치 행위자가 될 수 없다는 점이 두 논증의 유사한 점이다. 그들은 장애인이 직접적으로 정치 참여를 할 수 없기에 장애인이 자신의 주관적 선을 잘 아는 수탁인을 통해 정치 참여를 한다는 신뢰 모형을 제시한다. 그러나 지금까지 주장한 것처럼 동물의 경우는 수탁인인 인간이 동물의 주관적 선을 잘못 알고 있거나 그것을 실현시켜 주지 못한다는 것이 그들의 논증과 가장자리 상황 논증이 다른 점이다. 애완동물에게 시민권을 부여하려는 도널드슨과 킴리커의 논증이 실패하거나 최소한으로 말해서 보충이 필요한 이유는 바로 여기에 있다.

4장에서 주장한 대로 '반려'라는 말은 정말로 가족이나 동무를 가리키는 것이 아니라 기껏해야 비유로서 기능한다. 반려동물이라고 부르면서 가족이나 동무에 걸맞은 대우는 하지 않기 때문이다. 도널드슨과 킴리커의 주장은 반려동물에게 가족이나 동무에게 부여하는 권리를 똑같이 부여하려 한다는 점에서 의의가 있다. 그러나 안타깝게도 그 시도는 실패했다.

III부
개의 시각에서 애완동물 바라보기

8장

존재의 위태로움: 선택적 교배는 윤리적인가?

1. 머리말

인간은 자신들이 원하는 특성을 만들고 유지하기 위해서 애완동물을 '선택적으로' 교배한다. 선택적 교배 덕분에 개는 육상의 어떤 포유류보다도 형태학적으로 가장 다양한 종이 되었다.[1] 어떤 포유류도 덩치나 생김새가 그렇게 다양하지 않다. 아프리카코끼리와 아시아코끼리는 덩치가 다르지만 서로 다른 속(屬)이고, 원숭이(정확하게는 영장목)는 덩치나 생김새가 매우 다양하지만 그것들은 서로 다른 과(科)에 속한다. 그러나 개는 같은 종(種)인데도 컵에 들어갈 정도로 작은 토이 그룹 개부터 키가 1미터에 이르는 그레이트데인까지 덩치도 다양하며, 길들여지기 전의 늑대와 같은 생김새부터 주름 잡힌 피부, 얼굴을 덮을 정도로 긴 털, 몸뚱이보다 과도하게 짧은 다리까지 생김새도 다양하다. 이유는 인간의 인위적 개입 때문이다. 자연 상태에서는 주변 환경에 적응하며 스스로 진화하기에 같은 종끼리는 크기와 모양에서 균일성을 띨 수밖에 없지만, 인간의 생식 통제가 개입된 애완견은 다양한 형태로 나타나게 된 것이다. 같은 종의 개라고 하더라도 마을 주변을 돌아다니는 주인 없는 개는 대체로 크기와 형태가 비슷한 것을 보면 인간의 '선택'이 더 도드라져 보인다. 코핑거 부부가 말하듯이 '동네 개(village dog)'는 길고양이나 비둘기와 마찬가지로 "인간의 통제 없이 인간과 가까이 살고 자신의 먹이를 찾고 짝짓기를 완벽하게 잘하는 자연 종"인 것이다.[2]

종 다양성이 생태계에 긍정적인 영향을 끼친다는 점을 생각해 보면, 선택적 교배의 결과로 생긴 종 내의 형태학적 다양성도 꼭 부정적인 면으로 인식할 필요는 없을 것이다. 그러나 현대 사회에서 인간이 선택적 교배로 추구하는 중요한 목표 중 하나는 족보가 있는 **순종 혈통**(pedigree)의 개를 교배하는 것이다.[3] 그럼으로써 특정한 신체적 형태와 행동적 특성을 동일하게 지닌 **품종**(breed)을 만들어 내고 유지하려고 한다. 과거에는 사냥이나 양 떼를 모는 사역을 위해 선택적 교배를 하기도 했지만, 현대에는 그런 목적은 거의 사라졌고 순전히 특정 외형을 추구하는 미적 목적을 위해서 선택적 교배를 한다. 그래서 서구 사회에서는 견종 경진 대회(애견 쇼)에서 순종 혈통을 자랑하는 것이 애견 산업에서 중요한 유행 중 하나이다.[4] 간단하게 말해 동물을 위해서가 아니라 인간이 보고 즐기기 위해 선택적 교배를 하는 것이다. 품종의 표준을 유지하고 혈통을 기록하며 애견 쇼를 개최하려는 목적으로 조직된 단체가 애견가 협회(kennel club)이다. 영국 애견가 협회에는 215종의 순종 혈통 개(pedigree dog)가 등록되어 있는데, 그중 72%가 가장

인기 있는 20가지 품종이다.[5] 한편 영국의 수의사들인 고프와 토머스와 오닐은 순종 혈통 개와 고양이의 품종별로 걸리기 쉬운 질병을 보여 주는 책을 발간하는데, 2018년의 3판에는 개 204종, 고양이 45종이 실려 있다.[6]

우리나라는 애견 쇼는 유행하지 않아도 선택적 교배는 일반화되었는데, 특히 작고 귀여운 개를 만들기 위한 교배가 심하다. 대체로 마당이 딸린 집에서 개를 키우는 서양과 달리 아파트에서 애완동물을 기르다 보니 작고 귀여운 종을 찾는 경향이 강하기 때문이다.[7] 3장에서 말했듯이 애완동물 자체가 유년기의 신체적·행동적 특성을 평생토록 유지하도록 선택되었기에 귀여움은 애완동물에서 소유주가 가장 선호하는 특성이다. 그러나 자연에 적응되어 선택된 것이 아니라 인간에게 선택된 이러한 인위적인 특성은 부작용을 낳게 된다. 순종이나 귀여움과 같은 특정한 특성은 동종 번식을 통해서만 얻어진다. 잡종이 순종보다 자연적으로 더 우수한 표현형을 나타낸다는 '잡종 강세(heterosis 또는 hybrid vigor)'는 동물이나 식물에서 널리 퍼져 있는 현상이다.[8] 잡종은 다양한 유전자를 보유하기에 나쁜 열성 인자가 발현될 가능성이 줄어들지만, 원하는 특정 형질을 선택적으로 발현하게 할 수 없고 설령 발현되더라도 후손에게 물려줄 수 없다. 그래서 부모 중 한쪽의 자질을 후손들에게 더 많이 빨리 퍼뜨리는 목적으로 동종 번식을 시행한다. 잡종 번식의 장단점이 여기서는 정반대로 나타나는데, 동종 번식은 좋은 형질과 나쁜 형질을 구분하지 못해서 동종 번식을 반복하다 보면 원하는 형질이 고착되는 동시에 숨겨진 결함마저 고착된다. '품종 개량'이라는 명목으로 동종 번식을 시행하지만 개량(改良)이 아닌 것이다. 코핑거 부부는 단일 유전자 돌연변이가 야생 늑대나 코요테에서 나타난다면 그 결과로 생긴 동물은 적응형이 아니기 때문에 멸종될 것이라고 말한다. 예컨대 늑대가 바셋하운드의 다리 길이로 태어난다면 제대로 뛰지 못해 도태될 것이다.[9] 그러나 애완견에서의 돌연변이는 인간의 지원을 받아 새로운 품종이 탄생되고 유지될 수 있다. 단, '고착된 숨겨진 결함'을 유지한 채로 말이다.

그렇다면 그런 고착된 숨겨진 결함을 가진 애완동물을 태어나게 해서는 안 되는가? 이 책에서 이미 3장 4절에서 애완동물이 이 세상에 끼치는 해악과 의존성을 고려할 때 애완동물을 태어나게 해서는 안 된다는 주장을 검토하였다. 지금 질문은 인간이 일부러 해악을 갖게 한 애완동물을 태어나게 하는 일이 옳은가 묻는 것이다. 우리의 상식으로는 좋은 것을 가지게 할 수 있었는데 일부러 나쁜 것을 가지게 하는 것은 잘못이다. 태어나게 하는 문제에서도 마찬가지이다. 그러나 그렇게 하더라도 특별히 윤리적 잘못이 없다는 반론이 있다. 비록 순종 혈통 개가 선택적 교배 때문에 선천적 질병을 안고 태어나지만, 그렇게 하지 않았다면 이 세상에 태어나지 못했을 것이므로 그 애완동물에게 잘못한 일이 없다는 주장이 그것이다. 나는 6장에서 고양이를 예로 들어 애완동물을 가두어서 기르기에 해악을 주지만 다른 한편으로 인간으로부터 보호를 받으므로 이득을 얻는데 그 해악과 이득을 비교할 수 있느냐는 문제를 다루었다. 그러나 지금 검토하는 주장에 따르면 그런 해악이 없었다면 애완동물은 아예 태어날 수도 없었으므로 해악과 이득이 아니라 해악과 존재 자체를 비교해야 하고, 그러면 당연히 존재는 해악을 압도한다는 것이다. 우리의 상식은 질병과 같은 해악이 없는 동물을 태어나게 해야 한다고 생각하지만, 해악이 없는 동물은 설령 태어난다고 하더라도 해악을 겪는 바로 그 동물과 동일하지 않다. 그래서 이 문제를 **비동일성 문제**(non-identity problem)라고 부른다.

비동일성 문제는 애초에 애완동물과 관련해서 제기된 문제는 아니고, 인간의 미래 세대와 관련해서 제기된 문제이다. 우리는 천연자원을 마음대로 쓰고 공기와 물을 오염하는 환경 파괴를 윤리적으로 비난한다. 우리는 그런 행동으로 이득을 볼지 모르지만 그것은 미래 세대에게 분명히 해악이 되기 때문이다. 그러나 그 미래 세대는 우리가 환경 파괴를 하지 않는다면 태어날 미래 세대와 동일하지 않다. 우리가 환경 파괴의 문제를 자각하고 환경을 보호하게 되면 환경 파괴의 해악을 입는 미래 세대는 존재하지 않게 된다. 캐프커가 말한 것처럼 우리의 존재는 위태롭기 때문에 생긴 문제이다.[10] 만약 그렇다면 우리는 미래 세대에게 해악을 끼친 것이 아니며, 환경 파괴는 윤리적으로 비난받을 이유가 없게 된다. 나는 이 장에서 선택적 교배 때문에 애완동물에게 끼치는 해악과 관련해서 비동일성 문제를 검토하려고 한다. 과연 선택적 교배를 못하게 한다면 애완동물은 태어나지 못했을 것이므로 그런 해악을 가지고 태어나더라도 태어난 것 자체가 더 이득인가? 선택적 교배로 선천적 질병을 만들더라도 누구에게도 나쁘지 않은 것인가? 이 문제를 다루기 위해 먼저 2절에서는 선택적 교배가 유발하는 해악이 무엇인지 구체적으로 알아본다. 그러고 나서 3절에서 미래 세대와 관련해서 제기된 비동일성 문제뿐만 아니라, 여러 비동일성 문제 사례들을 살펴본다. 그 과정에서 미래 세대와 관련된 비동일성 문제와 애완동물과 관련된 비동일성 문제의 차이점이 드러날 것이다. 미세하게 다른 차이점들은 우리가 애완동물을 다루는 방식에 어떤 특징이 있는지 드러내 줄 것이며, 나아가 선택적 교배의 해악을 해결하는 데 중요한 실마리가 될 것이다. 나는 비동일성 문제의 해결책을 위해 4절에서 비동일성 문제에 숨어 있는 세 가지 전제를 밝혀낸다. 그리고 나서 5절과 6절에서 그것들을 하나씩 비판해 보겠다. 그렇다면 비동일성 문제는 문제가 아니므로 선택적 교배 또는 인위적 번식은 비윤리적이라고 결론 내린다.

2. 고착된 숨겨진 결함

동종 번식의 문제점은 견종 경진 대회가 여전히 진행되고 있는 영국을 비롯한 유럽을 중심으로 널리 알려져 있다. 우리말에는 씨를 받기 위하여 기르는 동물을 가리키는 낱말로 '종마'만 있고, 종마에는 씨수말과 씨암말이 있다. 이에 반해 영어 단어에는 씨를 받기 위해 기르는 개를 가리키는 낱말로 각각 수캐와 암캐에 해당하는 sire와 dam까지 있을 정도로 개의 순종 혈통 교배가 흔하다. 인간이 가축을 사육하기 시작하면서부터 농장 동물에서든 애완동물에서든 품종이라는 개념이 있었겠지만, 개의 경우에 신체적 형태를 기준으로 품종을 표준화하기 시작한 것은 영국의 빅토리아 시대부터였다. 품종의 표준을 유지하고 혈통을 기록하는 일을 하는 애견가 협회에 등록된 품종의 목록을 '혈통 대장(studbook)'이라고 부르는데, 협회는 혈통 대장의 순수성을 유지하기 위해 "씨 수캐와 씨 암캐가 모두 등록된 경우에만 개가 품종 내에서 등록될 수 있다."라는 규칙을 명시한다. 적어도 애견가 협회에 등록된 개만 놓고 보면 개의 품종이 자연적인 진화가 아니라 엄격하게 통제된 인간의 선호에 의해 형성되는 것이다. 그 결과 각 품종은 높은 수준의 표현형 동질성을 가진 폐쇄된 번식 개체군이 되며 그것을 넘어서는 더 이상의 유전적 혼합물을 받지 못하게 된다. 자연스러운 유전자 흐름이 제한되어 유전적 '병목' 현상이 일어나고 각 품종의 개들의 생식 격리를 초래하는 '품종 장벽(breed barrier)'이 생긴다.[11] 개체군의 유전적 병목 현상은 애견가들이 원하는 형태의 혈통 개를 만들어 낸다는 이점이 있지만, 다른 한편으로 유전적 다양성 손실을 낳고 이는 결국 혈통 개의 건강 및 행동 문제로 이어진다. 애견가들이 원하는 바람직한 특성들은 엄격하게 유지되지만, 바람직하지 않은 질병을 유발하는 유전자들이 품종 내에서 부주의하게 고착될 수 있기 때문이다. 패럴 등의 설명에 따르면 원하는 품종을 만들기 위해 인기 있는 씨 수캐를 반복적으로 사용하고 계통 번식을 하고 특정 표현형 특성을 위해 품종 장벽 규칙을 촉진하는데, 이로 인해 유전적 변이의 전반적인 손실이 생기게 된다.[12] 인기 있는 씨 수캐가 많은 새끼를 낳게 하려고 그 개를 널리 사용하면 해당 품종에서 해당 개의 유전체가 과도하게 표현될 것이다. 결과적으로 개체군 내의 유전적 다양성이 감소하여 유효 개체군 크기가 더 작아진다. 만약 씨 수캐가 질병 유전자를 지니고 있다면 그것은 전체 품종에 걸쳐 빠르게 퍼져 나갈 수 있다.

영국에서 혈통 개의 선택적 교배로 생기는 문제는 2008년에 BBC에서 "혈통 개를 폭로하다(Pedigree Dogs Exposed)"라는 다큐멘터리로 만들어진다. 그리고 영국의 왕립 동물 학대 방지 협회는 2009년에 "영국에서의 혈통 개 교배: 주요한 복지 문제인가?"라는 보고서를 작성한다.[13]

이 보고서의 작성자 중 한 명인 루니는 보고서를 요약한 논문을 "숨이 가빠 뛰지 못하거나, 당뇨병을 물려받을 가능성이 일반 개보다 10배나 높은 개들을 일부러 교배하는 것은 용납될 수 있는 일인가?"라는 말로 시작한다. 그러고 나서 혈통 개 번식은 서로 구분되지만 연관된 두 가지 복지 문제를 낳는다고 말한다.[14] 첫째는 형태학적 극단으로서 삶의 질을 떨어뜨리는 직접적인 결과를 초래하는 해부학적 이상이다. 둘째는 유전적 다양성의 부족으로서 특정 유전성 질환의 유병률이 증가한다는 것이다. 첫 번째 문제는 선택적 교배의 직접적 영향이고 두 번째는 간접적 영향이라는 점에서 구분된다. 건강이나 행동 개선이 아니라 미적인 형태를 목적으로 동종 번식을 하다 보니 폐쇄된 번식 개체군에서 유전성 질환이 생기게 되는 것이다.

선택적 교배로 생기는 건강 및 행동 문제는 농장 동물에서도 나타난다. 가령 가슴살이 커진 칠면조는 짝짓기를 자연스럽게 할 수 없게 되고, 털갈이하는 야생 양과 달리 털이 계속 자라나게 개량된 메리노종은 사람이 정기적으로 털을 깎아주지 않으면 무게를 이기지 못할 정도로 털이 자라게 된다. 실제로 2021년에 오스트레일리아에서 농장에서 탈출한 것으로 추측되는 메리노종 양 한 마리가 털이 뒤덮여 시야를 가리고 35kg이나 되는 털 무게 때문에 움직이지도 못한 채 발견된 적이 있다.[15] 지금 관심은 선택적 교배가 애완동물에 끼치는 영향이므로 잉글리시불도그를 대표적인 예로 들어 살펴보겠다.[16]

잉글리시불도그는 본디 18세기 영국에서 인기 있었던 황소와 개 사이의 싸움(bull fighting)에서 쓰던 개였다. 불도그라는 이름도 거기서 비롯되었다. 오늘날 잉글리시불도그의 형태나 행동 특성은 황소와 싸우던 조상들과 거의 공통점이 없다. 얼굴은 크고 납작하며, 팔다리는 굽었고, 가슴은 넓으며, 몸은 낮게 처져 있고, 꼬리는 나사 모양으로 꼬여 있기 때문이다.[17] 여기에는 다음과 같은 부작용들이 따른다.

- 영국 애견가 클럽은 잉글리시불도그의 품종 표준 중 하나로 "눈 사이에서 코끝까지의 거리는 코끝에서 아랫입술 가장자리까지 측정한 거리보다 작아서는 안 된다."라고 명시하고 있다.[18] 이는 두개골이 앞뒤로 짧아져 주둥이의 길이가 아주 짧다는 뜻인데, 잉글리시불도그를 포함한 불도그 종류뿐만 아니라 퍼그, 시추 등 이런 특징을 갖는 개를 '단두종(短頭種)'이라고 부른다. 단두종은 얼굴 골격이 단축됨에 따라 코를 통한 공기의 흐름이 제한되어 선천적으로 호흡 곤란을 겪게 된다. 이런 증상을 '단두 기도 폐쇄 증후군(brachycephalic obstructive airway syndrome)'이라고 부른다.[19] 항공사들은 캐리어에 싣는 조건으로 애완동물 운송을 허용하지만 단두종의 경우에는 금지한다. 비행 중 호흡 곤란으로 죽을 수 있기 때문이다. 당연한 말이지만 호흡이 곤란하므로 달리기를 잘하지 못한다. 탐험과 운동 능력이 저하되고 사회적 상호작용의 기회가 제한되므로 삶의 질이 저하될 수밖에 없다.[20]
- 잉글리시불도그의 태아는 머리가 너무 커서 암컷의 골반을 통과할 수 없다. 그래서 새끼를 낳기 위해서 94%까지 제왕절개 수술이 필요하다.[21] 이 품종은 인간이 개입하지 않고서는 탄생 자체부터 불가능한 것이다.
- 고관절 이형성증, 낭종, 피부염 및 결막염이 발생할 가능성이 매

우 높다.[22]

- 평균 수명이 4.6~6.7년으로 개의 평균 수명인 10~15년보다 상당히 짧다.[23]
- 개는 주인이나 다른 개들에게 같이 놀자는 신호로 상체를 숙이고 하체를 올리는 플레이 바우(play bow) 동작을 한다. 미묘한 높이 조절을 통한 신호 보내기를 하는 것이다. 그러나 잉글리시불도그나 프렌치불도그처럼 다리가 짧고 뻣뻣하며 몸통이 긴 개들은 이 동작을 잘하지 못한다. 놀이 행동은 보람 있고 정상적인 사회성 발달에 중요한데, 이러한 신호를 수행하지 못하면 복지 수준이 낮을 수밖에 없다.[24]

애견가 협회나 애견 쇼가 도입되지 않은 우리나라에는 혈통 개의 문제가 없을까? 그러나 세계화 시대에 서구의 개 쇼는 그 나라뿐만 아니라 전 세계의 품종과 개체 수에 큰 영향을 끼친다. 마치 패션쇼나 자동차 쇼에서 대중적이지 않은 상품들이 선보이더라도 그것이 유행을 결정하는 것처럼, 애견 쇼에서 소수의 교배업자(breeder)에 의해 이루어진 결정은 애완견을 소유하는 대중들에게 상당한 영향을 미친다. 이런 연유로 우리나라의 애완견 시장도 불도그를 비롯해 서구에서 만들어진 품종이 대부분을 차지하고, 따라서 앞에서 말한 동종 번식의 문제가 고스란히 나타난다.

우리나라의 애완견은 선택적 교배에 따라 생기는 질병에 더해 앞 절에서 말한 대로 아파트에서 기를 수 있는 작고 귀여운 종을 찾는 경향에서도 생긴다. 우리나라에서도 전통적으로 개는 마당에서 길렀다. 현재도 시골에서 볼 수 있는 그런 개들은 우스갯소리로 '시고르자브종'이라는 고급스러운 이름으로 부르기도 하지만, 본디는 '똥개'라고 부르던 잡종견이다. 잡종견은 새끼 때는 아주 귀엽지만 자라면서는 속된 말로 '역변'하여 그 귀여움이 사라지는 경우가 많다. 유형 성숙을 위한 인위적인 교배를 덜 거쳤기 때문일 것이다. 더군다나 덩치가 대체로 크기 때문에 현대의 아파트 생활에는 적합하지 않다. 이런 사정 때문에 우리나라의 이른바 퍼피밀(강아지 공장 또는 번식 농장)에서 양산(量産)되는 개들은 아파트 생활에 적합하도록 덩치도 작고, 자라더라도 귀여움이 유지되는 소형견 위주이다. 이 개들은 보호자로부터 귀여움을 받는 대신에 주인이 외출한 후 집에서 혼자 갇혀 지내면서 생기는 외로움과 지루함이 문제가 된다. 늑대와 같은 갯과의 동물인 개는 선천적으로 달리기를 좋아한다. 동물학자이면서 마라토너인 베른트 하인리히는 『우리는 왜 달리는가』에서 개들은 사냥 그 자체에서 즐거움을 찾기 때문에 배가 고프지 않을 때도 달린다고 말한다.[25] 우리는 그것을 야외에서 산책할 때 주인이 뛰면 같이 뛰고 막대기를 던지면 기쁘게 뛰어가 물어오는 개에게서 확인할 수 있다. 그런데도 애완견은 좁은 집 안에서 마음대로 뛰어다니지 못하고 산책하러 나갈 때도 목줄에 묶여 있어야 하는 답답함을 느껴야 한다. 그리고 갯과 동물은 집단생활을 하기에 같은 종의 개체와 상호작용을 해야 하는데, 집에서는 그런 상호 작용의 기회가 없으며, 산책이나 개 카페에서 만나는 같은 종 개체들과의 상호 작용도 주인에 의해 통제된 형태로 이루어진다.

주인에게 보살핌을 받는 애완견은 분명히 동네에서 돌아다니는 주인 없는 개보다 복지에서 훨씬 나은 조건인 것처럼 보인다. 먹이를 굶을 일도 없으며 주인으로부터 건강 상태도 점검받는다. 그러나 순종 품종인 경우 앞서 말한 질병을 가지고 태어났을 가능성이 높으며, 동료들과 함께 지내지 못하고 주인이 없을 때는 온종일 혼자서 지내야 하는 지루함, 어릴 때 어미나 동기들과 헤어져야 하는 슬픔, 강아지 공장에서 태어났다면 거기서 받는 고통이나 죽음 따위도 겪어야 한다.[26]

마이어 등은 애완견이 보이는 '분리 불안'은 동물원에 감금된 동물이 보이는 행동과 비슷하다고 말한다. 개 주인의 보고에 따르면 분리 불안과 관련된 유병률은 전체 애완견의 5%에서 30% 사이인데, 그들은 이러한 추정치는 너무 낮을 가능성이 높다고 주장한다.[27] 분리 관련 행동은 주인이 떠난 후에만 존재하고 '증거'를 남기지 않기에 주인들은 문제를 인식하지 못할 수 있기 때문이다. 애완견은 글자 그대로 주인의 사랑을 받지만 이 애정이 분리 불안의 원인이라는 연구도 있다. 주인의 과애착은 다음 절에서 말할 의존성을 과하게 만들 뿐 아니라, 그것이 없어졌을 때, 곧 주인이 집을 나갔을 때 항상성이 교란되어 그것을 극복하려는 시도로 분리 불안과 관련된 행동을 한다는 것이다. 주인이 없을 때 주인의 물건에 대한 애착을 보인다거나 주인이 돌아왔을 때 진정시킬 수 없을 정도로 과하게 흥분하는 것이 그런 증거라고 한다.[28]

어떤 생명체든 질병에 걸릴 수 있다. 그러나 그런 질병에 걸릴 것을 예상하면서도 인위적인 번식을 시키는 것은 다른 존재에게 해악을 끼치지 말라는 기본적인 윤리 원칙, 곧 '해악 금지의 원칙'[29]을 저버린 것이다. 얼마든지 피할 수 있는 해악인데도 그것을 일으키는 것은 윤리적으로 비난을 받아 마땅하다. 설령 그런 해악이 있더라도 거기서 생기는 이득이 그것을 훨씬 능가한다면 해악은 공리주의적으로 용인될 수 있겠지만, 위에서 보았듯이 그 이득이라는 것은 순종 혈통이나 대회 우승과 같은 허세이거나, 귀여움처럼 동물이 겪는 질환에 견주면 아주 사소한 것이다.[30] 애완동물을 구입하거나 분양받는 소유주들은 아마 동물이 어떤 방식으로 태어나는지 모를 가능성이 크다. 단지 귀여워서 구입하거나 분양받았지 선택적 교배로 선천적 질병을 가지고 있는지 모르는 것이다. 그러나 모른다고 해서 잘못이 용서되는 것은 아니다.

3. 비동일성 문제

선택적 교배는 이 세상에 질병에 걸린 동물을 인위적으로 존재하게 하므로 윤리적으로 문제가 있어 보인다. 그런데 거기에 윤리적 문제가 없다는 주장이 있으니 비동일성 문제가 그것이다. 선택적 교배를 하지 않았다고 했을 때 질병 없이 태어날 동물은 바로 그 동물과 동일하지 않고, 선택적 교배로 태어난 동물은 비록 선천적 질병이 있더라도 어쨌든 이 세상에 존재하게 되었다는 이득이 있기 때문이다. 결국 선택적 교배로 인해 어떤 동물도 해악을 입지 않았다!

비동일성 문제는 애초에 애완동물이 아니라 사람과 관련해서 제기된 문제이다. 어떤 행동이나 정책이 직관적으로는 그것으로 인해 태어난 사람에게 해악을 끼치므로 비윤리적인 것처럼 보이지만, 그 행동이나 정책을 하지 않았다면 그 행동이나 정책으로 태어날 사람과 동일하지 않은 사람이 태어났을 것이고 그 행동이나 정책으로 태어날 사람은 어쨌든 살 만한 가치가 있기 때문에 아무도 해악을 입지 않은 것처럼 보인다는 것이 이 문제의 요지이다. 비동일성 문제를 생생하게 보여 주는 사례는 그 행동이나 정책에 따라 여러 가지가 있다. 그 사례들은 약간씩 다른 특징을 드러내는데, 그 차이점은 우리가 최종적으로 검토하려고 하는 선택적 교배 사례에 귀띔해 주는 바가 크므로 하나씩 살펴보도록 하겠다. 파핏이 제시한 두 엄마 사고 실험은 두 엄마의 비교를 통해 비동일성 문제를 잘 보여 주므로 가장 먼저 살펴보자.[31]

나쁜 엄마. 임신 한 달째인 여자가 있는데, 의사로부터 간단한 치료를 받지 않으면 태아에게 특정 장애가 생길 것이라는 말을 들었다. 장애가 있는 삶이 아마도 살 가치가 있겠지만 정상적인 삶보다는 덜 할 것이라고 가정한다. 그러나 여자는 치료를 받지 않았다.

성급한 엄마. 임신하기 위해 피임약 복용을 중단하려는 여자가 있는데, 의사로부터 일시적인 장애가 있어서 어떤 아이를 임신해도 '나쁜 엄마'와 똑같은 장애를 가질 수 있다는 말을 들었다. 그러나 3개월이 지난 다음 임신하면 정상인 아이를 임신할 수 있다는 말을 들었다. 그러나 여자는 기다리지 않고 바로 임신하여 아이를 낳았다.[32]

나쁜 엄마와 성급한 엄마에게는 모두 좋은 소식과 나쁜 소식이 있었다. 나쁜 소식은 태아에게 장애가 있다거나 있을 것이라고 것이고, 좋은 소식은 치료를 받거나 나중에 임신하면 장애가 없는 아이가 태어날 수 있다는 것이다. 그러나 두 엄마 모두 나쁜 소식이 전해 주는 대로 아이를 낳았다. 나쁜 엄마는 치료를 받을 수 있었는데도 받지 않아 아이에게 장애라는 해악을 고의로 끼쳤기 때문에 분명히 잘못이다. 성급한 엄마도 3개월을 기다리지 않고 바로 임신하여 장애가 있는 아이를 낳은 것은 잘못인 것처럼 보인다. 나쁜 엄마와 마찬가지로 고의로 아이에게 장애를 주어 해악을 끼친 것처럼 보이기 때문이다.

그러나 비동일성 문제에 따르면 나쁜 엄마와 달리 성급한 엄마는 잘못한 것이 없다. 성급한 엄마의 아이가 자라서 엄마에게 "엄마가 그때 기다려서 내가 3개월 늦게 태어났다면 나는 정상이었을 거야."라고 항의한다고 해 보자.[33] 그러면 성급한 엄마는 이렇게 대답하여 비난을 피해 갈 것이다. "아니야. 만약 내가 3개월을 기다려 임신했다면, 너는 태어나지도 못했어. 그때 태어난 아이는 너와 다른 아이야." 엄마의 말처럼 3개월 후에 임신하면 다른 정자와 다른 난자로부터 다른 아이가 생겼을 테니 그 아이는 항의하는 아이와 **동일하지 않다**. 그리고 '성급한' 결정으로 태어난 아이는 비록 장애가 있기는 하지만 살 만한 가치가 있는 삶을 살고 있다. 매정하게 들리겠지만 장애를 가지지 않고서라면 그 아이는 태어나지도 못했을 것이다. 성급한 엄마의 '성급한' 결정으로 해악을 입은 사람은 아무도 없다. 그러므로 성급한 엄마는 상식과 달리 잘못한 것이 없다.

파핏은 다른 곳에서 위 성급한 엄마와 비슷하면서도 약간 다른 사고 실험을 내어 보인다.[34]

14세 엄마. 14살 먹은 소녀가 아이를 갖기로 결심한다. 소녀는 너무 어리기 때문에 아이의 인생에 좋지 않은 출발을 안겨 줄 것이다. 그러나 소녀는 아이를 낳기로 결심했다.

우리는 소녀가 몇 년 만 기다렸다면 태어날 아이에게 더 나은 삶을 살게 해 줄 수 있다고 설득할 것이다. 그러나 소녀가 기다렸다면 다른 아이가 태어날 것이고 이 '특별한' 아이는 존재하지 않을 것이라는 점에서 이 사례는 비동일성 문제를 보여 준다. 그리고 비록 시작은 좋지 않았지만 아이의 삶은 살 가치가 있다. 성급한 엄마와 마찬가지로 14세 엄마도 성급하다는 점에서 마찬가지이다. 다만 차이점이 있다. 성급한 엄마는 사고 실험이 아닌 현실에서는 보기 어렵다. 처음부터 장애 있는 아이를 임신하기를 원하는 거의 유일한 예는 샌델이 소개한 청각 장애인 레즈비언 커플인데, 청각 장애를 치료해야 할 장애가 아니라 하나의 문화적 정체성이라고 생각한 커플은 "청각 장애인 공동체의 훌륭한 소속감과 유대감을 아이에게도 느끼게 해 주고 싶다"는 마음으로 5대째 청각 장애가 있는 가족 출신의 정자 기증자를 찾아 청각 장애가 있는 아이를 갖게 되었다.[35] 이에 견줘 14세 엄마는 후진국에서 아직도 일어나는 일이라는 점에서 좀 더 현실에 가깝다는 점이다. 그리고 조혼이 일상이었던 전근대 사회에서는 14세 엄마는 꼭 비동일성 문제로 변호를 하지 않더라도 비윤리적이라고 비난받을 일이 아니었다. 곧 성급한 엄마는 시대와 장소와 상관없이 비윤리적으로 보이지만, 14세 엄마가 비윤리적으로 보이는 것은 우연의 문제이다. 현대 한국 사회와 같은 만혼을 과거 사회에서 상상할 수 없었듯이 또다시 조혼이 일상인 사회가 올 가능성도 배제할 수 없는데, 그때는 윤리적 판단이 바뀌게 된다.

캐프커의 노예 아이는 성급한 엄마나 14세 엄마와 미세하게 다른 비동일성 사례이다.[36]

매정한 부모. 노예제도가 합법인 사회에서 아이를 갖지 않으려는 한 부부가 노예주로부터 5만 달러에 자신의 노예가 될 아이를 낳아달라는 제안을 받는다. 그들은 그 돈으로 요트를 사길 원한다. 그래서 계약서에 서명하고 돈을 받고 아이를 낳는다.

노예로 팔기 위해 아이를 낳는 이런 부부가 있다면 '매정한 부모'라고 비난을 받을 것이다. 그러나 비동일성 문제에 따르면 그런 비난은 가능하지 않다. 일단은 노예로서의 삶이 존재하지 않는 것보다 낫다고 가정할 수 있으므로, 이 계약을 통해 부부, 노예주, 태어난 아이 모두 이익을 얻게 되기 때문이다. 물론 아이 입장에서는 노예가 아니었다면 더 나은 삶을 살았을 수 있을 것이다. 그러나 부모가 노예주와 계약을 하지 않는다면 그들이 할 수 있는 선택은 아이를 아예 낳지 않거나, 혹은 나중에 아이를 낳겠다고 마음이 바뀌더라도 다른 아이를 낳을 것이기 때문이다. 노예로 낳은 그 아이에게 주는 해악은 없다. 그래서 캐프커는 이렇게 말한다. "몇 년 후에 노예 아이가 요트를 타고 있는 부모를 찾아가 부모가 잘못 행동했다고 말하면, 그들은 그에게 더 이상 좋은 것을 줄 수 없었다는 이유로 아이의 말을 부인할 수 있고 이는 올바르다."[37] 다음 절에서 다시 말하겠지만, 매정한 부모가 성급한 엄마나 14세 엄마와 미세하지만 중요하게 다른 점이 있다. 성급한 엄마나 14세 엄마는 그냥 아이를 원한 것이지 장애가 있거나 제대로 돌봄을 받지 못하는 아이를 원한 것은 아니지만, 이에 견줘 아이를 노예로 판 부모는 애초에 노예가 될 아이를 원했다는 것이 그것이다. 물론 그냥 아이를 원한 것뿐이었다는 성급한 엄마나 14세 엄마에게 그것은 변명이고 장애가 있거나 제대로 돌봄을 못 받을 것을 뻔히 알지 않느냐고 비난하겠지만, 어쨌든 그렇게 변명이라도 할 수 있다.

이제 비동일성 문제가 한 개인이 아니라 공동체 전체에 적용되는 경우를 보자.[38]

고갈 또는 보존. 공동체가 특정 종류의 자원을 고갈시킬 것인지 보존할 것인지 선택해야 한다. 고갈을 선택하면 향후 2세기 동안의 삶의 질은 보존을 선택했을 때의 삶의 질보다 약간 더 높아질 것이다. 그러나 그 후 수 세기 동안은 보존을 선택했을 때보다 훨씬 낮아질 것이다. 이 시기가 시작될 때 사람들은 우리가 고갈시킨 자원의 대안을 찾아야 할 것이기 때문이다.

환경 윤리와 관련된 고갈 또는 보존 사례는 비동일성 문제 중 가장 널리 알려져 있다. 다른 사례들은 사고 실험으로만 존재하고 일상에서는 흔하지 않을 뿐만 아니라 직관적으로 비윤리적이라고 선뜻 받아들여지지만, 고갈 또는 보존 사례는 현재 실제로 일어나고 있는 일이기에 윤리적 함축이 크기 때문이다.[39] 우리는 환경 보존 또는 기후 변화와 관련해서 미래 세대를 향한 책임을 강조한다. 환경을 훼손하고 에너지를 낭비하는 것은 후손들이 사용할 에너지를 고갈시키는 행동이기에 비윤리적이라고 비난받는다. 그러나 비동일성 문제에 따르면 고갈 행동은 아무에게도 해악을 끼치지 않는다. 현세대에 사는 우리가 고갈 정책을 선택했다면 수 세기 후의 세대는 우리가 보존 정책을 선택했을 때보다 훨씬 낮은 수준의 삶을 살 것이다. 그렇기는 하지만 미래 세대의 삶은 분명히 살 만한 가치가 있다. 미래 세대는 자신들의 삶은 선조들이 보존 정책을 선택했으면 살았을 삶의 가치보다 훨씬 못하다고 항의하겠지만, 보존 정책으로 태어나는 미래 세대는 고갈 정책으로 태어나는 미래 세대와 동일성이 다르다. 우리가 고갈 정책 대신에 보존 정책을 선택했다면 현세대는 어떻게든 다르게 임신했을 것이기에(서로 다른 사람과 만났을 것이고 같은 사람이라도 수정 시기도 달랐을 것이다) 다른 후손이 태어났을 것이기 때문이다. 그러므로 우리의 고갈 정책은 그 결과로 생길 미래 세대의 삶의 수준을 "악화하지 않았을 뿐만 아니라 [존재하게 했으므로] 이득을 줬다".[40] 비동일성 문제에 따르면 우리가 환경을 훼손하고 자원을 고갈시켜도 아무에게도 해악을 끼치지 않게 된다.

사실 우리는 일상생활에서 비동일성 문제와 관련된 생각을 흔하게 한다. 개인적으로는 "우리 부모님이 부자였다면 얼마나 좋을까?"라고 한숨을 쉬고, 공동체적으로는 "우리 조상이 더 비옥한 땅에 자리 잡았으면 우리 민족은 더 잘 살았을 텐데."라고 아쉬움을 드러낸다. 그러니 그것은 헛된 생각일 뿐만 아니라 비동일성 문제에 따르면 존재론적으로 무의미하다. 우리 부모님이 부자였다면 그리고 우리 조상이 더 비옥한 땅에 자리 잡았다면 지금의 '나'나 '우리'가 아니라 다른 정체성의 사람이 태어났을 것이기 때문이다. 이상이 가장 흔한 비동일성의 사례이지만, 이런 예들은 비동일성의 문제로 거론되지 않는다. 우리 부모 또는 우리 조상이 우리를 낳은 일은 직관적으로 잘못이라고 비난받는 일은 아니므로 자식이나 후손의 탄식이 타당하거나 의미 있다고 생각하는 사람은 없기 때문이다.

파핏은 "우리 중 '철도와 자동차가 발명되지 않았더라도 나는 여전히 태어났을 것이다'라고 진정으로 주장할 수 있는 사람이 얼마나 될까?"[41]라고 말한다. 아닌 게 아니라 내가 태어나게 된 시간의 역사에서 약간의 변화만 있어도 내가 여전히 태어났을 것이라고 생각할 수 없다. 과거로의 시간 여행도 만약 가능하다고 하더라도 나의 정체성에 영향을 끼칠 수 있다. 과거로 갔을 때 내가 태어나게 된 시간의 역사에서 어떻게든 영향을 끼치게 되고, 그러면 내가 여전히 태어난다고 장담할 수 없기 때문이다. 시간 여행이 가능하더라도 하지 말라!

이제 비동일성 문제를 동물에게도 적용해 보자. 앞 절에서 소개한 숨겨진 결함을 가진 혈통 개가 그런 예이다.

결함 있는 개. 교배 사업자는 선택적 교배로 원하는 혈통이나 신체적 외형을 가진 개를 태어나게 한다. 그러나 유전적 병목 현상으로 태어난 개는 각종 유전적 질병에 시달리게 된다.

이 사례는 고갈 또는 보존 사례처럼 현실에서 흔하게 일어난다는 점에서 윤리적 함축이 크다. 인간이든 동물이든 선천적 질병을 어느 정도 안고 태어나지만, 그것을 일부러 만들어 내는 것은 비난받을 만하다고 앞 절 마지막에서 말했다. 그러나 결함을 가진 개라고 하더라도 그 삶은 살 만한 가치가 있다. 그리고 교배 사업자는 선택적 교배를 못 하게 하면 다른 개를 태어나게 하는 게 아니라 아예 교배를 시키지 않을 것이고 혹시 기존의 개끼리 자연스럽게 교미하면 다른 개가 태어났을 것이므로 (이런 점에서 '결함 있는 개'는 '매정한 부모'와 비슷하다) 선택적 교배로 태어난 개는 어떤 해악도 입지 않았다. 따라서 선택적 교배는 비윤리적이라는 비난을 받을 이유가 없다. 결함 가진 개 사례에는 개의 본성을 발휘하지 못하며 아파트에서 갇혀 지내는 우리나라 개도 포함한다. 그 개는 아파트에 사는 소유주에게 분양되지 않았다면 더 나은 삶을 살 수 있었지만(고양이와 관련해서 지금과 같은 삶이 더 높은 수준의 삶이라는 주장에 대해서는 6장에서 부정했다), 어쨌든 살 만한 가치가 있는 삶을 산다. 그리고 우리나라 교배 또는 분양업자는 현재와 같은 애완동물 문화가 아니라면 그 개를 아예 태어나게 하지 않았다. 따라서 현재와 같은 우리나라의 교배 및 분양 문화는 아무에게도 해악을 끼치지 않았다.

4. 비동일성 문제의 세 가지 숨은 전제들

비동일성 문제는 자세히 들여다보면 세 가지 전제가 숨어 있다. 앞에서 살펴본 비동일성 사례들은 대체로 파핏이 제시한 것이다. 파핏의 주장들에는 명시적으로 또는 암묵적으로 가정된 세 가지 전제가 있다.

(1) **시간 의존성 주장**: 어떤 특정 사람이 실제로 수정된 시간에 수정되지 않았다면, 그는 결코 존재하지 않았을 것이다.[42]

우리는 특정 난자와 정자가 수정된 세포에서 자라난다. 그러므로 부모가 달라지면 다른 사람이 되는 것은 말할 것도 없고, 같은 부모라도 수정의 시점이 달라지면 난자와 정자가 달라질 것이므로 다른 사람이 될 것이다. 달라지는 수정의 시점이 한 달 이내라면 난자는 같겠지만 몇 초만 달라져도 정자가 달라지므로 세포가 달라진다.[43] 다른 세포에서 자란 사람의 정체성은 다르다고 보는 것이 그럴듯해 보인다. **존재가 위태롭다**는 캐프커의 말은 그래서 일리가 있다. **우리는 하마터면 안 태어날 뻔했다.** (1)은 논란의 여지가 없어 보인다. ('보인다'고 말했지만 정말 그런지는 다음 절에서 살펴볼 것이다.)

(2) **존재하지 않는 것보다 가치 있는 삶**: 누군가가 살 만한 가치가 있는 삶을 산다면, 그 삶은 존재하지 않는 것보다 낫다.[44]

상식이 비동일성 문제를 받아들이지 못하는 이유는 논란이 되는 행동이나 정책으로 존재하게 된 개체가 갖는 복지와, 그 행동이나 정책이 없었으면 존재하게 되는 개체가 가졌을 복지를 비교하고 후자가 훨씬 크다고 생각하기 때문이다. 그러나 비동일성 문제의 핵심은 그 후자는 존재하지 않거나 전자와는 동일하지 않다는 것이므로, 전자와 후자의 비교가 불가능하다. 따라서 논란이 되는 행동이나 정책으로 존재하게 된 개체만을 대상으로 평생의 복지에서 긍정적인 측면과 부정적인 측면을 비교할 수밖에 없다. 다시 말해서 그 개체가 전체적으로 보아 살아 있을 가치가 있는 삶을 살 것인가 아닌가를 살펴봐야 한다. 누구의 삶이나 긍정적인 면과 부정적인 면이 있다. 그러나 대부분의 삶은 긍정적인 면이 부정적인 면을 압도하고, 어떻게 보면 존재한다는 것 자체가 압도될 수 없는 긍정적인 면이다. 따라서 대부분의 삶은 살 만한 가치가 없을 정도로 극단적으로 나쁘지 않다. 싱어가 보수주의자의사인 쿱(C. Everett Koop)마저도 살 만한 가치가 없다고 인정했다는 예인 "(두뇌 없이 태어나는) 무두뇌아들, 보통 극단적인 조건으로 인하여 두뇌에 심한 출혈을 앓고 있어 인공호흡기 없이는 결코 호흡을 할 수 없으며 다른 사람을 알아볼 수도 없을 아이들, 그리고 소화관의 주요 부분을 결여하고 있어 혈관에 직접적으로 영양을 공급하는 링거주사를 놓음으로써만 살아 있을 수 있는 아이들"[45]처럼 살 만한 가치가 없는 삶을 사는 극단적인 경우에만 한 개체의 삶은 나쁘다고 말할 수 있다. 그러나 앞 절에서 살펴본 사례들에 나오는 삶은 비록 장애가 있거나 노예로 살거나 고갈의 폐해를 입지만 전혀 그런 극단적인 경우가 아니다. 결함 있는 개는 주인으로부터 극진한 돌봄까지 받는다. 따라서 그 삶은 살 만한 가치가 있으며, 존재하지 않는 것보다 낫다.

(3) **개체에게 영향을 끼치는 직관**(person affecting intuition): 나쁜 것은 누군가에게 나쁠 수밖에 없다.[46]

비동일성 문제가 해당 사례들이 직관과 달리 비윤리적이지 않다고 주장할 수 있는 것은, 무엇인가가 나쁘다고 하려면 누군가에게 나빠야 한다고 전제하기 때문이다. 논란이 되는 행동이나 정책을 바꾸면 그 누군가가 아예 존재하지 않거나 다른 누군가로 바뀌는 것이다. 이렇게 보면 개체에게 영향을 끼치는 직관이 논란이 없어 보이지만 꼭 그렇지는 않다. 우리가 잘 아는 공리주의의 한 형태(전체 공리주의)는 가장 좋은 결과는 사람들의 삶을 전체적으로 가장 좋게 만드는 것이라고 주장하는데, 이는 정의상 우리의 행동으로 영향을 받는 구체적인 사람들의 삶을 좋게 하는 것을 언급하지 않고 그 사람들이 누가 됐든 간에 사람들 전체의 좋음을 언급한다. 비동일성 문제가 논란이 되는 것은 바로 이 전제 때문이다.

비동일성 문제는 이상과 같은 전제들로부터 비동일성 문제 사례들은 직관과 달리 아무에게도 해악을 끼치지 않는다고 결론을 내린다. 다시 말해서 우리가 그런 사례들과 같은 삶을 만들어 내는 것은 비윤리적이지 않다는 것이다. 아이가 장애가 없게 낳을 수도 있었는데 장애가 있게 낳아도, 노예로 팔기 위해 아이를 낳아도, 자원이 고갈된 환경을 후손에게 물려주어도, 의도적으로 결함이 있는 동물을 만들어도 윤리적으로 문제가 없다.

모든 철학적 문제가 그렇지만, 비동일성 문제를 문제라고 생각하지 않고 그 결론을 그대로 받아들이는 방법도 가능하다. 그 사례들은 철학자들의 가르침대로 윤리적으로 잘못이 아니라고 '울며 겨자 먹기로 (bite the bullet)' 받아들이는 것이다.[47] 나쁜 엄마 사례와 성급한 엄마 사례를 비교해 봤을 때, 나쁜 엄마 사례처럼 이미 존재하는 개체에 적용되는 윤리적 직관이 성급한 엄마 사례처럼 존재를 만들어 낼 때에는 적용되지 않는다고 인정해야 한다. 그러나 그러기에는 부담이 크다. 살 만한 가치가 조금이라도 있다면 장애가 있는 존재를 계속 만들어 내는 행위가 용납되기 때문이다. 성급한 엄마나 매정한 부모 사례는 흔하지 않은 사고 실험이라고 하더라도 고갈 또는 보존이나 결함 있는 개 사례는 실제 일어나고 있는 일인데, 간신히 살 만큼의 자원만 후손들에게 남겨 주고 순전히 재미를 위해 결함이 아주 심한 동물을 만들어 내도 비난할 수 없게 된다. 우리는 어떻게든 아무에게도 해악을 끼치지 않아 보이는 행동이나 정책이 도덕적으로 잘못인 이유를 설명해야 할 것 같다.

5. 첫 번째 해결책: 절대적으로 나쁜 삶

비동일성 문제를 해결하기 위해서는 위에서 분석한 전제들이 그럴듯하지 않음을 보여야 한다. (1)은 논란의 여지가 없어 보이므로(꼭 그렇지 않다는 것을 나중에 설명하겠지만), (2)와 (3) 중 하나 또는 모두를 비판의 대상으로 삼아야 한다. 먼저 (2)를 받아들일 수 있는지 검토해 보자. 전제 (2)는 누군가가 살 만한 가치가 있는 삶을 산다면 그 삶은 존재하지 않는 것보다 낫다고 주장한다. 이 전제는 누군가의 현재 삶의 가치를 그 삶이 존재하지 않았을 때의 삶의 가치와 비교한다. 그런데 이때 '그 삶이 존재하지 않았을 때'를 어떻게 해석하느냐에 따라 두 가지 해석이 가능하다. 첫째는 그 삶이 존재하지 않고 그 대신 태어난 다른 삶과 비교하여 좋은지 나쁜지 평가하는 것으로, 우리가 일반적으로 생각하는 비교의 의미이다. 둘째는 그 삶이 아예 존재하지 않았을 때로 해석하는 것인데, 그러면 비교하는 대상이 없으므로 현재 삶의 가치를 그 자체로 좋은지 나쁜지 평가해야 한다. 첫 번째 해석은 **상대적 평가**, 두 번째 해석은 **절대적 평가**라고 부를 수 있겠다.[48] 그런다면 전제 (3)에 대한 비판도 두 가지로 나뉠 수 있는데, 첫 번째는 그렇게 비교했을 때 여전히 누군가의 삶의 가치는 나쁠 수 있다고 비판하는 것이고, 두 번째는 삶의 가치는 무엇인가와 비교하지 않더라도 그 자체로 나쁠 수 있다고 비판하는 것이다.

우리는 보통 어떤 행동이나 정책을 했을 때 생기는 결과가 그것을 하지 않았을 때 생기는 결과(반사실적 결과)보다 더 나빴을 때 해악을 끼친다고 생각한다. 성급한 엄마가 낳은 아이는 장애가 있으므로 그 엄마가 3개월만 기다려 낳았으면 태어날 장애 없는 아이보다 더 해악을 입었으므로 성급한 엄마가 지금 임신한 행동은 비윤리적이라고 생각하는 것이 우리의 상식이다. 이에 대해 비동일성 문제는 3개월만 기다려 낳았으면 태어날 장애 없는 아이는 다른 아이이므로 비교가 불가능하다고 주장했고, 이것이 비동일성 문제의 핵심이었다. 그러나 그런 비교가 정말로 불가능한지는 전제 (3)을 비판하면서 살펴보겠다. 현재로는 실제 상태와 더 나은 상태를 비교할 수 없다면 살 만한 가치가 있는지는 그 자체로 판단해야 한다. 무엇인가를 평가할 때는 상대적 평가만 가능한 것이 아니라 절대적 평가도 가능한 것이다. 성급한 엄마가 낳은 아이는 그 누구와 비교할 것 없이 그 자체만 본다면 살 만한 가치가 충분히 있지 않은가? 우리는 우주의 모든 존재가 소중하다고 생각한다. 특히나 장애가 있다고 하더라도 살 만한 가치가 없다고 생각하거나 차별하는 것은 극악한 짓이라고 생각한다. 성급한 엄마를 비롯한 비동일성 문제의 사례들은 절대적 의미에서 살 만한 가치가 있으므로, 그런 존재를 태어나게 한 것은 비난받을 일이 아니지 않은가? 매정한 부모나 고갈 정책으로 태어나는 미래 세대처럼 장애는 없지만 열악한 환경에서 살아야 하는 사람도 마찬가지이다. 만약 그렇다면 우리는 전제 (2)를 받아들여야 한다.

비록 성급한 엄마나 매정한 부모로부터 태어난 삶이라도 절대적으로 살 만한 가치가 있다는 주장은 두 가지 방향에서 비판할 수 있다. 첫째는 장애를 가지고 태어난 삶은 그 자체로 나쁘다는 것이다. 이런 주장에는 장애가 있는 삶은 이른바 '정상'인 삶을 누릴 수 없으므로 삶에서 부담으로 작용한다는 생각이 전제되어 있다.[49] 이 비판은 그러므로 성급한 엄마의 선택은 비윤리적이라고 결론지으려고 한다. 그러나 앞 절에서도 잠깐 언급했지만, 성급한 엄마는 최대한 자비를 베풀어서 말하면 지금 아이를 낳고 싶었던 것이지 장애 있는 아이를 낳고 싶었던 것이 아니라고 변명할 수 있다. 의사의 충고에 따르면 지금 임신하면 장애가 있을 확률이 아주 높지만, 어쨌든 엄마는 자신의 의도는 그저 지금 아이를 가지고 싶었다고 말할 것이다. 그 아이가 운이 없게 장애가 있는 것뿐이라고 말이다. 인터넷에는 다음과 같은 질문이 가끔 올라온다.

> 애 엄마는 결핵 환자고 애 아버지는 매독 환자다. 그 둘의 첫째 아이는 맹인이고 둘째 아이는 유산했고 셋째 아이는 귀머거리에 벙어리고 넷째 아이는 결핵 환자다. 그 사람들은 이제 다섯째 아이를 가졌다. 이 아이를 낙태하게 해야 하는가?

부모나 다른 아이의 상황을 알면서도 다섯째 아이를 가졌으므로 나쁜 엄마보다는 성급한 엄마의 사례에 가깝다. 인터넷에서는 이 질문에 이어서 "여기에 '예'라고 대답하면 당신은 지금 베토벤을 죽인 것이다."라는 글이 이어진다. 이것은 가짜 뉴스이다. 베토벤의 엄마가 결핵 환자인 것은 맞지만 아버지가 매독 환자라거나 아이들이 장애가 있다는 것은 거짓 정보이다. 그리고 베토벤은 둘째이다. 윗글은 가짜 뉴스이기도 하고, 낙태를 반대하기 위한 의도로 올려진 것이므로 현재 맥락과는 다르기는 하다. 그렇기는 하지만 베토벤 엄마 입장에서는 자기는 아이를 낳고 싶은 것이지 (비록 확률이 아주 높지만) 장애가 있는 아이를 낳으려고 한 것은 아니라고 말하는 것이 일리가 있어 보인다. 만약 그렇다면 설령 장애가 그 자체로 나쁘다고 하더라도 성급한 엄마가 장애를 선택한 것이 아니므로 비윤리적이라고 비난할 수 없을 것 같다. 우리는 장애가 있는 아이를 낳은 부모를 비난하지 않는다. 더 나아가 성급한 엄마가 장애가 있는 아이를 낳을 확률이 아주 높으므로 성급한 엄마의 변명이 궤변처럼 들린다면, 장애가 절대적으로 나쁜 것인지도 다시 생각해 보아야 한다. 장애가 있는 삶과 없는 삶을 선택하라면 앞 절에서 소개한 청각 장애인 커플을 제외하고 대부분은 장애가 없는 삶을 선택할 것이므로 장애가 있는 삶이 상대적으로 나쁘다고 말할 수는 있겠지만, 지금 우리의 관심은 그것이 절대적으로 나쁜가이다. 로버트와 와서만은 다운 증후군을 예로 들어 다운 증후군이 있는 아이는 없는 아이보다 용납할 수 없는 위험을 가질 확률이 높기 때문에 나쁘다는 주장을 검토한다. 그들에 따르면 다운 증후군 아이가 다운 증후군이 없는 아이보다 가치 없는 삶을 살 위험이 훨씬 더 크다는 증거는 없다. 그들은 이렇게 말한다. "최저점을 약간 상회하는 삶을 지향하는 것이 그보다 훨씬 상회하는 삶을 지향하는 것보다 가치 있는 삶을 지향하는 결과를 초래할 가능성이 큰데, 후자는 그 이하로 떨어질 위험이 상당히 클 수도 있기 때문이다."[50] 사실 우리 대부분은 꼭 다운 증후군과 같은 장애가 아니더라도 신체적으로나 정신적으로 한두 가지 이상의 부족한 삶을 산다. 사실 언젠가는 죽거나 남보다 일찍 죽는 운명도 일종의 장애일 수 있다. 그렇다고 해서 그것을 절대적으로 나쁜 삶이라고 생각하지 않는다. 우리는 누구나 '최저점을 약간 상회하는 삶'과 '그보다 훨씬 상회하는 삶'의 사이 어딘가를 지향하는데, 어떤 삶만 꼭 집어서 절대적으로 나쁘다고 말하는 것은 적절하지 않아 보인다.

비동일성 문제 사례를 권리 견해로 평가하는 것은 대표적인 절대적 평가이다. 누군가를 장애나 결함을 가지고 태어나게 하는 것은 다른 무엇인가와 비교 여부와 상관없이 그의 권리를 침해하기 때문에 그 자체로 나쁘다고 주장하는 것이다.[51] 어떤 존재든 마땅히 누려야 할 권리가 있는데 그것을 의도적으로 침해하는 것은 옳지 못하다는 것이다. 그런데 이런 접근은 매정한 부모의 사례는 해결할 수 있을 것 같다. 노예 상태로 사는 것은 마땅히 누려야 할 인권을 침해된 것이기에 의도적으로 노예로 만드는 매정한 부모는 아이의 권리를 존중하지 않았으므로 비난받아 마땅하다. 그 부모는 자유민으로 태어난 아이를 노예로 팔아먹는 부모나 마찬가지로 아이의 권리를 침해했다. 성급한 엄마처럼 지금 아이를 낳으려고 한 것이지 장애가 있는 아이를 낳으려고 한 것이라는 변명도 통하지 않는다. 그러나 권리 견해 접근이 다른 사례에도 적용될지는 의문이다. 파핏은 14세 엄마의 경우 미성년인 엄마에게 태어나서 어려운 어린 시절을 보냈지만 지금은 행복하게 살고 있는 사례를 들면서 그런 권리가 있다는 것에 반대한다. 좀 전에 본 베토벤 관련 인터넷 글도 비록 가짜 뉴스이기는 하지만 장애가 있을 확률이 높더라도 태어나서는 안 될 권리는 없다는 것을 말해 준다. 확실히 '14세 엄마로부터 태어나서는 안 될 권리'는 없는 것 같다. 그런 권리가 있다면 '가난한 부모로부터 태어나서는 안 될 권리'도 인정해야 한다.

그러면 권리 견해는 성급한 엄마의 사례에 적용될까? '장애가 있다는 이유로 차별받지 않을 권리'는 있지만, '장애를 가지고 태어나지 않을 권리'가 있는지는 논란이 된다. 일단 성급한 엄마는 장애 있는 아이를 원한 것이 아니라 아이를 원한 것뿐이라고 말했다. 설령 장애 있는 아이를 원했다고 하더라도 만약 그것이 아이의 '장애를 가지고 태어나지 않을 권리'를 침해했다고 한다면, 그것은 '선을 넘어' 너무 많은 것을 증명하게 된다. 가족력이 있다는 것을 알면서도 아이를 낳는 부모나 임신 전후에 건강관리를 엄격하게 하지 않는 부모도 아이의 그러한 권리를 침해했다고 비난받게 만들기 때문이다. 물론 이런 비판은 미끄러운 비탈길의 오류를 저지르는 것이고, 임곗값(threshold) 아래의 장애가 있는 아이를 낳는 경우만 나쁘다고 비난하면 된다는 의견도 있다.[52] 그러나 장애의 임곗값을 어디에 긋는 것이 합리적일까? 더구나 우리는 3절에서 비동일성 문제의 사례에 나오는 삶은 아주 열악한 장애가 있는 극단적인 경우는 아니고 살 만한 가치가 있다고 가정했다. '고갈되지 않은 충분한 자원이 있는 상태에서 태어날 권리'도 있는지 역시 의문이다. 만약 그런 권리를 침해했다고 주장한다면, 별다른 자원이 없는 곳에 자리 잡은 조상은 후손의 권리를 침해한 것이 되고, 충분한 경제적·사회적 자원을 남겨 주지 못하면서 아이를 낳는 부모도 아이의 권리를 침해한 것이 된다.

우리의 관심사인 결함 있는 개는 권리의 측면에서 14세 부모, 매정한 부모, 성급한 엄마 중 어디에 가장 가까울까? 일단 장애를 가지고 태어난다는 점에서 성급한 엄마에 가장 가까워 보인다. 그런데 방금 성급한 엄마를 검토하면서 '장애를 가지고 태어나지 않을 권리'는 인정할 수 없다고 말했다. 그렇다면 개의 경우에도 '장애를 가지고 태어나지 않을 권리'도 없다고 해야 할 것 같다. 비록 순종 혈통 개가 장애를 가지고 태어난다고 하더라도 살 만한 가치가 있는 삶을 살고, 특히나 그런 개는 장애의 반대급부로 생긴 미적 형태나 순종이라는 속성 때문에 소유주로부터 아낌없는 보호를 받는다. 그러나 결함 있는 개는 그런 장애를 의도적으로 만들었다는 점에서 성급한 엄마보다는 매정한 부모와 가깝다고 볼 수도 있다. 성급한 엄마는 아이를 원한 것이지 장애를 원한 것이 아니고, 인간의 장애는 우연한 것이므로 그것이 있다고 해서 장애가 있지 않을 권리가 침해되었다고 말하기는 어렵다. 그러나 의도적으로 장애를 만들어 내는 것은 다른 존재에게 해악을 끼치지 말아야 한다는 의무를 어긴 것이고, 이것은 거꾸로 해악을 입지 말아야 할 권리를 침해당했다고 볼 수 있다. 이런 생각은 순종 혈통 개의 장애를 인간 노예 상태와 비슷하게 간주하고 있다. 비록 노예에게 물질적으로 풍족하게 대우해 준다고 하더라도 인간의 신체권·이동권·표현의 자유 따위를 박탈하는 것은 인간이 가져야 할 기본적인 권리를 침해한다고 보는 것인데, 마찬가지로 동물의 경우에도 아무리 물질적으로 풍족하게 대우해 준다고 하더라도 3절에서 말한 것처럼 의존적이고 취약한 존재로 만드는 것은 노예 상태로 만드는 것과 다름없다고 생각하는 것이다. 거기서 말한 의존성과 취약성은 특별히 장애가 없더라도 애완동물 일반에 대해 언급한 것인데, 개가 장애를 갖는다면 그 개는 소유주에게 더욱 의존적이 되고 취약하게 된다. 결함 있는 개는 노예 상태와 더 가깝게 되고, 이는 절대적 평가의 관점에서 살 만한 가치가 없다는 결론에 이르게 된다.

비록 성급한 엄마나 매정한 부모로부터 태어난 삶이라도 절대적으로 살 만한 가치가 있다는 주장에 대한 둘째 비판은 그렇게 태어난 삶 자체는 살 만한 가치가 있지만, 그 삶이 태어남으로써 다른 존재의 삶에 해악을 끼친다는 비판이 가능하다. 가령 성급한 엄마가 낳은 장애가 있는 아이는 아무런 해악도 안 입었을지 모르지만, 아이가 태어남으로써 부모나 가족 그리고 사회가 추가로 부담을 져야 하므로 다른 사람들이 해악을 입었다는 것이다. 그러나 이런 주장은 모든 비동일성 문제 사례에 적용될 수 없다. 성급한 엄마가 의사의 권고에도 불구하고 지금 아이가 낳겠다고 고집을 부린 이유는 장애가 있든 없든 아이를 소중하게 키우겠다는 결심이 있기 때문일 수 있다. 그러기에 아이가 태어남으로써 부모가 부담을 질 것이라는 추측은 꼭 맞는 말이 아니다. 아이가 장애가 있음으로써 사회가 치러야 할 추가적인 비용이 있기는 하겠지만, 그런 비용은 정도의 차이가 있지 어떤 아이에게도 치러야 한다. 혹시 장애가 있지 않았을 때와 비교해서 더 많은 비용이 든다고 주장한다면, 그것은 반사실적 결과와 비교하는 것이므로 절대적 평가를 하는 지금의 논점에서 벗어난다. 설령 장애가 있는 아이를 키움으로써 다른 아이보다 비용이 든다고 하더라도 성급한 엄마는 그 아이를 키움으로써 생기는 혜택이 그 비용을 능가한다고 생각할 것이다. 사회적 비용이 생기더라도 혜택이 그것을 능가한다는 사실은 특히 결함 있는 개에 해당한다. 파머는 건강하지 않은 순종 개를 사육함으로써 동물 병원에 쓰는 비용이 생기겠지만 그 개의 소유주들은 그런 경제적 비용에 신경 쓰지 않는다는 사실을 지적한다.[53] 소유주들은 개가 주는 혜택(정서적 안정이나 순종 개를 사육한다는 자부심 따위)을 생각하면 그깟 비용은 얼마든지 지불할 용의가 있는 것이다. 둘째 비판은 성공하지 못하는 것 같다.

6. 두 번째 해결책: 넓은 의미의 정체성

비동일성 문제를 해결하는 또 다른 방법은 전제 (3)을 비판하는 것이다. (3)은 개체에게 영향을 끼치는 직관이므로, 이를 비판한다는 것은 무엇인가가 개체에게 영향을 끼치지 않아도 나쁠 수 있다는 **비개체적**(impersonal) 견해를 주장하면 될 것이다. 그 첫 번째 방법으로는 특정 개체에게 나쁘지 않더라도 세계 전체에 나쁜 영향을 끼친다면 나쁘다고 주장하는 것이다.[54] 앞에서 전체 공리주의는 가장 좋은 결과는 특정 개체가 아니라 세계 전체의 행복을 최대로 만드는 것이라고 주장하는 이론이라고 말했다. 이 이론에 따르면 비교할 수 있는 두 세계에서 고통이 많은 세계는 특별히 누가 고통을 겪고 있는지 지목할 수 있느냐와 상관없이 고통이 적은 세계보다 더 나쁘다. 가령 성급한 엄마가 장애가 있는 아이를 낳은 세계보다 성급한 엄마가 조금 더 기다려 장애가 없는 아이를 낳은 세계가 총합에서 더 많은 행복을 포함하므로 우리는 그 세계를 추구해야 한다. 행복이 최대인 세계를 만드는 것이 목표라면 우리는 전체적으로 고통이 더 적은 세계를 만드는 것을 목표로 해야 한다.[55] 따라서 성급한 엄마가 장애가 있는 아이를 낳았다고 해서 아무에게도 해악을 끼치지 않더라도 그 행동은 총합에서 행복을 덜 포함하는 미래를 낳기 때문에 비난받을 만하다.

그러나 전체 공리주의는 비동일성 문제는 해결할지 모르지만 또 다른 심각한 문제를 낳는다. 전체 공리주의에 따르면 지금 세계보다 인구가 좀 더 많은 세계가 더 행복한 사회가 된다. 사람들이 늘어남에 따라 한정된 자원을 나누어야 하므로 기존의 사람들의 삶의 질은 약간 낮아지겠지만, 늘어난 사람들의 삶은 충분히 살 만한 가치가 있을 것이므로 세계 전체적으로 행복의 총합은 늘어날 것이기 때문이다. 만약 그렇다면 인구는 최대한으로 늘어나고 각 사람들의 삶은 간신히 살 만한 가치가 있는 세계가 행복의 총합은 가장 클 것이므로 가장 행복한 세계가 된다는 **당혹스러운 결론**(repugnant conclusion)에 이르게 된다.[56] 개체에게 영향을 끼치는 직관을 받아들이면 비동일성 문제에 부딪히고, 그 직관을 버리면 당혹스러운 결론에 부딪히는 딜레마 상황이다.

그렇다면 비개체적 견해를 유지하면서 당혹스러운 결론에 빠지지 않는 방법을 찾아야 한다. 어떤 세계가 더 나은 세계인지 판단할 때 같은 인구를 가진 세계끼리만 고려하는 것이 한 가지 방법이 될 것 같다. 이것은 (3)을 비판하는 두 번째 방법인데, 이것은 **정체성**의 의미를 다양하게 해석하여, 이 세계에 존재하게 하는 대상을 특정한 정체성을 갖는 개체로 고려하지 않는 것이다.[57] 정체성을 언급하는 어떤 맥락에서는 이미 존재하는 대상을 딱 집어 고정해야 하지만, 대상을 고정하지 않으면서 정체성을 언급하는 맥락도 있다. 나쁜 엄마와 성급한 엄마 입장을 비교해서 생각해 보자. 나쁜 엄마는 아이를 치료하는 의무를 등한시하는데, 그 태만은 이미 존재하는 고정된 태아를 대상으로 한다. 반면에 성급한 엄마는 지금 임신하겠다고 고집부리는데, 그 고집은 누구를 대상으로 할까? 엄마는 장애가 있을 바로 그 아이를 낳고 싶어 할까? 성급한 엄마는 지금 누가 됐든 '아이'를 낳고 싶어 한 것이지 장애가 있는 바로 그 아이를 원한 것은 아니다. 엄마가 원하는 아이는 불특정의 아이이다. 설령 (청각 장애인 커플처럼) 장애가 있는 아이를 원하는 특이한 엄마도 있겠지만, 그렇다고 하더라도 그 엄마가 원한 것은 장애가 있는 불특정의 아이이지 특정 개체의 아이가 아니다. 기술(description)의 범위가 좀 더 좁혀진 것뿐이지 고정된 대상을 염두에 둔 것은 아니다.

기호 논리학을 공부한 사람이라면 이 '불특정의 아이'와 '특정 개체의 아이'의 차이점을 개체 상항과 존재 양화사의 차이를 통해 쉽게 이해할 수 있을 것이다. 명제 논리학에서는 특정한 개체를 가리키기 위해서는 소문자 a부터 w까지의 로마자 소문자를 사용하고, 특정한 속성을 가리키기 위해서는 B나 H와 같은 로마자 대문자를 사용한다. 그래서 예를 들어서 a라는 개체가 '아이'(B)라는 속성을 가지고 있다고 할 때 Ba는 일상어로 "a는 아기이다."로 번역된다. 이제 "어떤 것은 아기이다."를 표현할 수 있는데, 이때 필요한 것이 존재 양화사 (∃x)이다. (∃x)Bx는 "어떤 대상이 적어도 하나 있는데 그것은 아기이다."로 번역된다. Ba는 특정한 개체 a가 존재하고 ㄱ a가 정말로 아기일 때 참인 명제가 된다. 이에 견줘 (∃x)Bx는 꼭 특정한 개체 a가 아니라 어떤 대상이든 아기라는 속성을 가진 존재가 있으면 참이 된다. (여기서 x에 들어갈 수 있는 대상은 이 세상의 모든 개체일 수도 있지만 지금 맥락에서는 사람이라는 개체에 한정해도 된다. x의 대상을 이렇게 한정한 결과를 '논의 영역domain of discourse'이라고 부른다.) 성급한 엄마가 지금 아기를 낳기 원할 때 낳기를 바라는 아기는 개체 상항으로서의 아기가 아니라 존재 양화사가 양화하는 x로서의 아기라고 보아야 한다. 3개월 후가 아니라 지금 낳고 싶다고 생각한 아이는 임의의 아기이지, 특정한 아기 a가 아닌 것이다. 간단하게 말해 성급한 엄마가 지금 아이를 낳든 3개월 후에 아이를 낳든 동일한 정체성을 갖는 것이다. 이렇게 지시 대상이 딱 고정되지 않는 정체성의 맥락이 있는데, 비동일성이 문제되는 맥락이 바로 그렇다.

성급한 엄마 사례와 대비되는 나쁜 엄마 사례가 윤리적인지 판단할 때, 우리는 이미 존재하는 태아에게 나쁜 일이 생기는지만 판단하지 추가적인 인구에 대해서는 고려하지 않는다. 그런 이유로 나쁜 엄마 사례에서는 당혹스러운 결론이 생기지 않는데, 정체성의 의미를 다양하게 해석하여 성급한 엄마 사례를 해결할 때도 추가적인 인구를 고려하지 않고 앞으로 생길 임의의 아이에게 나쁜 일이 생기는지만 판단하면 된다. 단, 여기서 그 아이가 이미 존재하는 개체가 아니기 때문에, 비교할 대상이 없다는 것이 비동일성 문제의 핵심이었다. 다시 말해 나쁜 엄마 사례에서는 지금 있는 태아가 a라고 할 때 엄마가 '간단한 치료'를 받지 않았을 때의 미래 상태 a'와, 치료를 받았을 때의 a''만 비교하면 된다. 여기서는 비교의 대상이 되는 a'와 a''는 동일한 a의 미래 상태이다. 그러나 성급한 엄마 사례에서는 지금 임신하면 태어날 아이의 상태 a'와 비교 대상이 되는 것은 a''가 아니라 아예 존재하지 않는 것이거나 다른 개체의 미래 상태 b'이기 때문에 비동일성 문제가 생겼다. 그러다 보니 장애가 있는 아이라고 하더라도 존재하지 않는 것보다는 낫고, 장애가 없는 다른 개체와 비교하는 것은 무의미하다는 결론이 나온다. 따라서 비동일성 문제를 해결하기 위해서는 성급한 엄마의 사례에서도 나쁜 엄마 사례에서처럼 동일한 아기 a에 대해 a'와 a''를 비교하는 방법이 있으면 된다. 단, a라는 개체에 영향을 주지 않으면서 말이다. 존재 양화사 해석에 따르면 그것이 가능하다. 성급한 엄마가 낳을 아이를 개체 상항이 아니라 존재 양화사가 양화하는 대상으로 해석하면 되기 때문이다. '동일한' 아이 (∃x)Bx에 대해 미래 상태인 (∃x)B′x와 (∃x)B″x를 비교하면 된다. a라는 개체 상항이 아니라 (∃x)Bx에 정체성을 부여한다는 것이 상식적인 정체성과 다르므로 얼른 이해가 안 갈 수 있지만, 적어도 성급한 엄마를 비롯한 사례에서 의도한 정체성은 그것이 맞는다. 그리고 (∃x)B′x는 (∃x)B″x보다 분명히 나쁘므로 성급한 엄마의 행동이 비윤리적임을 설명 가능하다. 한편 이 비교는 a′와 a″의 비교가 주어진 대상 a만 고려하는 것처럼 주어진 논의 영역만 고려하면 되므로, 당혹스러운 결론도 생기지 않는다. B의 속성을 조금 더 좁혀 장애가 있는 아기라고 해도 존재 양화사가 양화하는 아기인 것은 마찬가지이다. 이것은 성급한 엄마뿐만 아니라 매정한 부모가 낳고 싶어 하는 아기나 고갈로 피해를 보는 후손에도 똑같이 말할 수 있다.

꼭 사고 실험이 아니더라도 일상에서 정체성의 존재 양화사적 해석이 의미 있는 맥락이 있다. 난폭 운전은 피해자 없는 잘못이라는 점에서 비동일성 문제 사례와 같다. 난폭 운전은 특정인에게 피해를 준 것은 아니지만 처벌받는다. 음주 운전도 마찬가지이다. 난폭 운전은 불특정 개체를 상대로 한 잘못이라는 점에서 특정한 개체를 상대로 하는 보복 운전과 흔히 비교된다. 난폭 운전은 보복 운전에 비해 낮은 수준의 처벌을 받기는 하지만 분명히 잘못으로 인식된다. 좁은 골목길에서 시속 100km로 운전한 사람이 내 운전으로 피해를 본 사람은 아무도 없는데 왜 처벌을 받아야 하느냐는 항의는 받아들여지지 않는다. 꼭 사고 실험이 아니라 보복 운전처럼 일상에서도 개체가 고정되는 정체성이 의미 있는 맥락이 있고, 난폭 운전처럼 존재 양화사적인 정체성이 의미 있는 맥락이 있는 것이다. 물론 난폭 운전은 그 행동으로 인해 피해보다는 이득이 더 큰 존재를 만들어 내는 것은 아니므로 비동일성 사례에 속하지는 않는다. 그럼에도 난폭 운전을 꺼내 드는 이유는 불특정의 개체가 의미 있게 적용되는 사례가 일상에 있다는 것을 말하기 위해서이다. 난폭 운전과 비동일성 사례가 결정적으로 다른 점은 성급한 엄마는 정작 아이를 낳지 않는다면 비난을 받지 않는 데 비해, 난폭 운전은 설령 피해자가 없더라도 처벌을 받는다는 점이다. 곧 전자는 실현이 되어야 비난을 받지만 후자는 실현되지 않아도 비난받는다. 이것은 중요한 차이점인데, 그렇다면 난폭 운전 및 보복 운전과 같은 형법 영역이 아니라 민법의 영역에서 비동일성 문제 사례와 비슷한 사례를 찾을 수 있다.[58] 울프는 존과 미치라는 부부의 유언장 예를 든다.[59] 유언장에 넷째 아이가 자동차를 상속받도록 쓰여 있다고 하자. 이 아이는 아직 임신하지 않았기 때문에 남성이거나 여성일 수도 있고, 유전 질환을 앓고 있을 수도 있고, 특별한 정체성을 갖지 않을 수도 있다. 하지만 상속과 관련해서는 이러한 정체성은 중요하지 않다. 존과 미치의 '넷째 아이' 자리를 채우는 사람이면 누구든 차를 받을 수 있다.

여러 철학자들은 **대물**(對物, de re) 맥락과 **대언**(對言, de dicto) 맥락을 구분하여 비동일성 문제를 해결하는데,[60] 이 구분이 지금까지 말한 개체 상항과 존재 양화사의 구분과 비슷하다. 대물 맥락은 특정 대상을 직접 가리키는 맥락을 말하고, 대언 맥락은 한정 기술구(definite description)를 만족시키는 대상을 가리키는 맥락을 말한다. 예컨대 같은 대상이라고 하더라도 진도준이라고 하면 대물 맥락에서 말하지만, '재벌집 막내아들'이라고 하면 대언 맥락에서 말하는 것이다. 재벌집 막내아들은 진도준 부모의 임신 시점이 조금 달라졌다면 (이름은 여전히 진도준이라고 부르더라도) 진도준이 아니라 다른 사람이었겠지만 재벌집 막내아들이라는 한정 기술구는 여전히 만족시킨다.[61] 마찬가지로 성급한 엄마가 낳은 아이를 특정하여 가리켜서 말하면 대물 맥락이지만, "3개월을 기다리지 않고 지금 임신하여 낳은 아이"라고 한정 기술구로 말하면 대언 맥락이다. 대언 맥락을 대물 맥락과 구분하는 철학자들은 한정 기술구를 만족시키는 대상을 가리키기 위해 '자리를 차지하는 것(place-holder)'[62]이나 '직무를 수행하는 것(office-filler)'[63]이라는 표현을 쓴다. 모두 ($\exists x$)의 x를 채운다는 의미이다.

지금까지 살펴본 (3)를 비판하는 방법은 정체성의 의미를 다양하게 해석하여, 이 세계에 존재하게 된 대상을 특정한 정체성을 갖는 개체로 고려하지 않는 것이었다. 이것은 다르게 말하면 '정체성'의 의미를 좀 더 넓게 보는 것이다. 대물 맥락이 아니라 대언 맥락으로, 고정된 대상이 아니라 한정 기술구로, 개체 상항이 아니라 존재 양화사가 양화하는 대상으로 정체성을 이해하는 것이다. 어느 한쪽의 정체성의 의미가 더 진정한 의미라고 단언할 수 없고, 오히려 성급한 엄마의 예를 보았을 때 태어날 아이를 한정 기술구로 이해하는 것이 더 적절해 보인다는 것을 보았다. 나는 앞에서 전제 (1), 곧 시간 의존성 주장은 논란의 여지가 없을 것 같다고 말했다. 그러나 정체성을 어떻게 해석하느냐에 따라 (1)도 틀린 주장이 될 수 있다. (1)은 "어떤 특정 사람이 실제로 수정된 시간에 수정되지 않았다면, 그는 결코 존재하지 않았을 것이다."라고 말하는데, 이때 '그'의 정체성을 한정 기술구로 해석한다면 (1)은 틀린 주장이 된다. 꼭 그 시간에 수정되지 않았더라도 '넷째 아이'는 여전히 '넷째 아이'이고 '재벌집 막내아들'은 여전히 '재벌집 막내아들'이고, 성급한 엄마가 '지금 낳으려는 아이'도 그 엄마가 원한 아이이다. **어떤 특정 사람이 실제로 수정된 시간에 수정되지 않았더라도, 그는 존재할 수 있는 것이다.**

존재 양화사 해석에 의한 전제 (3) 비판이 성공한다면 성급한 엄마는 나쁜 엄마 못지않게 나쁜 엄마가 된다. 다른 비동일성 문제 사례도 마찬가지이다. 우리의 관심사인 결함 있는 개 사례도 똑같은 이유로 비난받아야 한다. 그러나 나는 존재 양화사 해석에 따르면 결함 있는 개는 다른 사례보다 더 비난받아야 한다고 생각한다. 앞에서도 반복해 말했지만 성급한 엄마는 장애가 있는 아이를 선택한 것이 아니라 지금 당장 아이를 가지고 싶은 것뿐일 수 있다. 지금 낳고 싶은 아이의 자리에 장애 있는 아이가 채워질 뿐이라면 존재 양화사 해석에 의해서도 성급한 엄마는 덜 비난받는다. 파머도 지적하듯이 혹시 아이가 장애가 없이 태어났다면 엄마는 이를 환영할 것이고, 고갈 또는 보존 사례에서도 우리가 고갈 정책을 선택했음에도 불구하고 미래 세대가 우리의 행동으로 인해 고통을 겪지 않았다는 것이 밝혀진다면 (이미 몇 세대가 지난 후라 현세대는 그것을 알 리가 없지만) 우리는 무관심하거나 기뻐할 것이다.[64] 그러나 결함 있는 개는 애초에 결함이 있는 개를 만들어 내는 것이 목적이다. 지금 순종 혈통의 개를 근친 교배하여 태어날 개는 이론적으로도 개체 상항이 아니라 존재 양화사로 양화되는 개이기도 하지만, 현실에서도 교배업자는 개가 어떤 개체인지 관심이 없다. 그는 오로지 결함이라는 특성을 갖는 개를 만들어 내는 데 관심이 있을 뿐이다. 따라서 그는 혹시 결함이 없는 개가 태어나면 성급한 엄마나 고 갈 정책을 선택한 현세대처럼 그것을 기뻐하는 것이 아니라 몹시 실망할 것이다. 다르게 말하면 성급한 엄마는 지금 아이를 낳는 것에 관심이 있는 것이지, 장애가 있는 그 아이가 아니면 안 된다는 입장은 아니다. 그러나 교배업자는 결함이 있는 바로 그 개에 관심이 있으므로, 결함이 있는 그 개가 아닌 다른 개가 태어난다는 것을 안다면 애초에 태어나게 하지 않았을 것이다. 물론 교배업자도 성급한 엄마가 장애가 있는 아이를 원한 것이 아니라 지금 아이를 갖기를 원했을 뿐이라고 변명하는 것처럼, 우리도 특정한 미적 속성이 있는 개를 원한 것이지 장애가 있는 개를 원한 것은 아니라고 변명할 수 있다. 그러나 지금 갖고 싶은 아이와 그 아이의 장애는 필연적으로 연결된 것은 아니지만, 2절에서 단축된 얼굴 골격은 코를 통한 공기의 흐름을 제한하여 선천적으로 호흡 곤란을 겪게 한다는 예에서 보았듯이 특정한 미적 속성은 필연적으로 장애를 동반할 수밖에 없다는 점에서 변명이 통하지 않는다.

    결함 있는 개 사례는 다른 비동일성 문제 사례와 마찬가지로 비난을 받지만, 그에 덧붙여 애초부터 태어날 존재에게 결함을 **의도했다**는 이유로 더욱 비난을 받아야 한다. 성급한 엄마나 고갈 정책을 선택한 현세대는 기껏해야 자신의 행동이나 정책이 아이나 미래 세대에게 어떤 영향을 끼칠지 알지 못한 무지나 알면서도 실행에 옮기지 않는 무책임 때문에 비난을 받을 것이다. 물론 이런 잘못도 호되게 비난받아야 하지만, 일부러 해악을 끼치는 결함 있는 개 사례가 더 비난을 받아야 한다는 뜻이다. 매정한 부모도 애초부터 노예라는 사회적 '결함'을 의도했다는 점에서 결함 있는 개 사례 못지않게 비난받아야 한다. 그러나 매정한 부모에게서 태어난 노예는 스스로 또는 노예주의 호의로 노예 상태에서 벗어날 가능성이라도 있다. 이에 견줘 결함 있는 개의 결함은 '고착된' 것이라는 점에서 극복할 수도 없다.

7. 맺음말

비동일성 문제는 얼핏 보면 해결이 어려울 것 같다. 그래서 이 문제를 본격적으로 자세히 탐구한 파핏은 원자력 에너지 사용 확대 여부처럼 환경 정책을 "결정할 사람들에게 비동일성 문제를 숨기는 것이 더 나을 수도 있다."라고까지 말한다.[65] 비동일성 문제에 따르면 원자력 에너지 사용을 확대함으로써 재앙이 초래되고 먼 미래에 살게 될 사람들의 이익에 크게 반한다는 것은 잘못된 믿음이다. 그럼에도 환경 정책 결정자들이 그렇게 잘못 믿는다면 오히려 나을 수 있다고 씁쓸하게 말한다. 그런 정책이 도덕적으로 문제가 있다는 우리의 강한 직관이 거짓된 믿음으로 기능해야 하는 상황을 만들지 않기 위해서는 비동일성 문제를 어떻게든 해결해야 한다.

나는 지금까지 그 해결책을 살펴보았다. 성급한 엄마나 고갈 또는 보존 사례를 해결하는 것도 중요하지만 똑같은 종류의 문제인 결함 있는 개 사례를 해결하는 것이 더 주된 목적이었다. 그래서 비동일성 문제의 해결책을 찾으면서 결함 있는 개와 다른 사례들의 중요한 차이점이 몇 가지 드러났다.

첫째, 성급한 엄마나 매정한 부모는 사고 실험에서나 나올 만한 아주 드문 일이지만, 고갈 또는 보존이나 결함 있는 개는 아주 흔한 일이다. 그런 점에서 전자의 부류는 내가 참여하지 않는다는 생각에 더 비난받지만, 후자의 부류는 나도 공범자로 참여한다는 생각에 덜 비난받는 것 같다. 그러나 적어도 결함 있는 개 사례는 매정한 부모 못지않게 비난받아야 한다고 주장했다. 결함 있는 개 사례는 매정한 부모와 마찬가지로 의도를 가지고 권리 침해적 상황을 만들어 내기 때문이다.

둘째, 성급한 엄마는 아이를 낳는 게 목적이지 장애가 있는 아이를 낳는 게 목적이 아니다. 그러나 결함 있는 개 사례는 방금 말했듯이 장애가 있는 개를 만드는 것이 목적이다. 성급한 엄마는 장애가 있는 아이를 만드는 것이 목적은 아니므로 다행히도 장애가 없는 아이가 태어나면 무관심하거나 기뻐할 것이라고 말했다. 그러나 순혈 교배를 하는 교배업자는 장애가 없는 개가 태어나면 기뻐하지 않을 뿐만 아니라 아마도 안락사시킬 것이다. 권리 침해라는 점에서 결함 있는 개 사례와 비슷한 매정한 부모는 아이를 낳은 후 설령 노예 소유주가 계약을 무르자고 하더라도 아이를 안락사시키지는 않을 것이라는 점에서 결함 있는 개를 만드는 교배업자는 매정한 부모보다 더 매정하다.

셋째, 성급한 엄마나 심지어 나쁜 엄마도 장애가 있는 아이가 태어나지 않았다면 무관심하거나 다행이라고 생각하지, 일부러 장애가 있는 아이가 태어날 때까지 다시 임신하지 않는다. 그에 견줘 순혈 교배로 결함 있는 개를 만드는 교배업자는 순혈 개, 곧 결함 있는 개가 태어날 때까지 계속 교배한다. 단지 소유주의 미적인 취향을 만족시키려고 이 세상에 일부러 없어도 되는 해악을 늘리는 것이다.

넷째, 결함 있는 개 사례가 다른 사례들과 형이상학적 측면에서 갖는 가장 중요한 차이점은 결함 있는 개는 이 세계에 굳이 존재하지 않아도 되는 존재라는 점이다. 성급한 엄마나 14세 엄마는 어차피 아이를 가지려고 했는데 그 시점이 조금 앞당겨져 있는 경우이다. 고갈 또는 보존 문제는 어차피 존재하는 후속 세대에게 어떠한 환경을 물려주어야 하느냐는 문제이다. (매정한 부모는 현재의 계약 내용만으로는 어차피 낳을 아이를 노예로 만드는 계약인지, 낳을 계획이 없었는데 계약에 혹해서 아이를 낳는지 알 수 없다.) 그러나 혈통 보존을 위한 교배는 어차피 존재해야 할 개에게 특정한 속성을 부여한 사례가 아니다. 이 세상에 꼭 있어야 할 이유가 있는 존재가 아닌데, 앞서 말했듯이 이 세상에 일부러 해악을 늘리는 것이다. 다른 존재를 태어나게 하는 것이 아니라 아예 존재하지 않게 하는 것도 가능하다.[66]

이 장에서는 비동일성 문제를 해결하려고 시도했다. 그러나 그런 노력과 달리 해결책은 실패할 수도 있다. 그렇다면 성급한 엄마나 14세 엄마의 아이로 태어난 것은 앞서 '울며 겨자 먹기' 해결책에서 보았듯이 우리 상식과는 달리 꼭 나쁜 일이 아닐 수 있다. 그리고 그런 아이를 낳을지 말지는 결국 개인의 취향에 맡겨야 한다. 장애가 있더라도 그런 아이를 태어나게 하는 것은 부모의 취향이다. 나중에 아이가 불평을 말하더라도 "그렇지 않으면 너는 태어나지 않았어."라고 말하면 되므로. 순혈 개를 태어나게 하는 교배업자나 입양하는 소유주도 마찬가지이다. 누군가가 결함이 있는 그런 개를 태어나게 하거나 키우는 것은 비윤리적이라고 비판하면, "그렇지 않으면 이 개는 태어나지 않았어."라고 말하면 된다. 그러나 개인의 취향이라고 하더라도 그런 선택이 일관적이어야 한다. 결함 있는 개 사례에서는 성급한 엄마 사례에서와 똑같이 행동해야 한다. 하지만 현실은 그럴까? 과연 자신의 미적 만족을 위해 결함 있는 혈통 개를 태어나게 하는 사람이 과연 장애가 있는 아이를 태어나게 할까? 그럴 것 같지 않다. 결국 개는 장애가 있고 인간의 목적을 위해 이용해도 되지만, 사람은 그래서는 안 된다는 비일관적인 태도, 동물과 인간에게 서로 다른 도덕적 지위를 부여하는 모순이 개입되어 있다고 보아야 할 것 같다.

　이런 비일관적인 태도는 한편에서는 반려동물이라고 부르면서 다른 한편에서는 교배하는 또는 그것을 허용하는 태도에 이미 내재되어 있다. 선택적 교배가 문제라면 그나마 장애가 덜한 품종을 고르거나, 최대한 장애가 없도록 교배하면 된다고 생각할 수 있다. 실제로 혈통 개의 유전적인 문제를 지적하는 연구들은 품종의 건강을 향상하는 교배 방법을 제안한다. 가령 패럴 등은 "이종 교배의 이점을 인정하고, 다른 품종의 먼 조상을 가진 개의 등록을 수락하며, 전 세계 애견 협회의 혈통 개에 산아 제한을 하면, 많은 품종 기준을 손상시키지 않으면서 품종 건강을 향상할 수 있을 것이다."[67]라고 말한다. 그러나 이 결론도 여전히 순종을 만들려고 인위적인 교배를 한다. 다만 유전적 질병 없는 순종을 만들려고 할 뿐이다. 그 목적을 달성하기 위해서는 9세대까지 교배를 진행해야 한다. 그 과정에서 태어나는 후손들은 여전히 질병으로 고통 받는다. 설령 질병 없는 순종이 태어난다고 하더라도 근본적인 문제가 있다. 반려 모형은 애완동물을 가족이나 동무로 간주한다. 우리는 가족이나 동무를 인위적인 교배로 만들어 내지 않는다. 우리 인간은 질병이 있을지 없을지 몰라도 인위적인 교배가 아닌 방식으로 아이를 낳으며, 그 아이를 감사한 선물로 받아들일 뿐이다.[68]

9장

동물은 물건이 아니다:
그 철학적 의미

1. 머리말

현재 우리나라 민법은 동물을 권리의 주체가 아니라 객체인 물건으로 취급하고 있다. 민법 제98조는 물건을 '유체물 및 전기 기타 관리할 수 있는 자연력'으로 규정하는데, 동물은 이 중 유체물에 해당하는 물건이다. 물건은 동산과 부동산으로도 나뉘고 동물은 동산에 해당한다. 한편 우리나라 형법은 동물을 재물로 취급하여, 타인의 동물을 다치게 하거나 죽였을 때는 재물 손괴죄의 적용을 받는다.[1] 우리 법체계에서는 동물을 소유의 대상인 물건으로 취급하는 것이다. 그러다가 법무부는 2021년 7월 19일에 민법 제98조의2로 "동물은 물건이 아니다."라는 조항을 신설할 것을 입법 예고하였다.[2]

"동물은 물건이 아니다."라는 조항은 그 의미가 크다. 기존 우리나라 민법은 2장에서 말한 장난감 모형을 가장 잘 반영하고 있다. 그러나 이는 사람들의 감정과 괴리가 크다. 애완동물을 기르는 인구가 늘어나는 최근의 시각 이전에도 동물을 물건이 아닌 생명체로 바라보는 것이 사람들의 직관이었다. 타인의 동물이든 자신의 동물이든, 심지어 주인이 없는 동물이라도, 학대한다면 남의 물건을 훼손하는 행위와 비교할 수 없는 비난을 받아야 한다고 생각한다. 동물을 물건으로 취급하는 법률은 사람들의 이러한 일반적인 인식과 맞지 않는 터에, "동물은 물건이 아니다."라는 조항은 남의 동물을 다치게 하거나 죽일 경우 재산상의 손해를 무는 데서 그치는 것이 아니라 정신적인 위자료도 물게 하고, 더 나아가 이유 없이 학대한 경우에는 형사적 처벌도 가능하게 하기에 실질적인 의미가 큰 것이다. 현재 법체계는 권리의 주체인 사람(정확하게는 '자연인'과 '법인')과 권리의 객체인 물건만 인정하는 이분법을 채택하고 있다.[3] 동물이 물건이 아니라면 자연인과 같은 법적 지위를 부여해야 하는데, 동물이 인간이 갖는 법적 권리를 모두 갖는다는 말인가? 또 다른 문제도 있는데, 위 법무부의 입법 예고는 다음과 같은 단서를 달고 있다.

> 다만, 동물은 법체계상으로는 여전히 권리의 주체가 아니라 권리의 객체이므로, 권리변동에 관해서는 독일, 오스트리아, 스위스, 프랑스 입법례와 같이 법률에 특별한 규정이 있는 경우를 제외하고는 물건에 관한 규정을 준용하도록 했다.

사람과 물건의 이분법적 법 체제에서 사람과 물건은 배타적이다. 그런데 동물을 한편에서는 물건이 아니라고 규정하면서 다른 한편으로는 "물건에 관한 규정을 준용"하는 것은 모순 아닌가?

나는 『동물 윤리 대논쟁』에서 동물의 도덕적 지위에 대한 철학적 논의를 바탕으로 헌법을 개정할 때 동물의 기본권이 어떻게 명시되어야 하는지 제안한 바 있다. "동물은 자연 상태의 능력을 발휘할 수 있고 본래의 습성을 존중받으면서 살 수 있어야 한다."가 그것이다.[4] 철학계의 대체적인 견해는 동물은 인간과 같은 도덕적 지위를 갖는다는 것이다. 그런데 도덕적 지위가 같으면 법적 지위도 같아야 하는가? 아쉽게도 도덕적 지위와 법적 지위의 관계에 관한 선행 연구를 찾기 어렵다. 그래서 나는 그 관계를 찾기 위해 이 장에서 유비 논증을 이용할 것이다. 먼저 2절에서는 철학자들이 동물에게 도덕적 지위를 부여하는 논증을 소개할 것이다. 동물에게 도덕적 지위를 부여하는 방식 중 하나는 인간 모두가 평등하게 도덕적 지위를 갖는 이유를 동물에게도 적용하는 것이다. 나는 이 유비 논증을 동물의 법적 지위에도 적용할 수 있다고 생각한다. 인간의 경우 모든 인간이 평등하게 도덕적 지위를 갖는다는 전제에서 그 법적 지위도 같아야 한다는 결론을 도출하고, 그것이 법률에 반영되어 있다. 그렇다면 마찬가지로 인간과 동물의 도덕적 지위가 같다면 그 법적 지위도 같아야 한다는 결론이 따라 나오는 것이다. 이 절은 전작인 『동물을 위한 윤리학』과 『동물 윤리 대논쟁』에서 이미 서술된 것이지만, 법적 지위를 설명하기 위해 필요하므로 반복하겠다. 3절에서는 동물을 물건으로 생각하지 않는 우리의 직관과, 실제로는 물건으로 다루는 우리의 관행 사이의 모순을 프랜시온의 용어를 빌려 '도덕적 정신 분열'이라고 부른다. 그리고 이 정신 분열을 치료하기 위해서는 동물에게 법적 지위를 부여해야 한다고 주장할 것이다. 4절에서는 동물이 물건이 아니라는 조항을 진지하게 받아들였을 때 실제로 일어나는 변화가 어떤 것이 있는지 설명할 것이다. 동물이 물건이 아니라는 조항을 만드는 데 찬성하는 사람들은 대체로 애완동물을 염두에 둔다. 가족처럼 키우는 애완동물이 물건의 지위에 있다는 것을 인정할 수 없기 때문이다. 그러나 동물에는 애완동물만 있는 것이 아니라 농장 동물이나 실험동물도 있다. 이 조항이 생긴다면 공장식 농장이나 동물 실험처럼 동물을 다루는 현재의 관행은 모두 동물을 물건으로 취급하는 것이므로 금지되어야 한다. 이는 우리 삶에 큰 변화를 가져오는 수준이므로 동물이 물건이 아니라는 조항은 단순히 선언적인 의미가 아니라 그 의미를 심각하게 받아들여야 한다. 그러나 이 조항의 도입을 주장하는 사람들은 애완동물만 생각하기에 그 의미를 생각하지 못한다. 맺음말에서는 동물에게 어떤 법적 권리까지 부여해야 하는지 논의하며 글을 매조지을 것이다. 미성년자나 외국인은 성인이나 내국인과 사람이라는 법적 지위는 같지만 법적 권리는 같지 않다. 마찬가지로 동물이 사람의 법적 지위를 갖는다고 하더라도 법적 권리까지는 같지 않을 것이다. 그렇다면 동물이 구체적으로 어떤 법적 지위를 가져야 하는지 논의할 것이다.

2. 동물의 도덕적 지위와 법적 지위

어떤 존재에게 **도덕적 지위**가 있다는 것은 우리가 그 존재를 도덕적으로 고려해야 하는 **도덕적 의무**를 갖는다는 뜻이며, 거꾸로 우리가 그 의무를 다하지 못하면 그 존재의 **도덕적 권리**를 침해했다는 뜻이다. 이와 유사하게 어떤 존재에게 **법적 지위**가 있다는 것은 그 존재가 각종 법률에서 규정하는 권리와 의무의 주체가 된다는 뜻이다.[5] 일단 동물이 도덕적 지위를 갖는다는 것을 입증할 필요가 있다. 머리말에서 사람들의 일반적인 인식은 동물을 물건이 아닌 생명체로 바라본다고 말했다. 그러나 이런 인식이 곧 동물의 도덕적 지위를 보장해 주는 것은 아니다. 슈바이처의 '생명에의 외경'이 생명을 갖는 모든 것에 도덕적 지위를 주지 않는다. 우리는 동물뿐만 아니라 식물도 생명체로 보지만 식물을 꺾거나 먹으면서 어떤 도덕적인 자책감을 느끼지 않는다. 그리고 동물 중에서도 포유류·조류·어류를 먹는 것은 윤리적인 논쟁거리가 되지만 가령 모기를 죽이는 것은 논란거리가 되지 않는다. 단순히 생명이 있는 존재라는 것만으로 도덕적 지위를 부여받는 것은 아니다.

철학자들은 동물에게 도덕적 지위가 있다는 것을 입증하는 데 대체로 세 가지 논증을 사용한다.[6] 첫 번째는 우리가 동물에게 갖는 도덕적 직관에서 출발하는 것이고, 두 번째는 인간에게 도덕적 지위가 있다는 명백한 진리의 근거를 동물에게 적용하는 것이고, 세 번째는 7장에서 말한 가장자리 상황 논증을 이용하는 것이다. 첫 번째 논증부터 설명해 보자. 사람과 개와 돌멩이를 각각 이유 없이 발로 차는 경우를 비교해 보자. 우리는 사람은 물론이고 개를 이유 없이 발로 차는 경우도 도덕적으로 비난을 받아야 한다는 직관이 있다. 반면에 돌멩이를 이유 없이 발로 차는 경우는 도덕적으로 문제가 없다는 직관을 갖는다. 그렇다면 사람과 동물에게는 도덕적 지위가 있지만 돌멩이와 같은 물건에는 도덕적 지위가 없기에 아무렇게나 취급해도 될까? 그렇지 않다. 우리는 돌멩이라고 하더라도 주인이 있거나 주인이 없더라도 지질학적 가치가 있는 희귀석이라면 발로 찼을 때 도덕적인 비난을 한다. 물건이라고 하더라도 주인이 있거나 인류 전체에게 가치가 있을 때는 도덕적인 지위가 있다고 생각하는 것이다. 반면에 인간은 가족이 있든 없든 가치가 있는 사람이든 아니든 그를 발로 차면 도덕적으로 비난을 받는다. 인간은 다른 무엇 때문이 아니라 존재 그 자체 때문에 도덕적 지위를 갖는 것이다. 그래서 사람은 **직접적 도덕적 지위**를 갖고, 물건은 도덕적 지위가 있더라도 **간접적 도덕적 지위**를 갖는다고 말해진다. 문제는 동물의 도덕적 지위가 직접적 도덕적 지위인가 아니면 간접적 도덕적 지위인가 하는 점이다. 동물에게 도덕적 지위가 있더라도 간접적 도덕적 지위라면 동물을 물건으로 보는 현재 민법의 규정과 다를 바가 없기 때문이다.

 동물에게 간접적 도덕적 지위만 있다는 주장이 그럴듯하다면 그것은 두 가지 이유 때문이다. 첫째는 동물을 발로 차는 것이 잘못인 이유는 주인 있는 돌이나 희귀석과 마찬가지로 그 동물의 주인이나 인류 전체의 이익을 침해했기 때문이다. 그러나 이 이유 때문이라면 주인 없는 길거리의 또는 야생의 동물을 학대해도 도덕적인 비난을 받지 않아야 하는데, 이것은 우리의 직관과 맞지 않는다. 동물에게 간접적 도덕적 지위만 있다고 주장하는 또 다른 이유로는 동물을 학대하는 것이 그 자체로 그른 일은 아니지만 다른 사람과의 관계 때문에 그르다는 것이다. 우리는 장난감 인형의 목을 비틀면서 노는 어린이가 장난감의 도덕적 지위를 훼손했기 때문에 그른 행동을 한다고 우려하는 게 아니라 (장난감에는 직접적 도덕적 지위가 없다!) 그런 잔인한 품성이 쌓여 다른 사람에게 나쁜 영향을 끼칠까 봐 우려하는 것이다. 이와 마찬가지로 누군가가 동물을 학대하는 행동을 우려하는 것도 동물의 도덕적 지위를 훼손했기 때문이 아니라 (동물에는 직접적 도덕적 지위가 없다!) 인간의 잔인한 습성을 기르기 때문이라는 것이다.[7] 그러나 철학자들은 이와 같은 경험적 논증을 좋아하지 않는다. 동물에게 잔인한 사람이 인간에게도 잔인하다는 경험적 입증이 된 적도 없을 뿐만 아니라, 설령 있다고 하더라도 실험에 의한 증거는 개연성만 보여 줄 뿐이기 때문이다. 동물에게는 잔인하지만 다른 사람에게는 한없이 자비로운 사람이나, 거꾸로 동물에게는 자비롭지만 다른 사람에게는 한없이 잔인한 사람을 얼마든지 상상할 수 있다. 동물은 간접적 도덕적 지위만을 갖는다는 논증들은 이렇게 실패하므로, 동물은 직접적 도덕적 지위를 갖든지 도덕적 지위를 아예 갖지 않아야 할 것이다. 그러나 동물이 도덕적 지위를 갖는다는 직관이 일반인의 인식이므로 동물은 직접적 도덕적 지위를 갖는다고 결론을 내려야 한다. 물론 철학 논증에서 직관은 전가의 보도로 쓰이지는 않는다. 하지만 직관과 맞지 않는 주장을 하려면 상당한 증명 책임을 져야 하고, 그 책임을 다하지 못하는 이상 직관의 손을 들어 줄 수밖에 없다.

동물의 도덕적 지위를 입증하는 두 번째 논증은 인간에게 도덕적 지위가 있는 이유를 찾아 그것을 동물에게 적용하는 것이다. 인간은 모두 도덕적 지위가 있다는 점에서 평등하다. 성별에 따른 차별이나 노예제를 인정하지 않는 현대 사회에서 이것은 명백한 진리로 받아들여진다. 우리 헌법에서도 11조에서 "모든 국민은 법 앞에 평등하다. 누구든지 성별·종교 또는 사회적 신분에 의하여 정치적·경제적·사회적·문화적 생활의 모든 영역에 있어서 차별을 받지 아니한다."라고 평등권이 명시되어 있는데, 이것이 모든 인간의 동등한 도덕적 지위가 법적인 기본권으로 반영된 것이리라. 그런데 왜 인간의 도덕적 지위는 모두 같을까? 모든 인간은 평등하다는 원칙의 근거는 무엇일까? 우리 주변의 사람들을 보면 모두 똑같지 않다. 신체적인 외모나 지적인 능력에서 분명히 모두 다른데 평등한 도덕적 지위를 어떻게 입증할 수 있을까? 싱어는 인간이라면 누구나 가지고 있는 이익(이해 관심)을 그 근거로 든다. 머리가 좋든 나쁘든 성별과 피부색이 어떻게 되든 인간이라면 누구나 다음과 같은 기본적인 이익을 가지고 있다.

> 고통을 피하고, 능력을 개발하고, 먹고 자는 기본적인 욕구를 충족시키고, 아이들이 있을 때 그들을 사랑하고 돌보고, 다른 사람과 우정과 애정을 즐거이 교환하고, 타인들로부터 불필요한 간섭을 받지 않고, 자신의 [삶의] 계획을 자유로이 추구하는 이익.[8]

모든 인간이 평등한 도덕적 지위를 갖는 것은 위와 같은 이익을 똑같이 가지고 있기 때문이다. 가령 고통을 피하고 싶은 이익은 누구나 가지고 있다. 그런데도 머리가 좋은 사람의 고통이라고 해서 또는 남성이나 백인의 고통이라고 해서 우선해서 고려해야 한다고 말하는 것은 자의적인 차별이 될 것이다. 인간의 평등한 도덕적 권리는 성차별과 인종 차별 또는 노예제의 부당함을 설명해 줄 수 있다. 인간은 성별이나 인종과 상관없이 누구나 위와 같은 기본적인 이익을 똑같이 가지고 있으므로 성별이나 인종에 따라 차별하는 것은 옳지 못한 것이다. 설령 신체적인 능력이나 지적인 능력이 부족하더라도 위와 같은 이익은 똑같이 가지고 있는데 노예로 삼음으로써 그 이익을 억누르는 것은 공정하지 못한 것이다.

성별이나 인종과 상관없이 더 나아가 지능지수와도 상관없이 위와 같은 이익을 가지고 있을 때 똑같이 존중해 주어야 한다면, 어떤 종에 속하느냐와 상관없이 위와 같은 이익을 똑같이 가지고 있다면 그 이익 역시 존중해 주어야 하지 않을까? 이것이 바로 동물도 인간과 같은 도덕적 지위를 갖는 이유이다. 동물 대부분은 고통을 피하고, 능력을 개발하고, 먹고 자는 기본적인 욕구를 충족하는 이익을 가지고 있다. 그리고 포유류 대부분은 새끼들을 돌보고, 동료 동물들과 우정과 애정을 나누고 다른 존재로부터 불필요한 간섭을 받지 않고, 자기 삶의 계획을 자유로이 추구하는 이익을 가지고 있다. 그렇다면 우리는 그 이익을 존중해 주어야 하는 의무를 지고 있다. 그 이익이 인간이 아닌 종의 것이라고 해서 무시해도 된다고 생각하는 것은, 인간이면 누구나 가지고 있는 이익이 특정 성별이나 인종의 것이라고 해서 무시하는 것과 마찬가지의 자의적인 차별이다. 철학자들은 종에 따른 이러한 차별을 성차별주의나 인종 차별주의에 빗대 **종 차별주의**(speciesism)라고 부른다. 동물의 도덕적 지위를 인정하지 않는 것은 종 차별주의이다.

종 차별주의를 지지하는 사람들은 인간은 동물과 구분되는 특별한 성질을 가지고 있으므로 그것에 기반한 특별한 대우는 자의적인 차별이 아니라고 생각한다. 그런 특성으로 흔히 합리성, 언어나 도구의 사용, 도덕성의 소유 따위가 거론된다. 그러나 문제는 이러한 특성을 가지지 못한 인간이 존재한다는 사실이다. 유아나 지적 장애인 등이 그런 인간인데, 이들을 '가장자리 인간'이라고 부른다.[9] 인간만이 갖는 특성 때문에 인간에게 특별한 대우를 해야 한다면 그것을 갖지 못한 가장자리 인간은 어떻게 다루어야 할까? 가장자리 인간을 구하기 위한 몇 가지 아이디어가 제시된다. 우선은 가장자리 인간은 지금은 인간의 특성을 지니고 있지 못하지만 앞으로는 갖게 된다는 점을 거론한다. 영·유아는 지금은 합리적이지 못하지만 잠재적으로 합리적이라는 것이다. 그러나 잠재성은 잠재성일 뿐이다. 의과 대학생은 의사가 될 잠재성이 있지만 학생이 곧 의사는 아니지 않은가? 더구나 지적 장애인은 그런 잠재성도 없다. 가장자리 인간에게 도덕적 지위를 부여하려는 또 다른 논증으로, 가장자리 인간이 도덕적 지위가 없다고 생각한다면 우리는 유아나 지적 장애인을 동물과 다름없이 대하게 되고 이는 사회의 안정과 평화를 해치게 된다는 주장이 제기된다. 이것은 전형적인 논점을 선취하는 오류이다. 지금 가장자리 인간에게 도덕적 지위가 있는지 없는지가 논점인데, 가장자리 인간에게 도덕적 지위를 부여하지 않으면 사회적 혼란이 생긴다고 주장하기 때문이다. 동물에게 도덕적 지위가 있는지 없는지를 논의하고 있는데 누군가가 동물에게 도덕적 지위를 부여하지 않으면 사회적 혼란이 생긴다고 주장할 때 받아들일 수 있는지 생각해 보면 된다.

　동물의 도덕적 지위를 인정해야 한다는 세 번째 논증이 등장하는 대목이 바로 여기이다. 가장자리 인간이 '중심부'에 있는 인간과 도덕적 지위가 같지 않다면 우리가 취할 수 있는 방법은 두 가지이다. 한 가지는 가장자리 인간이나 동물 모두에게 도덕적 지위를 인정하지 않는 것이다. 다른 한 가지는 가장자리 인간에게 도덕적 지위를 부여하고, 합리성, 언어나 도구의 사용, 도덕성의 소유 따위의 특성에서 가장자리 인간과 차이가 없는 동물에게도 도덕적 지위를 부여하는 것이다. 아리스토텔레스의 오래된 정의의 원리인 "똑같은 것은 똑같이"를 적용하는 것이 공정하기 때문이다. 가장자리 인간과 동물은 인간만을 정의하는 특성을 같은 정도로 가지므로 그 도덕적 지위를 똑같이 내리거나 똑같이 올리는 것이다. 이 두 가지 선택지 중 첫 번째를 선택하는 것은 공정하고 일관적이기는 하지만 상식으로 받아들이기 어렵다.[10] 가장자리 인간의 지위를 동물의 수준으로 낮춘다면 동물과 마찬가지로 가장자리 인간을 실험 대상으로 쓸 수 있기 때문이다. 그렇다면 우리의 선택은 동물에게 가장자리 인간과 똑같은 도덕적 지위를, 즉 모든 인간이 지닌 도덕적 지위를 똑같이 부여하는 것이다.

이상의 논증에 따르면 동물에게는 도덕적 지위가 있다. 그것도 동물이 인간의 소유물이기 때문에 또는 인류에게 가치가 있기 때문에 도덕적 지위가 있는 것이 아니라, 동물 그 자체의 특성으로 도덕적 가치를 갖는다. 따라서 우리는 동물을 도덕적으로 고려해야 하는 의무를 지니며 그 의무를 다하지 못하면 동물의 도덕적 권리를 침해했다는 도덕적 비난을 받아야 한다. 동물이 인간과 같은 도덕적 지위가 갖는다고 해서 그 법적 지위도 인간과 같을까? 이 질문에 대답하기 위해서 다시 인간의 경우와 유추하는 방법을 사용해야 한다. 다시 말해서 유비 논증으로 도출한 결과를 적용한 것을 다시 유비 논증으로 이용하는 것이다. 인간은 성별과 피부색과 상관없이, 그리고 가장자리 인간인가의 여부와 상관없이 똑같은 법적 지위를 갖는다. 그런 인식의 바탕에는 인간이 성별과 피부색과 상관없이, 그리고 가장자리 인간인가의 여부와 상관없이 똑같은 도덕적 지위를 갖는다는 인식이 형성되었기 때문이다. 인간의 경우 똑같은 도덕적 지위가 똑같은 법적 지위로 이어졌다. 그렇다면 마찬가지로 동물이 인간과 같은 도덕적 지위를 갖는다면 그 법적 지위도 같다고 결론을 내릴 수 있다.

3. 동물이 물건일 때의 도덕적 정신 분열

나는 지금까지 인간과의 유비 논증으로 동물이 인간과 같은 도덕적 지위뿐만 아니라 법적 지위도 갖는다고 주장했다. 지금부터는 동물에게 법적 지위를 부여하지 않는다면 우리는 도덕적 정신 분열에 빠지기 때문에 법적 지위를 부여해야 한다고 주장할 것이다.

동물에게 도덕적 지위가 있다면 우리는 그 도덕적 권리를 존중해야 한다고 말했다. 동물이 갖는 도덕적 권리는 앞 절에서 말한 동물의 이익을 말한다. 가령 동물에게는 고통을 피하고 타인으로부터 불필요한 간섭을 받지 않을 이익이 있는데, 동물을 학대하고 감금한다면 동물의 도덕적 지위를 훼손한 것이다. 그렇다면 동물을 다루는 현재의 대부분의 관행은 동물의 도덕적 지위를 훼손한 것이다. 고기 또는 털과 가죽을 얻기 위해 열악한 환경에서 동물을 기르고 도살하는 공장식 농장, 감금된 곳에서 각종 질병에 걸리게 하여 고통을 주는 동물 실험, 인간의 즐거움을 위해 좁고 부자연스러운 곳에 가두어 두는 동물원이나 수족관은 도덕적으로 비난을 받을 만하다. 물론 그런 관행들은 인간에게 일부는 사소한 이득을, 일부는 중대한 이득을 가져다준다. 그러나 아무리 인간에게 이득이 된다고 하더라도 같은 인간에게 그런 관행을 저지른다는 것은 생각만 해도 끔찍하다. 동물의 도덕적 지위가 인간의 그것과 같다면, 아무리 인간에게 이익이 있더라도 동물에게 그런 관행을 저지르는 것 역시 용납할 수 없는 것이다.

도덕적으로 비난을 받는다고 해서 모두 법적으로 제지되는 것은 아니다. 사회에서 비도덕적이라고 비난을 받지만 법적 처벌을 받지 않는 경우로 세 가지를 생각해 볼 수 있다.[11] 첫째는 가벼운 거짓말을 했거나 예의범절을 어겼을 때처럼 상대방에게 큰 피해를 주지 않는 경우이다. 둘째는 간통처럼 사적인 영역에 속하는 경우이다. 물론 간통 행위의 상간자 또는 배우자를 상대로 민사상 손해배상은 청구할 수 있지만, 형사상 처벌은 하지 않는다. 셋째는 많은 국가에서는 명예훼손과 표현의 자유가 충돌하는 경우 후자를 보다 우선시하는 경향이 있는데,[12] 이것은 상대방의 명예를 훼손하는 것보다 표현의 자유라는 가치가 사회 전체적으로 더 중요한 이익이라고 보기 때문이다. 동물의 기본권을 침해하는 위와 같은 관행이 도덕적으로 비난받아도 법적으로 처벌받지 않는다면 그것은 이 중 하나에 해당한다고 보기 때문일 것이다. 일단 첫 번째 경우에는 해당하지 않는다. 동물 학대가 가벼운 거짓말이나 무례의 경우처럼 상대방에게 사소한 피해를 준다고 보는 사람은 아무도 없을 것이기 때문이다. 둘째와 셋째의 가능성은 있다. 동물을 학대하는 관행을 간통처럼 사적인 영역으로 본다면 도덕적인 비난은 해도 법적 처벌까지는 안 할 것이다. 또 동물을 학대하는 것이 도덕적으로는 물론이고 법적으로도 문제가 있지만 인간에게 그것에 의해 더 큰 이익―고기를 먹고 가죽옷을 입는 즐거움이나 동물 실험을 통해 얻는 약물 따위―이 있다고 보기 때문에 법적 처벌을 안 할 것이다. 이 두 경우의 가능성이 크다. 그런데 이런 가능성을 인정한다는 것은 동물을 물건으로 본다는 뜻이다.

물건의 법적 지위는 그 주인이 전적인 소유권을 행사함을 의미한다. 물건의 소유주는 물건에 독점적인 특권을 갖는다. 그것을 팔아도, 부수어도, 실험해도, 가지고 놀아도 법적으로 문제가 없다. 그 물건을 가지고 남에게 피해를 주지 않는 한 자기 목적을 위해 마음대로 이용해도 괜찮은 것이다. 자기 목적을 위해 마음대로 이용하는 것이 곧 '착취'라고 볼 수 있지만, 사람이 아닌 물건의 경우에는 착취라는 평가적인 어휘가 적용되지 않는다. 물건은 법적 권리의 객체이고 주체가 아니므로 착취가 되는 데 필요한 권리가 없기 때문이다. 사람만이 법적 권리를 가질 수 있다. 소유주는 법적 권리가 없는 물건을 마음대로 이용해도 되지만, 그래도 우리는 소유주가 자신의 소유물을 이유 없이 상하게 하지 않을 것이고, 상하게 한다면 무슨 이유가 있으리라 생각한다. 동물도 물건이라고 여기는 한 마찬가지로 생각한다. 주인이 소유한 물건인 동물은 소유주가 훼손하더라도 그의 사적인 문제라고 생각한다. 그리고 그가 자신의 재산을 일부러 상하게 하지는 않을 것이며, 상하게 했다면 무슨 이유가 있을 것이라고, 아마 그 훼손이 더 큰 이익에 의해 상쇄된다고 생각하기 때문일 것이라고 짐작하는 것이다.

동물의 기본권을 침해하는 관행들이 현재 법적으로 처벌받지 않는 것은 이렇게 동물을 물건으로 보기 때문이다. 그러나 동물을 물건으로 보는 것은 동물이 도덕적 지위를 간접적으로가 아니라 직접적으로 갖는다는 앞 절의 주장과 모순된다. 우리는 한편으로 동물을 물건으로 생각하지 않는 직관을 가지면서 다른 한편으로 동물을 물건으로 간주하는 법을 시행하는 것이다. 그래서 프랜시온은 이런 모순을 **도덕적 정**

신 분열(moral schizophrenia)이라고 부른다.[13] 우리의 생각과 행동이 일치하지 않는다는 뜻이다. 정신 분열을 치료하기 위해서는 동물의 직접적 도덕적 지위에 걸맞은 법적 지위를 부여해야 한다. 그것은 동물을 더는 물건으로 보지 않는다고 규정해야 한다는 말이다. 따라서 "동물은 물건이 아니다."라는 민법 개정안의 기본 방향은 옳다. 머리말에서 말했듯이 현행 법률에서는 권리의 주체와 객체는 엄격하게 구분되어 있고, 권리의 주체가 될 수 있는 것은 자연인과 법인밖에 없다. 민법 제3조는 "사람은 생존하는 동안 권리와 의무의 주체가 된다."라고, 민법 제34조는 "법인은 법률의 규정에 좇아 정관으로 정한 목적의 범위 내에서 권리와 의무의 주체가 된다."라고 규정하고 있다.[14] 법인은 사람의 집단인 사단이나 재산인 재단을 말하므로 동물은 법인은 될 수 없다. 그렇다면 동물은 사람의 법인격을 갖는다고 인정할 수밖에 없다. 다시 말해서 동물의 도덕적 지위뿐만 아니라 법적 지위도 사람과 같아야 한다.

법무부는 "동물은 물건이 아니다."라고 법률을 개정하겠다고 입법 예고하면서 "법률에 특별한 규정이 있는 경우를 제외하고는 물건에 관한 규정을 준용하도록" 한다는 단서를 달았다. 한편으로는 물건이 아니라고 하면서 다른 한편으로는 물건으로 보겠다는 것은 어떤 의미일까? 위에서 말했듯이 물건은 소유주가 그 이용에서 배타적인 특권을 가지고 있는 객체이다. 반면에 물건이 아닌 존재는 그러한 객체가 될 수 없다. 사람과 물건은 이분법적으로 구분이 되므로 물건이 아니면서 물건일 수는 없는 것이다. 나는 여기서, 다음 절에서 다시 말하겠지만, 사람과 물건의 중간 지위가 있을 수 없다는 것을 주장하는 것은 아니다. 다만 물건이면서 동시에 물건이 아닐 수 없다고 주장하는 것이다.

그런데도 물건이 아니라고 규정하면서 물건으로 취급한다고 한 단서는 과거 흑인 노예를 바라보는 시각을 떠올리게 한다. 프랜시온은 동물을 재산으로 보는 시각을 흑인 노예를 재산으로 보는 시각과 비교하면서 다음과 같이 말했다.

> 자연인이든 법적인 사람이든 사람만이 권리를 가질 수 있다. 노예는 법률상 사람 그리고 재산으로 간주되었지만, 노예와 노예 소유주 사이의 갈등이 있을 때는 언제나 노예가 사람으로서 갖는 법률상의 권리는 간단하게 무시된다는 점에서 사실상 재산으로 취급되었다.[15]

흑인 노예제가 있던 미국의 역사를 살펴보면 노예가 사람이면서 동시에 물건으로 취급받은 실례가 드러난다.[16] 노예를 사람으로 간주한다는 것은 흑인이 사람만이 저지르는 범죄를 저지르면 똑같이 처벌한다는 뜻이다. 만약 노예를 일관되게 물건으로 인식했다면 범죄에 해당하는 행위를 했다고 하더라도 자유 의지에 의한 것이 아니므로 처벌해서는 안 된다. 동물이 사람을 죽이거나 사람의 물건을 훼손하는 경우 그것은 자유 의지에 의한 행동이라고 보지 않기 때문에 처벌이 아니라 격리나 추방이나 도살의 방법을 사용할 것이다. 그러나 노예가 살인이나 절도를 저질렀을 때 그에 상응하는 처벌을 받은 것을 보면 노예는 자유 의지가 있는 존재, 곧 사람으로 인식되었다.[17] 단, 노예의 처벌은 대체로 매를 맞거나 사형을 당하는 신체형이었다. 벌금형과 투옥형은 의미가 없는데, 노예는 재산이 없고 이미 자유롭지 않기 때문이다.[18] 노예와 자유인의 처벌 방식이 다르다는 점에서 노예는 여전히 물건으로 취급받았다는 견해도 가능하다. 그러나 사람을 문 개는 주인이 처벌을 받거나 안락사의 대상이 된다. 사람을 문 개라고 해서 안락사를 시켜야 하느냐는 논란이 되지만, 어떤 식으로든 동물이 아니라 주인이 책임을 져야 한다는 데는 이론의 여지가 없는 것을 보면 동물의 자유 의지를 인정하지 않는 것이다. 이와 달리 범죄를 저지른 노예는 그 주인이 처벌을 받지 않고 노예가 처벌받는 것을 보면 노예의 자유 의지를 인정하는 것이고, 이는 적어도 처벌과 관련해서는 노예를 사람으로 취급했다는 뜻이다.

흑인 노예는 자신이 불리할 때는 이렇게 인간으로 취급되었지만, 인간으로서 갖는 권리는 행사하지 못했다. 일단 노예는 급료에 대한 권리가 없었고 어떤 재산도 소유할 수 없었다.[19] 노예의 결혼은 법적으로 허용되지 않았지만 소유주의 필요에 의해 실제로는 이루어졌다. 그러나 노예 부부의 한쪽이 팔려 가거나 선물로 주어지거나 일하는 곳을 옮겨가게 되면 헤어지게 되었다. 노예 소유주가 큰 빚을 지거나 죽으면 노예는 팔리게 되는데, 이때 대부분의 노예들은 가족 단위가 아니라 개인별로 팔려 가족은 뿔뿔이 흩어지게 되었다.[20] 6개 주의 법은 주인은 노예에게 적절한 음식과 옷을 제공하도록 요구하고 있고, 루이지애나의 법은 노예에 대한 '잔인한 처벌'은 범죄로 규정했다. 주인이 잔인한 처벌로 유죄 선고를 받으면 판사는 더 좋은 주인에게 팔도록 명령할 수 있었다. 그러나 현실에서는 잔인한 처벌로 법정에 가는 경우도 드물었고, 재판을 받더라도 무죄 선고를 받았다. 더 놀라운 것은 이 '잔인한 처벌'에 채찍 따위로 때리는 것은 제외되었는데, 주인에게는 노예를 채찍질하는 벌을 내리는 권리가 있었던 것이다.[21] 노예는 재산이기에 노예주가 노예를 다치게 해도 처벌받지 않은 역사는 미국의 흑인 노예 역사보다 훨씬 오래되었다. 구약 성서(출애굽기 21, 20-21)에 다음과 같은 구절이 있다.

> 자기 남종이나 여종을 때려 당장에 숨지게 한 자는 반드시 벌을 받아야 한다. 다만 그 종이 하루나 이틀만 더 살아 있어도 벌을 면한다. 종은 주인의 재산이기 때문이다.

"동물은 물건이 아니다."라는 법률 개정안이 도입되더라도 "물건에 관한 규정을 준용하도록" 하는 단서가 있는 한, 동물의 지위는 흑인 노예의 지위와 다르지 않게 된다. 현재 우리나라 법률에서는 동물을 학대할 때 형법에서 규정한 재물 손괴죄 외에 동물 보호법의 제46조에서 동물을 죽음에 이르게 하는 학대 행위를 한 자는 3년 이하의 징역 또는 3천만 원 이하의 벌금에 처하고, 동물을 학대한 자는 2년 이하의 징역 또는 2천만 원 이하의 벌금에 처하도록 규정하고 있다. 야생 동물보호 및 관리에 관한 법률의 제68조는 야생 동물을 죽음에 이르게 하는 학대 행위를 한 자는 3년 이하의 징역 또는 300만 원 이상 3천만 원 이하의 벌금에 처하고 제69조는 동물을 학대한 자는 2년 이하의 징역 또는 2천만 원 이하의 벌금에 처하도록 규정하고 있다. 그러나 실제 처벌 사례는 극히 적다. 2016년부터 2020년 10월까지 동물 보호법 위반 혐의로 입건된 3398명 중 절반이 넘는 1741명(51.2%)이 불기소 처분을 받았다. 정식 재판을 청구한 피의자는 93명(2.8%), 구속 기소로 이어진 인원은 단 2명(0.1%)에 불과했다.[22] 이는 노예에 대한 '잔인한 처벌'을 범죄로 규정하는 법이 있지만 실제로 유죄 선고를 받은 경우는 별로 없었던 역사를 떠올리게 한다.

  더 큰 문제는 이 동물 보호법 등에 예외 조항이 있다는 것이다. 동물 보호법은 제8조의 2항에서 다음 각 호의 학대 행위를 해서는 안 된다고 규정하면서, 2호에 "살아 있는 상태에서 동물의 신체를 손상하거나 체액을 채취하거나 체액을 채취하기 위한 장치를 설치하는 행위"를 거론한다. 그러나 여기에 동물 실험은 제외한다. 또 다른 동물 학대 행위로 3호에 "도박·광고·오락·유흥 등의 목적으로 동물에게 상해를 입히는 행위"를 거론하는데, 여기에는 민속 경기를 제외한다. 소싸움 같은 것이 그 예가 될 것이다. 동물이 물건이 아니라면 어떤 때는 신체를 손상해도 되고 어떤 때는 손상해서는 안 되는 식으로 예외를 둘 수 없다. 인간의 경우를 생각해 보면 쉽게 알 수 있다. 역시 동물이 물건이 아니라면 어떤 때는 오락이나 도박의 대상이 되어도 되고 어떤 때는 안 되는 식으로 예외를 둘 수 없다. 인간을 대상으로 오락을 하거나 도박을 하는 것이 어떠한 경우에도 용납되지 않음을 생각해 보면 된다. 동물 실험은 "살아 있는 상태에서 동물의 신체를 손상하거나 체액을 채취하거나 체액을 채취하기 위한 장치를 설치하는 행위"가 분명한데도 학대 행위로 보지 않는 것은 그것으로부터 인간에게 의학적 지식의 향상이라는 더 큰 이익이 있기 때문일 것이다. 마찬가지로 민속 경기는 "도박·광고·오락·유흥 등의 목적으로 동물에게 상해를 입히는 행위"가 분명한데도 학대 행위로 보지 않는 것은 인간의 전통과 단합이라는 더 큰 이익이 있기 때문일 것이다. 동물은 여전히 인간의 이익을 위한 물건으로 취급되고 있다.

동물이 물건이 아니라는 명시적인 조항이 없는 현재에도 동물을 학대한 경우 형법의 재물 손괴죄가 아니라 동물 보호법 등의 동물 학대 금지 조항에 의해 처벌할 수 있는 조항이 있는 것은 동물을 물건으로 보아서는 안 된다는 의식이 법률에 반영되어 있기 때문이다. 그럼에도 실제로는 처벌이 제대로 이루어지지 않거나, 거기에 예외 조항이 있는 것은 여전히 인간의 이익이 더 큰 경우에는 동물의 기본권이 침해될 수 있다는 인식이 반영된 것이다. 인간의 기본권은 더 큰 이익을 위해 침해될 수 없는 불가침의 것이라는 인식이 있는 것을 생각해 보면, 이것은 동물을 여전히 물건으로 취급하고 있다는 뜻이다. 현재 사정이 이러할진대 "물건에 관한 규정을 준용하도록" 하는 단서가 들어오는 한, 동물은 물건의 지위를 여전히 벗어나지 못할 것이다. 동물은 물건이 아니라는 조항으로 동물은 물건이 아니라는 의식이 더 늘어날 것이므로, 한편으로는 물건이 아니라고 보면서 다른 한편으로는 물건으로 보는 도덕적 정신 분열이 더 심화될 것이다.

4. 동물이 물건이 아니라는 의미

지금까지 동물에게는 동물의 도덕적 지위에 걸맞은 법적 지위를 부여해야 하며, 그러기 위해서는 사람과 같은 법적 지위를 부여해야 한다고 주장했다. 그리고 사람과 물건은 양립할 수 없는 법적 지위이므로 동물이 "물건에 관한 규정을 준용하도록" 하는 단서가 부여되어서는 안 된다고 역설했다. 동물은 어떤 경우에도 물건이 아닌 법적 지위를 인정받아야 한다. 그러나 동물이 물건이 아니라는 주장의 의미는 무엇일까? 동물을 단순한 물건이 아니라 생명체로 생각하는 사람들은 이 조항을 환영하고, 동물이 물건이 아니라는 민법 개정안을 예고한 법무부도 "동물과 사람을 막론하고 생명이 보다 존중받는 사회를 이끌"었다는 의미를 부여한다.[23] 그러나 동물이 물건이 아니라는 주장의 정확한 의미는 무엇일까? 동물은 물건이 아니라는 법적 규정을 환영하는 사람들은 그 정확한 의미를 알고서 환영하는 것일까? 우리 헌법 제35조 제1항에서는 "모든 국민은 건강하고 쾌적한 환경에서 생활할 권리를 가지며, 국가와 국민은 환경 보전을 위하여 노력하여야 한다."라고 하여 환경권을 규정하면서, 제2항에서 "환경권의 내용과 행사에 관하여는 법률로 정한다."라고 규정하고 있다. 환경권은 헌법에서 잠정적인 권리로 인정되나 그 권리의 성격을 둘러싸고 프로그램 규정으로 보는 견해, 추상적 권리로 보는 견해, 구체적 권리로 보는 견해 등이 있는데,[24] 알렉시의 원리 모델에 따른 프로그램 규정이 대체로 타당하다고 인정된다. 환경권은 타인의 소유권 및 재산권, 기업의 생산성, 기업의 경쟁력, 국가의 재정 따위의 다른 원칙들과의 형량을 통해 확정적 권리의 성격을 지니는 것이다. 그러므로 환경권의 내용과 행사는 입법자가 법익을 조정해서 정하는 것이며, 환경권의 재산권 등에 대한 우위를 보장하는 헌법적 근거는 존재하지 않는다.[25] 동물이 물건이 아니라는 법적 규정도 이처럼 단순히 프로그램적 규정으로 받아들이는 것은 아닐까? 그런 선언적 규정으로 동물을 향해 가지고 있는 죄책감을 씻고 동물을 다루는 관행은 단서 조항을 통해 계속 유지하려는 것 아닌가?

　　최준규는 얼핏 보기에 모순되어 보이는 민법 개정안이 "간접적이고 상징적인 효과에 주안을 둔 것"이라는 것을 인정한다. 그러면서 이러한 효과를 결코 가볍게 볼 수 없다고 말하는데, "기본적 인권 보호와 달리 동물 보호는 그와 대립되는 다른 이익보다 절대적으로 앞서는 으뜸 패가 아니"라고 보기 때문이다.[26] 여기서 '으뜸 패'란 헌법 제10조에서 말한 "개인이 가지는 불가침의 기본적 인권"처럼 더 큰 이익을 위해 양보할 수 없는 권리를 말한다. 예를 들어 한 명의 신체를 구속하여 장기를 적출하면 9명의 생명을 살릴 수 있지만,[27] 그렇다고 해서 한 명의 생명권을 훼손하는 것은 용납되지 않는다. 최준규는 이런 기본적 인권의 불가침성이 동물의 기본적 권리에는 적용되지 않는다고 보는 것이다. 그러면서도 그는 바로 이어서 "비록 선언적 조항이라 할지라도 동물은 '원칙적으로' 물건이 아니라는 규정이 입법화되었다는 것은, '오로지' 이윤 극대화를 위해 동물을 사용·수익·처분할 수 있다는 생각이 더 이상 설 자리를 잃게 되었다는 뜻이다."[28]라고 말한다. 한편으로는 동물의 기본적 권리는 으뜸 패가 아니므로 물건에 관한 규정을 준용하도록 한 단서가 이해가 된다고 말하면서, 다른 한편으로는 오로지 이윤 극대화를 위해 동물을 사용할 수 없다고 주장하는 모순을 보여 주는 것이다.

나는 동물이 물건이 아니라는 규정을 선언적으로 받아들이는 사람들의 인식이 이와 비슷할 것이라고 생각한다. 동물은 선언적으로는 이윤 극대화를 위해 사용될 수 없다고 생각하면서, 구체적인 이윤 극대화를 위해 여전히 사용되는 현실은 개선하지 않는 것이다. 최준규는 동물 보호의 현실을 어느 선까지 개선할지는 "기본적으로 '정치적' 문제"로서, "충돌하는 다양한 사회적 이해관계를 공론(公論)의 장에서 대화와 타협을 통해 조정함으로써 구체적 범위를 획정해야 하는 문제"[29]라고 말한다. 그러나 기본적 인권은 '정치적' 문제가 아니다. 직업 보장이나 실업 보장과 같은 노동관계에 대한 구체적 정책은 정치적 해석에 따라 달라질 수 있지만, 노동권이 보편적 인권이 아닌 것은 아니다.[30] 하물며 노동권보다 더 기본권인 생명권이나 신체권이 정치적 해석에 따라 주어졌다가 주어지지 않는 것은 가능하지 않다. 피부색과 상관없이 누구든 노예가 되지 않을 권리는 "충돌하는 다양한 사회적 이해관계를 공론의 장에서 대화와 타협을 통해 조정함으로써" 생긴 것이 아님을 생각해 보라. 문제는 동물의 기본권은 인간의 기본권과 다르다고 생각하는 것이다. 그러나 2절의 논증에 따르면 그것은 다르지 않다. 그러기에 인간과 동물은 똑같은 도덕적 지위를 가지며, 나아가 똑같은 법적 지위를 가져야 한다.

법학자가 아닌 나로서는 법적 지위가 똑같더라도 그것을 법제화하는 것은 다른 영역의 문제일 수도 있다는 것을 인정한다. 최준규가 말했듯이 "큰 파급효 또는 잠재적 폭발력"이 있기 때문이다.[31] 그러나 바로 그러한 문제 때문에 동물에게 인간과 같은 법적 권리가 있고, 그렇게 동물이 물건이 아니라고 선언하는 규정을 명문화하는 것은 아무리 선언적 의미에 지나지 않는다고 하더라도 너무 쉽게 생각해서는 안 된다고 생각한다. 우리는 동물이 물건이 아니라는 의미를 무겁게 받아들여야 한다. 동물이 물건이 아니고 사람의 법적 지위를 누린다면 동물을 취급하는 현재의 관행 중 상당 부분이 불법화되어야 하기 때문이다.

물론 동물의 법적 지위를 사람으로 인정한다고 해서 동물이 사람이 갖는 법적 권리를 고스란히 갖는 것은 아니다. 이것은 호모 사피엔스라는 생물학적 사람의 구성원들이 그 법적 지위는 모두 똑같지만 법적 권리가 모두 똑같은 것은 아니라는 사실을 보면 알 수 있다. 예를 들어 미성년자와 성인은 모두 사람이라는 법적 지위를 가지고 있다. 그러나 미성년자의 법적 권리는 성인의 그것과 많이 다르다. 미성년은 성인에 견줘 정치적인 판단 능력이 없다고 생각되기에 선거권과 피선거권이 인정되지 않는다. 그렇지만 생명권이나 신체권 등의 기본권을 향유할 수 있는 능력은 미성년이든 성인이든 똑같이 인정받는다. 인간 존재 그 자체는 기본권 향유를 근거 지우는 데 충분하기에, 모든 '살아 있는 자'에게 기본권 보유 능력이 인정되는 것이다.[32] 이와 마찬가지로 어떤 동물이든 글을 읽거나 정치에 참여할 수 있는 능력이 없다고 생각하기에 동물에게는 나이에 상관없이 학교에 다닐 권리나 참정권을 인정하지 않는다. 그러나 사람이나 마찬가지로 동물도 똑같이 가지고 있는 기본권은 인정해야 한다. 그 기본권은 2절에서 말한 고통을 피하고, 능력을 개발하고, 먹고 자고, 새끼들을 돌보고, 동료 동물들과 우정과 애정을 나누고, 다른 존재로부터 불필요한 간섭을 받지 않고, 자신의 삶의 계획을 자유로이 추구하는 기본적인 욕구를 충족하는 이익을 말한다. 사실 동물도 누려야 하는 이 기본적 권리는 우리의 법률에 이미 명시되어 있다. 그것은 동물 보호법의 제3조에 '동물 보호의 기본 원칙'으로, 동물을 사육·관리 또는 보호할 때에는 다음 각 호의 원칙을 준수하여야 한다고 되어 있다.

1. 동물이 본래의 습성과 신체의 원형을 유지하면서 정상적으로 살 수 있도록 할 것

2. 동물이 갈증 및 굶주림을 겪거나 영양이 결핍되지 아니하도록 할 것
3. 동물이 정상적인 행동을 표현할 수 있고 불편함을 겪지 아니하도록 할 것
4. 동물이 고통·상해 및 질병으로부터 자유롭도록 할 것
5. 동물이 공포와 스트레스를 받지 아니하도록 할 것

이 중 1호는 2~5호를 포괄한 것이다. 갈증 및 굶주림을 겪지 않고 고통·상해 및 질병으로부터 자유로우며 공포와 스트레스를 받지 않는 것이 곧 "동물의 본래의 습성과 신체의 원형을 유지하면서 정상적으로 살 수" 있는 길이기 때문이다. 실은 이것은 인간의 기본적 권리이기도 하다. 인간 누구도 2~5호의 원칙을 준수해야 인간도 "본래의 습성과 신체의 원형을 유지하면서 정상적으로 살 수" 있기 때문이다. 다만 인간의 본래의 습성은 여기서 그치는 것이 아니라 글을 배우고 정치에 참여하는 것도 포함되어 있다. 그래서 2~5호의 원칙 준수는 물론이고 정치에 참여할 수 있는 권리나 학교에 다닐 권리 따위도 가지고 있어야 인간 본래의 습성을 유지하며 정상적으로 살 수 있는 것이다. 그러나 동물의 경우에는 2~5호만 만족이 되어도 얼마든지 본래의 습성을 유지하면서 정상적으로 살 수 있다. 따라서 우리의 법률은 동물이 물건이 아니라는 규정을 하지 않더라도 이미 동물의 기본적 권리를 만족하게 하는 규정을 갖추고 있다. 다만 그것이 선언적 규정에 그치고 있는 것이 문제인 것이다.

특히 애완동물을 키우는 사람들은 동물이 물건이 아니라는 규정을 환영한다. 이미 애완동물을 가족으로 생각하고 있는데, 물건이라는

법 조항은 그런 생각과 한참 벗어나 있기 때문이다. 만약 동물이 물건이 아니게 된다면 애완동물은 당당하게 가족의 하나로 인정받을 수 있다. 이뿐만 아니라 동물을 다치게 했을 경우에는 지금처럼 물건에 해당한다고 보고 손해 배상을 하는 수준을 넘어서 위자료까지 지급해야 할 것이다. 누군가가 내 옷을 찢었는데 그 옷에 추억이 담겨 있다고 해서 그 추억까지 보상하지는 않는다. 현재 동물은 그런 옷과 마찬가지로 취급을 하지만, 동물이 물건이 아니라면 추억을 포함해 정신적인 피해까지 위자료로 청구할 수 있다.[33] 그러나 동물이 물건이 아니라는 규정이 명문화된다면, 그리고 동물 보호법의 제3조의 '동물 보호의 기본 원칙'이 제대로 지켜진다면 애완동물과 관련된 법적 의무만 변화할까? 그렇지 않다 현재 동물을 다루는 여러 관행들은 모두 불법이 되어야 한다. 애완동물을 키우는 사람들도 감당할 수 없는 수준의 변화를 받아들여야 한다. 그중 중요한 것들을 말해 보자.

현재의 공장식 축산은 모두 금지되어야 한다. 닭이 날개도 펴지 못할 정도로 좁고 바닥은 철망인 배터리 케이지 사육이 대표적인 예이다. 닭은 높은 곳에 올라가고 흙을 쪼는 "본래의 습성"이 있으므로 그것을 존중해 주어야 "정상적으로 살 수 있도록" 하는 것이다. 그리고 알을 끊임없이 낳게 하려고 항상 밝게 하여 밤낮을 잊게 만드는 사육 환경 역시 닭이 "정상적인 행동을 표현할 수 있고 불편함을 겪지 아니하도록 할 것"이라는 원칙을 어기므로 더는 허용해서는 안 된다. 축산업자들이 배터리 케이지를 비롯한 공장식 축산을 운영하는 것은 당연히 경제적 이유 때문이다. 따라서 공장식 축산이 금지된다면 소비자들은 축산물을 높은 가격으로 구매할 수밖에 없다. 만약 높은 축산물 가격으로 소비자에게 피해가 간다는 이유로 공장식 축산을 계속 유지해야 한다고 주장한다면, 그것은 흑인 노예가 해방될 경우 노예에게 의존하던 농장 경영이 어려워져 농산물 가격 상승으로 소비자에게 피해가 간다고 주장하는 것이나 다름이 없다. 노예의 기본권이나 동물의 기본권은 돈으로 대체할 수 없는 불가침의 것이다. 그러나 "정상적인 행동을 표현할 수 있고 불편함을 겪지 아니하도록" 하면서 길들여진 동물(애완동물과 농장 동물)을 기르는 것은 동물의 도덕적 지위를 침해한 것은 아니다. 길들여진 동물을 기르지 않고 야생으로 내보내는 것이 오히려 "정상적인 행동을 표현"하지 못하게 하는 것이기 때문이다. 더 나아가 공포와 고통을 주지 않으면서 도살을 하는 것 역시 동물의 도덕적 지위를 침해한 것은 아니다. 인간은 고통을 주지 않더라도 주위에서 죽음이 일어난다면 공포를 느낄 수 있지만, 그런 인지 능력이 없는 동물은 죽음을 예측하지 못하게 하고 죽음의 고통만 주지 않는다면 도살이 가능하다.[34]

모든 형태의 동물 실험이 금지되어야 한다. 2절에서 보았듯이 동물은 합리성, 언어나 도구의 사용, 도덕성의 소유 따위의 특징을 가장자리 인간과 같은 정도로 갖는다. 그러므로 가장자리 인간에게 할 수 없는 실험이라면 동물에게도 해서는 안 된다. 동물 실험은 그 실험을 통해 인간에게 새로운 의약품과 의료 기술이라는 이익을 가져다준다는 이유로 허용된다. 이 이유 때문이라면 동물보다는 인간에게 직접 실험하는 것이 개연성이 훨씬 큰 실험 결과를 얻을 수 있다. 그러나 도덕적 지위를 지닌 인간을 그런 도구로 사용할 수 없기에 전임상 실험을 거치지 않은 인간 대상의 임상 실험은 금지되는데, 인간과 도덕적 지위가 같은 동물을 대상으로도 금지되어야 한다.

  동물이 물건이 아니라면 애완동물의 매매·증여·상속은 모두 금지되어야 하는 것 아니냐고 생각할 수 있다. 최준규는 "장기적으로는 반려동물에 한정하여 매매 자체를 금지하고 증여·상속·입양만 가능케 하는 법률을 고민해 볼 필요가 있다."라고 말한다.[35] 그러나 동물이 물건이 아닌데 '증여'와 '상속'은 가능한가? 노예의 매매뿐만 아니라 증여나 상속 모두 비난받는 것을 생각해 보라. 농장 동물이라고 해서 애완동물과 다르지 않으므로 이런 생각은 농장 동물에도 적용되어야 한다. 이런 생각대로라면 우리는 애완동물이든 농장 동물이든, 기르던 동물이 자연스럽게 출산했을 때나 입양했을 때만 기를 수 있게 되는 것이다. 그러나 위에서 길들여진 동물을 기르는 것 자체는 동물의 본래의 습성을 해치는 것이 아니라고 말했다. 길들여진 동물의 매매·증여·상속 문제도 마찬가지로 접근할 수 있다. 인간은 자존심이 있는 존재이므로 인간을 사고팔고 넘겨주는 것은 그 본성을 해치는 것이다. 그러나 동물은 그런 자존심이 없으므로 사고팔고 넘긴다고 해서 본성을 해치는 것은 아니다.[36] 앞 절에서 흑인 노예의 경우 가족을 뿔뿔이 흩어지게 사고파는 행위를 비난한 것처럼, 길들여진 동물을 어미와 새끼들을 분리하여 분양하거나 입양하는 것은 비난받아야 할까? 영장류가 아닌 동물들은 본래의 습성상 새끼 때가 아니면 어미와 새끼 그리고 한배끼리 서로 인식하지 못한다. 그러므로 어미의 도움이 필요한 새끼 때를 벗어난 애완동물을 어미와 떨어뜨려 입양하는 것은 비난의 소지가 없다. 한편 8장에서 보여 주었듯이 현재 사고파는 애완동물은 자연 상태에서 태어나는 것이 아니라 대체로 번식업자들이 사람들이 좋아하는 품종을 만들기 위해 퍼피밀에서 인위적으로 교배해서 태어나게 한다. 이런 품종 개량은 인간의 취향을 위해 특정 형질이 발현하게 하여 동물에게 장애를 일으킨다. 이것은 동물의 자연적인 본성을 해치는 것이므로 허용되어서는 안 된다.

나는 여기서 애완동물의 매매·분양·상속을 반대하지 않았다. 내가 4장에서 주장했듯이 애완동물을 '반려동물'이라고 부를 수 없다고 생각하는 한 가지 이유는 바로 이 매매 등이 가능하다는 점 때문이다. 반려인 존재를 사고팔 수는 없는 노릇이다. 물론 애완동물을 사고파는 현실을 바로잡으면 되겠지만, 나는 근본적으로 애완동물을 사고파는 것이 애완동물의 본성을 해친다고 생각하지 않기 때문에 애완동물을 사고팔 수 있음은 반려동물로 부를 수 없는 근본적인 이유를 제공한다. 이는 거꾸로 말하면, 애완동물을 반려동물이라고 부르면서 매매·분양·상속은 허용하는 것은 모순임을 주장하는 것이기도 하다. 앞서 추억이 담긴 옷이라고 하더라도 누군가가 훼손하면 시장 가격으로만 보상하지 위자료를 청구할 수 없지만, 동물이 물건이 아니라면 위자료까지 청구할 수 있다고 했다. 그 까닭은 동물은 옷과 달리 사고팔 수 있는 물건이 아니라고 생각되고 그런 생각을 반영하여 법이 개정되기 때문이다. 이런 생각도 동물을 매매·분양·상속하는 현실과 모순된다. 한편에서는 동물을 여전히 물건처럼 매매·분양·상속하면서, 다른 한편으로는 동물은 물건이 아니므로 위자료까지 청구하는 것은 단순히 모순이 아니라, 또 다른 '도덕적 정신 분열'이기도 하다.

이뿐만 아니라 3장과 6장에서 주장했듯이 현재 우리나라에서 좁은 아파트에서 애완동물을 기르는 문화도 "동물이 본래의 습성…을 유지하면서 정상적으로 살 수 있도록" 하는 것인지 반성해야 한다. 길들여진 동물이라고 하더라도 좁은 공간에서 뛰지도 짖지도 못하고 사냥도 하지 못하고 동료 없이 지내는 것은 그 동물의 본래의 습성은 아니기 때문이다.

동물원, 수족관, 소싸움 같은 민속놀이는 금지되어야 한다. 1958년 벨기에에서 열린 만국 박람회에서 당시 벨기에의 식민지인 콩고민주공화국의 주민들을 '전시'했다.[37] 이 '인간 동물원'은 당연히 부끄러운 과거사 중 하나인데, 그 이유는 자존감이 있는 인간을 다른 사람의 구경거리로 삼아 조롱했기 때문이다. 동물원이나 수족관이 문제가 되는 것은 거기에 갇혀 있는 동물이 자존감이 있기 때문은 아니다. 영장류는 논외로 하고 대부분의 동물은 자존감이 없다. 문제는 원래 살던 생태와 다르고 비좁은 공간에서 동물을 가두어 놓는 것은 "동물이 본래의 습성과 신체의 원형을 유지하면서 정상적으로 살 수 있도록" 하는 것이 아니기 때문이다. 코끼리는 하루에 평균 15km를 걷고 돌고래는 하루에 평균 100km를 헤엄친다고 한다. 그런 동물을 동물원이나 수족관에 가두어 놓는 것은 인간을 독방이나 욕조에 평생 살게 하는 것이나 다름없다. 동물원이나 수족관은 좁은 것뿐만 아니라 야생과 같은 풍부한 생태 환경이 있을 리가 없다는 데도 문제가 있다. 인간도 권투나 레슬링을 하므로 소싸움이나 닭싸움도 같은 종류로 생각할 수 있겠다. 그러나 자유 의지로 그런 스포츠를 하는 인간과 달리 동물은 강제로 원하지 않는 싸움을 하면서 그런 구경거리에 휩싸인다는 것이 문제이다.

만약 동물이 물건이 아니라면 지금 동물을 대상으로 하는 관행들이 대부분 금지되거나 제한되어야 한다. 애완동물을 키우는 사람들이라고 하더라도 현대 사회에서 공장식 농장에서 나온 싼 축산물과 동물실험에서 나온 의약품이 없는 삶을 상상할 수 있는가? 동물이 물건이 아니라는 조항은 그만큼 우리 삶에 큰 반향을 불러일으킨다. 따라서 동물이 물건이 아니라는 조항을 명문화함으로써 단순히 누군가가 내가 기르는 애완동물에게 손해를 입혔을 때 치료비 이외에 위자료까지 배상받는 정도의 변화가 아니라, 위와 같은 관행들의 변화를 받아들일 수 있는지 물어야 한다. 그럴 수 있는가?

5. 맺음말

앞 절에서 동물의 법적 지위를 사람으로 인정한다고 해서 사람이 갖는 법적 권리를 고스란히 갖는 것은 아니라고 말했다. 그 비유로 미성년자와 성인은 모두 사람이라는 법적 지위를 가지고 있으나 미성년자의 법적 권리는 성인의 그것과 매우 다르다는 것을 들었다. 미성년자는 성인은 행사할 수 있는 여러 권리를 제한받고 거꾸로 미성년자이기 때문에 보호받기도 한다. 외국인도 또 다른 예이다. 우리는 외국인이라고 해서 인간이 가지고 있는 기본권이 없다고 생각하지 않는다. 외국인은 내국인과 같은 법적 지위를 가지고 있다. 그러나 외국인은 내국인이 법률상 가지고 있는 권리 중 행사할 수 없는 것이 많다. 이것으로 추론해 보건대 인간과 같은 법적 지위를 갖는 동물이라고 하더라도 법적 권리를 인간과 똑같이 가질 필요는 없고 그래서도 안 된다.

그렇다면 제기되는 문제는 동물은 그 법적 권리가 다른데도 사람과 같은 법인격을 부여할 수 있느냐이다. 방금 말했듯이 미성년과 외국인은 성인 내국인과 법적 권리가 다른데도 똑같은 법인격을 갖는다. 이와 마찬가지로 동물이 사람과 같은 법인격을 가져도 그 법적 권리가 다름을 이해하면 크게 문제가 되지 않는다. 필요하면 자연인과 법인을 구분하듯이, 그리고 최근에 인공 지능의 발달로 '전자 인격'을 도입하자는 논의가 나오듯이,[38] 동물에 새로운 명칭을 부여하면 된다. '동물 인격'이나 독일의 동물 보호법에 도입된 '동반 생명체(Mitgeschopf)'[39]가 하나의 대안이 될 것이다.

또 다른 문제는 동물에게 어느 정도의 법적 권리를 부여하느냐이다. 나는 앞 절에서 동물에게 주어지는 법적 권리는 이미 동물 보호법의 '동물 보호의 기본 원칙'에 반영되어 있음을 지적했다. 우리가 "동물이 본래의 습성과 신체의 원형을 유지하면서 정상적으로 살 수 있도록" 하면 동물의 법적 권리를 침해한 것은 아니다. 그러나 앞 절에서 구체적으로 주장한 것처럼 공장식 농장이나 동물 실험 따위의 현재의 관행은 동물이 본래의 습성을 유지하면서 정상적으로 살 수 있도록 하지 못하기 때문에 동물의 법적 권리를 침해하는 행위이다. 흑인 노예가 인간이 본래의 습성을 유지하면서 정상적으로 살 수 있도록 하지 못하기 때문에 폐지된 것처럼, 그런 관행도 폐지되어야 한다.

사람의 법적 권리는 노예 상태로 살아서는 안 되는 데서 그치는 것이 아니라 학교에 다닐 수 있는 권리, 무상 또는 싼값으로 의료 서비스를 받을 권리, 정치에 참여할 수 있는 권리 따위까지 확장된다. 동물의 법적 권리도 위와 같은 관행들이 금지되는 데서 그치는 것이 아니라 더 많은 권리가 부여되어야 하는 것은 아닐까? 동물의 적극적 권리로 많이 논의되는 주제는 동물에게 재난이나 포식의 위협에서 벗어날 권리가 있느냐이다. 가령 홍수나 산불 등의 재난이 발생했을 때 동물은 구조받을 권리가 있는지, 피식 동물이 포식 동물의 위협으로부터 구조받을 권리가 있는지 하는 문제이다. 특히 '포식의 문제'는 동물의 고통 때문에 육식이나 동물 실험을 금지해야 한다면 포식 동물이 유발하는 고통도 막아야 하는데 이는 현실적으로 불가능하므로, 육식이나 동물 실험의 금지도 의무가 아니라는 논변으로 사용되기도 한다.[40] 재난이나 포식의 위협에서 벗어날 권리가 있느냐는 길들여진 동물인가 야생 동물인가에 따라 다르게 판단해야 한다. 길들여진 동물은 인간에게 의존하게끔 길들였기 때문에 재난으로부터 또는 포식 동물의 위협으로부터 구조받을 권리가 있다. 그러나 우리는 야생 동물에게 그러한 책임이 없으므로 그런 상황이라도 구해야 할 의무는 없다. 한편 육식을 위한 사육과 동물 실험은 인간의 행위이므로 인간에게 책임이 있다. 그러나 포식은 인간의 행위가 아니므로 인간에게 책임이 있는 것은 아니다. 이는 전쟁이나 기아로 고통받는 특정 지역 사람들이 전쟁이나 기아를 직접 일으키지 않은 사람들로부터 도움을 받을 (인도적인 차원의 지원과 별개로) 법적 권리가 없는 것이나 마찬가지이다. 더구나 자연에서 일어나는 포식에 인간이 개입했을 때 자연에 우리가 예기치 못한 어떤 변화가 일어날지 모른다는 문제도 있다.

나는 7장에서 도널드슨과 킴리커와 같은 철학자들은 동물에게 본래의 습성을 침해받지 않을 소극적 권리를 넘어 정치에 참여할 수 있는 적극적 권리까지 부여해야 한다는 주장을 검토했다. 그곳에서의 논의를 바탕으로 동물에게 어느 정도의 법적 권리를 부여해야 하는지 판단할 수 있을 것이다. 도널드슨과 킴리커는 동물을 시민 사회의 구성원으로 적극적으로 받아들여야 하는데, 농장 동물과 애완동물과 같은 길들여진 동물에게는 시민권을, 야생 동물에게는 자치권을, 쥐나 비둘기나 길고양이처럼 도시에 사는 경계 동물에게는 거주권을 부여하자고 주장했다. 여기서는 이 중 길들여진 동물의 시민권에만 주목해 보자. 시민권이 있기 위해서는 국적이 있어야 하고 그 국가에 거주해야 하고 정치에 주체적으로 참여할 수 있어야 한다. 국적과 거주는 다른 시민이 허용하면 된다지만 가장 문제가 되는 것은 정치에 주체적으로 참여할 수 있는 능력이다. 하지만 동물은 학교에 다닐 수 있는 능력이나 정치에 참여할 수 있는 능력이 없다고 위에서 누누이 말하지 않았는가? 2절에서 동물에게 도덕적 지위를 부여할 때 가장자리 인간과의 유비를 이용한 것처럼, 도널드슨과 킴리커도 여기에서 어린이와 중증 지적 장애인과의 유비를 이용함을 7장에서 보았다. 중증 지적 장애인은 정치에 직접 참여할 수 없지만, 자신이 무엇을 원하는지 잘 아는 협력자를 통해 법의 제정에 참여하고 간접적으로 정치적 활동을 한다는 것이다. 도널드슨과 킴리커는 장애인의 이러한 정치적 주체성을 '의존적 행위자'라고 불렀다. 그러나 어린이의 의존성은 성인이 되기 전까지 일시적인 것이고 장애인의 의존성은 일부러 만든 것이 아니다. 반면에 길들여진 동물의 의존성은 평생에 걸친 것이고 인간의 필요 때문에 만들어졌다는 차이가 있다. 그런 의존성을 가진 개체에 주체성을 요구하는 행위자라고 부르는 것은 형용 모순이라고 나는 주장했다. 협력자가 의존하는 대상이 무엇을 원하는지 정확히 알고 대변해 준다면 간접적으로나마 정치적 활동을 한다고 볼 수도 있다. 그러나 6장에서 강조했듯이 길들여진 동물의 경우에는 그 동물에게 좋은 것이 무엇인지 제대로 안다고 장담할 수 없다. 예컨대 애완견이 산책을 원한다고 하더라도 목줄에 매여 산책하러 나가는 것을 원하는지 마음껏 뛰어노는 것을 원하는지 알 수 없는 것이다. 동물에게 법적 지위를 부여한다고 하더라도 시민권을 비롯한 적극적 권리까지 부여할 수는 없다.

　이렇게 동물의 법적 권리는 사람의 법적 권리와 다르다. 그렇다고 하더라도 동물은 분명히 사람과 같은 법적 지위를 갖는다. 동물이 물건이 아니라는 의미는 그것이다.

10장
개는 인간의 친구인가?:
동물의 존엄성과 개 식용 문제

1. 머리말

오사카 북쪽의 한 초등학교의 교사인 구로다 선생님은 학생들과 돼지를 키우겠다는 계획을 세운다. 돼지를 고른 이유는 덩치가 큰 동물이고 냄새가 나고 생명력이 강한 동물이기 때문이다. 돼지는 덩치가 크므로 기르는 데 아이들의 협력이 필요하고, 냄새가 나기에 살아 있다는 것을 실감할 수 있고, 생명력이 강하기에 아이들이 기르는 데 어려움이 없다는 것이다. 선생님과 아이들은 동네 농장에서 가져온 돼지에게 'P짱'이라는 이름을 붙여 주었다. 애니메이션에 나오는 돼지 이름이란다. 4학년이던 아이들이 6학년이 되어 졸업할 때가 되자 P짱을 어떻게 할지 토론이 벌어졌다. 잡아먹자, 죽을 때까지 키우자, 후배들이 키우도록 하자 등 다양한 의견이 나왔지만, 선생님은 식육 센터에 보내기로 결정한다. 짐작하겠지만 P짱을 식육 센터로 보내는 날 아이들은 P짱이 탄 트럭을 쫓아가며 모두 큰 소리로 울고 만다. 이 사연은 방송에도 나가게 되었다. 선생님은 100여 통의 편지를 받았는데, "훌륭한 교육이다"라는 의견과 "이것은 교육이 아니다"라는 의견이 거의 반반이었다. 그중에는 "식육 센터에 갈 사람은 P짱이 아니라 구로다 선생님이다."라는 내용도 있었다.[1]

2018년 방송사 티브이엔(tvN)은 〈식량일기〉라는 예능 프로그램을 방송했다. 내가 먹는 음식이 어떤 과정을 통해 식탁에 오르는지 보여 주겠다는 의도의 프로그램이었다. 출연자들에게 유정란을 주고 그것을 직접 부화시킨 다음에 닭을 길러서 닭볶음탕(닭도리탕)을 만들어 먹겠다는 것이 이 방송의 최종 목표였다. 프로그램의 이런 의도에 찬반 논란이 있으리라고 짐작할 수 있다. 제작진에서는 그 논란을 아예 방송 자체에서 수용하여 첫 번째 방송에서 찬반 토론을 내보냈다. 직접 기른 닭을 먹어도 된다는 쪽과 먹어서는 안 된다는 쪽을 대변하여 두 출연자가 토론했는데, 이 중 직접 기른 닭이라도 먹어도 된다는 쪽을 내가 맡았다.[2] 첫 번째 방송이 나간 후 동물권 단체는 연합으로 "tvN은 살아 있는 동물 동원하는 비윤리적이고 편파적인 예능 '식량일기 닭볶음탕 편' 즉각 중단하라."라는 성명서를 발표했다.[3] "시작부터 닭을 지각력 있는 동물이 아닌 '식량', '식재료'로 규정하는 '식량일기'는 편파적이다. 제작진은 처음부터 출연진에게 닭볶음탕을 시식하게 하고, 방송 내내 닭을 정을 주는 반려동물이 아닌 '식재료'로만 바라볼 것을 종용한다."라는 것이 성명서의 주된 내용이다.

현재 대한민국에서 개 식용은 불법이다. 2023년까지 개 식용은 합법인지 불법인지 모호했다. 축산법 제2조는 우리가 잘 아는 소·돼지·

닭 등을 가축으로 규정하고, 시행령에서는 개를 가축으로 규정한다. 다만 도축하고 먹을 수 있는 동물을 정의하고 관련된 위생 규제를 하는 축산물 위생 관리법에 개가 포함되어 있지 않다. 축산법은 가축의 개량·증식과 축산 환경 개선 등을 목적으로 한다고 말하는데, 이 법에 따르면 어떤 목적으로든 개를 기르는 것은 합법이고 따라서 가축인 개를 먹기 위해서 기르는 것은 불법이 아니다. 그러나 개를 도축할 때 축산물 위생 관리법의 적용을 받지 않기에 개의 도축은 불법이지만, 처벌 조항이 없으므로 잔인하고 비위생적인 방식으로 도축과 유통이 이루어지고 있었다. 이에 개 식용을 반대하는 쪽은 축산법에서 개를 가축의 대상에서 빼자고 주장했다. 거꾸로 개 식용을 찬성하는 쪽은 축산물 위생 관리법에 개를 포함하여 위생적인 도축과 유통이 가능하도록 하자고 주장했다. 사정이 이러다 보니 개고기를 둘러싼 논쟁은 계속되었고 매해 복날 즈음이 되면 불이 붙는 과정이 반복되었다.[4] 그러다가 2024년 1월 8일에 개고기를 식용할 목적으로 개를 사육·유통·도살하는 것을 금지하는 내용의 특별법인 "개의 식용 목적의 사육·도살 및 유통 등 종식에 관한 특별법"(개 식용 금지법)이 국회에서 통과되었다. 구체적으로 "식용을 목적으로 개 도살 시 3년 이하의 징역 또는 3000만원 이하의 벌금에 처하고 사육, 증식, 유통할 시 2년 이하의 징역 또는 2000만원 이하의 벌금에 처한다."라는 조문이 들어 있다. 이제 대한민국에서 개고기는 합법적으로 먹을 수 없다.

  흥미로운 것은 개 도축이 불법화되기 직전에도 불법화에 찬성하는 여론이 높지 않았다는 점이다. 불법화 이전부터 개고기를 먹는 사람은 확실히 줄어들고 있었으며 보신탕은 사양 사업이었다. 2019년 9월 한

국갤럽의 조사에 따르면 응답자의 71.9%는 '개고기 섭취 의향이 없다'라고 말하고 '섭취 의향이 있다'는 응답은 13.8%에 불과했다.[5] 그러나 개고기 식용 금지 찬반에 대해서는 여전히 반대가 높았다. 2021년 리얼미터에서 개 식용 금지를 법으로 규정하는 것에 대한 찬반을 조사한 결과 '반대한다'는 응답이 48.9%였고, '찬성한다'고 답한 비율은 38.6%였다.[6] 개고기를 먹지는 않지만 먹지 못하게 하는 것에는 반대하는 여론이 높았던 것이다. 그럼에도 국회에서 개 식용 금지법이 반대 없이 통과되는 것을 보면, 스스로 개고기를 먹지는 않지만 개 식용을 굳이 법으로 반대하느냐고 생각하는 사람들이 개 식용 금지법을 굳이 또 반대하지는 않는 것으로 보인다.

    이 장은 개고기 식용 찬반 논쟁을 다룬다. 다만 '철학적' 고찰을 한다. 철학적 고찰을 한다는 것은 법조문을 어떻게 만들어야 하는지 또는 개 식용을 금지했을 때 생기는 경제적 영향 따위는 관심사가 아니라는 것이다. 개 식용을 금지했을 때 개 식용 금지를 다룬 기사 제목처럼 관련 업자들이 "다 죽을" 수도 있다.[7] 그러나 노예제를 폐지했을 때 노예 소유주는 경제적 타격을 받고 노예상들은 "다 죽을" 수 있겠지만, 그것이 노예제 폐지를 반대하는 이유가 될 수는 없다. 중요한 것은 노예의 권리이기 때문이다. 마찬가지로 나는 철학자로서 개의 권리 차원에서 개 식용 문제에 접근하려고 한다. 개 식용을 금지했을 때 받을 업자의 경제적 상황을 고려해서 시행 시기를 유예할 수 있을 텐데(실제로 우리나라의 경우 정부에서는 2027년부터는 단속을 실시한다고 발표했다), 이는 철학적 관심사는 아니다. 개를 보면 "된장 발라라."라는 농담을 하는 사람들이 있다. 개를 먹을 것으로 보는 것은 개의 존엄성을 해치는 것인가? 개고기를 먹지 않는 한국인들이 여전히 개고기 식용 금지에는 반대하는 것은 먹을 것으로 보는 소나 돼지와 개는 차이가 없다고 생각하기 때문이다. 소나 돼지는 존엄성이 없는데 개는 존엄성이 있는가? 개는 소나 돼지와 다르다는 가장 큰 근거는 개는 인간의 친구라는 것이다. 과연 개는 인간의 친구인가? 이 장의 들머리에서 P짱과 〈식량일기〉 사례를 든 것은 돼지나 닭의 경우에도 친밀감을 느끼면 먹을 수 없다는 것이 사람들의 직관임을 소개하려는 것이다. 우리는 돼지나 닭과도 친밀감을 느낄 수 있다. 돼지와 닭과도 친구가 될 수 있는가? 그러면 돼지와 닭도 먹어서는 안 되는 것 아닌가? 대한민국에서 개 도축이 불법화되었기에 개 식용의 적법성을 논하는 것은 뒷북을 치는 것일 수 있지만, 이러한 질문은 그것과 상관없이 철학적으로 중요한 주제인 것이다.

개 식용을 반대하는 가장 큰 근거로는 개는 우리의 친구라는 주장이고, 개 식용을 찬성하는 가장 큰 근거는 다문화주의이다. 이 중 개는 우리의 친구이므로 먹어서는 안 된다는 주장은 이번 장에서, 개 식용은 다양한 전통문화 중 하나이므로 먹어도 된다는 주장은 다음 장에서 검토한다. 우선 2절은 개 식용 외에 세계 곳곳에서 동물권 운동과 충돌하는 동물 학대 관행을 소개한다. 그 의도는 다른 관행들과 달리 개 식용은 개에게 고통을 주려는 것이 근본 목적이 아니기 때문에 개를 고통 없이 죽여 먹는 것이 가능함을 지적하기 위해서이다. 3절에서는 개를 비롯한 동물을 고통 없이 사육하고 도살하는 것은 윤리적으로 문제가 없는지 고찰한다. 인간이 존엄성이 있다는 것은 고통 없이 죽인다고 하더라도 옳지 않다는 뜻인데, 동물이 존엄성이 있는지 검토하는 것은 동물을 고통 없이 죽여도 되느냐는 질문에 답을 내려 줄 것이다. 그러고서 4절에서는 개에게 존엄성이 있다는 흔한 논거로 인간의 친구라는 이른바 '우정 논증'을 살펴본다. 나는 결론으로 개는 인간의 친구가 아니며, 그런 점에서 소나 돼지와 다르지 않다고 주장할 것이다. 먹을 수 없다면 똑같이 먹어서는 안 되고, 먹어도 된다면 똑같이 먹어도 된다는 것이다. 실제로는 특정한 조건이 만족되면 똑같이 먹어도 된다는 주장을 펼칠 것이다.[8]

2. 다른 소수 민족 관행과의 비교

우리나라의 개고기 문화는 한편에서는 전통문화라는 이름으로 옹호되지만, 동물권을 옹호하는 진영에서는 동물 학대이며 동물의 권리를 침해하는 관행이라고 비판한다. 사실 서구 문화에서 개고기를 먹는 것은 상상할 수도 없는 일이다. 철학자들은 일어날 가능성이 거의 없는 사고 실험인데도 반박을 목적으로 사용하는 일이 흔하다. 싱어는 칠면조나 돼지를 먹는 문화를 비판하기 위해 개고기를 먹는 문화를 상상해 보라고 다음과 같이 말하는데, 서구에서 개고기를 먹는 문화는 논리적으로나 가능한 일이다.

여러분이 거주하고 투표하는 국가에서 수억 마리의 개가 식용으로 사육되고 있으며, 이 거대한 산업이 현재 미국의 칠면조 산업이 칠면조를 대하는 것과 같은 방식으로 임신부터 도축까지 모든 개를 처리하거나 개들이 '고병원성 개 인플루엔자'에 감염되었다고 상상해 보기 바란다.

이러한 산업을 어떻게 생각하는가? 해당 제품을 구매하여 해당 산업을 지원하겠는가? 아니면 이를 폐지하기 위해 노력하는 단체를 지지하고 이를 공약한 정치인에게 투표하겠는가? 개의 사체를 적절히 구워서 잘라 먹는 축제에 참여하겠는가?[9]

싱어와 같은 서구인에게는 상상 속에서나 가능한 일이 우리나라를 비롯한 아시아 문화에서는 현실에서 일어난다. 개고기와 같은 전통문화와 동물권 진영의 갈등은 세계 곳곳에서 벌어진다. 스페인의 투우, 일본의 고래 사냥, 이누이트의 물개 사냥, 미국의 흑인 종교인 산테리아의 동물 희생 제의, 코셔 또는 할랄 음식 생산을 위한 유대인 또는 이슬람 신도의 종교적 도살, 미국 흑인의 투견 시합, 중국의 살아 있는 보신용 동물 시장과 상어 지느러미 요리 따위가 그 대표적인 예이다.

왕족이나 귀족의 문화인 영국의 여우 사냥처럼 예외가 없는 것은 아니지만, 이 관행들은 그 국가 또는 민족의 전통문화이면서 동시에 사회적 약자, 곧 소수자들의 문화이다. 그래서 이 전통문화를 동물 학대라고 반대하는 동물권 단체의 운동은 사회적 약자를 차별한다는 비판이 제기된다. 위 문화들은 동물 학대가 아니라 각 민족의 다양한 고유문화 차원에서 존중되어야 하는데, 동물권 운동은 문화의 다양성을 인정하고 장려하는 **다문화주의**(multiculturalism)에 역행한다고 주장하는 것이다.

나는 다음 장에서 동물권 운동과 다문화주의가 양립 가능한지 다룰 것이다. 그래서 다문화주의와 동물권 운동은 '인간을 향한 존중과 불필요한 해악의 금지'라는 점에서 그 옹호 근거가 같은 선상에 있음을 보여 줄 것이다. 그리고 소수 문화의 동물 관행을 비판하는 서구 주류 문화는 동물권을 옹호하려는 의도가 아니라 소수자를 향한 편견을 드러내려는 의도에서 나온다고 주장할 것이다. 비판자들이 정말로 동물권을 옹호하려는 의도에서 비판한다면 위 전통문화의 동물 학대와 다름없는 학대를 하는 공장식 축산도 비판해야 하는데, 그렇지 않고 소수 문화만 비판하는 것은, 그 문화에서 학대받는 동물의 고통이 무시당하고 있다는 데 주목하는 것이 아니라 그 관행을 실천하는 민족의 문화가 미개하다는 데 주목하는 것이다. 이것은 편견이며 동시에 이중 잣대이다.

그러나 모든 동물권 단체가 공장식 축산의 학대에 눈을 감는 것은 아니다. 설령 그렇다고 하더라도, 곧 소수 문화를 비판하는 동물권 단체가 이중 잣대의 비난을 받는다고 하더라도 "두 가지의 그릇된 행동이 옳은 일을 만들지 않는다(Two wrongs don't make a right)."라는 영어 속담처럼 동물을 학대하는 문화가 옹호되는 것은 아니다. 인간에게든 동물에게든 잔인함과 불필요한 고통을 주는 것은 옳지 못하다는 것은 동물을 윤리적으로 대우해야 한다는 주장의 기본 전제이기 때문이다. 소수 문화를 옹호하는 다문화주의도 지배 계층이든 소수 계층이든 잔인함과 불필요한 고통을 주는 것은 옳지 못하다는 전제에서 시작한다. 내가 동물권과 다문화주의는 양립 가능하다고 주장했던 것은 바로 이 이유 때문인데, 다문화주의가 출발하는 이런 전제라면 아무리 소수 문화 또는 전통문화라고 해도 잔인하고 불필요한 고통을 주는 문화는 옹호될 수 없는 것이다. 우리나라의 노비제나 중국의 전족이나 북아프리카 지역의 여성 할례가 유구한 전통이라고 해서 옹호될 수 없는 것을 생각해 보라. 소수 문화인가 아닌가, 전통문화인가 아닌가는 그 문화가 윤리적으로 옹호 가능한가와 상관이 없다.

  논란이 되는 소수 문화의 동물 관련 관행들은 동물을 잔인하게 대하고 불필요한 고통을 주는 것이 분명하다. 예를 들어 투우는 서로 역할이 다른 투우사가 등장하여 차례대로 붉은 천으로 소를 흥분시키고, 창으로 소를 찌르고, 여러 개의 작살로 찌르며, 마지막에는 심장을 칼로 찌른다. 그러나 거대한 소는 단숨에 죽지 않고 여러 번의 난도질을 해야 죽는다. 그리고 투우사는 소의 숨통이 아직 남아 있을 때 귀와 꼬리를 잘라 전리품으로 갖는다.[10] 일본에서 행해지는 고래잡이의 잔인성은 미국 다큐멘터리 〈더 코브―슬픈 돌고래의 진실〉(2009)에서 잘 드러난다. 일본의 한 어촌에서는 소리에 민감한 돌고래의 특성을 이용해서 바닷속에 넣은 막대를 망치로 두드려 돌고래를 만에 가둔다. 그러고 나서 일부는 생포해 수족관에 넘기고, 나머지는 쇠꼬챙이로 찌르거나 숨구멍을 막아 죽인다. 영상은 돌고래의 피로 빨갛게 물든 만을 보여 준다. 미국의 산테리아 제의는 살아 있는 양이나 닭의 목을 쳐서 그 피를 제단에 바친다. 산테리아 제의는 도살 방법도 잔인하지만, 제의로 바쳐지는 동물은 어차피 먹지 못한다는 생각으로 열악한 환경에서 잔혹하게 사육되고, 제의가 끝난 후 시체가 함부로 버려져 위생 문제를 일으킨다.[11] 코셔나 할랄 음식은 유대교 또는 이슬람의 전통 의식에 맞게 생산된 음식을 말하는데, 고기의 경우 동물이 산 채로 식도와 핏줄을 단숨에 자르는 도축 방식을 사용해야 한다. 과거 사회에서는 이것이 동물의 고통을 줄여 주는 방식이었지만, 기절시킨 후 도살하는 방식이 가능한 현대에는 이것은 잔인한 방식이다. 동물이 핏줄이 잘리고 피가 완전히 빠질 때까지 기다려야 하는데 당연히 고통을 느끼기 때문이다.

지금 전통문화들의 잔인한 동물 학대 관행을 자세하게 설명한 이유는 아무리 전통문화라고 해도 잔인하고 불필요한 고통을 유발하는 동물 학대는 허용할 수 없다는 당연한 이야기를 하려고 하기 때문이 아니다. 그 이야기는 다문화주의와 관련해서 11장에서 다시 언급하겠다. 잔인한 동물 학대 관행을 자세하게 말한 이유는 이 관행들에서는 동물에게 고통을 주는 것이 핵심적인 요소이기에 그 부분을 없애거나 줄일 수 없다는 점을 말하려고 하기 때문이다. 가령 칼이나 창으로 소를 찌르지 않는 투우는 더 이상 투우가 아니다. 그리고 산테리아 제의나 코셔나 할랄 음식을 위한 도축에서는 동물을 산 채로 죽이지 않으면 그 제의의 정신을 잃게 된다. 특히 코셔나 할랄 음식을 위한 도축은 애초에 동물의 고통을 줄이려는 의도에서 시작된 것이지만, 지금은 동물의 고통을 더 줄이는 방법이 있는데도 제의라는 이름으로 그 방식을 고수하고 있다. 고래 사냥은 고래를 생포하거나 고기로 먹기 위한 것이 목적이므로 고래 또는 돌고래에게 고통을 주는 것이 의도한 바는 아니기는 하다. 그러나 지능이 높은 고래류는 생포된다고 하더라도 공포를 느끼며, 거대 동물인 탓에 단숨에 죽이거나 기절시키는 방법이 없어서 고통이 필연적으로 따를 수밖에 없다.

그러나 개고기의 경우는 다른 나라의 전통문화와 상황이 전혀 다르다. 개에게 고통을 주는 것이 목적이 아닐뿐더러 고통을 주지 않고 개고기를 얻는 방법이 가능하기 때문이다. 우리나라의 개고기 문화는 종교적인 의미가 전혀 없고 민초들의 단백질 공급을 위해 이루어졌다. 따라서 산테리아 제의나 코셔나 할랄 음식을 위한 도축과 달리 고통을 제거하는 것이 가능하다. 물론 현실에서 개고기를 얻는 과정은 잔인한 사육 환경과 비위생적인 도축으로 악명 높다. 개고기가 되기 전의 개들은 철망으로 만들어지고 몸을 돌릴 수도 없을 정도로 좁은 '뜬장' 속에서 웅크리고 지낸다. 그리고 개는 앞서 말한 축산물 위생 관리법의 적용을 받지 않았기 때문에 어떤 과정을 통해 도축되고 그 고기가 유통되는지 전혀 감시를 받지 않았다. 개고기를 위한 개의 사육을 통해 짐작해 보건대 인도적이고 위생적인 도축과 유통이 이루어진다는 보장이 없다. 그러나 이는 현실의 문제이지 원리적인 문제가 아니다. 앞서 말했듯이 개 식용을 찬성하는 쪽은 오히려 개를 축산물 위생 관리법에 포함하여 인도적이고 위생적인 도축이 가능하도록 요구한다. 그리고 잔인하고 비인도적인 사육과 도축의 문제는 개에서만 문제가 되는 것은 아니다. 돼지나 닭이 동물의 본성을 유지할 수 없을 정도로 좁은 공간에서 사육되고, 도축 전에 기절을 의무화하지만 생산성을 위해 빨리 진행되는 현장에서 기절되지 않는 동물이 있다는 것은 동물 복지 논쟁에서 끊임없이 제기되는 문제이다. 잔인한 사육과 도살은 돼지나 닭과 개에서 모두 문제가 되고 개선해야 할 문제이지 특별히 개에서만 제기되는 문제가 아닌 것이다.

동물에게 충분한 공간과 먹이를 제공하면서 사육을 하고 기절시켜 인도적으로 도살을 한다고 하더라도 동물을 죽이는 것, 그리고 동물을 먹을 것으로 삼는 것은 동물의 존엄성을 해치는 것이라는 반론이 가능하다. 동물에게 고통을 주지 않고 사육하는 것은 이론적으로만이 아니라 실제로 가능하다. 공장식 사육이 있기 전의 전통 사육이 그 증거이다. 다만 소규모 축산만 가능하기에 생산비 증가에 따라 축산물 가격이 비싸지는 것은 감수해야 한다. 싼 고기와 동물의 고통 중 하나를 윤리적으로 선택하라면 어디를 골라야 할까? 한편 전통 시대에는 인도적인 도살을 의도했다고 하더라도 기술적으로 가능하지 않았다. 그러나 현대에는 가능하다. 동물 보호법 제10조 제1항은 다음과 같이 규정하고 있다.

① 모든 동물은 혐오감을 주거나 잔인한 방법으로 도살되어서는 아니 되며, 도살과정에 불필요한 고통이나 공포, 스트레스를 주어서는 아니 된다.
②「축산물위생관리법」또는「가축전염병예방법」에 따라 동물을 죽이는 경우에는 가스법·전살법(電殺法) 등 농림축산식품부령으로 정하는 방법을 이용하여 고통을 최소화하여야 하며, 반드시 의식이 없는 상태에서 다음 도살 단계로 넘어가야 한다.

이 법 조항을 지키면 된다.[12] 현실에서는 도축 전에 도축장으로 이동하는 '하차' 과정이나 도축장에서 대기하는 '계류' 과정이 공장식 사육과 다름없는 밀집된 형태로 장기간에 걸쳐 진행되기에 고통을 주고, 대량 도살로 기절하지 않은 개체들이 생기게 된다. 이것 역시 자본의 극대화를 목표로 하는 대량 생산이 원인이므로 가격 상승을 감수하고 엄격하게 시행해야 한다.

결국 고통 없는 사육과 도살은 이론적으로나 현실적으로나 가능하다. 그럼에도 동물을 죽여 먹을 것으로 삼는 것은 동물의 존엄성을 해친다는 반론을 다음 절에서 검토할 것이다. 그러나 이런 반론은 소나 돼지나 닭이나 개 모두에게 적용되지 개에게만 적용되지는 않는다. 동물이 존엄하다면 가축으로 기르는 모든 동물이 존엄하지 특별히 개만 존엄하지는 않다. 그런데도 개에게만 특별한 대우를 요구한다면 이중 잣대라는 비난을 피할 수 없을 것이다. 이에 대해 개 식용을 반대하는 쪽은 대체로 개는 소나 돼지나 닭과 달리 더 특별한 존엄성을 가지고 있다고 말함으로써 이중 잣대의 비난을 피해 가려고 할 것이다. 개는 우리의 친구이기 때문이다. 이 반론은 4절에서 다룰 것이다.

3. 인간의 존엄성과 동물의 존엄성

인간은 존엄하다고 말한다. 대한민국 헌법 제10조는 "모든 국민은 인간으로서의 존엄과 가치를 가지며, 행복을 추구할 권리를 가진다."라고 말하고 있다. 그리고 바로 이어서 "국가는 개인이 가지는 불가침의 기본적 인권을 확인하고 이를 보장할 의무를 진다."라고 말하는 것을 보면 '인간으로서의 존엄과 가치'는 '개인이 가지는 불가침의 기본적 인권'을 보장하는 근거가 되는 것 같다. 그러나 왜 인간은 존엄성을 갖는가? 인간은 인간이니까 존엄성을 갖는다고 대답하는 것은 순환 논증일 뿐이다. 도대체 인간은 어떤 특성이 있기에 존엄성을 갖게 만드는지 대답해야 한다. 인간의 존엄성을 해친다고 생각되는 행동은 여러 가지이다. 인간을 죽이는 것, 강제로 가두거나 일을 시키는 것, 다른 사람의 놀잇감으로 삼는 것 따위가 모두 인간의 존엄성을 해치는 행동으로 생각된다. 왜 그럴까? 그 이유를 알아야 그런 행동을 똑같이 동물에게 했을 때도 동물의 존엄성을 해치는지 대답할 수 있는 것이다. 여기서 인간의 존엄성을 묻는 이유는 고통을 주지 않은 채 동물을 사육하고 도살한다고 할 때 동물의 존엄성을 해치는지 묻기 위해서이다. 인간의 경우는 설령 고통을 주지 않은 채 가두거나 죽여도 존엄성을 해친다고 누구나 생각한다. 왜 그런가?

우리는 칸트에서 인간의 존엄성의 근거를 찾을 수 있다. 칸트에서 물건은 목적을 위한 수단으로서만 가치가 있다. 그 목적은 인간이 가치를 부여한 것이다. 칸트는 이 물건에 동물도 포함한다. 그는 『윤리학 강의』에서 이렇게 말한다.

> 우리는 동물과 관련해서 직접적 의무를 지지 않는다. 동물은 자의식이지 못하므로, 어떤 목적을 위한 수단일 뿐이다. 그 목적이란 인간이다.[13]

반면에 인격은 한갓 수단으로서만 사용되어서는 안 되며, 항상 목적으로 사용되어야 한다. 그는 『도덕 철학 서론』에서 이렇게 말한다.

> 비록 어떤 존재자가 … 이성 없는 존재자일 경우에는 오직 수단으로서 상대적인 가치만을 가질 뿐이요, 그런 까닭에 물건이라 불린다. 이에 반해 이성적 존재자들은 인격이라 불린다. 왜냐하면 그들의 본성이 그들을 이미 목적 그 자체로서, 즉 한갓 수단으로서 사용되어서는 안 될 어떤 것으로서 두드러지게 하며, 따라서 그런 한에서 (타인

으로부터 그들에게 가해질 수 있는) 모든 자의를 제한하기 때문이며 또한 존경의 대상이 될 수 있기 때문이다. … 게다가 다른 어떤 목적도 그 자리를 뺏은 뒤 인격을 한갓 수단으로 전락시킬 수 없다. 왜냐하면 이런 것이 없을 때에는 어디서도 절대적 가치가 발견되지 않을 것이기 때문이다.[14]

왜 인격은 동물을 포함해서 물건과 다른 대우를 받을까? 그것은 인격은 '이성적 존재자'이기 때문이다. 이성적 존재자는 스스로 결정을 내릴 수 있고, 스스로 목적을 설정할 수 있으며, 이성에 따라 행동할 수 있는 자유로운 행위자이다.[15] 인격은 자율적인 존재이므로 그의 결정과 목적 설정을 그 자체로 존중해 주어야 하는 것이다. 그래서 칸트의 유명한 정언 명령이 나온다.

너는 너 자신의 인격에서건 다른 어떤 사람의 인격에서건 인간성을 언제나 동시에 목적으로 대하고, 결코 한갓 수단으로 사용하지 않도록 행위하라.[16]

사람을 죽이는 것은 그 사람이 자율적인 선택을 할 수 있는 존재임을 무시하고 나의 목적을 위한 한갓 수단으로만 이용한 것이므로 옳지 않다. 물론 물건을 없애는 것도 그 물건이 없어지므로 손해가 된다. 그러나 그 물건은 자율성이 없으므로 수단으로 대해도 문제가 되지 않는다. 그리고 그 물건은 다른 물건으로 대체하면 된다. 그러나 사람의 경우에는 그것이 가능하지 않다. 앞선 인용문에서 칸트가 말했듯이 "이런 것이 없을 때에는 어디서도 절대적 가치가 발견되지 않을 것이기 때문이다." 다시 말해서 인간은 다른 인간에 의해 대체 불가능하다. 이 말은 물건의 하나인 동물은 죽여도 다른 동물로 대체 가능하므로 윤리적 문제가 생기지 않는다는 뜻이다.

인간의 존엄성을 묻는 이유는 동물을 고통을 주지 않은 채 사육하고 도살한다고 할 때 동물의 존엄성을 해치는지 묻기 위해서이다. 인간의 경우는 설령 고통을 주지 않은 채 죽여도 존엄성을 해친다는 이유를 묻기 위해 칸트의 권위에 기대었다. 칸트는 인간은 자율적인 이성적 존재자이기 때문에 목적으로 다루어야 하고 수단으로 다루어서는 안 된다는 이유를 제시했다. 이 이유는 죽음이 나쁜 이유를 설명하는 현대의 이론 중 가장 설득력이 있는 맥마한의 이론과 연결된다. 그것은 '시간-상대적 이익 설명'이다.[17] 그에 따르면 한 개체에게 죽음이 불행인 정도는 (1) 그 개체로부터 죽음이 빼앗은 좋은 삶의 양과, (2) 죽음의 순간에 그 개체가 삶에서 좋은 것들이 생길 것 같은 미래의 시점에서의 자신과 심리적으로 연결되는 정도에 의해 결정된다. 예컨대 한 사람을 죽였을 경우 그 행위는 그 사람이 살았으면 누렸을 좋은 삶을 빼앗게 된다. 그리고 그 사람은 미래를 계획하고 예측하는 삶을 살았을 것이기 때문에 그 빼앗긴 삶은 그 사람과 심리적으로 강하게 연결되어 있다. 칸트가 인격을 '이성적 존재자'라고 말한 것이 이 지점과 연결된다. 이성적 존재자는 단순히 행복한 즐거움과 고통만을 지닌 존재가 아니라, 스스로 미래의 목적을 설정하고 결정을 내리는 자유로운 행위자이다. 그러므로 과거 또는 미래의 삶과 심리적으로 강하게 연결되어 있다. 사람을 죽이는 것은 그런 심리적 연결을 끊는 행위이므로 옳지 않은 것이다.

  이에 견줘 이성적이지 못한 동물을 죽이는 것은 죽이는 과정에서 고통을 주지 않는다면 칸트의 이론이나 '시간-상대적 이익 설명'이 적용되지 않는다. 동물을 죽인다면, 당연한 말이지만 동물이 죽지 않았으면 누렸을 행복한 삶이 없어진다. 그러나 맥마한이 말한 또 다른 조건이 만족되는가? 죽기 전의 동물 개체는 죽음으로써 잃게 되는 미래의 좋은 삶과 심리적으로 연결되는가? 이성적이라고 생각되는 영장류를 제외하면 그런 가능성이 없다. 대부분의 동물은 미래의 목적을 세우고 미래를 계획한다고 볼 수 없기 때문이다. 이게 수긍이 되지 않는다면 아이를 낳지 않거나 심지어 더 많은 아이를 낳지 않는 커플들을 비난해야 한다. 그들이 아이를 낳지 않음으로써 미래에 생길 좋은 삶이 없어지기 때문이다. 그러나 이런 비난은 상식적으로 옳지 않다. 그들이 낳지 않은 가상의 존재와 아이를 낳지 않음으로써 없어지는 미래의 좋은 삶 사이에는 아무런 심리적 연결이 없기 때문이다. 물론 이 경우에는 아직 존재하지 않는 가상의 개체이고 동물의 경우에는 실재하는 개체라는 차이점이 있지만, 이것은 없어지는 미래의 좋은 삶과 심리적인 연결이 없다는 점에서는 똑같다는 것을 보여 주기 위한 비교이다.

  시간의 흐름은 각 시간 단면(time slice)이 계속해서 이어져 오는 것으로 볼 수 있다. 모든 개체는 그 시간의 흐름 속에서도 동일성을 유지하고 있다. 그러나 이성적 존재는 그 시간의 흐름에서 자신이 과거와 미래에 걸쳐 동일한 존재임을 의식한다. 과거 특정 시점에 특정 삶을 살았던 존재가 자신임을 의식하고 또 미래 특정 시점에 기대하는 미래의 삶을 자신이 누리리라는 것을 의식한다. 레이첼스는 이를 **전**

기적(biographical) 삶이라고 부른다.[18] 반면에 한갓 감각적인 동물은 하루 후는 말할 것도 없고 몇 초 후에라도 어떤 존재가 되겠다고 계획을 세우지도 못하고 미래에 그것을 되새기지도 못한다. 한마디로 **생물학적**(biological) 삶을 살 뿐이다. 다시 말해서 동물은 연속된 시각 단면 속에서 살고는 있지만, 존재론적으로 보면 각 시각 단면마다 그 동일성이 서로 다른 존재인 것이다. 시간의 흐름에서 생물학적 동일성은 유지하지만 전기적 동일성은 유지하지 못한다. 따라서 그 별개의 동일성에 고통을 준다면 윤리적으로 대우하지 않는 것이지만, 미래의 존재와 연결을 끊는다고 해서, 쉽게 말해 죽인다고 해서 윤리적으로 대우하지 않는다고 볼 수 없다. 한갓 감각적인 동물은 미래의 존재와 심리적인 연결이 없기 때문이다.

한갓 감각적인 존재를 죽이는 것은 윤리적으로 그르지 않다는 논증은 소나 돼지뿐만 아니라 개까지 한갓 감각적인 동물 모두에게 적용되어야 할 것이다. 그렇지 않다면 종에 따른 차별, 곧 5장에서 고양이를 언급하며 말했던 '또 하나의 종 차별주의'가 된다. 이 주장에 대해 인간 중에서도 한갓 감각적인 존재는 죽이더라도 윤리적인 문제가 생기지 않겠다는 우려 또는 반론이 가능하다. 맞는다. 태아, 갓난아이, 회복 불가능한 식물인간은 한갓 감각적인 존재일 뿐이므로 그들을 죽인다고 해서 미래의 좋은 삶과 심리적인 연결을 끊는 것은 아니다. 다만 여기에는 전제 조건이 붙는데, 그런 존재의 가족 또는 보호자가 동의했을 때 그것이 가능하다는 것이다. 낙태 및 안락사는 실제로 제한적으로 합법화가 되어 있는데, 거기에 찬성하는 의료적·사회적인 이유 외에 철학적 이유가 여기에 있는 것이다.

물론 동물도 소유주가 동의한다는 전제 조건에서 도살이 가능하다. 문제는 애완동물이다. 당연한 이야기지만 애완동물의 소유주는 자신이 기르던 동물이 죽임을 당하는 것을 원하지 않고, 안락사를 해야 할 때도 소유주의 동의를 받아 진행한다. 한갓 감각적인 존재인 애완동물은 각 시간 단면의 동일성이 연결되지 않지만, 그 동물을 지켜보는 소유주 입장에서는 각 시간 단면의 동일성이 연결되어 있다. 그런데 두 가지 문제가 생긴다. 첫째는 유기견 보호소에 수용된 유기견처럼 소유주가 없는 개를 안락사해도 되느냐는 문제이고, 둘째는 식용으로 키우는 개를 그 소유주(농장주)가 죽이는 것을 원할 때 죽여도 되느냐는 문제이다. 첫째 문제는 5장에서 다루었던 길고양이의 안락사(TE)와 똑같이 취급할 수 있다. 거기서 길고양이의 안락사가 옹호되었던 것처럼 유기견의 안락사도 옹호될 수 있다. 여기서는 먹기 위해서 개를 죽이는 문제가 초점이다. 식용 개의 소유주가 아닌 다른 사람들이 먹기 위해 죽여서는 안 된다고 간섭할 수 있는가? 그럴 수 있다고 생각하는 이유에는 첫째, 개는 이성적 존재자는 아니지만 우리의 친구이기 때문이라는 것이 있다. 친구를 먹을 수는 없다는 것이다. 둘째, 같은 종에 속하는 개체들은 같은 특성을 갖는다는 이유가 있다. 내가 애완동물로 기르는 개가 친구라면 농장에서 식용으로 길러지는 개도 얼마든지 친구가 될 수 있다는 것이다. 다음 절에서는 이 주제를 검토하겠다.

4. 친구는 먹어서는 안 되는가?

애견인의 입장에서 개고기 식용에 관해 제기하는 가장 흔한 반론은,

첫째는 개의 사육과 도살이 비인도적이고 잔인하다는 것이고, 둘째는 개는 인간의 친구라는 것이다. 나는 첫 번째 반론에 대해서는 이미 답을 했다. 개의 사육과 도살이 비인도적이고 잔인한 것은 사실이지만, 개 이외의 가축을 대상으로 하는 공장식 사육이 이미 있는 현실에서 개만 문제 삼는 것은 이중 잣대라고 말했다. 그리고 공장식 사육을 비롯해서 비인도적이고 잔인한 사육과 도살은 없어져야 하고 현실적으로 없앨 수 있다고 말했다. 이제 둘째 반론에 집중하겠다.

"'개 식용만 반대? 소, 돼지는?'이라고 묻는 이들에게"라는 제목의 신문 기고문[19]은 왜 소·돼지와 개는 다르다고 생각하는지 그 시각을 잘 보여 준다. "개 식용 종식을 가로막는 5가지 '궤변'들"이라는 부제가 붙은 이 글에서 기고자는 "'개 식용은 금지하면서, 그럼 소, 돼지, 닭은 왜 먹냐?' 혹은 '식물은 생명이 아니냐?'라는 논리가 있다."라고 말하면서 다음과 같이 대답한다.

> 인간과 가장 가깝게 공감하는 동물인 개는 다른 가축과는 다르다. 개는 수만 년 동안 사람과 동반자로 살아오는 과정에서 반려동물 지위를 획득했다. '반려'라는 말이 의미하듯 개는 가족의 일원으로 인정받고 있다. 반려 가족으로 여기는 동물을 먹는 사람은 없다.

개 식용에 반감이 있던 때부터 개는 인간의 친구라는 점이 부각되었다. 이제는 반려동물이라는 말이 더 많이 쓰이는 지금은 '친구'라는 말보다 '반려'라는 말을 더 많이 쓰는 것 같다. '반려'는 짝이 되는 동무라는 뜻이니, 단순한 친구를 넘어서 같이 산다는 의미가 강하다. 곧 개는 가족의 위상으로 올라갔다. 3장과 4장에서 언급했듯이 현재 대한민국에서 많은 애완인들은 '애완동물'보다 '반려동물'이 정치적으로 올바른 표현이라고 생각한다. 그리고 애완동물을 바라보는 한 가지 모형으로 '반려 모형'을 검토했다. 반려는 애완동물을 가족 또는 동무로 간주한다. 가족의 가장 중요한 구성원은 배우자와 아이인데, 아이를 모형으로 삼는 것은 '피보호자 모형'이므로 반려 모형이라고 말할 때는 배우자를 염두에 둔다. 3장과 4장에서는 반려라고 말할 때 배우자에 집중해서 말했다면 지금은 동무에 집중하겠다. 과거 농경 사회에서는 견주가 같이 사는 개를 잡아먹는 일이 흔했지만, 지금은 '모르는' 개를 먹는 일이 흔하므로 개고기 논쟁에서는 개를 가족보다는 동무로 비유하는 것 같기 때문이다.

그러나 개가 친구인가는 진지한 철학적 논쟁의 대상이다. 이른바 **우정 논증**은 개는 인간의 친구이니 먹어서는 안 된다고 주장한다.[20] 동물과 인간은 친구가 될 수 있고, 친구가 된다는 것은 도덕 공동체의 구성원으로 인정한다는 뜻이고, 도덕 공동체의 구성원을 먹어서는 안 되니, 인간은 동물을 먹어서는 안 된다는 결론이 도출된다. 나는 이 논증에서 세 가지 점에 주목한다. 첫째, 인간과 동물이 어떻게 친구가 될 수 있느냐는 생각을 하는 사람이 많을 텐데, 그 비결은 친구가 되기 위한 인지적 문턱을 낮추기 때문이다. 둘째, 한 종의 특정 개체가 친구가 된다면 그 종의 다른 개체들도 비록 친구는 아니지만 친구가 될 가능성이 있다. 인간이 모든 인간과 친구인 것은 아니지만 친구가 될 가능성은 있는 것처럼, 특정 개가 사람의 친구라면 주인이 없는 개도 사람의 친구가 될 수 있는 것이다. 셋째, 우정 논증은 애완동물뿐만 아니라 모든 동물에 적용 가능하다는 것이다. 곧 개뿐만 아니라 다른 가축들도 친구가 될 수 있다. 이는 인지적 문턱을 낮췄다는 첫째 지적과 잠재적 가능성을 인정해야 한다는 둘째 지적에서 도출되는 결과이다. 이것들을 하나씩 살펴보자.

첫째 논점부터 검토해 보자. 친구 관계, 곧 우정을 주제로 한 가장 오래되고 가장 권위 있는 철학적 논의는 아리스토텔레스로 거슬러 올라간다. 지금 아리스토텔레스를 거론하는 것은 아리스토텔레스의 권위에 기대려는 것이 아니라, 우정 논증을 제시한 쪽에서 아리스토텔레스의 우정관을 이용해서 사람이 동물과 우정을 나누는 것이 가능하다고 주장하기 때문이다. 아리스토텔레스에서 우정을 뜻하는 '필리아(philia)'는 엄격하게 말하면 '친애'로 번역해야 한다고 한다. 우정은 보통 동년배 사이에서 일어나는 관계라고 생각되지만, 필리아는 선후배나 사제나 군신 사이에서도 성립하기 때문이다.[21] 아리스토텔레스가 필리아를 논의하면서 "사랑할 만한 것이(philton) 무엇인지 이해하게 되면 이러한 문제들에 관해서는 아마 분명해질 것이다. 모든 것이 사랑받는 것이 아니라 사랑할 만한 것이 사랑받는 것처럼 보이기 때문이다."[22]라고 말하는 것으로 보아, '필리아'는 '사랑'이라고 말해도 될 듯하다. 그렇지만 우리는 애초에 '우정 논증'을 검토하는 과정에서 아리스토텔레스를 끌어들이는 것이므로 아리스토텔레스의 '필리아'도 '우정'이라는 말로 옮겨 쓰겠다. 어차피 아리스토텔레스는 '우정'이 우리가 생각하는 것보다 넓은 의미로 쓰일 수 있다는 것을 인정하고 있고 (그럼에도 진정한 우정은 따로 있다고 말하지만) 우정 논증은 그것을 이용하므로, '우정'의 일상적 의미와 꼭 일치하지 않아도 되기 때문이다.

아리스토텔레스에 따르면 우정에는 세 가지 종류가 있다. 탁월성에 따른 우정, 유익함에 따른 우정, 즐거움에 따른 우정이 그것이다. '탁월성'('아레테' 또는 '덕')은 『니코마코스 윤리학』에서 가장 강조된 개념인데, 탁월성을 갖추었다는 것은 인간으로서의 고유한 기능을 탁월하게 발휘한다는 뜻이다.

> 가장 완전한 우정은 좋은 사람들, 또 탁월성에 있어서 유사한 사람들 사이에서 성립하는 우정이다. 이들은 서로가 잘 되기를 똑같이 바라는데, 그들이 좋은 사람인 한 그렇게 바라며, 또 그들은 그 자체 좋은 사람들이기 때문이다. 그런데 친구를 위해 친구가 잘 되기를 바라는 사람이 최고의 친구이다. 이들이 이러한 태도를 가지는 것은 우연한 것에 따른 것이 아니라 그들 자신을 이유로 한 것이다.[23]

탁월성에 따른 우정이 우연한 것이 아님에 견줘, 유익함에 따른 우정과 즐거움에 따른 우정은 우연적인 것이다. 다시 말해서 그것이 있는 한에서만 우정이 유지된다.

> … [유익함 혹은 즐거움을 이유로 성립하는 우정]은 우연적인 의미에 따른 우정이다. 사랑받는 사람이 그 자체로 사랑을 받는 것이 아니라 어떤 좋음이나 즐거움을 주는 한에서만 사랑받기 때문이다. 이러한 우정은 [사랑을 주고받는 친구들이] 계속 이전 같지는 않을 때 쉽게 해체되고 만다. 더 이상 즐거움이나 유익을 주지 못하게 될 경우 그들의 사랑 역시 멈추게 된다. 그런데 유익한 것은 지속하지 않

고 경우에 따라 유익한 것이 달라지기도 한다. 따라서 그들이 서로 친구였던 그 이유가 사라지고 나면 필리아 역시 해체된다. 우정이 바로 그러한 것을 지향했으니까.[24]

우정 논증을 지지하는 이들이 인간과 동물 사이에 우정이 가능하다고 보는 것은, 개가 비록 탁월성은 갖추지 못하지만 유익함과 즐거움은 주고받을 수 있기에 유익함에 따른 우정과 즐거움에 따른 우정은 가능하기 때문이다. 다시 말해서 인간과 개는 탁월성에 따른 친구는 될 수 없지만 '즐거움 친구'나 '유익함 친구'는 될 수 있다는 것이다. 그들은 동물과 인간이 의사소통할 수 있음에 주목한다. 조던은 개가 친구일 수 없다는 반론에 대해 "개와 놀 수 있고, 개와 감정적으로 교류할 수 있고, 개와 함께 있는 것을 즐길 수 있고, 개와 의사소통할 수 있고, 개와 물건을 나눌 수 있고, 개와 무엇인가를 같이 할 수 있고, 개를 신뢰하고 개에게 신뢰를 받을 수 있고, 개를 돌볼 수 있다."라고 말한다.[25] 프뢰딩과 피터슨도 같은 의견을 제시한다. 동물들이 어떤 형태로든 함께 살고 서로 의사소통한다는 것을 부정하는 사람들은 없다. 그러나 여기에 그것은 인간만큼의 "충분히 높은 정도로 또는 올바른 방식으로" 그렇게 하는 것은 아니라는 반론이 제기된다. 그들은 "이 반론에 대한 최선의 대답은 우정은 여러 가지 형태가 가능함을 인정하는 것이라고 믿는다. … 상호 이익에 기반한 우정은 상호 존중에 기반한 우정[탁월성에 따른 우정]만큼 가치 있지는 않다. 그러나 전자와 같은 우정은 도덕적으로 의미 있고, 동물들은 확실히 서로 간에 상호 이익이 될 정도로 충분히 의사소통하며 상호 작용한다."[26]

아리스토텔레스가 유익함에 따른 우정과 즐거움에 따른 우정을 인정했으므로, 우정 논증을 주장하는 이들이 말하는 것처럼 인간은 동물과도 이런 우정을 나누는 것이 가능할지도 모른다. 그러나 그들의 해석은 일단 아리스토텔레스가 말한 우정의 정의와 맞지 않는다. 아리스토텔레스는 우정이 갖추어야 할 조건을 세 가지 언급한다.

(1) [사람들이 사랑을 할 때] 바로 그것을 이유로 사랑하게 되는 것이 세 가지가 있지만, 무생물에 대한 애호는 우정이라고 말하지 않는다. 무생물에게는 [상대에게] 호응하는 사랑이나 상대방이 잘 되기를 바라는 마음이 없기 때문이다. (포도주가 잘 되기를 바라는 것은 우스운 일일 것이기 때문이다. 만약 그렇게 바란다면 포도주가 잘 보존되어 나중에 자신이 갖게 되기를 바랄 뿐이다.) 그런데 사람들은 친구가 잘 되기를 바랄 때는 친구를 위해서 그러는 것이라고 한다. (2) 그런데 이렇게 잘 되기를 바라는데도 상대편에게는 동일한 [바람]이 생기지 않는 경우, 그러한 바람을 가진 사람을 우리는 선의를 가진 사람이라고 부른다. 우정은 쌍방 간에 성립하는 선의라고 하기 때문이다. (3) 그런데 혹시 "(서로의 선의를) 모르지 않는"이라는 조건을 덧붙여야 하지 않는가? 많은 사람들은 자신들이 한 번도 본 적이 없는 사람들에 대해서도 그들이 훌륭하며 유익한 자라고 생각해서 선의를 갖고 있으니까. 그리고 그들 중 누군가도 이와 동일한 선의를 가질지 모를 일이다. 그렇다면 그들은 서로에게 선의를 가지고 있는 셈이 된다. 그러나 각자에게 어떤 태도를 가지고 있는지를 모르고 있는 사람들을 누가 감히 친구라 부를 수 있단 말인가? 따라서 [친구들은] 위에

서 언급했던 것 중 어느 하나를 이유로, 서로에 대해 선의를 갖고 있으며 상대방이 잘 되기를 바라고 또 동시에 [그러한 사실을] 서로 모르지 않아야 한다.[27]

여기서 (1)과 (2)와 (3)은 각각 **순수성**, **상호성**, **인지성**이라고 이름을 붙일 수 있다.[28] 우정은 상대방이 잘 되기를 바라야 하고, 그 바람은 쌍방 간에 있어야 하고, 그런 바람이 있다는 것을 상대방이 알고 있어야 한다. 그러나 사람과 동물이 우정을 나눈다고 할 때 동물이 사람이 잘 되기를 바라는 마음이 있을까? 설령 있다고 해도 인간이 동물이 잘 되기를 바라는 마음과 동일하게 가지고 있을까? 또 동물이 인간의 선의를 알고 있을까? 일부 동물은 자신에게 친근한 인간을 기억하고 그에 따라 감정적 교류를 하지만, 이것은 친근함에 따른 즉각적 반응일 뿐이다. 이 감정적 교류도 도덕적 의미가 없는 것은 아니지만, 우리는 이것을 우정이라고 부르지는 않는다. 우리는 아리스토텔레스가 "우정이란 동등성과 유사성이며, 무엇보다도 탁월성에 따른 유사성이다."[29]라는 것을 여러 번 강조한 것을 잊지 말아야 한다. 아리스토텔레스는 탁월성에 따른 우정이 진정한 우정이라고 강조한 것은 맞지만, 다른 두 종류의 우정을 부정한 것은 아니다. 다만 그것도 서로 간에 유사한 이익 또는 즐거움을 추구하려는 존재들끼리 가능하다. 그러나 인간과 동물 사이에서는 그것은 가능하지 않다.[30] 예컨대 인간이 개에게서 얻는 이익은 귀여움이지만 개가 인간에게서 얻는 이익은 생존 그 자체이다. 이는 동등성과 유사성에 따른 이익이 아니라, 이 책의 3장을 비롯해서 여러 번 강조한 의존 관계이다. 특히 개를 기르는 사람들은 개를 기르는 이유로 개가 주인에게 무조건적이고 무비판적으로 충성을 바친다는 것을 자주 거론한다. 인간끼리는 상처받기 쉽지만, 개는 배신을 하지 않으므로 오히려 오래 지속되고 신뢰하는 관계라는 것이다. 그러나 우리는 이런 관계를 우정이라고 부르지 않는다. 맹목적인 충성은 아리스토텔레스가 말한 "쌍방 간에 성립하는 선의"에 의한 것은 아니기 때문이다. 이런 관계가 인간 간의 우정보다 더 가치 있다고 말하는 철학자도 있다.[31] 일방적인 충성 관계를 대등한 관계의 우정보다 더 가치 있다고 평가할 수는 있다. 그러나 우리는 그런 관계를 적어도 '우정'이라고 부르지는 않는다. 그리고 일방적인 충성 관계는 앞에서 여러 번 강조했던 취약성에 언제든 연결될 수 있다는 데 문제가 있다. 개를 기르는 사람들이 인간관계에서 배신감을 느껴 '상처받는다'고 할 때나 애완동물의 취약성이나 모두 영어 vulnerability로 표현할 수 있다. 그러나 인간의 '상처받음'은 일시적인 것이지만, 애완동물의 '취약성'은 그 존재 자체를 위협한다는 점에서 전혀 다른 성격의 것이다. 친구에게 배신당했다고 해서 죽지는 않지만 주인에게 버림받으면 죽을 수 있다.

아리스토텔레스는 아예 동물과는 우정이 가능하지 않다고 명시적으로 다음과 같이 말한다.

> 영혼이 없는 물질적인 것에 대해서는 우정이 성립하지 않고 정의(正義) 또한 성립하지 않기 때문이다. 말이나 소에 대한 우정도 없을 뿐더러 노예인 한에서 노예에 대한 우정도 없다. 아무런 공통의 것이 없으니까.[32]

나는 아리스토텔레스의 권위를 인정해서 아리스토텔레스가 말했으니까 동물과는 우정이 불가능하다고 말하는 것은 아니다. 노예를 인정하고 노예는 '영혼이 없는 물질'이라고 보는 아리스토텔레스의 권위는 급격히 떨어진다. 다만 우정 논증을 제기하는 쪽에서 아리스토텔레스를 끌어들이는 것은 오히려 도움이 안 된다고 지적하는 것이다.

이제 우정 논증을 제기하는 쪽의 주장대로 인간이 동물과 유익함에 따른 우정과 즐거움에 따른 우정이 가능하다고 하자. 그렇다고 해도 나는 그에 걸맞은 우정을 주고받으면 된다고 생각한다. 탁월성에 따른 친구의 경우는 서로를 탁월성에 따라 대우하는 것처럼, 즐거움에 따른 친구나 이익에 따른 친구는 서로에게 즐거움을 주고 이익을 주면 충분하다. 아리스토텔레스가 말한 것처럼 그 우정 관계는 "좋음이나 즐거움을 주는 한에서만" 가능한 우연적인 것이다. 따라서 "더 이상 즐거움이나 유익을 주지 못하게 될 경우" 우정은 멈추게 되고, 그렇다고 해서 비난받을 일은 아니다. 개를 키우는 가장 큰 이유는 귀여움을 준다거나 함께 시간을 보내는 존재가 있다는 것인데, 개가 더 이상 귀여움을 주지 않게 되거나 함께 시간을 보낼 다른 존재를 찾게 된다면 우정 관계를 멈추어도 상관없는 것이다. 심지어 개에게 먹을 것과 쉴 곳이라는 이익을 주고 주인은 일정 기간 후 고기를 얻는 이익 관계도 얼마든지 가능하다. 인간은 이익 관계가 중단되어도 그것을 이해할 수 있는 인지 능력이 있다. 그러나 그런 인지 능력이 없는 동물은 오히려 일방적인 중단—예컨대 유기—으로 배신감과 비슷한 괴로움을 받을 수 있다. 잔인하게 들리겠지만, 고통 없는 도살은 그런 괴로움을 아예 느끼지 못하게 할 수 있다.

아리스토텔레스를 떠나서 말하더라도, "동물은 친구니까 먹어서는 안 된다."라고 말할 때의 친구는 '진정한' 우정을 주고받는 친구이다. 서로에게 즐거움이든 유익함을 준다는 의미에서의 관계는 계약 관계나 이해관계라고 부를지는 모르지만 친구라고 부르지 않는다. 이 책에서 내내 강조했지만, 현실적으로 우리가 개와 주고받는 관계는 일반적인 친구 관계에서 기대되는 관계는 아니다. 우리는 친구를 사고팔거나 소유하지 않는다. 우리의 입맛에 맞는 친구를 인위적으로 태어나게 하지 않는다. 그러나 우리는 개가 친구라고 말하면서 '강아지 공장'이라 불리는 번식장에서 교배된 친구를 사고팔고 소유한다. 진정한 우정은 못 되고 즐거움이나 유익함에 따른 우정이라도 유지하려면 상대방에게 즐거움이나 유익함이라도 제공해야 한다. 그런데 현실은 거꾸로이다. 우리가 애완견에게 주는 이익은 굶지 않게 먹이를 주고 천적으로부터 피할 쉴 곳을 제공하는 것이다. 6장에서 말했지만 개는 본디 뛰어다니는 것을 좋아하고 무리 지어 사는 본성이 있다. 그런데 온종일 집 안에 갇혀 있는 우리나라의 애완견 사육 환경은 개에게 충분히 뛰어다닐 수 있는 공간을 주지 않으며 동료 개들과 교류하는 것도 불가능하다. 이렇게 보면 우리나라는 개를 즐거움 친구나 이익 친구로 정당하게 대우하지 않는다. "친구는 잡아먹으면 안 된다."라고 말하지만 애초에 친구로서 대우하지 않는 것이다. 일본 애니메이션 〈포켓몬스터〉의 주제가 제목은 "우리는 모두 친구"이다. 가사 중 일부는 "서로 생긴 모습은 달라도 우리는 모두 친구"이다. 그런데 한지우를 비롯한 주인공 일행은 식탁에서 밥을 먹고 포켓몬은 바닥에 밥을 먹는 모습이 나와 시청자들 사이에서 논란이 되었다. 한 식탁에서 밥을 먹지 않는데 무슨 친구냐는 것이다. 반면에 '빌런'인 로켓단의 로사와 로이는 포켓몬인 나옹과 항상 식탁에서 밥을 같이 먹는다. 애니메이션을 인용해서 우스갯소리처럼 들리겠지만, 애완동물과 한 식탁에서 밥을 먹지 않으면서 가족 또는 친구라고 말하는 현실을 진지하게 생각해 보아야 한다.

우정 논증에서 주의할 점 세 가지 중 친구가 되기 위한 인지적 문턱을 낮추어 동물이 친구가 될 수 있는 가능성에 대해 길게 이야기했다. 문턱을 낮추는 것은 진정한 친구가 아니며 설령 '버금' 친구라고 해도 개와 맺는 관계는 그것도 만족하지 못한다는 것이 내 주장이었다. 이제 둘째, 우정 논증은 종의 모든 구성원에 적용된다는 점을 검토해 보자. 조던은 특정 동물 개체가 아니라 종에 따라 친구가 될 수 있느냐가 결정된다고 주장한다. K라는 종에 속한 개체 X가 인간과 실제로 친구라면 K종에 속한 다른 개체들도 가능한 친구라는 것이다. 이는 개 식용 논쟁에서 중요하다. 개 식용을 찬성하는 쪽은 기르는 개와 먹는 개는 다르다고 주장한다. 지금은 없어졌지만 보신탕용 개를 파는 모란 시장에서 애완용 개를 안고 개를 파는 주인의 모습이 이를 상징적으로 보여 준다. 애완인으로 알려진 윤석열 전 대통령도 2021년 10월 31일의 대선 후보 경선 텔레비전 토론회에서 개 식용은 "반려동물 학대가 아니라 식용 개는 따로 키우지 않나."라고 대답하여 애완 개와 식용 개는 다르다는 인식을 드러냈다.[33] 반면에 개 식용을 반대하는 쪽은 개는 다 같은 개라고 주장한다. 동물권 단체 케어는 다음과 같이 말한다.

> 개는 오늘날 사람이 공동체의 구성원으로 인정한 존재이다. 그 사실이 언어로 표현된 것이 반려동물이라는 말이다. ⋯ 농장에서 태어났

다는 이유로 공동체의 구성원을 분리해 내어 마음대로 잡아먹는 이 기괴한 현실을 즉각 없앨 도덕적 책무는 누구에게 있는가?[34]

개는 농장에서 자라든 가정에서 자라든 개라는 종에 속하는 순간 똑같은 반려동물의 구성원이라는 것이다. 그렇다면 종에 따른 우정의 가능성은 개 식용 반대쪽을 지지해 준다.

그러나 친구 관계는 기본적으로 편파적이다. 우리는 같은 인간종 내에서도 친구와 친구 아닌 사람을 다르게 대우한다. 아리스토텔레스도 "… 친구에게 잘해주는 것이 이방인에게 잘해 주는 것보다 더 고귀한 일이며 …"[35]라고 말함으로써 그 편파성을 인정한다. 이렇게 종에 따른 우정의 가능성은 인간 내에서도 성립하지 않는데, 그것을 다른 종에까지 성립한다고 보는 것은 설득력이 없다. 인간종 내에서나 마찬가지로 우리와 친밀한 동물 개체와 그렇지 않은 동물 개체를 다르게 대우하는 것은 자연스럽다. 물론 자연스럽다고 해서 그것이 도덕적으로 허용되는 것은 아니다. 친밀성과 도덕 규칙의 공평성이 양립 가능한지는 윤리학에서 중요한 논쟁거리이다.[36] 예컨대 친밀한 사이라고 해서 학점을 더 잘 주거나 공적인 직책을 맡기는 것은 공평하지 못하다는 윤리적 비난을 받는다. 그러나 다른 한편으로 굶는 남의 자식보다 자기 자식에게 먼저 밥을 주는 부모를 비난하는 사람은 없고, 모르는 사람보다 친구와 여행을 가려는 사람을 편파적이라고 말하지는 않는다. 가족 또는 친구 사이의 친밀감은 사회를 지탱하는 기본적인 버팀목임을 많은 윤리학자들은 인정한다.[37] 친밀성과 도덕 규칙의 공평성이 양립 가능하느냐는 문제에서 논점이 되는 것은 학점이나 임용처럼 공정성이 요구되는 영역인지 아니면 여행을 같이 가는 것처럼 공정성이 요구되지 않는 사적인 영역인지 구분하는 것이다. 현재 논점은 어떤 개체를 죽여도 되느냐이다. 인간의 경우 모르는 사람과 친구 사이는 아니지만 그렇다고 해서 그를 죽여도 되는 것은 아니다. 부모와 자식 사이는 의존하는 사이이고 친구 사이는 아니지만 그렇다고 해서 부모가 아이를 죽여도 되는 것은 아니다. 다시 말해서 친구인가 아닌가는 죽여도 되는가 아닌가와 아무 관련이 없다. 인간과 동물 사이도 마찬가지이다. 친구가 아니라고 해서 죽여도 되는 것이 아닌 것처럼 친구라고 해서 죽이지 않아야 하는 이유는 되지 못한다. 죽여도 되느냐 아니냐는 지난 3절에서 논의한 것처럼 대체 가능성을 비롯한 그 종의 특성에 따라 결정해야 한다. 친구인지 아닌지는 죽여도 되는지와 무관한 것이다.

우정 논증이 종에 따라 결정된다고 주장하는 쪽은 그 실천에서 일관된 태도도 보이지 않는다. 현재 개의 개체 중 일부는 동물 실험에 이용된다. 비글은 활발하고 호기심이 많은 견종으로 알려져 있지만, 태어날 때부터 그 특유의 습성을 억누르는 훈련이 가능하기에 실험동물로 많이 쓰인다.[38] 개종의 모든 개체가 인간의 친구라면 실험동물로 쓰일 수 있는 개가 따로 있는 것은 아닐 것이므로, 개를 실험동물로 쓰는 것에도 반대해야 할 것이다. 물론 이것에 반대하는 동물권 단체도 있다. 그러나 그 경우 생쥐(마우스)나 쥐(래트)는 실험동물로 사용하는 것은 허용하면서 개를 사용하는 것은 반대한다는 이중 잣대의 비난을 받아야 한다.

마지막으로 우정 논증에 관한 세 번째 지적 사항이다. 앞서 개가 사람과 친구가 될 수 있다는 근거로 사람이 개와 놀 수 있다거나 감정적으로 교류할 수 있다거나 의사소통할 수 있다는 것 등을 들었다. 이것은 개 이외의 다른 동물들과도 마찬가지이다. 이 장의 머리말에서 말한 돼지 P짱도 어린이들과 감정적인 교류를 했고, 〈식량일기〉의 계획을 비난하는 것도 그렇게 기른 닭 역시 감정적인 교류가 가능하다고 생각하기 때문이다. 그래서 프레딩과 피터슨은 "농부는 자신이 기르는 소와 친구이고 그래야만 하므로, 야생의 동물을 사냥하는 것보다 소고기를 만드는 것이 도덕적으로 더 나쁘다."라고 말한다.[39] 그렇다면 상당히 많은 동물 종은 인간과 친구가 될 수 있다. 이것은 개뿐만 아니라 다른 동물들도 먹지 말아야 하는 근거가 되며, 만약 이것을 거부한다면 개 식용 반대쪽은 이중 잣대의 비난을 감수해야 한다.

앞서 인용한 "개 식용 종식을 가로막는 5가지 '궤변'들"이라는 기고문에서 개 식용은 금지하면서 다른 동물은 금지하지 않는 이유로 개는 인간의 친구라는 것을 들었다. 개가 친구라는 주장은 개가 다른 동물들과 다름을 보여 주려는 것인데, 우정 논증은 오히려 개와 다른 동물이 다름이 없음을 보여 주게 된다. 다만 개는 상당히 많은 개체가 이미 인간과 친구이고 나머지만 '가능한' 친구임에 견줘, 다른 동물은 아주 일부만 인간과 친구이고 대부분은 '가능한' 친구일 뿐이라는 차이점은 있다. 그러나 두 번째 지적 사항에서 말한 것처럼 우정 논증에 따르면 가능한 친구도 실제 친구와 다를 바가 없다.

5. 맺음말

　인간이 아닌 동물에게 심지어 사물에도 이름을 붙여 준다는 것은 친밀감을 표시한다는 뜻이다. 머리말에서 거론한 P짱이 그렇다. 역시 머리말에서 말한 〈식량일기〉에서 내가 직접 기르던 닭들을 잡아먹어도 된다고 말한 것은 그 닭들에게 이름을 붙여 주며 기르지 않을 것이기 때문이었다. 불과 몇십 년 전까지 우리 부모 세대는 마당에서 닭들에게 "구구" 하면서 모이를 주며 기르면서도 잡아먹었다. 농부들은 이름을 붙이지 않은 가축을 밀리건의 용어대로 '무리'나 '유형'으로 보는 것이기에,[40] 그 무리나 유형 안의 다른 개체로 대체해도 윤리적 문제가 생기지 않는다. 애완인과 달리 식용 개를 기르는 '농부'도 개를 '무리'나 '유형'으로 볼 뿐이다.

　어떤 존재에게 이름을 붙여 준다는 것은 이야깃거리를 만든다는 뜻이다. 앞서 3절에서 레이첼스가 말한 전기적 삶은 곧 이야깃거리가 있는 삶이 있다는 뜻이고, 반면에 생물학적 삶은 아무 이야깃거리가 없이 생물학적 동일성만 유지해 간다는 뜻이다. 아무리 사소하더라도 이야깃거리가 있는 존재는 시간의 흐름에서 자신의 동일성을 의식하고 있으므로, 그 존재는 다른 존재에 의해 대체 불가능하다. 동물의 소유주는 동물에게 이름을 붙여 줌으로써 자신의 삶에 일정한 전기적 내용을 붙여 나간다. 그 동물이 죽고 나면 자신의 동일성에서 중요한 부분이 사라지므로 동물의 죽음을 바라지 않을 것이다. 그러나 여기서 주의할 것은 이 이야깃거리는 어디까지나 동물의 소유주인 인간이 동물에게 부여한 일방적인 것이지, 동물 스스로에게는 그런 이야깃거리가 없다. 김춘수의 시 「꽃」은 "내가 그의 이름을 불러주기 전에는 / 그는 다만 / 하나의 몸짓에 지나지 않았다. // 내가 그의 이름을 불러주었을 때, / 그는 나에게로 와서 / 꽃이 되었다."라고 노래한다. 무생물인 꽃마저도 이름을 불러주는 사람에게는 이야깃거리가 되지만 그렇다고 해서 꽃이 가족이나 친구가 되는 것은 아니다. 우리는 이것을 바로 앞 장에서 아무리 추억이 깃든 옷이라고 해도 시장 가격 이상을 받을 수 없다는 예에서 확인했다. 애완인에게는 미안한 말이지만, 추억을 부여하는 주체가 소유주라는 점에서는 꽃이나 옷이나 동물이나 마찬가지이다.

생텍쥐페리의 『어린 왕자』에서 어린 왕자는 지구에서 오천 송이가 넘는 장미를 보고, 자기가 자신의 별에 두고 온 꽃이 수많은 장미꽃 중 하나일 뿐이라는 생각에 슬퍼한다. 그러나 여우는 그에게 '길들임'을 말하면서 별에 두고 온 꽃은 특별한 관계를 맺었기에 수많은 장미꽃과 다르다는 것을 깨닫게 된다.[41] 아마 생텍쥐페리가 여기서 말하려고 하는 관계도 어린 왕자가 장미에 쏟는 일방적인 관계이지 상호관계는 아닐 것이다. 밀리건의 다음과 같은 발언에서도 이런 시각을 찾을 수 있다. "소유주는 동물의 곤궁에 대한 적절한 (즉 감정적이지 않은) 서사적 공감(narrative appreciation)을 할 수 있는 최적의 위치에 놓일 수 있지만, 동물 자신은 그런 서사적 공감을 가지지 못할 것이다."[42] 결국 인간인 소유주는 동물과 관련해서 전기적 삶이 있지만 동물은 그런 전기적 삶이 없다. 다시 말해서 인간에 의해 이름 붙여지면서까지 길러지는 동물은 여전히 대체 가능한 것이다. 이 말은 만약 동물의 소유주가 자신의 전기적 삶에서 일정 부분을 도려내고 그 동물을 다른 동물로 대체한다고 하더라도 거기에는 어떤 윤리적 문제도 생기지 않는다는 뜻이다. 예컨대 이름을 불러가며 기른 동물을 잡아먹었을 경우 취향이 특이하다는 말은 듣겠지만 윤리적인 비난을 할 수 없다는 뜻이다. 그것은 순전히 개인적인 선택이다.

앞서 4장에서 로렌츠의 "삶에서 절친한 벗이 차지했던 자리는 그가 죽고 나면 영원히 빈자리로 남지만, 개가 남긴 빈자리는 다시 채워질 수 있다."라는 말을 인용했다. 애완인들은 부정하겠지만 로렌츠는 애완견도 대체 가능하다고 주장한다. 로렌츠에 따르면 생물의 개별적인 다양성은 정신적인 발달 정도와 직접적인 관계에 있는데, 가령 같은 종의 물고기 두 마리라면 그 실제 행동에서 구별할 수 없다는 것이다. '정신적인 발달 정도'가 큰 차이가 나는 개가 물고기나 마찬가지로 개별성이 없다는 말일까? 로렌츠에 따르면 "정신적으로 깊은 본능적 심층에서 주인과의 관계를 결정한다는 점에서는 모든 개들은 서로 비슷하다."라고 말한다.[43] 헤어진 사람은 다른 빈자리로 채워지지 않는데, "키우던 개가 죽은 후 얼마 지나지 않아 같은 품종의 강아지를 데려다 키워 보면 대부분의 경우 우리의 삶과 가슴에 생긴 슬픈 빈 공간이 서서히 차오르는 것을 느끼게 될 것이다."[44]

애완인은 견주의 개에 대한 기억은 대체 가능할지 몰라도, 개의 입장에서 볼 때 견주와의 관계에서 전기적인 관계가 가능하다고 주장할 것이다. 개의 인지 능력을 볼 때 주인과 맺은 관계를 통해 자신의 삶에 전기적 내용을 부여할 수 있다는 것이다. 개는 그 인지 능력으로 볼 때 단순한 감각적 동물은 아니다. 그러나 개가 쌓은 기억은 전기적 '내용'이라고 부르기에는 민망하다. 지금 논점이 되는 전기적 내용은 그 기억을 잃고 다른 개체로 대체했을 때 개의 입장에서 정체성에 심각한 피해를 끼치느냐이다. 그러나 개에게 그런 정체성은 없다. 설령 있다고 해도 그런 정도의 정체성이나 전기적 내용은 소나 돼지 따위의 다른 동물에게도 있기에 이중 잣대의 비난이 다시 나온다.

어린이는 사랑스럽다. 그러나 어린이를 사랑스럽게 생각하지 않는 사람도 있다. 그렇다고 해서 어린이를 죽여 먹지는 않는다. 어른으로 성장하는 어린이는 이야깃거리를 갖기에 대체 불가능하기 때문이다. 개는 사랑스럽다. 개가 사랑스러운 사람은 그 개와 이야깃거리를 갖는다. 그러나 개가 사랑스럽지 않은 사람은 아무 이야깃거리가 없다. 그 사람에게 개는 '무리' 속에 있는 한 마리일 뿐이고, 그 개는 무리 속의 다른 한 마리로 대체 가능하다. 따라서 고통을 주지 않고 사육하고 도살할 수 있다면 먹어도 윤리적 비난을 받지 않는다.

11장

다문화주의와 개 식용 문제

1. 머리말

동물 윤리에서 가장 많이 논의되는 소재는 동물을 음식으로 삼는 '육식'과 동물을 실험 대상으로 삼는 '동물 실험'이다. 절대적인 생명권이 있는 인간을 음식이나 실험 대상으로 삼을 수 없는 것처럼 동물도 음식이나 실험 대상으로 삼을 수 없다는 동물 권리론과, 인간에게 큰 이익을 준다면 동물을 음식이나 실험 대상으로 삼을 수 있다는 동물 해방론을 중심으로 다양한 논쟁이 진행된다. 그런데 적어도 우리나라에서 현재 활동하는 동물권 단체들은 육식이나 동물 실험 반대를 주된 운동 목표로 하지 않는다. 대표적인 동물 보호 단체인 케어(CARE, 구 동물사랑실천협회), 카라(동물권 행동 카라), 동물자유연대 등이 가장 앞장서서 실천하는 운동은 애완동물 보호이다. 유기견 구조 및 입양, 개고기 반대 따위가 이들의 주된 실천이다. 이 중 개고기 식용 논쟁은 개 식용 금지법으로 적어도 법적으로는 일단락되었지만, 앞 장에서 그 철학적 정당성을 살펴보았다. 그리고 단순히 국내 문제로 그치는 것이 아니라, 스페인의 투우, 일본의 고래 사냥, 이누이트의 물개 사냥, 미국의 흑인 종교인 산테리아의 동물 희생 제의, 코셔 또는 할랄 음식 생산을 위한 유대인 또는 이슬람 신도의 종교적 도살, 미국 흑인의 투견 시합, 중국의 살아 있는 보신용 동물 시장과 상어 지느러미 요리 등과 함께 지구 차원에서 대표적인 동물 학대 사례로 뽑히고 있다는 점을 지적했다.[1]

그런데 이런 동물 학대를 반대하고 동물권을 옹호하는 운동이 사회적 약자를 차별하거나 사회적 약자를 위한 투쟁에 방해가 된다는 주장이 제기된다.[2] 동물권 운동이 주된 공격 대상으로 삼고 있는 위 관행들은 주로 사회적 약자, 곧 소수자들의 문화이기 때문이다.[3] 동물권 운동은 문화의 다양성을 인정하고 장려하는 **다문화주의**(multiculturalism)에 역행한다고 주장된다. 위 관행들은 동물 학대가 아니라 각 민족의 다양한 고유문화 차원에서 존중되어야 한다는 것이다. 다문화 차원의 동물 학대 옹호는 우리나라의 개고기 반대에 관해서도 흔한 반박 근거이다. 그러나 동물 권리론이 됐든 동물 해방론이 됐든 동물을 윤리적으로 대우해야 한다는 주장은 잔인함과 불필요한 고통을 주는 것은 그것이 인간에게든 동물에게든 옳지 못하다는 것을 기본 전제로 하기에 위 관행들이 동물을 잔인하게 대하고 불필요한 고통을 주는 것이 분명하다고 판단할 것이다. 그렇다면 그 철학을 실천하는 동물권 운동은 이 관행들은 폐지되어야 한다고 주장할 수밖에 없다.

그렇다면 동물권 운동과 다문화주의는 양립 불가능한 것일까? 사회적 약자의 권리와 동물의 권리는 꼭 충돌하는 것일까, 아니면 동시에 옹호할 수도 있지 않을까? 동물권 운동은 인간이든 동물이든 어떤 종에 속하느냐에 상관없이 생명과 고통을 똑같이 고려하자는 주장에 바탕을 두고 있고, 다문화주의는 어떤 문화에 속하느냐에 상관없이 그 문화를 똑같이 존중하자는 주장인데, 통하는 면이 있지 않을까? 이 질문에 대답하려는 것이 이 장의 목표이다. 앞 장의 논의가 개고기 식용에 한정되었기에 그 논쟁에서 주로 거론되는 우정 논증에 집중했다. 이 장은 개고기 논쟁뿐만 아니라 다문화주의 일반에 초점을 맞추려고 한다. 먼저 2절에서는 다문화주의라고 해서 모든 것이 허용되는 것이 아니라 '인간을 향한 존중과 불필요한 해악의 금지'가 보편적 가치로 받아들여진다고 주장한다. 그 가치가 바로 다문화주의를 형성한 것이기 때문이다. 3절에서는 이 가치가 동물에까지 확장되어 감응력이 있는 존재를 향한 존중과 그들에게 불필요한 해악을 금지한다는 것이 또 다른 보편적 가치로 받아들여야 한다고 주장한다. 그래서 다문화주의와 동물권 운동은 그 옹호 근거가 같은 선상에 있음을 보여 준다. 4절에서는 인종 차별주의 또는 성차별주의에서 이용되는 차별화, 열등화, 경시화가 종 차별주의에서도 이용됨을 보여 준다. 그래서 소수 문화의 동물 관행을 비판하는 서구 주류 문화는 동물권을 옹호하려는 의도가 아니라 소수자를 향한 편견을 드러내려는 의도에서 나온다고 주장한다. 비판자들이 공장식 축산과 소수 문화의 동물 관행에 이중 잣대를 사용하는 데서 그렇게 판단한다. 5절에서는 지금까지의 논의를 우리나라의 개고기 반대 운동에도 적용하여 그것은 또 하나의 종 차별주의라고 주장한다. 그렇다고 해서 나는 개 식용을 비롯한 소수 문화의 동물 관행은 여전히 도덕적으로 옳지 않다고 생각한다. 다만 공장식 축산과 그것 중 어느 것을 먼저 비판하느냐는 운동의 전략 차원의 문제임을 맺음말에서는 언급한다.

본격적인 논의에 앞서 이 장에서 '동물권'이라고 할 때 '권리'는 꼭 레건의 의미에서의 권리[4]를 뜻하지는 않음을 언급해야겠다. 동물권이 꼭 철학에서만 논의되는 주제는 아니고, 특히 이 장은 사회 운동으로서의 동물권 운동을 주제로 삼기에 동물의 권리라고 말할 때 일상적인 의미로서 쓰겠다. 다시 말해서 동물권을 옹호한다고 말해도 특별히 레건의 동물 권리론을 주창하는 것이 아니라 동물을 윤리적으로 대우해야 한다는 의미 정도를 뜻하겠다. 권리를 이렇게 범박하게 쓰는 장점도 있다. 9장에서도 언급했고 나중에도 다시 살펴보겠지만, 인권도 권리의 종류에 따라 존중의 정도가 다양할 수 있듯이 동물의 권리도 그 종류에 따라 다양하게 존중할 수 있기 때문이다.

2. 다문화주의와 보편적 가치

권리가 무시되었거나 제한받았던 집단에 권리를 인정하려는 운동은 이 세상을 바람직한 방향으로 이끌어 가는 것으로 인정받을 것 같다. 그러나 꼭 그렇지는 않다. 그런 '진보적' 운동은 또 다른 집단의 권리 신장을 방해하는 데 의도치 않게 도구로 사용된다는 비판을 받기 때문이다. 예컨대 이슬람 여성의 베일(부르카, 니캅, 차도르, 히잡) 착용 반대는 여성의 인권 보호 운동으로 보이지만 다른 차원에서는 이슬람을 향한 인종 차별주의를 부추기는 데 이용된다고 비판받는다. 여성주의 진영은 집단들 사이의 차이를 인정하는 것보다 소수 집단이라고 하더라도 그 집단 내에서의 성적인 불평등에 더 주목해야 한다고 주장한다.[5] 그러나 다른 한편에서는 이슬람 여성의 베일 착용 반대에는 일종의 인종화(racialization)가 젠더 문제와 복합되어 개입되어 있다는 비판이 제기된다.[6]

나는 예전에 발표한 논문[7]에서 이 논쟁에서 여성주의의 손을 들어 주었다. 각 문화의 상대적 가치를 인정하는 다문화주의에서도 문화-중립적인 가치 기준이 없는 것은 아니기 때문이다. 아무리 다문화주의라고 해도 노예제나 인신 공양 따위를 고유의 문화로 존중해야 한다고 말하지는 않을 것이다. 나는 다문화주의와 문화-중립적인 가치 기준을 양립시키는 근거를 절대주의와 독단주의를 구분하는 시걸의 과학 교육 주장에서 찾았다.

> 절대주의는, 어떤 것이든 좋다. 곧 어떤 과학적 논제나 방법론도 다른 과학적 논제나 방법론 못지않게 좋다고 주장하는 상대주의의 견해를 거부하면서도, 다양한 연구 방법론과 이론적 정식화를 직접 체험하는 장점—철학적 장점과 교육적 장점 모두—이 있다고 인정할 수 있다. 다원주의는 다양한 이념과 접근법을 기꺼이 용인하고 이용하는 입장을 말하는데, 그것은 경쟁하는 이념과 접근법의 가치를 평가할 수 없다는 상대주의의 주장과 근본적으로 다르며, 절대주의자는 상대주의를 거부하면서도 다원주의를 완벽하게 받아들일 수 있다.[8]

절대주의는 독단주의와 달리 과학적 지식이 언제든지 틀릴 수 있음을 인정한다. 그렇지만 상대주의와 달리 모든 이론이 다 옳다고 허용하지는 않는다. 다문화주의가 대상으로 하는 문화는 과학과 같은 종류의 지식을 추구하지 않기 때문에 다문화주의에서는 과학과 달리 분명히 상대주의를 인정해야 한다. 그러나 다양한 문화들 사이의 경쟁이 의미가 있는지, 그리고 의미가 있다면 어떤 기준으로 판단해야 하는지 논의가 가능하고 또 그것을 해야 한다. 우리 문화에 야만적인 면이 있는데도 그것을 끝까지 고집하는 것이 오히려 독단주의이다. 내가 속해 있는 문화에서 수정해야 할 점이 있고, 수정해야 할 때 본받아야 할 문화가 있음을 인정해야 한다. 나는 이때 사용할 수 있는 보편적 가치로 '인간을 향한 존중과 불필요한 해악의 금지'를 제시했다.[9] 나는 이 원리가 바로 다문화주의를 형성하게 만든 것이기 때문에 다문화주의에서도 이 가치를 받아들일 수 있고 또 받아들여야만 한다고 주창했다. 다문화주의는, 인종이나 성별이나 계급에서 어떤 집단에 속하든지 사람들을 존중해야 하고 그들에게 불필요한 해악을 끼쳐서는 안 된다는 보편적인 원리가 다수자 집단 내의 구성원에만 적용하던 것을 소수자 집단의 구성원에게까지 확장한 것이기 때문이다.

    그러고 나서 나는 이 '보편적 가치'를 동물에 적용해 보는 시도를 해 보았다. 그리고 여성 차별적인 관행이나 마찬가지로 소수 문화의 동물 학대 관행은 도덕적으로 옳지 못하다는 비판을 받을 수 있다고 주장했다. 위 논문에서 동물 학대 관행을 다루는 부분은 시론격의 성격이기도 하기에 이 장에서 이 주제를 좀 더 본격적으로 다루어 보려고 한다. 그래서 나는 그때와 달리, 소수 문화의 동물 학대 관행이 도덕적으로 옳은 것은 아니지만, 주류 문화의 비판은 진정성 있는 것이 아니라 이

중 잣대에 의한 것일 수 있으므로 주의 깊게 받아들여야 한다고 주장할 것이다.

3. 동물 정치학

동물을 둘러싸고 진행되는 주된 윤리적 논의는, 이 책의 9장에서 살펴보았듯이, 동물에게 도덕적 지위가 있는가이다. 만약 동물에게 도덕적 지위가 있다면 우리에게는 그에 걸맞은 대우를 해야 할 윤리적 책임이 있고, 그것은 구체적으로 육식이나 동물 실험을 중단하는 실천으로 연결된다. 도덕적 지위가 있다고 아무도 의심치 않는 인간을 고기나 실험의 대상으로 삼아도 된다고 생각하는 사람이 없으므로, 인간과 똑같은 도덕적 지위를 가지고 있는 동물을 다르게 대우한다면 모순된 행동이다.

철학자들은 전통적으로 정치적 또는 사회학적 논의에는 관심도 없고 그 방법론에도 밝지 못하다. 이는 철학 중에서 가장 정치적·사회적인 주제를 다루는 응용 윤리학도 마찬가지이긴 하지만, 이 주제에 오직 철학적 방법론으로 이바지할 수 있는 게 분명히 있기에 그런 무관심과 무능이 크게 문제가 되지는 않는다. 이런 상황에서 최근에 '동물 정치학'과 관련해 철학자인 킴리커와 코르데이로-로드리게스가 내놓은 연구는 주목할 만하다.[10] 그들은 동물이 도덕적 지위를 갖느냐의 여부와 상관없이 사회적 약자의 동물 관행이 비판받는 정치적·사회적 근원을 파헤치고 있다.

이 책의 7장에서는 경계 동물에게도 시민권을 부여해야 한다는 도널드슨과 킴리커의 주장을 살펴보았다. 도널드슨과 킴리커에서 다문화주의도 중요한 논의거리 중 하나이다. 그들은 다문화주의에서 동물권에 반대하거나 무관심한 이유로 투쟁의 관심을 분산한다는 것과 도덕적 진지함이 훼손된다는 것을 든다.[11] 다문화주의의 주적은 인종 차별주의인데 인종 차별주의와 싸울 시간과 자원은 한정되어 있으므로 그 관심을 동물권에까지 돌리기에는 현실적인 제약이 있다는 것이다. 아마도 더 솔직한 이유는 다문화주의는 억압받는 사회적 약자를 위해 싸우는데, 그 억압의 반열에 소수자와 동물을 나란히 둔다는 것은 다문화주의의 위상을 깎는다거나 소수자를 동물의 반열로 낮추는 모욕이라는 것이다. 그러나 한때 인종이나 여성 문제보다 계급 문제가 더 우선이라는 비판이 있었던 것을 생각하면 이런 식의 비판은 다문화주의에 자가당착이 된다. 앞서 다문화주의에서 인간을 향한 존중과 불필요한 해악의 금지가 보편적 가치라고 말했는데, 그게 왜 보편적 가치로 제시되었을까 생각해 보자. 사회적인 강자든 약자든, 다시 말해서 인종이나 성별과 상관없이 모든 인간을 똑같이 존중해야 한다는 생각의 근거는 어디에서 나왔을까? 모든 인간이 평등하다는 주장은 엄격히 말하면 사실이 아니다. 사람들은 인종이나 성별에 따라, 그리고 각 개인에 따라 생김새도 다르고 지능도 다르다. 사실 차원에서 이런 불평등이 있는데도 모든 사람을 똑같이 존중하고 평등하게 대해야 하는 규범은 어디에서 도출되는 것일까? 그것은 인종이나 성별에 상관없이 모든 사람은 기본적인 권리를 가지고 있다는 것인데, 그 권리는 불필요한 해악을 받지 않을 권리로 대표된다. 물론 이때 해악은 단순히 신체적인 고통을 받는 것을 넘어서, 인간이라면 누구나 가지고 있는 이익, 예컨대 먹고 자는 기본적인 욕구를 충족하고, 가족을 이루고 살고, 친구를 사귀고 싶어 하고, 배우고 싶은 호기심을 채우고, 삶의 계획을 자유롭게 추구하는 등의 이익을 침해하지 말아야 한다는 것임을 이 책의 9장에서 확인했다. 식민 지배자 또는 백인 우월주의자의 인종 차별주의나 남성 우월주의자의 여성 차별이 도덕적으로 옳지 않은 것은 이렇게 인종이나 성별과 상관없이 누구나 가지고 있는 이익을 침해하기 때문이다.

다문화주의를 옹호하는 윤리적 근거가 되는 '인간을 향한 존중과 불필요한 해악의 금지'를 인간을 넘어 동물에까지 확장해 볼 수 있다. 인간이면 누구나 가지고 있는 권리가 있듯이 동물이면 그 종과 상관없이 가지고 있는 이익이 있다. 동물의 종은 워낙 다양해서 인간의 이익처럼 간단하게 말할 수는 없지만, 9장에서 강조했듯이 자연 상태의 습성을 존중받으면서 불필요한 고통을 받지 않고 사는 이익이라는 데는 누구나 동의할 것이다. 무리를 지어 사는 동물이라면 강제로 무리에서 분리해서는 안 되고, 넓은 초원을 뛰어다니고 넓은 바다에서 헤엄쳐야 하는 동물이라면 좁은 곳에서 가두어서 그 습성을 해치지 말아야 한다. 무엇보다 불필요한 신체적인 고통을 겪는 것은 인간이나 마찬가지로 동물도 싫어하므로 고통을 주어서는 안 된다. 이렇게 보았을 때 다문화주의와 동물권 운동은 그 옹호 근거가 같은 선상에 있으므로 하나를 추구하는 데 다른 하나가 걸림돌이 되지 않는다. 동물권은 도덕적으로 진지하지 않은 주제가 아니라 사회적 약자의 권리를 옹호하는 도덕적 근거에서 옹호된다.

킴리커도 다문화주의가 동물권 옹호에 반대하거나 무관심한 것은 철학적으로 옹호되지 않지만 대중들에게 홍보하기 위한 전략으로 옹호된다고 말한다.[12] 인종 차별주의나 성차별주의가 만연한 시대에는 사회적 약자인 인종이나 여성은 백인이나 남성에 견줘 똑같은 도덕적 지위를 인정받지 못했다. 인종 차별주의나 성차별주의를 비판하기 위해서는 사회적 지배 계급이나 사회적 약자 모두 똑같은 인간이라는 것을 강조할 필요가 있다. 그러기 위해서는 인간과 동물 사이에 날카로운 도덕적 위계가 있다는 것을 의도적으로 강조할 필요가 있다는 것이 킴리커의 주장이다. 그동안 인간보다는 동물에 가까운 대우를 받았던 사회적 약자를 지배 계급과 똑같은 도덕적 위계로 올리기 위해서는 인간이라면 인종이나 성별과 상관없이 모두 동물보다 월등히 뛰어나다는 것을 보여 주어야 한다는 것이다. 그런데 킴리커는 현실은 이런 다문화주의자들의 의도와 다르게 작동한다고 주장한다. 그는 인간과 동물을 더 날카롭게 구분하면 할수록 이민자와 같은 사회적 약자를 차별하고, 거꾸로 인간과 동물 사이에 차이가 없다고 생각할수록 사회적 약자를 향한 편견이 줄어들고 평등에 대한 확신이 강화된다는 심리학 연구 결과를 그 증거로 제시한다.[13]

나는 철학자로서 이 심리학 실험의 정당성을 평가할 위치에 있지 않다. 더 솔직하게는 여러 가지 변수와 모집단의 차이 때문에 이 실험 결과와 반대의 결과도 얼마든지 나올 수 있다고 생각한다. 그러나 경험적 연구는 그 결과가 어떤 식으로 나오든 우리가 찾는 윤리적 규범에 끼치는 영향이 대체로 미약하기가 쉽다. 대중이 어떻게 생각하는가, 대중을 설득하기에 어떤 홍보 전략을 사용해야 하는가는 사회적 약자의 인권과 동물권이 정당하게 주어져야 하느냐의 규범과 별개의 문제이기 때문이다. 인간을 향한 존중과 불필요한 해악의 금지라는 보편적 가치는 인간에게 똑같은 권리를 부여했다. 이 가치는 인간을 포함해서 고통을 느낄 수 있는 모든 동물에 확장하여 적용할 수 있었다. 감응력이 있는 존재를 향한 존중과 그들에게 불필요한 해악을 금지한다는 것을 또 다른 보편적 가치로 받아들여야 한다. 그렇다고 해서 이것이 감응력이 있는 존재라면 인간이든 아니든 모든 생명체를 똑같이 대우해야 한다는 뜻으로 이해해서는 안 된다. 위에서 인간을 향한 존중과 불필요한 해악의 금지라는 보편적 가치가 왜 도출되었는지 되새겨 보라. 그것은 먹고 자는 기본적인 욕구를 충족하고, 가족을 이루고 살고, 친구를 사귀고 싶어 하고, 배우고 싶은 호기심이 있고, 자기 삶의 계획을 자유롭게 추구하는 이익 등을 침해하지 말아야 한다는 이익 따위를 인간이라면 누구나 가지고 있기 때문이다. 동물 중에서도 이런 이익을 가지고 있는 종이 있다면 그것을 존중해 주어야 한다. 예컨대 영장류는 가족이나 집단을 이루고 살고 자연을 알고 싶은 호기심이 있을 것이니 그것을 존중해 주어야 한다. 그러나 영장류라고 해도 삶의 계획을 자유롭게 추구하는 이익은 없으므로 그것을 존중해 줄 필요는 없다. 하등한 동물은 말할 것도 없다. 하지만 아무리 하등한 동물이라고 하더라도 자연 상태의 습성을 존중받으면서 불필요한 고통을 받지 않고 사는 이익이 있다면 그것은 존중해 주어야 한다. 이와 같은 규범적 접근을 통해서 인간 중에서 사회적 약자는 지배 계급과 도덕적 위계가 동등하지만, 동물과는 도덕적 위계가 분명히 다르다는 것이 증명된다. 요컨대 사회적 약자라고 하더라도 배우고 싶은 이익이 분명히 있으므로 학교에 다닐 권리를 무시해서는 안 된다. 그렇지만 9장에서 언급한 것을 다시 말하자면 동물에게는 그런 이익이 없으므로 학교에 보내지 않는다고 해서 이익을 무시한 것이 아니다. 그러나 강제로 부모와 떨어뜨려 살게 하면 심리적인 괴로움을 받는 대상은 인간뿐만이 아니다. 무리 생활을 하는 동물들을 새끼 때부터 부모로부터 떨어뜨려 살게 하면 새끼나 부모에게 심리적 괴로움을 주는 것은 마찬가지이다. 그러므로 동물이라고 해도 그렇게 하면 옳지 못하다.

그런데 인종 차별주의자는 이러한 공통점과 차이점을 애써 무시한다. 코르데이로-로드리게스는 인종 차별주의가 세 가지 권력으로 위계 관계를 만들어 낸다고 말한다.[14] **차별화**, **열등화**, **경시화**가 그것이다. 차별화는 두 그룹 사이에 있는 차이점을 과장하는 것이고, 열등화는 비교에 의해서 소수자의 부정적 특성을 부각하는 것이고, 경시화는 소수자의 이익을 무시하는 것이다. 코르데이로-로드리게스는 오스트레일리아 원주민 자녀 강제 분리 정책을 예로 들어 설명한다. 1900년부터 1970년 사이에 오스트레일리아에서는 원주민의 자녀를 문명화한 교육을 한다는 명분으로 부모로부터 분리하여 백인 가정에 입양을 보내는 정책을 폈다. 35,000여 명의 아이들이 그 정책의 '혜택'을 보았다고 한다.[15] 오스트레일리아의 지배층 백인과 원주민은 피부색과 살아온 환경만 다르지 인간으로서 권리는 똑같이 가지고 있다. 그런데 정작 중요한 이 공통점보다 피부색의 차이를 과장하여 '차별화'를 한다. 그리고 백인의 문화는 문명화되어 있고 윤리적이며 원주민의 문화는 미개하고 비윤리적이라고 하여 소수자를 '열등화'한다. 그런 다음에 소수자를 투명 인간 취급한다. 분명히 원주민도 가족과 함께 살고 싶은 이익이 있고 이 이익이 침해되었을 때 고통을 느끼는데, 그 이익과 고통을 '경시화'하는 것이다. 원주민의 문화가 미개하다는 데서 원주민의 이익을 무시하는 데로 나아갔지만, 사실 원주민의 문화가 미개하다는 것은 그 이익을 무시해도 되는 근거가 전혀 아니다. 물론 원주민의 문화가 정말로 미개하다고 인정하는 것이 아니라, 설령 미개하다고 하더라도 미개한 사람은 가족과 함께 살고 싶은 이익이 없는 것은 아니고 그 이익을 침해받아도 되는 것은 아니기 때문이다. 이 차별화, 열등화, 경시화는 동물권과 관련해서 종 차별주의에서도 그대로 적용된다. 이는 다음 절에서 살펴보자.

4. 권리의 도구화

인간과 동물 사이에는 분명히 차이가 존재한다. 인간은 언어를 사용할 수 있고, 합리적 사고를 할 수 있으며, 자신의 행동을 반성해 볼 수 있으며, 자신이 과거와 미래에 걸쳐 존재하고 있음을 인식할 수 있다. 영장류는 이런 능력이 있는지가 논란이 되지만, 그 외 동물에게는 이런 능력이 없다. 그러나 위에서 말했듯이 자연 상태의 습성을 존중받으면서 불필요한 고통을 받지 않고 사는 이익은 인간은 물론이고 동물도 가지고 있다. 인간과 동물의 '자연 상태의 습성'은 다르다. 그러나 각자가 가지고 있는 그것대로 존중을 받아야 한다는 점에서는 차이가 없다. 그리고 인간이든 동물이든 감응력이 있는 존재로서 불필요한 고통을 받으면 고통스럽다는 점에서는 똑같다. 우리가 동물을 윤리적으로 대해야 하는 고민을 할 때는 대부분 동물에게 불필요한 고통을 주게 되는 상황이다.[16] 따라서 동물이 인간과 달리 합리적인 사고를 하지 못한다거나 자신의 행동을 반성하지 못한다는 차이점은 여기서 개입되면 안 된다. 그런데도 인간과 동물 사이에는 그런 차이점을 부각하여 '차별화'한다.

이런 차별화는 자연스럽게 '열등화'로 이어진다. 합리적·반성적 사고를 할 수 있는 인간과 달리 그런 능력은 없는 동물은 미개하다고 말이다. 인종 차별주의에서는 이 열등화 단계 자체부터 문제가 된다. 서구 지배층의 문화가 원주민의 문화보다 문명화되어 있다고 말할 근거가 전혀 없기 때문이다. 각 문화의 다양성을 인정하는 다문화주의에서는 그것은 인정할 수 없는 주장이다. 그러나 인간과 같은 고차원의 사고를 할 수 없고 발전된 문화를 만들지 못하는 동물은 미개하다고 말할 수 있는 것 아닌가? 이것은 인간의 문화끼리 비교할 때와 달리 판단하기가 쉽지 않은 문제이다. 쾌락의 질적인 차이를 강조하는 밀식의 접근도 있지만, 오로지 쾌락의 양으로 저울질하는 벤담식의 접근도 있기 때문이다. 그러나 여기서 중요한 것은 동물의 삶이 인간의 삶보다 열등하다고 결론이 나더라도 그것은 동물의 고통을 무시하는 것과 아무런 상관이 없다는 사실이다. 오스트레일리아 원주민의 문화가 설령 미개하다고 하더라도 원주민에게 가족과 함께 살고 싶은 이익이 없는 것은 아니고 그 이익을 침해받아도 되는 것은 아닌 것처럼, 동물이 열등한 삶을 산다고 해서 동물의 고통을 불필요하게 침해해도 된다는 결론이 나오는 것은 아니기 때문이다. 결국 '열등화'는 동물의 고통을 '경시화'하는 핑계일 뿐이다. 인간 사회에서도 나와 다른 집단의 구성원에게 불필요하게 고통을 주어도 상관이 없다고 생각하는 것처럼, 인간보다 더 먼 존재인 동물에게도 불필요하게 고통을 주어도 상관없다고 생각하는 것이다. 우리와 다른 집단이 인간이든 동물이든 고통을 느낄 수 있고 불필요한 고통을 싫어한다는 점에서는 똑같은데 말이다.

이제 이 장의 주제인 사회적 약자의 동물 관행으로 돌아가 보자. 제의라는 명목으로 의식 있는 상태에서 동물을 도살하거나 고래나 물개나 개를 먹는 것은 분명히 동물의 고통을 무시한 것 아닌가? 그러므로 이런 관행은 다문화주의에서도 윤리적으로 옳지 못하다고 받아들여야 하는 것 아닌가? 앞에서 다문화주의라고 해도 인간을 향한 존중과 불필요한 해악 금지라는 보편적 가치를 받아들였고, 이 기준에 따르면 인신 공양, 노예제 따위는 전통문화라는 명목으로 옹호될 수 없었다. 그렇다면 위 동물 관행도 감응력이 있는 존재를 향한 존중과 그 존재에게 불필요한 고통을 주지 말아야 한다는 보편적 가치에 따라 옹호될 수 없어야 하는 것 아닌가? 사회적 약자의 동물 관행은 동물의 고통을 무시하기에 동물에게 고통을 주는 것은 분명한 사실이다. 그러나 이 무시를 '경시화'로 판단하는 것은 그 전 단계인 '열등화'에서 동물의 삶을 미개하게 보는 것이 아니라 그 관행이 있는 민족의 문화를 미개하게 본다는 데 문제가 있다. 다시 말해서 사회적 약자의 동물 관행을 윤리적으로 문제 삼는 까닭은 그 동물의 고통이 무시받고 있는 데서 시작한 것이 아니라 그 관행을 실천하는 민족의 문화를 미개하다고 보는 데서 시작한 것이다. 소수 문화의 동물 관행에 딴지를 거는 것은 정말로 동물권을 옹호하려는 의도에서가 아니라 소수자를 향한 편견을 드러내기 위해서이다.[17]

소수자의 동물 관행이 야만스럽고 잔인한 것은 분명한데 이렇게 단정해도 될까? 비판자들이 동물의 고통 자체에 관심을 가지고 문제 삼는지 아니면 소수자의 문화가 미개하다고 생각하기에 그 문화를 문제 삼는지 그 의도를 어떻게 알겠는가? 나는 서구 주류 사회의 비판자들이 이중 잣대를 사용하고 있다는 데서 소수 문화의 동물 관행 비판이 동물권 옹호 의도가 아니라 소수자를 향한 편견을 드러내려는 의도라고 판단한다. 만약 소수 문화의 동물 관행 비판이 감응력이 있는 존재를 향한 존중과 그 존재에게 불필요한 고통을 주지 말아야 한다는 보편적 가치에서 시작했다면, 그 가치를 소수 문화의 관행 못지않게 동물에게 불필요한 고통을 주는 다른 관행에도 적용해야 한다. 그 관행은 바로 서구 자본주의 문화에서 시작된 공장식 축산이다. 공장식 축산은 최소의 투자로 최대의 상품을 생산하기 위해 가축들을 좁은 우리에서 최소한의 이동 공간도 주지 않고 키운다. 합리성이나 반성 능력이 없는 동물이라고 하더라도 비좁고 불결한 환경에서 자연의 습성을 발휘하지 못하면서 사는 것은 고통이다. 그리고 생산 원가를 줄이고 최상의 상품으로 출하하기 위해 자연 상태의 수명보다 훨씬 이르게 도살한다. 도살장에서도 의식을 잃게 한 후 도살을 하는 게 원칙이지만 신속을 요구하는 작업 환경에서는 의도하든 의도치 않든 의식이 깨어 있는 상태에서 도살되는 경우가 흔하게 생긴다.[18] 공장식 축산에서 동물이 받는 불필요한 고통은 소수 문화의 동물 관행에서 동물이 받는 불필요한 고통 못지않게 크고 잔인하다. 고통의 전체 양은 오히려 더 크다. 동물 한 마리가 받는 고통의 양은 같거나 더 적을지 모르지만, 공장식 축산은 대규모 사육을 하므로 고통의 전체 양은 비교할 수 없이 차이가 난다. 서구 사회의 주류 구성원들이 나날에서 누리는 음식 문화가 소수 문화와 비교할 수 없이 큰 동물의 희생 때문에 성립하고 있는데, 자신의 문화에는 눈을 감고 소수 문화에만 비판의 잣대를 들이대는 것은 제 눈의 들보는 못 보고 남의 눈의 티만 찾는 전형적인 사례이고 이중 잣대이다. 물론 소수 문화의 구성원들도 공장식 축산의 상품을 누리겠지만, 공장식 축산이야말로 자본주의에 바탕을 둔 가장 서구적인 문화이다. 법학자인 데카는 서구 문화가 동물에 더 친화적이라는 주장은 식민지 시대에 영국 등이 피식민지인을 '문명화'한다는 근거로 사용되었다고 말한다. 그는 이런 주장은 신화에 불과하다고 비판하고, 오히려 인도를 비롯해 불살생(ahimsa)의 계율이 있는 동양에서 동물을 존중하는 문화가 있다고 말한다.[19] 서구 문화 자체에도 여우 사냥 등의 동물을 학대하는 관행이 있었고, 현재는 공장식 축산이라는 관행을 유지하면서 소수 문화의 동물 관행만 비판하는 것은 이중 잣대이다.

비판하는 당사자도 똑같은 잘못을 하고 있으므로 그 비판이 옳지 못하다고 말하는 것은 전형적인 피장파장의 오류이다. 다른 사람의 잘못이 나의 잘못을 덮는 것은 아니다. 그러나 지금 이중 잣대를 지적하는 것은 소수 문화의 동물 관행이 그르지 않다는 것을 말하려는 것이 아니라 서구 문화의 비판 의도를 문제 삼는 것이므로 피장파장의 오류에 해당하지 않는다. 피장파장의 오류를 비롯한 사람에의 호소(ad hominem) 논증이 오류인 까닭은 '논증의 내용'을 문제 삼아야 할 때 '논증하는 사람'을 문제 삼기 때문인데, 지금 이중 잣대는 애초에 논증하는 사람, 곧 서구 문화를 문제 삼기에 오류가 아니다. 논증 주창자의 진정성을 의심하는 것은 잘못이 아니다.[20] 물론 산테리아의 희생 제의나 개 식용을 위한 열악한 사육 환경은 동물에게 불필요한 고통을 주므로 분명히 도덕적으로 옳지 않다. 주류 문화가 사회적 약자의 동물 관행을 비판하는 것은 불필요한 고통을 금지하려는 보편적 가치에서 비롯되어야 비슷한 다른 관행들을 향해서도 공평한 비판을 하게 되는데, 그렇지 않고 '인종화'에서 시작한 것이기에 공평한 잣대를 들이대지 않는다. 자신의 문화에 똑같은, 아니 오히려 더 심한 동물의 고통이 있는데도 소수 문화에서의 고통만 선택적으로 거론하여 동물권을 도구적으로 사용하는 것이다.[21]

이런 공정성 비판은 주류 문화의 공장식 사육 관행이든 소수 문화의 동물 관행이든 모두 비판에서 면제된다는 우려를 낳게 된다. 카잘은 그런 우려 때문에 공정성에 근거한 비판에 문제가 있다고 말하는데, 똑같이 잔혹한 관행은 놔두면서 소수 문화의 동물 관행만 문제 삼는다는 비판은 비슷한 모든 것을 금지하지 않으면 어떤 것도 금지하지 말자는 주장과 다름없기 때문이다.[22] 그러나 내가 지금 이중 잣대를 비판하는 것은 어떤 것도 금지하지 말자는 주장이 아니라, 오히려 주류 문화의 공장식 사육 관행이나 소수 문화의 동물 관행 모두 도덕적으로 옳지 않기에 폐기되어야 한다는 주장이다. 다만 주류 문화와 소수 문화 중 어느 쪽을 먼저 비난의 대상으로 삼아야 할지가 문제가 되는데, 이는 철학적 문제라기보다는 운동 전략의 문제에 가깝다. 이 점은 이 장의 맺음말에서 다시 거론하겠다.

이슬람 여성의 베일 착용을 향한 비판도 이런 이중 잣대의 시각에서 바라볼 수 있다. 킴리커는 사회적 약자의 동물 관행을 비판하는 것은 지금까지 말했듯이 그 자체가 소수자를 향한 편견을 드러내는 것일 뿐만 아니라, 그것이 공론화됨에 따라 그 편견이 강화된다는 것을 지적한다.[23] 소수 문화의 미개함이 부각되는 기회가 되기 때문이다. 사실 소수 문화의 동물 관행은 억울한 면이 있다. 실제로는 동물에게 더 작은 고통을 주는 관행인데도 불구하고 더 많은 비난을 받는 이유는 방금 말했듯이 소수 문화를 향한 편견도 있을 뿐만 아니라, 그 관행이 주로 노출된 공간에서 이루어지기 때문이다. 산업화 이전에 서구 사회의 축산도 가족농 형태로 누구나 볼 수 있는 장소에서 동물을 길렀다. 그러나 지금은 일반인들에게는 보이지 않는 농장이나 도살장에서 이루어지기 때문에 동물에게 고통을 주는 것이 눈에 잘 띄지 않는다.[24] 우리는 축산 공장의 생산물만 포장된 형태로 마트의 진열대에서 접할 뿐이기에 고통의 산물임을 알기 어렵고 고통에 둔감하게 된다. 반면에 소수 문화의 동물 관행은 제의이기 때문에 대중에게 노출이 될 수밖에 없거나(산테리아), 종교적 도살이므로 교리를 지킨다는 것을 의도적으로 알리거나(코셔/할랄), 산업화되지 않았기 때문에 공공연한 곳에서 길러지고 죽임을 당하거나(개고기, 보신용 동물 시장), 사냥의 형태이기 때문에 사람의 눈에 띈다(고래, 물개 사냥). 법의 보호를 받는 소나 돼지의 도살은 합법적인 도축장에서 이루어지고 포장된 형태로 마트에서 팔리는 반면에, 법의 보호를 받지 못하는 개는 도살과 판매가 사람들이 오가는 시장에서 이루어진 우리나라의 현실을 생각해 보라. 사람들은 그런 동물의 고통에 민감하게 반응하게 된다.

5. 또 하나의 종 차별주의

지금까지 소수 문화의 동물 관행을 향한 서구 주류 문화의 비판은 소수 문화에 가지고 있는 편견이 드러난 것이라고 주장했다. 바로 앞

장에서는 주로 우정 논증에 초점을 맞추어 개 식용 관행을 다루었는데, 여기서는 소수 문화의 이 시각에서 생각해 볼 수 있다. 나는 개 식용 반대에는 아시아 문화를 향한 편견이 작용한다고 생각한다. 물론 개 식용 반대는 서구에서만 이루어지는 것이 아니라 국내에서 더 격렬하게 진행되었다. 국내의 동물권 단체의 주된 활동 중 하나가 개고기 반대일 정도로 개 식용은 뜨거운 주제이다. 동물 보호 단체나 이들의 주장에 동조하는 이들은 서구 주류 문화의 시선에서 소수 문화에 대한 편견으로 개 식용을 반대하는 것일까? 앞의 논의에 따르면 그들의 비판이 주류의 시선인가 아닌가가 아니라 일관되지 못한 비판이라는 점이 중요하다. 서구의 공장식 축산과 마찬가지로 우리나라의 축산업도 공장식 축산 방식으로 운영되고 있고 개 식용을 반대하는 사람들도 그 혜택—싼 값에 고기를 먹을 수 있는 것—을 보고 있는데, 개고기만 반대하는 것은 이중 잣대이기 때문이다.[25] 10장에서 말했듯이 개는 축산법으로는 가축으로 규정되고 있지만, 사육·도축 따위를 규제하는 축산물 위생 관리법의 적용 대상에 포함되지 않았기 때문에 잔인하고 비위생적인 환경에서 사육되고 도축되었다. 그러나 그 법의 적용을 받는 가축이라고 해서 안락한 환경에서 사육되고 인도적으로 도살되는 것은 아니다. 그런데도 개가 아닌 가축과 개 사이에 모순된 태도를 보이는 것에는 앞 절에서 말했듯이 비위생적이고 잔인한 사육과 도축이 눈에 보이는 곳에서 이루어지는가 아닌가의 차이가 작용한다. 지금은 없어졌지만 한때 성남의 모란 시장과 부산의 구포 시장 등지에서 철망 속에 갇혀 도살되기를 기다리는 개들을 쉽게 볼 수 있었다.[26] 애완동물용 개도 개고기용 개의 사육 못지않게 열악하고 잔인한 환경인 이른바

'강아지 공장(퍼피밀)'에서 교배되고 사육되는 경우가 많다. 그런데도 개고기보다 그것을 향한 비판이 덜한 것은 역시 강아지 공장은 보이는 곳에 있지 않기 때문이다.

 사실 개고기를 반대할 때 개와 다른 가축의 차이점으로 가장 많이 등장하는 근거는 개는 다른 가축과 달리 인간과 가족과 다름없다는 점이다. 인간과 친하고 가족이나 다름이 없는 동물을 식용의 대상으로 삼을 수 없다는 것이다. 나는 이것이야말로 서구 주류 문화의 사고라고 생각한다. 이것은 개를 가족처럼 대하는 문화는 문명화되어 있고 그렇지 않은 문화는 미개하다고 단정하는 **열등화**의 과정이다. 누구와 친한가 친하지 않은가는 인종 차별주의와 성차별주의를 극복할 때 가장 경계해야 하는 생각이다. 인종 차별주의가 바로 내가 속한 집단의 구성원은 나와 친하고 나와 가족이나 다름이 없기에 다른 집단의 구성원에 비해 특별한 대우를 받아야 한다는 생각이고, 성차별주의도 마찬가지이다. 그러나 나와 친하든 친하지 않든 그 개인이 인간으로서 가지고 있는 권리로 그 사람을 대우해야 한다는 생각이 인종 차별주의를 극복하게 했다. 마찬가지로 동물은 우리가 속한 집단의 구성원이 아니기에 우리와 친하지 않으므로 다르게 대우해 왔다. 그러나 동물이 비록 우리와 친하지 않더라도 동물이 가지고 있는 본래의 습성을 존중해 주는 것이 종 차별주의를 극복하는 길이었다. 그런데 **같은 동물 내에서도 우리와 얼마나 친분이 있느냐를 가지고 다르게 대한다면 그것은 또 하나의 종 차별주의를 저지르는 것이다.** '종 차별주의'가 보통은 인간 종과 동물 종을 차별한다는 뜻으로 쓰이지만, 동물의 각 종끼리도 차별한다는 뜻으로 쓰일 수 있기 때문이다.

5장에서 고양이와 고양이가 잡아먹는 경계 동물을 차별하는 것은, 벤담이 말한 고통을 느낄 수 있는 능력에서 차이가 없는데도 다르게 대우하는 것이므로 '또 하나의 종 차별주의'라고 말했다. 애완동물로 기르는 동물과 먹기 위해 기르는 동물을 차별하는 것도 마찬가지로 **또 하나의 종 차별주의**이다. 그 동물을 어떤 목적으로 기르느냐만 다르지 고통을 느낀다는 점에서는 차이가 없기 때문이다. 어떤 목적으로 기르느냐가 의미 있는 차이점일 수 있지만, 이것은 개 식용을 반대하는 쪽이 강력하게 반대하는 논리이다. 개는 인간의 친구이므로 먹을 수 없다는 주장에 대해 개 도축 및 유통업자들은 식용 목적의 개는 애초부터 식용으로 길러지므로 친구를 먹는 것은 아니라고 해명하는데, 개 식용을 반대하는 쪽은 여기에 개는 식용 목적의 개와 애완 목적의 개가 따로 있지 않다고 반박하기 때문이다.

식용 동물과 달리 애완동물에게 특별한 지위를 부여하는 데 반대하는 것은 싱어도 마찬가지이다. 그는 동물도 고통을 느낀다는 원칙을 말한 다음에, 다음과 같이 말한다.

> 이 원칙은 개나 잉꼬처럼 많은 사람들이 반려동물로 키우며 사랑하게 된 종의 동물과 돼지나 칠면조처럼 소수의 사람들이 좋아하고 많은 사람들이 먹는 종의 동물의 고통을 비교할 때에도 적용된다. 동물을 쓰다듬어야 할 동물과 먹어야 할 동물로 구분하지 않는 스티브와 데릭은 … 칠면조 고넬료와 돼지 에스더를 개나 고양이와 함께 사는 사람들이 반려동물을 바라보는 것처럼 욕구와 필요를 가진 개체로 보는 데 아무런 어려움이 없다. 그리고 고넬료와 에스더에게 해당되

는 것은 돼지와 칠면조 일반에게도 해당되는 사실이다. 이들 모두는 고통과 즐거움을 경험할 수 있는 능력뿐만 아니라 고유한 개성을 지닌 개체이기 때문이다.[27]

물론 싱어는 칠면조와 돼지를 먹어도 되듯이 개나 고양이도 먹어도 된다고 말하려는 의도는 아니다. 정반대이다. 앞 장에서도 인용했듯이 싱어는 개고기를 먹는다는 것을 상상도 할 수 없다고 말하므로, 개와 그 본성에서 다름이 없는 칠면조나 돼지도 먹어서는 안 된다고 말하고 싶어 한다. 여기서 주목하는 것은 '쓰다듬어야 할 동물'(이것이 펫pet의 의미이다)과 '먹어야 할 동물'을 구분하지 않는 일관적인 자세이다. 둘 다 먹거나 둘 다 먹을 수 없는 것이다. 물론 인간과 동물의 합리적인 차이점에 근거해서 인간과 동물을 다르게 대우하는 것이 차별이 아닌 것처럼, 동물의 각 종끼리도 그 종이 가지고 있는 본래의 습성에 맞게 다르게 대우하는 것은 종 차별이 아니다. 가령 넓은 이동 공간이 필요한 동물을 좁은 우리에 가두어 놓는 것은 그 이익을 침해하는 것이 되지만, 자연 상태에서도 이동 반경이 넓지 않은 동물은 가두어 놓아도 특별히 침해할 이익이 없다. 우리가 어떤 동물 종을 대할 때 고려해야 할 것은 그 종의 이익에 부합하느냐 아니냐이지 우리와 친한가 친하지 않은가가 아니다. 개와 돼지의 자연 상태의 습성이나 이익을 비교해 볼 때 개는 잡아먹히면 안 되지만 돼지는 잡아먹혀도 되는 그런 차이점은 없다. 따라서 개를 다른 가축보다 특별하게 대우하는 것은 종 차별주의이다. 더구나 모든 사람이 개와 친한 것도 아니다. 그렇게 볼 때 개는 가족이므로 개고기를 먹지 않는다고 말하는 것은 개고기를 안 먹는 것을 도덕적 의무로 생각해서가 아니라 취향으로 생각하기 때문으로 볼 수 있다. 취향이라면 개와 친하지 않은 사람은 먹는 것을 허용하게 된다. 덧붙여 말하자면 이슬람 신도들이나 아메리카 원주민처럼 개를 애완동물로 키우지 않는 민족도 있다. 이렇게 볼 때 개는 가족이기에 먹어서는 안 된다는 주장은 서구 주류 문화를 강요하고 소수 문화를 열등화하는 것으로 볼 수 있다.

산테리아 희생 제의는 제의 도중 동물을 잔인하게 죽이기에 문제가 되었다. 그러나 제의 자체를 금지하는 조례는 특정 종교에 대한 반대가 될 수 있기에 종교의 자유를 허용하는 헌법을 위배될 소지가 있다.[28] 잔인한 동물 살해가 문제라면 제의 자체가 아니라 동물 살해만 금지하면 된다. 로크는 『관용에 관한 편지』에서 다음과 같이 말한다.

> 무엇이든지 다른 신민들에게 일상적으로 이용하는 것이 허락되어 있는 것이면 종교적 회합에서 사용되는 것도, 그리고 이러저러한 종파의 비교 전수자들에 의한 거룩한 사용[종교적인 방식의 사용]도 어떠한 방식으로든 법으로 막을 수 없으며 그래서도 안 됩니다. … 그 자체로 국가에 해로운 것들, 공동의 선을 위해 제정된 법률로 공동의 생활에서[의 사용이] 금지되는 것들, 그러한 것들은 교회에서의 거룩한 사용에도 허용될 수 없으며 또한 처벌로부터 면책될 수 없습니다.[29]

종교적 동기의 동물 학대라고 해서 특별하게 면제를 해 줘도 안 되고 특별하게 처벌을 해서도 안 된다는 주장이다. 종교 관행은 아니어도 개고기에 관해서도 똑같이 말할 수 있다. 개고기 논쟁에서 문제되는 것은 잔인하고 비위생적인 환경에서 사육되고 도축되는 것이다. 개든 돼지든 잔인하고 비위생적인 환경에서 사육되고 도축되는 것은 옳지 못하다. 돼지가 잔인하고 비위생적인 환경에서 사육되고 도축된다고 해서 돼지고기 자체를 금하는 것이 아닌 것처럼 개가 그런 환경에 있다고 해서 개고기 자체를 금지할 일은 아니다.

6. 맺음말

마지막으로 나는 감응력이 있는 존재를 향한 존중과 그 존재에게 불필요한 고통을 주지 말아야 한다는 보편적 가치의 중요성을 강조하겠다. 이 장에서는 그 가치의 인정 때문이 아니라 소수 문화를 향한 편견 때문에 소수 문화의 동물 관행을 반대하는 입장을 비판했지만, 그렇다고 해서 그 가치가 중요하지 않은 것은 아니기 때문이다. 이 장의 주장에 따르면 그 가치를 인정하고 실천하는 것은 다문화주의의 정신이기도 하다. 인종 차별주의와 성차별주의를 반대하고 각 문화의 가치를 인정하게 되는 정신이 인간을 향한 존중과 불필요한 고통 금지라는 보편적 가치였는데, 그것과 감응력이 있는 존재를 향한 존중과 그 존재에게 불필요한 고통을 주지 말아야 한다는 보편적 가치는 일맥상통하기 때문이다. 동물권을 존중하는 보편적 가치를 자꾸 언급하는 것이 결국 다문화주의에게도 도움이 된다. 다문화주의가 각 문화의 고유한 가치를 인정한다고 말했지만 인신 공양이나 노예제의 사례처럼 모든 문화가 비판에서 면제되는 것은 아니다. 비록 공격하는 주체가 이

중 잣대를 사용한다고 하더라도 잔인한 문화는 잔인하다. 그런데도 만약 소수 문화의 전통이므로 허용되어야 한다고 주장한다면 그것은 킴의 논문 제목대로 '다문화주의적 제국주의'[30]가 될 우려가 있다. 다문화주의가 서구 제국주의에서 벗어났듯이 다문화주의적 제국주의에서도 벗어나야 동물권과 다문화주의는 함께 갈 수 있다. 킴의 지적대로 소수 문화도 "우리 문화만은 내버려 둬."라는 태도를 벗어나 도덕적인 성찰을 받아야 도덕적 공동체의 구성원이 될 수 있다.[31]

　서구의 동물권 단체 중에서는 소수 문화에 편견을 가지지 않고 자본주의적인 산업농과 사회적 약자의 동물 관행 모두 비판하는 곳이 많다.[32] 그런 곳에는 이 장의 이중 잣대라는 비판은 적용되지 않을 것이다. 그렇다고 하더라도 그런 단체를 포함해서 우리는 본론에서도 언급했듯이 자원과 시간의 부족으로 다수의 관행(육식을 위한 공장식 사육)과 소수의 관행(투우, 개고기 식용, 할랄, 코셔 따위) 중 어느 쪽에 우선순위를 두어야 할지 결정을 해야 한다. 다수 문화의 시각을 가진 쪽은 의도적으로 소수의 관행을 공격 과녁으로 정하기도 할 것이다. 앞서도 말했듯이 소수의 동물 관행은 동물이 당하는 잔인성이 대중들에게 노출되고, 거대 자본이 아니며, 공격할 대상도 집중되어 있기 때문이다.[33] 만약 이런 전략을 가지고 소수 문화의 동물 관행을 반대한다면 이중 잣대일 뿐만 아니라 야비하다는 비판도 받아야 한다. 홍보 전략의 고민을 떠나서 정의의 관점에서 고민해 본다면 우리는 '거대 악'을 우선 공격 순위로 정해야 한다. 소수의 관행에 집중하게 되면 다수의 관행이 정상임을 인정하는 꼴이 되고 이는 바로잡기가 어렵기 때문이다. 그리고 소수 문화의 동물 관행보다 공장식 사육에서 고통받는 동물의 수가 비교할 수 없이 많기에 동물이 받는 고통의 양의 측면에서 생각해 봐도 거대 자본에 집중하는 것이 옳다. 그러나 거꾸로 생각하면 다수의 관행을 우선 반대 대상으로 정한다고 할 때 이번에는 소수의 관행이 정상으로 인식되지 않을까? 그러나 소수의 관행은 이미 도태되고 있기에 어차피 시간이 지나면 도태되리라는 게 내 생각이다. 개 식용 금지법이 통과되기 이전부터 개고기를 먹는 사람이 점점 줄어들고 있고 개고기를 파는 시장이 없어지는 우리나라 문화를 생각해 보라.[34] 소수의 관행이 줄어지지 않더라도, 다수의 관행에 문제가 있다는 의식이 사회적 규범이 되면 그 문제의식은 자연스럽게 소수의 관행에도 쏠릴 것이다.

12장

맺음말: 길들임과 책임

생텍쥐페리의 『어린 왕자』에는 길들임에 대해 말하는 유명한 구절이 있다.[1]

"이리 와서 나하고 놀자." 어린 왕자가 제안했다. "난 아주 슬퍼……."
"난 너하고 놀 수가 없어." 여우가 말했다. "난 길들여지지 않았거든."
…
어린 왕자가 말했다. "나는 친구들을 찾고 있어. '길들인다'는 게 무슨 뜻이야?"
"그건 모두들 너무나 잊고 있는 것이지." 여우가 말했다. "그건 '관계를 맺는다'는 뜻이야."
"관계를 맺는다고?"
"물론이지." 여우가 말했다. "너는 아직 내게 세상에 흔한 여러 아이들과 전혀 다를 게 없는 한 아이에 지나지 않아. 그래서 나는 네가 필요 없어. 너도 역시 내가 필요 없지. 나도 세상에 흔한 여러 여우들과 전혀 다를 게 없는 한 여우에 지나지 않는 거야. 그러나 네가 나를 길들인다면 우리는 서로 필요하게 되지. 너는 나한테 이 세상에 하나밖에 없는 것이 될 거야. 나는 너한테 이 세상에 하나밖에 없는 것이 될 거고……."

…

"자기가 길들인 것밖에는 알 수 없는 거야." 여우가 말했다. "사람들은 이제 어느 것도 알 시간이 없어. 그들은 미리 만들어진 것을 모두 상점에서 사지. 그러나 친구를 파는 상인은 없어. 그래서 사람들은 친구가 없지. 네가 친구를 갖고 싶다면, 나를 길들여 줘!"[2]

여우의 이 말을 들은 어린 왕자는 여우를 길들여 '친구'가 된다. 그리고 어린 왕자는 여우와 헤어질 날이 되자, "울음이 나올 것 같아."라고 말한다. 그러자 여우는 "그건 네 잘못이야. 난 너를 조금도 괴롭히고 싶지 않았는데, 네가 길들여 달라고 해서……."라고 말한다.

길들인 여우는 길들이지 않은 장미꽃과 비교가 된다.

어린 왕자는 장미들을 다시 보러 갔다.

그는 꽃들에게 말했다. "너희들은 내 장미를 전혀 닮지 않았어. 너희들은 아직 아무것도 아니야. 누구도 너희들을 길들이지 않았고, 너희들은 누구도 길들이지 않았어. 너희들은 옛날 내 여우와 같아. 수많은 다른 여우들과 다를 게 없는 여우 한 마리에 지나지 않았지. 그러나 내가 친구로 삼았고, 그래서 이제는 이 세상에서 단 하나밖에 없는 여우가 됐어."

이 말에 장미꽃들은 난처했다.

"너희들은 아름다워. 그러나 너희들은 비어 있어." 어린 왕자는 다시 말했다. "아무도 너희들을 위해 죽을 수는 없을 거야. …"³

여우는 어린 왕자에게 마지막으로 말한다.

"사람들은 이 진실을 잊어버렸어." 여우가 말했다. "그러나 너는 잊으면 안 돼. 네가 길들인 것에 너는 언제까지나 책임이 있어. 너는 네 장미한테 책임이 있어……."⁴

『어린 왕자』에서 '길들이다'의 프랑스어는 apprivoiser이다. 이것은 프랑스어 domestiquer와 같은 뜻이므로, 결국 영어의 domesticate와 같은 뜻이다. 잘 알다시피 domesticate는 '길들이다'라는 뜻으로, '길들여진 동물'은 애완동물을 비롯한 가축을 가리킨다. 나는 4장에서 domesticate는 그 말밑이 '지배'를 뜻하는 domination과 같기 때문에 길들인다는 것은 곧 지배한다는 뜻일 수 있음을 지적했다. 그러나 『어린 왕자』의 여우의 명대사에 따르면 부끄럽게도 길들이는 것은 지배하는 것이 아니라 '관계를 맺는 것'이고 그것은 곧 친구가 되는 것이다. 그리고 길들인 관계가 된다는 것은 10장에서 인용한 밀리건의 말대로 '무리'나 '유형'으로서가 아니라 개별적으로 친밀한 관계를 맺는다는 뜻이다. 장미꽃들처럼 수많은 장미꽃들 중 하나가 아니라 개체 하나하나의 이름을 기억하는 관계가 되는 것이다. 그리고 여우의 마지막 말처럼 그런 관계를 맺는다는 것은 책임을 지는 관계이다. 상점에서 살 수 있는 '미리 만들어진 것'은 하나하나 이름을 기억하는 관계가 아니며 대체 가능한 물건에 불과하다. 그런 물건은 친구가 아니다. "친구를 파는 상인"은 없다는 여우의 말을 귀기울여 들어야 한다.

    책임을 진다는 것은 당연한 말이지만 관계를 맺는 상대방과 끝까지 함께한다는 뜻이다. 가족이라면 목숨이 다할 때까지 함께하고, 친구 관계라면 동무 관계가 지속될 때까지 함께한다. 그러나 책임을 진다는 것은 영속적인 관계를 갖는다는 것을 넘어선다. 그 관계를 유지하는 동안에도 상대방이 자신의 본성을 다하는 상태를 유지할 수 있도록 최선의 노력을 다해야 한다. 아리스토텔레스가 우정의 조건으로 말한 것처럼 상대방이 잘 되기를 바라야 하는데, 어떤 존재든 자신의 본성을 실현할 수 있는 상태여야 잘 될 수 있다. 그렇지 않고 상대방과 끝까지 같이하지만 나의 의도나 욕구에 맞게 상대방을 재단한다면, 그것은 domesticate의 또 다른 의미처럼 상대방을 '지배'하는 것이다. 우리가 애완동물과 함께한다고 말하면서, 그리고 길들인 관계가 되었다고 말하면서, 우리의 목적과 필요에 맞게 애완동물을 길들이는 것은 아닌지 반성해 보아야 한다. 그것이 이 책에서 말하려고 한 바이다.

부록

주
참고문헌

주

1장 머리말: 새로운 윤리적 성찰의 대상

1 싱어(2012), 16면. 싱어는 그에 앞서 어떤 모임에서 개 한 마리와 고양이 두 마리를 키운다는 부인이 햄 샌드위치를 들고서 자신에게 "저는 동물들을 너무 사랑합니다."(15면)라고 말한 일화를 소개한다. 햄의 재료가 되는 돼지의 처우에는 관심이 없으면서 애호한다고 말하는 모순을 지적하는 것이다.
2 레건(2023), 292면.
3 Rollin(2006a). 초판은 1981년에 나왔다.
4 2020년 농식품부 동물보호에 대한 국민의식조사(20~64세 남녀 5,000명 온라인 패널조사)에 따르면 638.1만 가구가 반려동물을 양육한다고 대답했고 이는 전체 가구의 27.7%에 이른다(개는 22.6%, 고양이는 7.9%). 그런데 2020년의 인구주택총조사(전체 가구의 20% 대면·비대면 병행)에 따르면 15%(312.9만 가구)가 양육 가구 수이다(개는 11.6%, 고양이는 3.4%). 반려동물 통계가 중요한 이유는 반려동물의 마릿수를 알아야 반려동물을 관리할 수 있고 관련 정책을 개선할 수 있기 때문이다. 예컨대 공중 보건 정책을 세우거나, 반려동물 놀이터를 어디에 얼마나 만들지 결정하는 데 필요하다. 그런데 양육 가구 통계가 정확하지 않은 이유는 동물 등록제가 제대로 시행되지 않고 있기 때문이다. 우리나라는 2014년 이후 동물 등록제를 시행하고 있지만, 등록하지 않아도 추적이 안 되니 미등록이 많다. 그리고 신체에 해가 없는 작은 마이크로 칩을 피부에 이식하는 방식뿐만 아니라 칩을 이식한 외장형 목걸이 등을 다는 방식을 허용한다. 비용이 싼 후자의 방식이 이용되는데, 목걸이는 벗기면 그만이다. 주인 없는 개가 돌아다녀도 누구 개인지 알 수 없는 것이다.
5 애완동물의 일은 이제 완전히 바뀌었다. 집 지키기나 사냥하기나 양떼 몰기나 쥐 잡기 따위를 시키려고 애완동물을 기르는 일은 드물다. 귀여움을 제공하고 가족의 역할을 하는 것이 새로운 일이다. 미국 작가인 Jon Katz의 책 제목인 "새로운 일: 삶, 사랑, 가족 돌보기(The New Work of Dogs: Tending to Life, Love, and Family)"가 그것을 잘 보여 준다.
6 심지어 데카르트처럼 동물이 물건과 마찬가지로 직접적 도덕적 지위가 없다고 하더라도 동물을 학대하는 것은 나쁜 품성을 기르거나 다른 사람에게 비슷한

나쁜 짓을 할 수 있다는 이유로 그르다는 것을 설명할 수 있다. 아퀴나스나 칸트가 이런 식의 설명을 한다. 최훈(2015a), 25면 이하를 보라. 데카르트의 동물관은 같은 책 19면 이하를 보라. 직접적 도덕적 지위와 간접적 도덕적 지위는 이 책의 9장에서 다시 한 번 설명된다.

7 동물 보호법 제20조 제1호에 따르면 유기 동물은 공고한 날부터 10일이 지나도 소유자를 알 수 없으면 지방 자치 단체로 소유권이 이전된다. 그리고 일정 기간이 지나면 안락사 처리가 가능하다. '동물권단체 케어'가 2018년 6월에 펴낸 보고서인『전국 지자체 유기동물 보호소 진단과 제안』(44면)에 따르면, 전국의 유기동물보호센터는 총 282곳이 있는데, 안락사할 때까지의 추가 보호 기간은 1주일 미만이 17%, 30일 미만이 37%, 90일 미만이 23%였다. 동물의 개체 수 증가로 안락사는 불가피한 면이 있기에 안락사는 대부분의 나라에서 시행되고 있다. 다만 독일의 동물 보호소는 안락사를 시키지 않는 정책으로 유명하다. 독일은 애완동물의 구입이 법적으로 금지되어 있기에 동물 보호소에서 수용하는 애완동물이 자연스레 입양으로 이어진다고 한다(명보영 2015 참고). 나는 최훈(2019), 4장에서 동물의 고통 없는 죽음은 허용 가능하다고 주장했고, 이 책의 5장에서도 길고양이와 관련해서 그 점을 다시 언급하겠다. 이에 따르면 동물 보호소에서의 유기 동물의 안락사도 허용 가능하다.

8 '잊혀지다'는 '잊다'의 피동형인 '잊히다'를 다시 한 번 피동형으로 만든 이중 피동형이다. '길들여지다'와 비슷한 형식의 피동사는 형용사 '밝다'의 사동사 '밝히다'에 '(어)지다'를 붙여서 만든 '밝혀지다'가 있다. https://www.ohmynews.com/NWS_Web/View/at_pg.aspx?CNTN_CD=A0002771900 참조.

2장 애완동물: 장난감인가, 피보호자인가?

1 Nagel(1974).
2 Fruh&Wirchnianski(2017).
3 이 법조항에 대해서는 9장에서 본격적으로 논의한다. 동물에 관한 그 외의 법률로는 동물 보호법이 있다. 최훈(2019), 2장과 3장에 이 법의 일부가 소개되어 있다.
4 레건(2023), 702-06면, Rollin(2006a), 162-66면, Francione(2000a), 169면을 보라.
5 인간이 배타적으로 가진다고 생각되는 특성들, 곧 합리성, 언어나 도구 사용, 도

덕성 따위를 갖지 못하는 인간은 인간 범주에서 가장자리에 있다고 해서 '가장자리 인간(marginal human)'이라고 부른다. 최훈(2015a), 94면을 보라.

6 이런 입장을 '복지주의'(Francione 1996, 2면) 또는 '복지를 겸비한 유용성 모형'(Harvery 2008)이라고 부를 수 있다. 반면에 Francione(2007)와 Francione(2012)는 동물 복지 주장은 아무리 동물을 인도적으로 대우한다고 해도 결국은 동물을 소유물로 다룬다고 주장한다. Francione의 주장은 3장에서 다시 언급할 것이다. 나는 직접적 도덕적 지위와 장난감 모형은 양립할 수 없다는 주장만으로도 주인-재산 모형 또는 이른바 복지주의는 비판이 가능하다고 생각하므로 여기서 이 논란을 깊이 다루지 않겠다.

7 최훈(2015a), 20-21면.

8 자세한 논의는 최훈(2015a), 31면 이하를 보라.

9 야생 동물도 소유물일 수 없는데 그 까닭은 직접적 도덕적 지위가 있기 때문이 아니라 (이 말이 야생 동물에 직접적 도덕적 지위가 있다는 것을 부정하는 것은 아니다) 야생 동물은 그 누구의 소유도 아니기 때문이다.

10 Fruh&Wirchnianski(2017), 61면. Fruh&Wirchnianski(2017)에서 보호자와 피보호자는 각각 guardian, dependent로 쓰고 있다. 영어에서 guardian과 비슷한 말로 keeper, custodian, caretaker 따위가 있는데, 이것들은 '관리자', '사육사' 등의 의미가 있어서 애완동물을 여전히 물건으로 취급한다는 문제가 있다. 반면에 '후견인'의 뜻을 갖는 guardian은 도덕적 지위가 있는 존재를 대상으로 하는 것처럼 보이므로 피보호자 모형의 용어로 적절해 보인다.

11 인간과 달리 애완동물의 경우에는 '재능'보다는 '본성'이 더 적합한 개념일 것이다. 애완동물의 본성이 무엇이고 어떻게 해야 그것이 계발되는지는 논란거리이다. 간단한 예로 애완동물을 집 안에 가두어 두는 것이 그 동물의 본성을 존중하는 것인지 아닌지는 확실하지 않다. 이 주제는 4장에서도 다루었지만 이 절 끝부분에서 다시 살펴보겠다.

12 Stewart(2018), 245면.

13 Stewart(2018), 241면.

14 Stewart(2018), 242면.

15 "프란치스코 교황 '아이 대신 동물 키우는 것은 이기적'", 〈BBC 코리아〉 2022년 1월 6일자 기사(https://www.bbc.com/korean/international-59890328).

16 Stewart(2018), 241면.

17 Stewart(2018), 257면.

18 애완동물의 의존성은 애완동물을 정의하는 중요한 특징 중 하나이다. Barnbaum(1998)은 1990년대 유행했던 장난감인 다마고치가 애완동물인지 논의하기 위해 애완동물의 정의를 네 가지 제시하는데, '애정', '의존성', '정주(定住)', '애완동물과 인간의 차이'가 그것이다. Varner(2002)는 이 정의를 깊이 있게 토의하며, Andreozzi(2013, 25면)은 Barnbaum의 정의에 애완동물의 '이득'을 추가한다.

3장 애완동물: 의존적이면서 취약한 존재

1 길들여진 동물의 정의는 Donaldson&Kymlicka(2011), 74면, Palmer(2011), 703면을 보라. 나는 2장에서는 'domesticated'를 '가축화된'으로 번역했다. 가축은 국어사전에서 "집에서 기르는 짐승. 소, 말, 돼지, 닭, 개 따위를 통틀어 이른다."라고 풀이되어 있으므로, 길들여진 동물이 곧 가축이라고 말해도 된다. 그러나 현재는 집 안에서 애완용으로 기르는 개나 고양이를 가축이라고 잘 말하지 않을 뿐만 아니라, 그렇게 부르면 애완동물을 기르는 사람들은 개나 고양이를 소나 돼지와 동급으로 여긴다고 불쾌하게 생각한다, 여기에는 애완동물을 설명하는 피보호자 모형 또는 반려 모형이 전제되어 있기 때문인 것 같다. 그래서 Andreozzi(2013, 26면)은 domesticated animals와 domestic animals를 구분하여 domesticated animals는 짐수레용 말이나, 젖소, 개호견(介護犬, service dog)처럼 집 안에 있지 않은 가축을 가리키고, domestic animals는 집 안에 갇혀 있는 동물을 가리키는 용어로 쓴다. 그러나 나는 이 각각을 가리키는 말로 '농장 동물'과 '애완동물'이 있으므로 domesticated animals와 domestic animals 용어의 차이는 무시하겠다. 그리고 엄연히 정의상 집에서 기르는 동물은 모두 가축이므로, 'domesticated'의 번역어로 '가축화된'과 '길들여진'을 섞어 쓰겠다.
2 '노예화'는 Francione가 즐겨 쓰는 용어이다. 부디안스키(2005, 30면)에서도 이 용어가 나온다.
3 Palmer(2011, 703면)과 부디안스키(2005b, 31면)을 보라.
4 Lorenz(1943).
5 2020년에 에버랜드 동물원에서 태어난 판다 '푸바오'는 동물원에서도 엄청난 인기를 끌었고, 2023년에 소유권이 있는 중국으로 반환될 때도 반환 과정이 연일 보도될 정도로 주목을 받았다.

6 부디안스키(2005a), 16면.
7 부디안스키(2005a), 25면.
8 Lesk(2017), 223면.
9 Harpending(2002), 145면.
10 서울 아산 병원 질환 백과(https://www.amc.seoul.kr/asan/healthinfo/disease/diseaseDetail.do?contentId=32423).
11 vonHoldt et. als.(2017).
12 Tuan(1984), 103면.
13 Tuan(1984), 104면.
14 Tuan(1984), 107면.
15 부디안스키(2005b), 23-26면.
16 부디안스키(2005a), 34-39면.
17 부디안스키(2005a), 26면.
18 길들여진 동물만이 아니라 동물 대부분이 존엄성의 의식을 본성으로 갖지는 않는다. 야생 동물은 존엄성이 있다가 길들여진 과정에서 존엄성이 없어졌다고 말하기도 어렵다. 하이에나는 사자나 늑대와 달리 스스로 사냥을 하지 못하고 썩은 고기만을 먹고 살며, 송장벌레도 마찬가지이다. 그렇다고 해서 우리는 사자와 늑대가 하이에나나 송장벌레보다 더 '존엄한' 동물이라고 윤리적 평가를 하지는 않는다. 사람 중에서도 탁발(동냥)을 하는 승려가 있지만 그런 행동을 보고 존엄하지 못하다고 말하지는 않는다. 썩은 고기를 먹든 탁발을 하든 자신의 행동을 의식하고 가치를 부여하느냐가 자존감의 관건이다. 존엄성의 의미가 무엇인지는 최훈(2019), 10장을 보라. 그리고 이 책의 4, 7, 10장에서도 중요하게 다루어진다.
19 부디안스키(2005b), 24면.
20 Donaldson&Kymlicka(2011). 이 책의 5장도 보라.
21 Miklósi et. als.(2003).
22 Marshall-Pescini(2017).
23 취약성(vulnerability)은 Palmer가 많이 쓰는 용어이다.
24 부디안스키(2005), 17면.
25 Valdman(2009), 9면.
26 계약에 의한 설명은 Palmer(2011), 711면을 보라. 나는 최훈(2015a, 105면 이하)에서 Rawls의 원초적 입장에서의 계약을 동물과도 할 수 있는지를 논의했

다. 참고로 환경주의자인 Callicot은 가축을 '살아 있는 인공물(living artifacts)' 이라 부르며 가축화 자체를 비판한다(Callicot, 1980, 330면). 그러나 이후에는 이 견해를 철회하는데, 상호 이익이 있었기에 거래를 한 것이므로 가축화가 된 역사적 과정 자체는 그렇게 나쁘지 않았다고 보기 때문이다.

27 이런 인지 기능이 없는 동물이 계약 당사자가 된다는 점에서 가상의 계약이 성립 불가능하다는 비판도 가능하다. 그러나 인간의 경우에도 인간 동일성과 관련해서 "네가 고문을 받을 것인데 그 대신에 고통을 느끼지 못할 것이다."라는 사고 실험(최훈 2016, 88면의 사고 실험 17을 보라)이 가능한 것처럼 이와 같은 가상의 상황을 상정해 볼 수 있을 것 같다. 동물에서 고통 없는 죽음의 허용 가능성은 최훈(2019), 4장과 이 책 10장을 보라.

28 Gauthier(1986, 162면)는 "특정 계약을 깨뜨리는 사람은 이득을 얻겠지만, 계약을 깨뜨리는 그런 성향은 이득을 얻지 못한다."라고 말한다.

29 Palmer(2011), 711면.

30 Palmer(2011), 716면은 형제 구조자(savior siblings), 곧 맞춤형 아기의 예를 드는데 그런 예는 공상 과학 소설에나 등장하지 실제로 일어날 개연성은 매우 낮다. (최훈, 2019, 주261에는 그런 소설과 영화가 소개되어 있다.) 형제를 구조할 목적으로 태어나게 한다지만 임신과 양육에 드는 상당한 수고를 감수하고 그렇게 할 가능성은 거의 없기 때문이다.

31 "늙고 병들었다고 버려지는 유기견, 연간 10만 마리 '충격'", 〈한국경제신문〉, 2016년 5월 31일.

32 Palmer(2011), 720면.

33 포식의 문제는 최훈(2019), 5장을 보라.

34 Singer는 지리적인 거리는 윤리적으로 하찮은 요소이므로 이 경우에도 여전히 원조의 의무가 우리에게 있다고 주장한다. 싱어(2013), 8장을 보라.

35 애완동물을 내가 태어나게 하지 않았거나 내가 버리지 않았더라도, 우리가 아니면 그 애완동물은 태어나지 않았으므로 우리 사회가 공동으로 돌보아야 할 의무가 있다고 말했는데, 그렇다면 애완동물을 태어나게 해서는 안 된다는 입장을 갖는 사람은 그 의무에서 제외되는 것은 아닐까? "내가 태어나게 하지 말라고 했지? 그러니까 난 몰라."라는 태도이다. 좀 있다 살펴볼 베너타(2019)처럼 인간도 태어나게 해서는 안 된다고 주장하는 이가 있다. 그런 이들은 버려진 아이를 돌보아야 하는 의무에서 면제될까? 그렇지 않다고 생각하면 애완동물의 경우에도 면제되지 않는다고 생각해야 할 것이다. Francione 같은 철학자

는 애완동물 폐지론자이지만 적어도 애완동물이 있는 경우에는 인간과 같은 도덕적 지위를 부여해야 한다는 입장이다.

36 "재난이 닥치면 동물은 어떻게 될까", 〈프레시안〉, 2016년 11월 25일. (http://www.pressian.com/news/article.html?no=144889&ref=nav_search)

37 베너타(2019)를 보라. Benatar는 제자인 Du Toit와 함께 쓴 논문(Du Toit & Benatar, 2017)에서 그 존재를 태어나게 하는 것이 옳으냐는 주제를 애완동물에 적용하고 있다. 나는 농장 동물의 경우에 그 존재를 태어나게 하는 것이 옳으냐는 문제는 대체 가능성 논변을 통해 최훈(2019), 4장에서 다루었다.

38 Donaldson & Kymlicka(2011), 77면.

39 Donaldson & Kymlicka(2011), 271면 n. 7과 272면 n. 8.

40 부디안스키(2005), 17면 이하. 부디안스키가 이런 서술을 한 것은 그런 시각에 동의해서가 아니라, 그런 개가 부정적인 면이 이렇게 많은데도 인간으로부터 사랑받는다는 것을 강조하려는 의도에서이긴 하다.

41 "아이보다 반려동물이 많아 … 韓 제치고 저출산 1위 될 나라는", 〈아시아경제〉, 2022년 11월 22일자 기사(https://www.asiae.co.kr/article/2022112209522056432). 대만의 2021년 합계 출산율은 0.89명이다. 이에 견줘 같은 애완견과 애완묘는 230만 마리이고, 물고기나 소형 포유류 따위의 다른 애완동물이 110만 마리 정도 된다고 한다. 일본은 합계 출산율이 1명보다는 많지만, 2016년에 이미 14세 미만 어린이가 1590만 명이었는데, 개와 고양이의 수가 1980만 마리로 더 많았다. "저출산 일본, 반려동물 수가 어린이 추월"(〈중앙일보〉, 2016년 9월 27일자 기사, https://www.joongang.co.kr/article/20645341#home).

42 통계청, 인구로 보는 대한민국(https://kosis.kr/visual/populationKorea/PopulationDashBoardMain.do). 2023년 4월 13일 검색.

43 정민걸(2023), 47면. 정민걸(2023)에는 자료 인용의 출처가 나오지 않는데 개인적인 질문에 https://europeanpetfood.org/를 참조했다고 대답하셨다.

44 인류학자인 노고운 교수가 한 학술 대회에서 지적해 주셨다. 감사드린다.

45 최훈(2019), 9장.

46 Du Toit(2016).

47 Du Toit & Benatar(2017).

48 Francione(2007, 2012).

49 최훈(2019), 10장. 동물의 존엄성은 이 책의 10장에서도 주제적으로 다루는 주제이다.

50 Fruh&Wirchnianski(2017), 61면.
51 Fruh&Wirchnianski(2017), 61-63면.
52 레건(2023), 659-61면.
53 Hadley&O'Sullivan(2009)는 비슷하게 동물 치료와 기아 구제 중 어느 게 우선인가 하는 물음을 다룬다.
54 Grimm(2014), ebook, 16면.
55 "개는 헤엄칠 줄 알기 때문에 안 구해도 된다."라는 논점을 흐리는 댓글도 있었다. 다양성을 존중하는 사회에서 비록 나는 사람을 구하겠지만 개를 살리겠다는 사람의 주장도 인정해야 한다는 댓글도 다양한 의견과 규범을 헛갈리고 있다는 점에서 논점을 파악 못하기는 마찬가지이다.
56 Radbil(2016).

4장 애완동물: 반려자 또는 동무인가?

1 최훈(2019), 4장.
2 로렌츠(2006), 263면. 로렌츠가 이렇게 주장하는 근거가 중요한데, 그것은 10장에서 다시 언급하겠다.
3 나는 인터넷의 한 포털 사이트에 이 '애완동물'과 '반려동물'이라는 용어를 주제로 한 글을 기고했는데, '반려인'들이 많이 읽는 글이다 보니 비판적인 댓글이 많았다. https://m.post.naver.com/viewer/postView.nhn?volumeNo=12791480&memberNo=38419283를 보라.
4 중국어 전문가인 여병창 교수가 개인적인 대화에서 지적해 주었다. 여교수에 따르면 玩은 "손으로 玉을 가지고 놀다(以手玩弄[玉])"에서 나왔는데, 玉은 지금도 그렇지만 고대에는 귀한 장난감이다. 玉은 가지고 놀더라도 귀하게 여긴다.
5 Bok(2011, 791면 주1)은 애완동물 '소유자'를 '보호자'로 바꿈으로써 소유물이라는 동물의 법적 지위에 항의하는 것은 '노예 소유주'를 '노예 보호자'로 바꿈으로써 노예 제도에 항의하는 것처럼 방향이 잘못되었다고 말한다.
6 동물자유연대의 '2010 반려동물 소유자 의식 온라인 설문 조사'에서 "한 번 키운 개는 얼마나 키웠는가?"라는 질문에 12%만이 '죽을 때까지'라고 대답했다. 가장 많은 대답으로는 '1년 이상 5년 미만'으로 51%였다. https://www.animals.or.kr/campaign/friend/556 참조.

7 Sylvia Townsend Warner, *T. H. White* (London: Jonathan Cape, 1967), 72, 211-13. Tuan(1984), 113면에서 재인용.

8 Abbate(2022), 140면 이하. Abbate는 이것으로 부모-자식 간에는 이러한 특성이 결여되어 있으므로, 2장에서 살펴본 Stewart(2018)의 부모-자식 모형은 성립하지 않는다고 비판한다.

9 Abbate(2022, 146면)은 인간도 스스로 선택하지 않고서 관계가 정해질 수 있는 사례로 기숙사 룸메이트 배정을 든다. 그러나 룸메이트가 꼭 동무를 의미하지는 않는다. 진정한 동무가 될지 말지는 스스로 선택한다. Abbate는 애완동물에게도 그런 선택을 줘야 한다고 주장하는데, 고양이에게 집 밖에 나갈 기회를 주고 스스로 선택하게 하는 것이 그 사례이다. 이 주제는 6장에서 다루겠다.

10 Armbruster(2019), 117면.

11 Armbruster(2019), 120면.

12 최훈(2014), 9장을 보라.

13 농업진흥청 농사로 소식(https://www.nongsaro.go.kr/portal/ps/psv/psvr/psvre/curationDtl.ps?menuId=PS03352&srchCurationNo=1696). 2023년 4월 13일 검색.

14 〈한겨레〉, 2019년 2월 28일 기사.

15 블로그 제목. 누리집에서 '반려 기구'는 여성 자위 기구를 뜻하는 말로 쓰인다.

16 그런 행동을 했을 때 가령 나쁜 성격을 보여 주기에 간접적인 도덕적 문제는 생길 수 있다. 식물이나 인형·장난감은 도덕적 지위가 있더라도 직접적으로가 아니라 간접적으로만 있다. 직접적 도덕적 지위와 간접적 도덕적 지위의 차이에 대해서는 최훈(2015a), 20면을 보라.

17 Stewart(2018), 259-61면.

18 Tuan(1984), 1-2면.

19 Tuan(1984), 99면.

20 Tuan(1984), 5면.

21 Tuan(1984), 141면 이하.

22 Tuan(1984), 157면 이하.

23 Tuan(1984), 5면.

24 Gruen(2014), 231면. 나는 최훈(2019, 9장)에서 동물원을 논의하면서 이 예를 들었다.

25 Tuan(1984), 95면 이하.

26 Stewart(2018), 259-61면.
27 최훈(2015), 197면을 보라.
28 이것은 일반적인 특성을 말한 것이다. 경비를 담당하는 개는 복종을 보이면 안 되므로 그 귀는 우뚝 서 있다.
29 로렌츠(2006), 31면.
30 Lorenz(2002), 23면. Lorenz(2002)와 로렌츠(2016)은 모두 1949에 나온 독일어판 So Kam der Mensch auf den Hund를 번역했다고 하는데, 우리말 번역인 로렌츠(2016)에는 영어 번역인 Lorenz(2002)에는 있는 번역이 빠진 것이 많다. 지금 인용한 구절도 우리말 번역에는 없어서 영어 번역본에서 인용했다.
31 Francione(2007), Francione(2012).
32 Du Toit&Benatar(2017).
33 경계 동물에 대해서는 5장을 보라.
34 Nussbaum(2006), 392-401면. 최훈(2019), 61-62면도 보라.
35 동물복지문제연구소 어웨어 웹사이트 참고(https://aware.kr/bbs/board.php?bo_table=B08).

5장 경계 동물의 윤리: 도둑고양이인가, 길고양이인가?

1 고려대학교 민족문화연구원에서 펴내는 『고려한국어대사전』에는 2021년 이전에도 '도둑고양이'와 '길고양이'가 모두 등재되어 있었다.
2 이종찬(2016, 53)은 네이버 트렌드 서비스를 통해 '길고양이'라는 단어의 검색 비중이 2008년부터 증가하기 시작해 2009년부터는 '도둑고양이'를 넘어섰다는 것을 보여 주고 있다.
3 '도둑고양이'처럼 '도둑개'라는 말이 표준국어대사전에 등재되어 있다. 그러나 '길고양이'와 같은 신조어는 아직 없다. 다시 말하겠지만, 유기견은 고양이와 달리 인간을 향한 의존성이 강하여 '길'에서 오래 살지 못하거나 산으로 가서 들개가 되기 때문인 것 같다. 나는 2019년 1월과 2020년 1월에 방문한 아르헨티나, 칠레, 페루에서 유기된 개들과 인간이 공존하며 사는 것을 관찰하였다. (우리나라와 달리 길고양이는 집단 보호소 외에서는 관찰하기 어려웠다.) 그곳에서 유기견들은 도시에서 인간을 위협하지 않고 돌아다니거나 길거리에 누워 있다. 시민들도 그런 개들을 비둘기를 보듯 무심하게 본다. 개들은 블랙박스화(2절을 보

라)되어 경계 동물로 살고 있다. 그러나 경계 동물화한 개들은 상당히 무기력하다. 현지 동물권 단체 대표인 Carolina Martín의 말에 따르면, 그렇지 않다면 인간에게 위협이 된다는 이유로 포획되어 안락사될 가능성이 크다는 것을 스스로 알기 때문이라고 한다. 아마도 위협이 되는 유기견은 진작에 박멸되었기 때문일지도 모른다. 이 사례만 놓고 봤을 때 개의 경계 동물화는 딜레마를 낳는다. 무기력한 동물이 되자니 원래의 습성을 잃게 되므로 존재 의의가 없게 되고, 무기력하지 않은 동물이 되자니 인간에게 위협적인 존재가 되어 포획 대상이 된다.

4 Donaldson&Kymlicka(2011), 210면. 정확하게 말하면 '경계성' 개념을 처음 도입한 이는 문화 인류학자인 Victor Turner이다. 그러나 그는 이 개념을 제의(祭儀)와 관련해서 쓰고 있고 동물과 관련해서 쓰지는 않는다. Turner(1969), 95면을 보라.

5 "고양이와 비둘기에 관한 진실", 〈한겨레21〉, 2005년 4월 26일자 기사. "무분별 방사 수입 비둘기가 토종 씨 말렸다.", 〈경향신문〉, 2017년 7월 10일자 기사 참조.

6 "서울에만 4만 5000마리… '닭둘기'와 출구없는 전쟁", 〈서울신문〉, 2015년 9월 21일자 기사.

7 이종찬(2016), 4면.

8 2005년에 지율 스님은 도롱뇽을 원고로 천성산의 경부 고속 철도 터널(원효 터널) 공사를 중지해 달라고 소송을 제기하고 백일 단식을 했다. 3년 후 대법원에서 패소했다.

9 이종찬(2016), 15면.

10 Donaldson&Kymlicka(2011), 211면.

11 Donaldson&Kymlicka(2011), 211면.

12 환경부, 『유해 집비둘기 관리업무 처리지침』, 2010.

13 리얼미터, "국민 77.4%, '비둘기 개체수 축소 환경부 대처 찬성'", 2015년 8월 5일.

14 Beck(2002)는 미국의 볼티모어 시, Molento(2014)는 브라질의 쿠리비타 시를 사례로 유기견 문제의 심각함을 지적하고 있음을 볼 때, 우리나라의 유기견 사례가 심각하지 않다는 사실은 검토가 필요하고 만약 사실이라면 그 원인을 분석해 보아야 한다. 나는 애완 인구가 미주에 비해 아직 많지 않고 또 유기견이 들개화가 될 수 있는 산이 근교에 있다는 사실이 그 이유가 아닌가 짐작해 본다.

15 부디안스키(2005b), 18면.

16 Montague(2014).

17 부디안스키(2005b), 18-19면.

18 Morin(2014).

19 미국의 고양이 보호 단체 Alley Cat Allies의 홈페이지에 있는 "Feral and Stray Cats: An Important Difference"를 참조했다. 여기서는 stray cat과 feral cat의 구분 방법도 제시하는데, 꼬리를 위로 올리고 걷고 있으며 주로 혼자 있고 인간에게 친근함을 표현하며 눈을 맞추며 낮에 눈에 띄며 더러운 외관을 하고 있으면 stray cat일 가능성이 크고, 꼬리를 내리고 땅에 앉아 있으며 군집을 이루고 살며 사람을 피하며 주로 밤에 돌아다니며 깨끗한 외관을 하고 있으면 feral cat일 가능성이 크다.

20 환경부, 『들고양이 구제 및 관리지침서』, 2001.

21 Palmer(2014, 152-53면)도 비슷한 질문을 던지며 경계 고양이의 복지를 집고양이와 비교해야 하는지, 같은 영역에 사는 다른 경계 동물과 비교해야 하는지 묻는다.

22 이것은 광견병과 함께 경계 동물을 박멸해야 하는 중요한 원인으로 거론된다. Molento(2014)를 보라.

23 Fischer(2021), 209면.

24 영상은 "주차된 차량 위 고양이가 남긴 흔적…". 〈연합뉴스〉, 2019년 4월 13일자 기사에 있는 것을 보라.

25 2016년 4월 10일자 KBS 뉴스의 "그 많던 다람쥐는 어디로…혹시 고양이가?"는 서울의 올림픽 공원에 한때 다람쥐가 많았고 꿩도 있었는데 지금 사라진 이유로 고양이가 범인으로 지목된다는 보도를 했다. 들고양이가 다람쥐뿐만 아니라 토끼와 꿩까지 싹쓸이한다는 뉴스도 가끔 보도되나, 위에서 말했듯이 들고양이가 집고양이와 같은 속인 고양이를 말하는지 아니면 다른 속인 살쾡이인지 알 수 없다.

26 Loss et. als(2013).

27 Marra&Santella(2016), 113면, Bradshaw(2013), 255면. 그러나 Bradshaw는 도시의 새가 경계 고양이의 공포를 피하도록 진화할 수 있다는 점도 지적한다.

28 Fischer(2021), 208-09면.

29 "고유종 살리려…오스트레일리아, 들고양이 2,000,000마리 도살 '뜨거운 논쟁'", 〈한겨레〉, 2015년 10월 15일자 기사.

30 Palmer(2014), 153면.

31 Loss&Marra(2018)은 길고양이의 폐해가 별거 아니라는 가짜 뉴스를 흡연의 폐해, 기후 변화가 가짜 뉴스라는 주장에 빗댄다.
32 Marra&Santella(2016), 19면, 20면.
33 Marra&Santella(2016), 54면, 100면.
34 Lynn(2016)을 보라.
35 Schaffner(2018)과 Wolf(2016)을 보라.
36 스티븐스섬굴뚝새는 단 한 마리의 생명체에 의해 특정 종이 멸종된 사례로 서사가 입혀져 널리 알려진 사례이다. 1894년에 새로 부임한 David Lyall라는 등대지기는 Tibbles라는 이름의 암코양이를 데려왔는데, 이 고양이가 희귀한 새를 자주 물어왔다. 조류학에 관심이 있던 Lyall은 이를 조류학의 권위자들에게 보고했으나, 그들이 방문했을 때는 굴뚝새가 이미 멸종했다. 당시 스티븐스 섬에는 굴뚝새의 천적이 따로 없어서 굴뚝새는 날지 못했다고 한다. 그러나 Marra&Santella(2016)에 따르면 Tibbles가 섬에 올 때 임신 상태였기 때문에 새 포식은 혼자 한 것은 아니다. 한편 우리나라에서도 뉴질랜드의 스티븐스 섬 사례를 떠올리게 하는 일이 2023년에 일어났는데, 제주도의 마라도에서 길고양이가 천연기념물인 '뿔쇠오리'를 위협한다는 지적에 따라 제주도 세계유산본부는 2023년 3월에 마라도에 있는 길고양이 42 마리를 반출하여 제주도의 보호소에 수용했다. 그 이후 마라도의 생태계에 대해 상반되는 뉴스가 전해지는데, 반출을 찬성하는 쪽에서는 철새들이 늘었다는 소식을 전하고("철새 이동 경로에 물 갖다두면 생기는 일, 고양이 없어진 마라도의 놀라운 근황", 유튜브, https://www.youtube.com/watch?v=W1QIMPbTzgs&t=11s, 2024년 10월 20일), 반대하는 쪽에서는 쥐들이 늘었다는 소식을 전한다("'마라도 고양이' 다 쫓아내고…쥐 퇴치에 1억 씁니다", 〈머니투데이〉, 2024년 8월 10일자 기사). 마라도뿐만 아니라 다른 섬 지역에서도 길고양이를 둘러싼 논쟁은 흔하게 일어난다. "'불쌍해' VS '웬수여' 섬냥이 폭증에 갈라선 주민들", 〈국민일보〉(2022년 11월 16일자 기사)에 따르면, 전라남도 홍도나 흑산도에서 길고양이가 새를 잡아먹거나 주민들이 말리려고 내놓은 생선을 잡아먹어 골칫거리이다. 홍도는 철새가 지나가는 길목인데, 철새가 뜸한 겨울철에는 고양이 먹이가 줄어드니 자연적으로 개체 수가 조절돼야 하는데, 캣맘이 먹이를 공급하여 개체 수가 줄지 않는다고 한다. 군산 앞바다의 어청도에서도 비슷한 사례가 관찰되는데, "누군가 버린 고양이가 부른 멸종 비극…'새들의 천국'이 위험하다"(〈한겨레〉, 2024년 5월 15일자)를 보라.

37 Wolf(2016).

38 Parsons et als(2018). 이 연구 내용은 "Cats Are Surprisingly Bad at Killing Rats"(https://www.smithsonianmag.com/smart-news/cats-are-surprisingly-ineffective-keeping-urban-rat-populations-check-180970428/)에 소개되어 있다.

39 Abbate(2019), 455-56면, Fischer(2021) 210면.

40 Bradshaw(2013), 246-47면.

41 정진아, "길냥이가 생태계 교란 주범? 작은 존재를 위한 '가해자'의 변호", 〈네이버 동그람이〉, 2020년 12월 1일. (https://post.naver.com/viewer/postView.naver?volumeNo=30112928&memberNo=38419283&vType=VERTICAL)

42 고양이가 야생에 해를 끼치는지 아닌지 모른다면 사전 주의의 원칙을 적용하자는 주장도 가능하다. Calver et als(2011)과 Abbate(2019), 455면을 보라.

43 Tantillo(2006), 705면. Tantillo가 "모른다"라고 말한 것은 오스트레일리아에서 93마리 고양이의 위 내용물을 연구한 다음에 "우리는 경계 고양이들의 식습관으로부터 그들이 피식 개체에게 끼치는 실제 영향에 대해 어떤 추론도 내릴 수 없다는 것을 인정한다."라고 말한 Martin et. als.(1996)를 인용한 것이다.

44 전의령(2017), 5면.

45 부디안스키(2005b), 105면.

46 Abbate(2019), Abbate(2021), Fischer(2021)을 보라. 특히 Abbate(2021)은 고양이가 병들거나 다친 새를 잡아먹는다는 가설을 '고양이의 열악한 먹잇감 포식 논제(Feline Predation of Substandard Prey thesis)'라고 부른다.

47 남자의 경우는 cat daddy라고 부른다. cat mom은 cat lady라고도 하나 이것은 다른 가족 없이 고양이하고만 사는 독신녀, 더 나아가 자신의 사육 능력을 넘어서까지 강박적으로 고양이를 많이 기르는 애니멀 호더의 이미지를 떠올리게 한다. 간혹 'crazy cat lady'라고 경멸적으로 쓰이기도 한다.

48 "억류된 길고양이를 구출하라", 〈한겨레21〉, 2006년 5월 17일자 기사.

49 "'인천캣맘폭행사건' 길고양이 먹이주기 '논란", 〈연합뉴스〉, 2012년 7월 25일자 기사.

50 "캣맘 폭행남 아내 "먼저 뺨 때려…'월세나 사는 주제에' 폭언"", 〈연합뉴스〉, 2022년 12월 7일자 기사.

51 고양이를 가두어 길러야 한다고 주장하는 단체로는 비영리 단체로 미국 휴메인 서사이어티, PETA, 미국 조류보호협회(American Bird Conservancy)와

관공서인 텍사스 공원 및 야생 동물 부서(Texas Park & Wildlife) 등이 있다. Fischer(2021), 209면.
52 Fischer(2021), 208면을 보라. '고양이 전쟁'은 Marra&Santella(2016)의 제목이기도 하다.
53 Jim Stevenson 사건은 Marra&Santella(2016), 97면 이하를 참조하라. 작가인 Bruce Barcott는 Jim Stevenson와 John Newland를 모두 인터뷰하여 "Kill the Cat That Kills the Bird?"라는 제목으로 2007년 12월 2일자 New York Times Magazine에 기고하였다. 같은 글이 Barcott(2013)이다. Barcott은 Jim Stevenson을 탐조계의 Bernhard Goetz라고 부른다. Bernhard Goetz는 1984년 뉴욕의 지하철에서 자신을 강탈하려는 청소년 4명에게 총을 쏘아 '지하철 자경단'이라는 별명을 얻고 지지와 반대의 논란이 된 인물이다.
54 Barcott(2013), 248-49면.
55 Barcott(2013), 249면.
56 Normando(2019), 171면.
57 neuter는 정확하게 말해서 수컷에게 시행하는 거세이다. 암컷에게 시행하는 시술은 난소 제거(spay)이다. 영어에서는 'spay'와 'neuter'를 합쳐 'spaneuter'라는 성 중립적 새말을 쓰기도 한다.
58 "길고양이 중성화 사업-'길고양이를 만나면 알려주세요.'", 서울특별시 누리집. 2021년 2월 4일 게시글(https://news.seoul.go.kr/welfare/archives/216413).
59 이종찬(2016), 164면.
60 이종찬(2016), 66-67면.
61 Boonin(2003)을 보라. Abbate(2017)은 더 큰 해악을 막기 위해서는 해악을 끼치는 것이 허용될 수 있다는 이유로 Boonin의 주장에 반대한다.
62 Ritchie(1916), 107면.
63 최훈(2019), 118면.
64 레건(2023), 597면.
65 최훈(2019), 128면.
66 김민경(서울연구원 도시환경연구실 연구위원), "도심 속 너구리 출몰 빈번… '공존' 위한 해법은", 〈문화일보〉, 2024년 7월 30일자. 이 기고문에 따르면 야생 동물의 출현은 감염병 위험을 증가시키고 생태계를 교란할 수 있으므로, 시드니, 로마, 쿠알라룸푸르 등에서는 불법 고양이 먹이터 조성을 금지하고 있다고 한다.

67 레건(2023), 38면. Regan은 그 외에 야생 동물은 야생에서 혼자 살아갈 수 있는 능력이 있지만, 어린아이는 없으므로 도와주어야 한다는 주장도 한다(56면). 이 주장은 야생 동물이라고 해서 꼭 혼자 도망갈 수 있는가, 어른의 경우에는 안 도와주어도 된다는 말인가 등의 여러 반론이 가능하므로 여기서 심각하게 다루지 않겠다.

68 Bradshaw(2013), 10장.

69 빙기창(2013), 23-24면. 이 연구는 아직 길고양이에 의한 포식 문제가 본격적으로 불거지기 전에 이루어졌기에 야생 고양이인지 경계 고양이인지 주목하지 않은 듯하다.

70 McHugh, Babs. "Curiosity to Kill the (Feral) Cat as Government Plans Bait Commercialisation", ABC News, 16 Nov. 2016. 고양이 박멸 약품으로는 Curiosity® 외에 Eradicat®도 있으나 사용 범위가 제한적이다.

71 Palmer(2014), 157-58면.

72 10장 이전에 인격체가 아닌 존재의 고통 없는 죽음이 허용될 수 있음을 참조하려면 최훈(2019), 82면 이하를 보라.

73 레건(2023), 629면.

74 레건(2023)에서 '삶의 주체'와 '본래적 가치'는 523면 이하, '존중의 원리'는 532면을 보라. Regan은 어느 한쪽에게 해악이 비교 불가능할 정도로 클 때는 상황 악화의 원리(worse-off principle)를 적용한다(634면).

75 레건(2023), 618면.

76 Boonin(2003), 1-2면.

77 Palmer(2006), 576면. 이들에 대한 반론은 Abbate(2017)을 보라.

78 레건(2023), 422-23면.

79 레건(2023), 601면 이하.

80 레건(2023), 20면.

81 Regan(2003), 59-60면.

82 예를 들어 레건(2023), 29면, 585면.

83 우리나라의 캣맘은 조직화된 단체가 아니라 개인적인 활동을 하므로 캣맘을 대변하는 단체는 없다. 캣맘들은 대체로 인터넷 커뮤니티를 이용해서 정보를 주고받고 서로를 응원하며 연대감을 느낀다. 동물 보호 단체의 활동가들도 캣맘을 지지하는 성향이 많지만 공식적으로 대변하지는 않는다. 미국에서는 앨리 고양이 연대(Alley Cat Allies)라는 동물 보호 단체가 경계 고양이의 복지를

위한 활동을 한다.
84 벤담(2013), 558면. 강조는 원문에서.
85 Marra&Santella(2016), 151-52면.
86 토레 아르젠티나는 케사르가 암살된 장소로 알려져 있는데, 내가 방문한 2024년에 여전히 발굴이 진행 중이었다. 발굴 현장에 고양이들이 돌아다니는 것이다. 나는 로마에서 이 보호 구역 외에, 동물학자인 Eugenia Natoli 박사의 안내로 Piramide Cestia 고양이 거주지를 방문했다. 이곳은 야외가 아닌 거주 시설이지만, 고양이들은 담 밖으로 자유롭게 왕래할 수 있다. Natoli 박사께 감사드린다. 꼭 로마시의 사례가 아니어도 고양이 공원으로 특화된 유명 관광지는 세계 곳곳에 있다. 나는 페루의 리마시에 있는 '케네디 공원'을 방문한 적이 있는데, 이곳도 고양이 공원으로 유명하다. 한편 Donaldson&Kymlicka(2011, 226면)은 미국 플로리다의 키웨스트의 닭도 소개하고 있다. 닭이 자유롭게 거리를 돌아다니는데, 이것이 관광객에게 구경거리가 되는 명물이다. 길들인 닭이 '경계닭'이 된 경우인데, 키웨스트에서도 처음에는 사체나 달걀, 닭싸움 등의 이유로 반대가 있었으나, 지금은 해충도 잡아먹고 볼거리가 되기도 해서 찬성이 많다고 한다.

6장 애완동물의 행복: 가두어 기르기 vs 놓아기르기

1 나는 동물원 동물의 감금 문제를 최훈(2019)의 9장에서 자세히 다루었다.
2 동물 보호법 시행 규칙 제12조의5.
3 Abbate(2019),
4 부디안스키(2005b), 47면.
5 권혁호, "집고양이야, 길고양이야?' 미국의 낯선 고양이 반려생활", 〈네이버 동그람이〉, 2019. 3. 22. (https://m.blog.naver.com/animalandhuman/221494608999)
6 Palmer&Sandøe(2014), 143면.
7 권혁호의 위 블로그. 이 블로그에 따르면 미국은 개인 집에 차고가 있는 경우가 많은데, 거기서 냉각수나 오일이 고양이의 꼬리에 묻어 그루밍(혀나 발로 털을 다듬는 행위)을 하다가 죽는 경우가 종종 있다고 한다.
8 Fischer(2021), 212면.
9 부디안스키(2005b), 102면.

10 Abbate(2019), 446면 이하.
11 Bramble(2016), 85, 112면.
12 최훈(2019), 303-04면.
13 Abbate(2019), 44, 79면. Abbate가 염두에 둔 고양이는 캣맘의 돌봄을 받는 경계 고양이가 아니라 주인이 있지만 집 안팎을 자유롭게 다닐 수 있는 고양이를 말한다.
14 Abbate(2019), 450면.
15 노직(1983), 68-69면.
16 노직(1983), 69-70면.
17 노직(1983), 57면.
18 노직은 '동물에게는 공리주의, 인간에게는 칸트주의'라는 명제를 제안한 것이지, 이것을 적극 지지한 것은 아니다. 그는 인간에게 경험 이외의 것이 중요하다고 주장했지만, 동물에게 경험만이 중요하다고 주장한 것은 아니다. 그는 "다만 나는 인간에게 경험 이외에 무엇이 중요한가의 복잡성만을 지적하겠다. 이 문제에 만족할 만한 대답을 발견하고 그 대답이 동물에게는 적용되지 않는다고 결론 내리기 전까지는, 동물들의 느껴진 경험만이 우리가 그들에게 할 수 있는 것을 제한한다고 주장할 수 없다."(노직, 1983, 71면)라고 말하여 동물에 대한 판단을 유보하고 있다. 곧 '인간에게는 칸트주의'는 지지하지만, '동물에게는 공리주의'는 판단 유보한 것이다. '동물에게는 공리주의, 인간에게는 칸트주의'에 대한 자세한 논의는 최훈(2024)를 보라.
19 Abbate(2019), 450면.
20 노직(1983), 70면.
21 사고 실험에 대한 비판은 최훈·이호영(2017), 45면 이하를 보라.
22 Abbate(2019), 451-52면.
23 Abbate(2019), 446면. 원문 강조.
24 Palmer&Sandøe(2014), 138면 이하. Crisp(2021)는 행복에 관한 세 가지 이론으로 쾌락주의, 욕구 이론, 객관적 목록 이론 세 가지를 제시하는데, 지금부터 살펴보려고 하는 쾌락주의, 선호주의, 완전주의와 거의 비슷하다.
25 Palmer&Sandøe(2014), 139면. 원문 강조.
26 라자리-라덱·싱어(2019), 96면.
27 Nussbaum(2006), 343-44면.
28 레건(2023), 247면.

29 레건(2023), 235-36면. 레건은 이런 자율성을 '선호 자율성'이라고 부른다.
30 레건(2023), 258면.
31 Birdbesafe이 대표적인 상품이다. https://www.birdsbesafe.com를 보라.

7장 애완동물에게 시민권을?

1 Donaldson&Kymlicka(2011). 이 책을 마무리하는 도중에 Donaldson&Kymlicka(2011)의 번역본이 『주폴리스 : 동물 권리를 위한 정치 이론』(박창희 옮김, 프레스탁, 2024)라는 제목으로 나왔으나 여기에는 반영하지 못했다.
2 '동물의 도시' 정도로 번역되는 zoopolis는 도시 계획 및 지리학자인 Jennifer Wolch가 처음 쓴 용어이다. 그는 도시 내에서 인간과 동물이 공존함을 인정하고 도시 설계 시 동물을 고려해야 함을 강조한다. 그는 다음과 같이 말한다. "동물과 자연을 돌보는 윤리, 관행, 정치의 출현을 허용하기 위해, 우리는 도시를 재자연화하고 도시를 재매료화한(re-enchant) 과정에 동물이 다시 돌아오도록 초청할 필요가 있다. 나는 이 재자연화된, 재매료화된 도시를 zoopolis라고 부른다."(Wolch, 1996, 29면). 그의 논문에서 '재매료화'가 무엇인지 구체적으로 설명하지는 않는데, 동물을 멸종과 추방의 대상으로 생각하는 도시 환경에서는 동물은 동물원이나 수족관 같은 가공의 환상적인 공간에서만 만날 수 있으므로, 도시를 동물이 살 수 있는 공간으로 만드는 것을 '재매료화한다'고 부르는 듯하다.
3 5장은 경계 동물 중 길고양이의 윤리적 문제를 다루었다. 길고양이는 한때 인간에 의해 길들였다가 '경계'로 나간 동물이기에 다른 경계 동물들과 차이점이 있다.
4 레건(2023), Sapontzis(1987), Francione(1996).
5 Donaldson&Kymlicka(2011), 19면.
6 Donaldson&Kymlicka(2011), 28면.
7 Donaldson&Kymlicka(2011), 33면.
8 Donaldson&Kymlicka(2011), 33면.
9 Donaldson&Kymlicka(2011), 36면.
10 Francione(2007), Dunayer(2004). 그리고 이 책의 2장과 3장을 보라.
11 Donaldson&Kymlicka(2011), 5면.
12 Donaldson&Kymlicka(2011), 8-9면.

13 Donaldson&Kymlicka(2011), 6면.
14 Donaldson&Kymlicka(2011), 50면.
15 사적인 관계의 공정성 문제에 대해서는 휴(2005)를 보라.
16 목광수(2014, 183면) 역시 Donadson과 Kymlicka가 말하는 인간과 동물에 대한 관계가 도덕적 지위에 대한 논의 없이 받아들여질 수 있는지 의문을 제기한다. 그러면서 Hegel과 Honneth에 기반을 둔 상호 주관적 인정 논의는 어떤 공유된 동질감에 토대를 둔 공동체를 전제하고 있기 때문이라고 말한다. 목광수도 주장하듯이 동물과의 상호 주관적 인정은 "일부 ⋯ 동물 애호가들의 주관적 판단에 의존"하므로 "공동체 전체의 상호 주관적 인정을 위한 토대로는 충분하지 않"(같은 곳)은 것이다. 그러나 나는 '공동체 전체의 상호 주관적 인정'이 있다고 하더라도 그것을 토대로 도덕적 지위를 논의하는 것 역시 논점 선취의 오류라고 생각한다. 흑인 노예제에 대해 공동체 전체의 상호 주관적 인정이 있다고 해서 그 제도가 정당화될 수 없다는 것을 생각해 보면, 그런 인정은 성찰의 대상이지 논의의 기반이 될 수는 없기 때문이다.
17 Donaldson&Kymlicka(2011), 55면 이하.
18 Donaldson&Kymlicka(2011), 57면.
19 Donaldson&Kymlicka(2011), 57면.
20 Donaldson&Kymlicka(2011), 58면.
21 Donaldson&Kymlicka(2011), 58면.
22 Donaldson&Kymlicka(2011), 103면.
23 Donaldson&Kymlicka(2011), 103-04면.
24 Donaldson&Kymlicka(2011), 104면.
25 Donaldson&Kymlicka(2011), 108면.
26 Donaldson&Kymlicka(2011), 105면.
27 Donaldson&Kymlicka(2011), 106면. 신뢰 모형은 Francis&Silvers(2007)에서 제시된 것이다.
28 Donaldson&Kymlicka(2011), 106면.
29 이것 역시 Francis&Silvers(2007)의 용어이다. 장애인 연구 문헌에서는 이 용어를 "지지된 의사-결정"(Prince, 2009), "비-의사소통 시민"(Wong, 2009)으로도 부른다.
30 Donaldson&Kymlicka(2011), 108면.
31 Donaldson&Kymlicka(2011), 74면.

32 Donaldson&Kymlicka(2011), 60면.
33 Donaldson&Kymlicka(2011), 107면. Nussbaum의 주장은 Nussbaum(2006)을 보라. 그리고 이 책의 4장과 6장도 보라.
34 치매성 질환을 앓고 있는 노인의 사례를 들며 협력자가 장애인의 주관적 선을 안다는 데에 강력하게 반대하는 게 가능하다. 치매가 불가역적 질환이라고 가정할 때 치매에 걸린다는 것이 어떤 것인지를 비장애인은 짐작할 수 없다는 지적은 일리가 있다. 그렇다고 해도 그것은 내가 주장하려는 바에 반대 증거가 아니라 오히려 지지 증거가 된다. 우리와 같은 종인 장애인의 주관적 선도 충분히 알 수 없는데, 하물며 동물의 주관적 선이 무엇인지는 더 알 수 없기 때문이다.
35 Donaldson&Kymlicka(2011), 111면.
36 목광수(2014), 198면.
37 Donaldson&Kymlicka(2011), 74-75면.
38 Donaldson&Kymlicka(2011), 83면.
39 Donaldson&Kymlicka(2011), 107면.
40 Donaldson&Kymlicka(2011), 84면.
41 '견주'라는 말은 표준국어대사전에는 등재되어 있지 않다. 언론 매체에서 '견주'라는 말을 검색해 보니, 대체로 '주인'의 의무를 강조할 때 쓰인다. 목줄을 해야 하는데 하지 않아 다른 사람을 다치게 했다거나 유기나 학대를 했다거나 할 때 주로 쓰이고, 산책의 의무를 강조할 때도 쓰인다.
42 Donaldson&Kymlicka(2011), 112면.
43 Donaldson&Kymlicka(2011), 104-05면.
44 Donaldson&Kymlicka(2011), 114면.
45 Donaldson&Kymlicka(2011), 115면.
46 Donaldson&Kymlicka(2011), 123면 이하.
47 Donaldson&Kymlicka(2011), 123면.
48 Donaldson&Kymlicka(2011), 123면.
49 Donaldson&Kymlicka(2011), 141면.
50 Donaldson&Kymlicka(2011), 140면.
51 싱어(2013), 190면.
52 Donaldson&Kymlicka(2011), 152면.

8장 존재의 위태로움: 선택적 교배는 윤리적인가?

1 Coppinger&Coppinger(2016), 41면. Packer et. als.(2015).
2 Coppinger&Coppinger(2016), 42면. '동네 개'는 길고양이나 비둘기와 마찬가지로 인간의 주위에 사는 '경계 동물'로 분류할 수 있다. 경계 동물에 관해서는 주로 길고양이를 중심으로 5장에서 언급했다.
3 Rossi(2017, 111면)은 건강을 목적으로 하는 선택적 교배도 있으므로 선택적 교배와 순종 혈통 교배가 동일하지는 않다고 말한다. 그러나 현대의 선택적 교배는 대부분 순종 혈통 교배를 위해 이루어지므로, 여기서는 그 둘을 동일한 의미로 쓰겠다.
4 부디안스키(2005a), 275-76면.
5 Farrell et. als.(2015), 2면. 가장 인기 있는 품종 10가지만 나열하면 다음과 같다. 래브라도리트리버, 코커스패니얼, 잉글리시스프링거스패니얼, 퍼그, 저먼셰퍼드, 골든리트리버, 프렌치불도그, 보더테리어, 불도그, 스태포드셔불테리어.
6 Gough et. als.(2018).
7 2017년 5월에 문재인 대통령이 취임하면서 그동안 유기견을 입양하겠다는 대통령에게 동물 보호 단체는 검은색 유기견을 청와대에 입양하도록 권했다. 검은색 개는 못생겼다는 이유로 그동안 입양에서도 차별을 받아 왔기 때문이다.
8 '잡종'은 서로 다른 종끼리의 잡종이나 아종(亞種) 사이의 잡종도 가리키지만, 여기서는 동일 종 내의 서로 다른 품종끼리의 잡종에 관심을 보이겠다.
9 Coppinger&Coppinger(2016), 41면. 바셋하운드는 키가 작고 다리가 짧아 비만이 되기 쉽다. 그리고 피부도 축축 늘어진다.
10 Kavka(1982), 93면.
11 '품종 장벽'은 Parker et. als.(2004)에서 제시한 용어이다.
12 Farrell et. als.(2015), 3-4면.
13 Rooney&Sargan(2009).
14 Rooney(2009), 180-81면. Rossi(2017, 113면)도 순종 교배가 낳는 질병을 똑같이 두 가지 방식으로 구분한다.
15 "엉킨 털이 자라 죽을 뻔한 양 한 마리…털 무게만 35kg", 〈동아일보〉, 2021년 2월 21자 기사.
16 불도그에는 잉글리시불도그 외에 아메리칸불도그, 프렌치불도그 따위도 있지만, 불도그가 영국이 원산지이기도 하고 특히 선택적 교배에 의한 질병을 소

개하는 문헌들이 주로 잉글리시불도그를 예로 들므로 여기서도 그것을 대표적인 예로 들었다. 참고한 문헌은 Haramia(2015), Palmer(2012), Meyer et. als.(2022), Packer et. als.(2015), Rooney(2009)이다.

17 Meyer(2022).
18 https://www.ukcdogs.com/english-bulldog.
19 Rooney(2009), Packer et. als.(2015), Haramia(2015), Rossi(2017), 113면
20 Rooney(2009).
21 Palmer(2012), Meyer(2022).
22 Palmer(2012), Rossi(2017), 113면.
23 Palmer(2012).
24 Rooney(2009).
25 하인리히(2006), 13장.
26 Donaldson&Kymlicka(2011), 271면 n. 7과 272면 n. 8, 그리고 Du Toit&Benatar(2016), 159면을 보라. 애완동물이 겪어야 하는 가장 큰 괴로움은 주인으로부터 버림받는 것이다. 그것은 취약성이라는 개념으로 3장에서 말했다.
27 Meyer et. als.(2022), 2면. Ogata(2016)에 따르면, 전화 조사로는 미국 가정에서 기르는 개의 14-17%가 분리 불안을 보이며, 무작위로 뽑은 90마리 중 50%가 분리 불안을 보인다.
28 Ogata(2016)과 Amat(2022)를 보라.
29 최훈(2019), 8장을 보라.
30 이러한 이유로 네덜란드는 2019년에 단두종 개를 임의로 교배하는 것을 법으로 금지했다. 입 길이가 두개골 길이의 3분의 1 이상이고 정부에서 정한 '체력 및 건강 검사'를 통과할 때만 교배 허가를 받을 수 있다. ""퍼그, 불독 교배 금지!" 단두종 브리딩 단속 나선 네덜란드 정부", 〈한국일보〉, 2019년 6월 18일자 기사를 보라.
31 Parfit(1983), 373-75면. '나쁜 엄마'와 '성급한 엄마'라는 이름은 논의의 편의를 위해 내가 붙인 것이다. 이 예는 Parfit(1984), 367-69면에도 나오는데 거기서는 Parfit(1983)과 달리 엄마 서사로 풀지 않고 무미건조하게 제시된다. 한편 나는 최훈(2015a, 203면 이하)에서 Singer의 전체적 견해와 사전 존재적 견해를 비교하는 맥락에서 이 예를 인용했다.
32 이것은 일상에서 일어나기 힘든 사고 실험에 불과하다고 생각할 수 있는데, Bontly(2019, 56면)은 이 사고 실험을 좀 더 생생하게 만든다. 의사가 지카 바

이러스가 유행하니 나중에 임신하라고 했는데 그 말을 무시하고 임신한 사례가 그것이다. 2016년 브라질 리우데자네이루 올림픽 때 유행하여 널리 알려진 지카 바이러스에 산모가 감염되면 소두증에 걸린 태아가 태어날 가능성이 있다고 한다.

33 Parfit(1983), 375면.
34 Parfit(1984), 358면.
35 샌델(2016), 15-16면. 이들의 사연이 언론에 알려진 후 "그들이 자식에게 고의로 장애를 유발했다"는 사실에 세상은 분노했는데, 그 비난을 예상 못한 그들은 무척 놀랐다고 한다.
36 Kavka(1982), 100면. '매정한 부모'라는 이름은 내가 붙인 것이다. 자식을 방치하거나 더 나아가 해악을 끼치는 부모를 가리키는 말로 영어에는 'toxic parents' 또는 'poisonous parents'라는 말이 있고, 일본어에는 이것을 직역한 '毒親'이라는 말이 있지만, 우리말에서는 '막장 부모'라는 말이 더 많이 쓰인다. 그러나 엄연한 일터 중 하나인 '막장'을 부정적인 의미로 사용하는 것은 적절하지 못하다. '쓰레기 부모'라는 표현도 가능하지만 좀 과격해 보인다. 그래서 '매정한 부모'라는 이름을 붙였다. 이 사고 실험에서 부부는 노예가 아니라는 점에서 조선 시대나 흑인 노예 시절의 부부와 다르다. 그 당시에 노예는 자신의 아이도 노예가 될 것이라는 것을 알고 아이를 낳았지만, 노예가 아닌 아이를 낳는 선택을 할 수 없었고 노예 아이를 낳는 대가를 받는 것도 아니라는 점에서 비난받지는 않는다. 꼭 노예제 시대가 아니더라도 이 세상이 살기 어렵다고 생각하는 베너타(2019) 같은 사람은 노예제 시대뿐만 아니라 언제라도 아이를 낳는 것이 옳지 않다고 주장하는데, 누군가가 조선 시대나 흑인 노예 시절의 부부가 아이를 낳는 것이 비윤리적이라고 주장한다면 그것은 비동일성 문제보다는 베너타의 주장의 하나로 보아야 할 것 같다.
37 Kavka(1982), 101면.
38 Parfit(1984), 362면. 이 예는 Parfit(1983)에서 먼저 나오는데, 거기서는 '위험한 또는 안전한(Risky or Safe)' 에너지 정책 중 하나를 선택하는 상황으로 설정했다.
39 Parfit의 진술만 놓고 보면 고갈 또는 보존 사례는 기후 변화의 현실을 잘 반영 못하는 것 같다. Parfit은 우리의 자원 고갈로 "향후 2세기 동안의 삶의 질"은 높지만 그 후 수 세기 동안은 훨씬 낮아질 것이라고 말했는데, 현재 기후 변화는 당장 우리 세대와 지금 존재하는 자식 세대에게 각종 자연재해의 형

태로 나쁜 영향을 끼치고 있다. 기후 변화는 성급한 엄마 사례보다는 나쁜 엄마 사례에 더 가까워 보이는데, 그러면 더는 '비동일성' 문제가 아닐 수 있다. Bontly(2019), 57면을 보라.

40 Parfit(1984), 363면. 원문 강조.
41 Parfit(1984), 361면.
42 Parfit(1984), 349면. 원문에는 '실제로'가 강조 표시되어 있다.
43 그래서 Parfit(1984), 352면은 시간 의존성 주장을 약간 수정하여 "어떤 특정 사람이 실제로 수정된 시간보다 한 달 이내에 수정되지 않았다면, 그는 결코 존재하지 않았을 것이다."라고 시간 의존성 주장 2를 내세우고, 이것은 필연적으로 참은 아니더라도 실제로 참이라고 주장한다.
44 Parfit(1984), 359면.
45 싱어(2013), 319면.
46 Parfit(1984), 363면. person은 '개인'으로 번역하는 게 적절하지만, 애완동물에게 적용되는 비동일성 문제까지 다루므로 '개체'로 번역하겠다. 참고로 김한승(2009)는 '사적'으로, 조규범·심지원(2004)는 '개인'으로 번역하고, 목광수(2016)과 손철성(2022)는 동물의 비동일성 문제는 다루지 않지만 '개체'로 번역한다.
47 대표적으로 Roberts(2009)를 보라.
48 Palmer(2012, 158면)은 비슷하게 해악을 '비교하는 해악(comparative harm)'과 '비교하지 않는 해악(non-comparative harm)'으로 구분하고, Parfit(2017, 131면)은 상대적 이득(comparative benefit)과 본래적 이득(intrinsic benefit)을 구분한다. Robert&Wasserman(2017), 86면도 보라.
49 Harman(2004)가 이런 주장을 한다.
50 Robert&Wasserman(2017), 86면.
51 Boonin(2003)과 Valdman(2009)을 보라.
52 Boonin(2003)과 Rivera-Lopez(2009)를 보라.
53 Palmer(2012), 161면.
54 Parfit (1984), 18장은 비슷한 원리인 '넓은 개인-영향 원리'를 채택한다.
55 물론 행복을 최대화한다고 할 때 고통의 유무와 상관없이 쾌락만을 최대화해도 되는지, 쾌락보다는 고통을 최소화해야 하는지에 따라 다양한 형태의 공리주의가 가능하다. 그러나 여기서는 그런 세세한 구분은 무시하도록 하자.
56 당혹스러운 결론은 Parfit(1984), 17장을 보라.

57 '동일성'과 '정체성'은 모두 영어 identity의 번역어이다. 그러나 비동일성의 문제를 말할 때 한 대상이 다른 대상과 동일하다는 데 주목하므로 '동일성'으로 쓰고, 어떤 대상을 그 대상으로 만드는 속성들에 초점을 맞출 때는 '정체성'으로 쓰겠다.

58 민법과 달리 형법에서는 피해자가 실제로 존재하지 않더라도 처벌하는 것은 재산상의 손해보다 신체상의 손해를 더 중요하게 생각하기 때문인 것 같다. 예방적 차원에서 처벌하는 것이다.

59 Wolf(2009), 103-04면.

60 MacLean(1983), Hare(2007), Wolf(2009), Haramia(2015), Dasgupta(2018)를 보라. 단, Dasgupta(2018)은 존재론적 본질주의와 기술적 본질주의를 구분하는 자신의 방법이 대물/대언 접근법과 다르다고 말한다.

61 '재벌집 막내아들'이라고 되어 있지만 원작인 웹툰이나 드라마 모두 정확한 기술구는 '재벌집 막냇손자'이다. 진도준은 회장의 아들이 아니라 손자다.

62 MacLean(1983).

63 Haramia(2015).

64 Palmer(2012), 161면.

65 Parfit(1984), 373면.

66 Smilansky(2013)의 "도덕적으로 존재하지 않는 쪽을 선택해야 하는가?"라는 논문은 인간을 대상으로 하지만, 이 점에서 혈통 교배 개에 적절해 보인다.

67 Farrell et. als.(2015), 12면.

68 맞춤 아기나 생명 공학적 시도를 자연에 대한 정복으로 간주하여 반대하고, 아이를 '선물'로 받아들여야 한다는 샌델(2016)의 주장도 인간은 동물과 달리 선택적 교배를 허용할 수 없다는 주장과 상통한다. 나는 최훈(2015c), 최훈(2019), 최훈(2023)의 일련의 논문에서 샌델의 주장에 동조했다.

9장 동물은 물건이 아니다: 그 철학적 의미

1 함태성(2019), 319면 주3에 따르면 재물 손괴죄는 타인 소유의 재물을 손괴하는 경우에 적용되므로 자기 소유의 동물을 다치게 하거나 죽였을 때는 적용되지 않는다.

2 "동물은 물건이 아니다"…법무부, 민법 개정안 입법 예고", 〈대한민국 정

책브리핑〉, 2021년 7월 19일(https://www.korea.kr/news/policyNewsView.do?newsId=148890352).

3 이경규(2018), 343면.
4 최훈(2019), 52면.
5 더 자세하게는 최훈(2019), 19면 이하를 보라.
6 동물의 도덕적 지위에 관한 연구들은 이 논증들이 대체로 섞여 있다. 대표적으로 Singer(1990), DeGrazia(1996), Warren(2000), Dombrowski(2006), 레건(2023)을 보라.
7 이와 같은 주장은 Aquinas(1989), 6-12면이나 Kant(1989), 23-24면을 보라.
8 싱어(2013), 56면.
9 가장자리 인간을 둘러싼 논쟁은 최훈(2015a), 84면 이하를 보라.
10 첫 번째 선택지, 곧 인간 대상의 실험을 옹호하는 거의 유일한 철학자로는 R. G. Frey가 있다. Frey(1985)를 보라.
11 대부분의 법철학 교과서는 법과 도덕의 의미가 어떻게 다른지를 분석하는 데 치중하고, 도덕의 영역이지만 법의 영역이 아닌 것이 실제로 어떤 것이 있는지에는 관심이 없다. 예를 들어 라드브루흐(1975, 70-80면)은 법의 외면성과 도덕의 내면성을 두 영역의 구별점으로 들고, 심현섭(1985, 117면)은 법과 도덕은 규범이라는 점에서는 공통점이 있지만 강제 가능성에서 구별될 수 있다고 말한다. 하지만 우리가 알고 싶은 것은 구체적으로 어떤 규범이 외면적이고, 어떤 규범이 강제성이 있는가 하는 점이다. 기존 교과서는 이 점에 관해서는 대답하지 않고 있다.
12 우리나라 형법 제307조는 사실을 적시한 경우의 명예훼손과 허위의 사실을 적시한 경우의 명예훼손을 처벌하고, 제310조는 사실 적시 경우에 진실한 사실로서 공공의 이익에 관한 때에는 처벌하지 아니한다고 규정하고 있다. 그러나 사실 적시 명예훼손을 두고 논란이 많다.
13 Francione(2004), 108면. schizophrenia는 공식적으로 '조현병'으로 번역되지만, 현재 맥락에서는 '정신 분열'이라고 번역했을 때 생각과 현실이 일치하지 않는다는 의미가 잘 전달되므로 그 용어로 쓸 것이다.
14 우리 헌법의 기본권 규정은 "모든 국민은"이라는 표현으로 기본권 주체에 대해 자연인을 전제로 하고 있다. 그럼에도 기본권 주체가 될 수 있는 능력을 법인에게 확대하는 것을 배제하고 있지는 않다(한수웅, 2021, 403-404면). 우리 헌법재판소도 "본래 자연인에게 적용되는 기본권 규정이라도 언론·출판의

자유, 재산권의 보장 등과 같이 성질상 법인이 누릴 수 있는 기본권은 당연히 법인에게도 적용하여야 할 것으로 본다."(헌법재판소 1991. 6. 3. 선고 90헌마 56 결정.)라고 하여 법인의 기본권 주체성을 긍정한 바 있다.
15 Francione(1995), 110면. 강조는 원문에서.
16 여기서는 흑인 노예를 예로 들지만 조선의 노비라고 해서 크게 다르지 않다. 임상혁(2020, 6-7면)에 따르면 조선 전기에는 임금이 넌더리를 낼 정도로 노비에 관한 송사가 많았으며, 명문대가라 불렸던 집안에는 수백 명의 노비를 자손에게 분배하는 상속 문서들이 오늘날까지 전해온다고 한다. 소송이든 상속이든 모두 노비를 재산으로 보았던 산물이다.
17 똑같은 범죄라고 해도 자유인이 저질렀을 때보다 노예가 저질렀을 때 더 심하게 처벌했다. Friedman(2019, 198면)은 자유인이 된 흑인이라고 하더라도 같은 죄를 저지른 백인보다 더 가혹하게 처벌하는 미국 조지아주의 법을 말한다. Friedman(2019, 211면)은 노예 소유주 입장에서는 자신의 노예가 정부로부터 처벌을 받으면 재산상의 손실이 되므로 소유주는 노예의 범죄를 숨기려고 했다고 말한다. 만약 정부가 노예를 사형시키면 노예주에게 보상하는 주가 많았다고 한다.
18 Friedman(2019), 210면.
19 Friedman(2019), 192면. 그리고 Friedman(2019, 198면)에 따르면 노예는 메릴랜드주에서는 개를 소유할 수 없었고, 조지아주에서는 소화기의 소유와 사용, 약의 조제, 건물 수리 계약, 농산물 거래를 할 수 없었다.
20 Friedman(2019), 205-06면.
21 Friedman(2019), 207-09면.
22 "동물학대 3398명 중 '실형 선고' 0.3%뿐…강력 처벌해야", 〈노컷뉴스〉, 2021년 6월 15일자 기사.
23 "'동물은 물건이 아니다'…법무부, 민법 개정안 입법예고", 〈대한민국 정책브리핑〉, 2021년 7월 19일.
24 정재황(2021), 1403면.
25 김학성·최희수(2020), 746면.
26 최준규(2022), 5면.
27 심장, 간장, 신장 2개, 폐장 2개. 췌장, 각막 2개가 그것으로, 이 때문에 9월 9일이 장기 기증의 날로 지정되었다. 물론 여기서 장기 기증은 뇌사자 등의 자발적인 장기 기증을 말한다.

28 최준규(2022), 6면.
29 최준규(2022), 5면.
30 오병선 외(2011), 46면.
31 최준규(2022), 7면.
32 김학성·최희수(2020), 320면.
33 Powell(2016)은 애완동물의 시장 가격과 도덕적 고려에 관해 논의한다.
34 인간의 죽음과 동물의 죽음의 비교에 대해서는 최훈(2019), 3장을 보라. 그리고 이 책의 다음 장에서도 이 주제를 논의할 것이다.
35 최준규(2022), 13면.
36 동물의 존엄성은 다음 장에서 다룰 주제이다.
37 "'인간 동물원'을 아시나요…벨기에 만국박람회의 부끄러운 과거", 〈연합뉴스〉, 2018년 4월 17일자.
38 이경규(2018)을 보라.
39 한민지(2022), 90면.
40 포식의 문제는 최훈(2019), 4장을 보라.

10장 개는 인간의 친구인가? : 동물의 존엄성과 개 식용 문제

1 이상의 내용은 구로다(2011)에 실려 있다. 그리고 같은 내용이 영화로도 만들어져 제10회 전주국제영화제에서 최고인기상을 받기도 했다.
2 먹어서는 안 된다는 쪽을 맡은 이는 당시 동양대 교수였던 진중권 씨였다.
3 다음을 보라. (https://donghaemul.com/press/?q=YToyOntzOjEyOiJrZXl3b3JkX 3R5cGUiO3 M6MzoiYWxsIjtzOjQ6InBhZ2UiO2k6ODt9&bmode=view&idx= 7246119&t=board)
4 나도 2013년 복날 즈음인 7월 13일에 동물자유연대 주최로 "개는 왜 먹으면 안 될까요?"라는 제목으로 열린 '초복 토크 콘서트'에서 "개 식용에 대한 철학적 접근"을 발표했다.
5 "시민 72% '개고기 섭취 의향 없어'…42% '요즘엔 안 먹어'", 〈연합뉴스〉, 2019년 9월 6일자 기사.
6 "개 식용 금지 입법화, '찬성' 38% vs '반대'", 〈연합뉴스〉, 2021년 11월 3일자 기사.
7 "'개고기 금지하면 업자들 다 죽어' … 사회적 합의 물 건너갔다", 〈한국경제〉,

2022년 5월 6일자 기사.

8 나는 위 주석 4에서 말한 '초복 토크 콘서트'에서는 소·돼지나 개는 똑같이 먹어서는 안 된다고 주장했다. 이 장에서는 똑같이 먹어도 된다는 쪽에 방점이 찍힐 것이다. 그렇다고 입장이 바뀌었다고 생각하지 않는다. 저울추에서 방점이 바뀐 것뿐이다.

9 Singer(2024), 6장.

10 "투우는 동물학대다.", 〈경향신문〉, 2016년 9월 12일자 기사.

11 Casal(2003). 산테리아 제의에 대해서는 이 책의 11장에서 다시 거론한다.

12 '동물도축세부규정'은 그 세세한 내용을 규정하고 있다.

13 Kant(1989). 나는 최훈(2015a), 25면 이하에서 "동물과 관련해서 직접적 의무를 지지 않는다"라는 칸트의 주장을 비판적으로 살펴보았다.

14 칸트(1995), 222면.

15 레이첼스(2006), 241면.

16 칸트(1995), 222면.

17 McMahan(2002), 170면을 보라. 그리고 자세한 설명은 최훈(2019), 80면 이하를 보라.

18 레이첼스(2009,) 361면. 이 '전기적' 삶은 '생물학적' 삶과 대비된다. 영어의 biographical과 biological은 운율이 맞아 대비가 선명한데, 우리말은 그렇지 않아 아쉽다.

19 김성호, 〈한겨레〉, 2021년 7월 20일자.

20 Jordan(2001), Townley(2010), Froding&Peterson(2011)를 보라. '우정 논증'이라는 말은 Jordan이 붙였다.

21 아리스토텔레스(2011), 277면, 옮긴이 주석 1.

22 아리스토텔레스(2011), 280면(1155b17-19).

23 아리스토텔레스(2011), 283면(1156b7-12). 번역서의 '친애'를 '우정'으로 바꾸었다. 이하 마찬가지이다.

24 아리스토텔레스(2011), 282면(1156a16-24).

25 Jordan(2001), 320면.

26 Froding&Peterson(2011), 64면.

27 아리스토텔레스(2011), 281면(1155b27-1156a5.). (1), (2), (3)은 내가 붙인 것이다.

28 아리스토텔레스(2011), 옮긴이 해제 445면.

29 아리스토텔레스(2011), 295면(1159b3-4).

30 Townley(2010, 51면)은 만약 그렇다면 탁월성에서 동등성과 유사성이 없는 어린이 또는 지적으로 열등한 사람과도 우정이 불가능하지 않느냐고 묻는다. 일종의 '가장자리 상황 논증'(최훈, 2019, 94면 이하를 보라)이다. 그러나 아리스토텔레스는 어린이를 '인간'으로 인정하지 않을지 모르겠지만, 우리의 상식은 어린이도 탁월성을 누리는 인간이다. 만약 그런 탁월성이 없는 '가장자리 인간'이 있다면, 그들은 보호와 배려의 관계이기는 하지만 그들과 우정을 나눈다고 말하지 않는다.

31 Abbate(2023), 1246면.

32 아리스토텔레스(2011), 303면(1161b2-4).

33 "'토리 아빠' 윤석열 "식용견 따로 키우지 않나". 개 식용 찬성파 논리 그대로", 〈한국일보〉, 2021년 11월 1일자 기사.

34 "대한민국, 개식용하는 유일한 선진국 되다."(https://fromcare.org/archives/102572)

35 아리스토텔레스(2011), 338면(1169b11).

36 친밀성과 공평성의 양립 가능성에 대해서는 라폴레트(2005)를 보라.

37 최훈(2016, 140면)은 이와 관련된 사고 실험을 제시한다.

38 "아파도 울지 않던 비글들아, 이제 켄넬 밖으로 나오렴", 〈한겨레〉, 2020년 4월 22일자 기사.

39 Froding&Peterson(2011), 59면.

40 밀리건(2019), 187면.

41 어린 왕자와 장미꽃 에피소드는 이 장이 논문의 형태로 학술 대회에서 발표될 때 논평을 맡은 김성한 교수가 제시한 것이다. 김 교수는 우정을 넘어 사랑이 가능하다는 것을 말하기 위해 이 예를 들었다. 그러나 앞서 지적했듯이 '우정 논증'에서 '우정'은 사랑을 포함하는 넓은 개념이다. 『어린 왕자』의 이 대목은 이 책의 맺음말에서 다시 한 번 언급될 것이다.

42 Milligan(2009), 402-03면.

43 로렌츠(2006), 263면.

44 로렌츠(2006), 263-64면.

11장 다문화주의와 개 식용 문제

1 Casal(2003, 5면)은 산테리아를 사례로 다문화주의가 동물에게 나쁜지 묻고 있는데, 산테리아가 사회적 약자인 소수자의 문화이고, 종교와 관련이 있으며, 동물 희생은 이 종교의 핵심 요소라는 점에서 다문화주의 주제를 다루는 이상적인 사례라고 말한다. 산테리아는 제의에서 살아 있는 양이나 닭의 목을 쳐서 그 피를 제단에 바친다. 산테리아 제의는 도살 방법도 잔인하지만, 제의로 바쳐지는 동물은 어차피 먹지 못한다는 생각으로 열악한 환경에서 잔혹하게 사육되고, 제의가 끝난 후 시체가 함부로 버려져 위생 문제를 일으킨다. 한편 유대인과 이슬람 신도는 코셔 또는 할랄 음식을 만들 때 동물이 의식이 있는 채로 도살을 해야 한다고 교리를 지켜 논란이 된다. 샌프란시스코의 차이나타운에서는 거북이나 개구리 따위의 살아 있는 동물이 보신용으로 팔린다. 샌프란시스코 차이나타운의 동물 시장은 한국계 미국 사회학자인 Claire Jean Kim이 저서 Kim(2015)에서 주제적으로 다루었다.

2 Francione(1996), Francione&Charlton(2013), Donaldson&Kymlicka(2014), Kymlicka&Donaldson(2014), Cordeiro-Rodrigues(2017a), Cordeiro-Rodrigues(2017b), Cordeiro-Rodrigues&Mitchell(2017), Kim(2007).

3 투우는 스페인 백인의 문화이므로 사회적 소수자라고 말하기는 어렵다. 그러나 Cordeiro-Rodrigues(2017a, 4면)에 따르면 역시 투우가 논쟁 중인 포르투갈을 놓고 볼 때 포르투갈 사람 중 56~69%가 투우에 반대하고 관심이 없는 사람을 제외하면 소수만이 투우에 찬성한다고 한다. 실제로 4%의 인구만이 투우에 적극적으로 참여한다고 한다. 그런 점에서 투우 찬성론자도 소수자이다. 한편 서구의 동물권 운동 단체들은 채식주의를 실천하기 위한 캠페인도 많이 하는데, 채식은 현실적으로 백인 중산층이나 실천할 수 있기에 계급 차별을 공고히 한다는 비판도 제기된다. 이 비판은 이 책에서는 다루지 않겠다.

4 레건(2023)을 보라.

5 Okin(1999)이 대표적이다. 나는 최훈(2011)에서 여성 할례, 순장, 명예 살인과 같은 반여성주의적인 관행을 예로 들며 인간을 향한 존중과 불필요한 해악의 금지와 같은 보편적인 가치의 관점에서 Okin의 주장에 동조했다. 그리고 더 나아가 다문화주의와 동물권의 갈등에 대해서도 동물권의 손을 들어주었다. 그러나 이 책에서는 그 입장이 다소 달라질 것이다.

6 Al-Saji(2010). 그러나 이 논문과 Okin(1999)를 단순히 대립하는 주장이라고 보

기는 어려운 게, 여성주의와 다문화주의가 충돌하는 관행을 Okin은 여성 할례, 순장, 명예 살인 따위를 예로 들지만 Al-Saji는 베일 착용을 예로 들기 때문이다. Al-Saji가 Okin이 드는 예로도 똑같은 주장을 할지는 알 수 없다.

7 최훈(2011).
8 Siegel(1988), 108면.
9 최훈(2011), 20면.
10 Donaldson&Kymlicka(2011), 44-49면, Kymlicka&Donaldson(2014), Kymlicka(2017), Olivier&Cordeiro-Rodrigues(2017), Cordeiro-Rodrigues(2017a).
11 Kymlicka&Donaldson(2014), 118면 이하. 이들에 따르면 정확하게 말해서 이런 판단의 주체는 다문화주의가 아니라 좌파인데, 이 책의 논의 맥락상 다문화주의로 봐도 문제가 없다.
12 Kymlicka&Donaldson(2014), 119-20면, Kymlicka(2017), 300-01면.
13 Kymlicka가 참조한 연구는 Costello&Hodson(2014)이다.
14 Olivier&Cordeiro-Rodrigues(2017), 150면 이하.
15 1992년에 호주 총리는 이 정책에 공식적으로 사과하였다. http://www.ohmynews.com/nws_web/view/at_pg.aspx?CNTN_CD=A0001644880를 보라.
16 우리가 동물에게 준 고통은 아니지만 동물이 자연 상태에서 받는 고통, 가령 포식 동물에게 잡아먹히는 고통까지 막아야 하느냐는 윤리적 고민도 있기는 하다. 그러나 우리가 거기까지 개입할 필요는 없다고 생각하는 것이 대세이다. 포식의 문제는 최훈(2019), 4장을 보라.
17 Casal(2003, 20면)은 산테로스가 사회적 약자이기에 부당하게 비판받는다는 주장(Casal은 이것을 '영향력 논증'이라고 부른다)에 대해 사회적 약자임과 부당한 비판 사이의 인과 관계가 없다는 이유로 반대한다. 그러나 나는 차별화, 열등화, 경시화의 과정이 그 인과 관계를 보여 준다고 생각한다.
18 공장식 축산의 현실과 관련해서는 최훈(2012)를 보라.
19 Deckha(2017, 72면 이하)는 인도의 구체적인 동물 존중 사례로 수족관에 가두기 위한 고래류 포획 및 수입 금지 예와, 길거리 개를 포획 후 도살하지 않는 예를 든다. 한편 그는 서양의 개인주의 자유 중시가 동물과의 교감을 훼손한다고 말한다(68면). 그러나 나는 동물을 존중하기 위해서는 개인의 자유를 더욱 중시하는 편이 더 낫다고 생각한다. 곧 동물도 한 개인(개체)으로 보아, 피해를 주지 않는다는 원칙을 동물에게까지 적용해야 동물 존중이 실현되는 것이다. 어설픈 개인주의가 아니라 진정한 개인주의이고, 이는 '개인'을 동물에게까지 넓

힌 '개체주의'라고 할 만하다.
20 사람에의 호소가 오류인지를 판단하는 문제는 최훈(2015b), 4장을 보라.
21 Kymlicka&Donaldson(2014, 124면)에서 "동물 복지는 다른 사람과 문화를 향한 우월감을 확인하고 인간들 사이의 부정의를 정당화하기 위해 **도구적으로 그리고 선택적으로** 사용되고 있다."라고 말하고 있다. 강조는 내가 했다.
22 Casal(2003), 7면.
23 Kymlicka(2017), 299면.
24 Oliver&Cordeiro-Rogdruges(2017), 156면.
25 Cordeiro-Rodrigues(2017, 11면)도 포르투갈의 투우 반대를 예로 들어 투우 반대론자들이 투우는 윤리적으로 반대하면서 채식은 개인의 선택에 맡기는 모순된 행동을 보인다고 꼬집는다.
26 2023년 현재 모란 시장에서 철망 속의 개는 더 이상 볼 수 없지만 염소탕 따위와 함께 개고기 요리를 팔고 있고, 개고기도 사람들이 볼 수 있게 전시되어 있다. 모란 시장 개고기를 찾는 손님은 대부분이 노령층과 외국인 노동자라고 한다. "개시장 단골은 70대 노인과 외국인 노동자뿐… 이젠 접어야죠", 〈조선일보〉, 2022년 5월 22일자 기사.
27 Singer(2024), 6장.
28 산테리아 교회가 있는 미국 플로리다의 하이얼리아시에서는 이 의식을 불법화한 조례를 만들었는데, 대법원은 이 조례가 위헌이라고 판결했다. 그러나 이 판결은 산테리아 희생 제의가 종교 자유를 보호하는 미국 수정 헌법의 보호를 받아야 한다기보다, 이 조례가 특정 종교를 목표로 하고 있음을 문제 삼았다. Casal(2003, 6-7면)을 보라.
29 로크(2013), 59-60면.
30 Kim(2007).
31 Kim(2007), 246면.
32 Kim(2007, 240면)은 그런 단체들의 이름을 언급한다.
33 Kim(2007, 240면)에 따르면 동물 옹호 조직들은 부족한 자원의 효율성을 극대화하기 위해 승리 가능한 캠페인을 조직하는데, 다음과 같을 때 성공 가능성이 크다고 생각한다. (1) 노골적이고 극적이고 눈에 띄는 동물 학대에 초점을 맞춰라. (2) 다수의 기질에 부합하는 말을 하라. (3) 강력하고 조직화된 반대 세력과 맞서지 말라. (4) 과녁을 좁혀라.
34 〈한국경제〉의 기사("세상에 먹을개는 없다?…부쩍 느는 반려견, 사라지는 보

신탕", 2018년 5월 20일자)에 따르면 서울의 보신탕집은 10년 만에 40%가 폐업했다. 그리고 서울시의 한 관계자는 개고기가 "시대에 뒤처진 사양산업인 것만큼은 이제 돌이킬 수 없는 현실로 보인다"고 말했다.

12장 맺음말: 길들임과 책임

1 『어린 왕자』와 길들여진 동물과의 연관성은 정민걸(2023)에서 영감을 받았다.
2 생텍쥐페리(2015), 83-86면.
3 생텍쥐페리(2015), 88면.
4 생텍쥐페리(2015), 90면.

참고문헌

구로다 야스후미 (2011), 『돼지가 있는 교실』, 김경인 옮김, 달팽이출판.
김학성·최희수, 『헌법학원론』, 피앤씨미디어, 2020.
김한승 (2009), 「파핏의 사적인 원리와 비사적인 원리: 파핏이 잠자는 미녀에게 배울 수 있는 것」, 『철학적 분석』, 19, 119-137.
노직, 로버트 (1983), 『아나키에서 유토피아로』, 남경희 옮김, 문학과지성사.
라폴레트, 휴 (2005), 「사적인 관계」, 피터 싱어 (펴냄), 『응용윤리』, 김성한 외 옮김, 철학과 현실.
로크, 존 (2013), 『관용에 관한 편지』, 공진성 옮김, 책세상.
라자리-라덱, 카타르지나 드, 피터 싱어 (2019), 『공리주의 입문』, 류지한 옮김, 울력.
라드브루흐, 구스타브 (1975), 『법철학』, 최종고 옮김, 삼영사.
레이첼스, 제임스 (2006), 『도덕철학의 기초』, 노혜련·김기덕·박소영 옮김, 나눔의집.
레이첼스, 제임스 (2009), 『동물에서 유래된 인간: 다윈주의의 도덕적 함의』, 김성한 옮김, 나남.
레건, 톰 (2023), 『동물권 옹호』, 김성한·최훈 옮김, 아카넷.
로렌츠, 콘라트 (2006), 『인간, 개를 만나다』, 구연정 옮김, 사이언스북스.
목광수 (2013), 「윌 킴리커의 동물권 정치론에 대한 비판적 고찰」, 『철학』 117, 173-204.
목광수 (2016), 「기후변화와 롤즈의 세대 간 정의: 파핏의 비동일성 문제를 중심으로」, 『환경철학』, 22, 31-61.
밀레건, 토니 (2019), 『채식의 철학』, 김성한 옮김. 휴머니스트.
베너타, 데이비드 (2019), 『태어나지 않는 것이 낫다』, 이현 옮김. 서광사.
벤담, 제레미, 『도덕과 입법의 원칙에 대한 서론』, 강준호 옮김, 아카넷.
부디안스키, 스피븐 (2005a), 『개에 대하여』, 이상원 옮김, 사이언스북스.
부디안스키, 스피븐 (2005b), 『고양이에 대하여』, 이상원 옮김, 사이언스북스.
빙기창 (2013), 『철새 중간기착지에서 발생하는 조류사고원인 분석에 관한 연구』, 조선대학교 박사 학위 논문.
샌델, 마이클 (2016), 『완벽에 대한 반론』, 이수경 옮김, 와이즈베리.
생텍쥐페리, 앙투안 드 (2015), 『어린 왕자』, 황현산 옮김, 열린책들.
손철성 (2022), 「미래 세대에 대한 윤리적 책임의 문제-공리주의적 논변을 중심으로」, 『윤리교육연구』, 66, 125-155.

심헌섭 (1985), 『법철학』, 한국방송통신대학교 출판부.
싱어, 피터 (2012), 『동물해방』(개정완역판), 김성한 옮김, 인간사랑.
싱어, 피터 (2013), 『실천윤리학』, 제3판, 황경식·김성동 옮김, 연암서가.
아담스, 캐럴 J. (2006), 『육식의 성정치: 페미니즘과 채식주의 역사의 재구성』, 이현 옮김, 미토.
아리스토텔레스 (2011), 『니코마코스 윤리학』, 강상진 외 옮김, 길.
오병선 외 (2011), 『인권의 해설』, 국가인권위원회.
이경규 (2018), 「인(人) 이외의 존재에 대한 법인격 인정과 인공지능의 법적 지위에 관한 소고」, 『법학연구』, 인하대학교 법학연구소, 21(1), 323-356.
이종찬 (2016), 『행위자-연결망 이론을 통해 본 길고양이 중성화 사업과 공존의 정치』, 서울대학교 석사 학위 논문.
임상혁 (2020), 『나는 노비로서이다』, 역사비평사.
전의령 (2017), 「길냥이를 부탁해: 포스트휴먼 공동체의 생정치」, 『한국문화인류학』 50(3), 3-40.
정민걸 (2023), 「반려동물 문화에 대한 생태철학적 담론」, 『한국환경철학회 2023년 춘계(제100회) 학술대회 자료집』.
정재황 (2021), 『헌법학』, 박영사.
조규범·심지원 (2022), 「비동일성 문제에서 행위 결과주의와 상식 도덕의 충돌: 미래에 존재할 수 있는 사람을 현재 존재하는 사람만큼 도덕적으로 고려해야 하는가?」, 『인간·환경·미래』, 32, 65-89.
칸트, 임마누엘 (1992), 『도덕철학서론』, 『실천이성비판』에 수록. 최재희 옮김, 박영사.
최준규 (2022), 「동물의 법적 지위에 관한 민법 개정안의 의의와 민사법의 향후 과제, 그리고 민사법의 한계」, 『환경법과 정책』 28권, 1-31.
최훈 (2011), 「비판적 사고, 다문화주의, 인문학 교육」, 『인문과학연구논총』, 32(1), 1-25.
최훈 (2012), 『철학자의 식탁에서 고기가 없어진 이유』, 사월의책.
최훈 (2014), 『불편하면 따져봐』, 창비.
최훈 (2015a), 『동물을 위한 윤리학』, 사월의책.
최훈 (2015b), 『좋은 논증을 위한 오류 이론 연구』, 사회평론.
최훈 (2015c), 「샌델의 선물 논증 올바로 이해하기」, 『과학철학』, 18(3), 151-175.
최훈 (2016), 『라플라스의 악마, 철학을 묻다』(개정증보판), 뿌리와이파리.
최훈 (2018), 「샌델의 선물 논증 올바로 이해하기(II)」, 『범한철학』, 90, 125-54.

최훈 (2019), 『동물 윤리 대논쟁』, 사월의책.

최훈 (2023), 「샌델의 선물 논증 올바로 이해하기(III)」, 『철학탐구』, 69, 129-162.

최훈 (2024), 「"동물에게는 공리주의, 사람에게는 칸트주의": 혼합 이론 옹호」, 『윤리학』 13(1), 1-27.

최훈·이호영 (2017), 「이로운 사고실험과 해로운 사고실험」, 『법한철학』 87, 31-64.

하인리히, 베른트 (2006), 『우리는 왜 달리는가』, 이끼북스.

한민지 (2022), 「동물의 법적 지위에 대한 민법 개정논의에 즈음하여 보는 동물 보호법제 발전방향 -독일 동물 보호법 정책 변화를 중심으로-」, 『환경법과 정책』 28, 83-111.

한수웅 (2021), 『헌법학』, 법문사.

함태성 (2019), 「우리나라 동물법의 현황 및 진단, 그리고 향후 과제」, 『법과사회』, 60호, 317-364.

Abbate, C. E. (2017), "Harming (Respectfully) Some to Benefit Others: Animal Rights and the Moral Imperative of Trap-Neuter-Release Programs." *Between the Species* 21(1), 94-127.

Abbate, C. E. (2019), "A Defense of Free-Roaming Cats from a Hedonist Account of Feline Well-Being", *Acta Analytica* 35(3), 439-461.

Abbate, C. E. (2021), "Re-defending Feline Liberty: A Response to Fischer", *Acta Analytica* 36, 451-463.

Abbate, C. E. (2022), "The Animals in Our Living Rooms, Friends or Family?", in Diane Jeske (ed.), *The Routledge Handbook of Philosophy of Friendship*, Routledge, 138-150.

Abbate, C. E. (2023), "People and Their Animal Companions: Navigating Moral Constraints in a Harmful, Yet Meaningful World", *Philosophical Studies* 180, 1231-1254.

Al-Saji, Alia (2010), "The Racialization of Muslim Veils: A Philosophical Analysis", *Philosophy and Social Criticism* 36(8), 875-902.

Alley Cat Allies (2020), *Feral and Stray CatsAn Important Difference*. Alley Cat Allies. 13 Sep. (https://www.alleycat.org/resources/feral-and-stray-cats-an-important-difference/)

Amat, Marta, Susana Le Brech, Tomas Camps, and Xavier Manteca(2020), "Separation-Related Problems in Dogs", *Advances in Small Animal Care* 1, 1-8.

Armbruster, Karla (2019), "Dogs, Dirt, and Public Space", in John Sorenson and Atsuko Matsuoka (eds.), *Dog's Best Friend?: Rethinking Canid-Human Relations*, Montreal & Kingston: McGill-Queen's University Press.

Andreozzi, Matteo (2013), "Human's Best Friend? The Ethical Dilemma of Pets," *Relations* 1(2) 23-35.

Aquinas, Saint Thomas (1989), "Differences Between Rational and Other Creatures" in T. Regan and P. Singer (eds.), *Animal Rights and Human Obligations*, 2nd edition, Prentice-Hall.

Barcott, Bruce (2013), "Kill the Cat That Kills the Bird?", in Kelsi Nagy and Phillip David Johnson II, (eds.), *Trash Animals: How We Live with Nature's Filthy, Feral, Invasive, and Unwanted Species*, University of Minnesota Press, 245-256.

Barnbaum, Deborah (1998), "Why Tamagatchis Are Not Pets," *Thinking: The Journal of Philosophy for Children* 13(4), 41-43.

Beck, A. M. (2002), *The Ecology of Stray Dogs: A Study of Free-Ranging Urban Animals*, First NotaBell Books. Indiana: West Lafayette.

Bok, Hilary (2011), "Keeping Pets," in T. L. Beauchamp & R.G. Frey (eds), *The Oxford Handbook of Animal Ethics*, New York: Oxford University Press, 769-95.

Bontly, Thomas D. (2019), "Climate Change, Intergenerational Justice, and the Non-Identity Effect", *Intergenerational Justice Review* 5(2), 56-62.

Boonin, David (2003), "Robbing PETA to Spay Paul: Do Animal Rights Include Reproductive Rights?" *Between the Species* 13(3), 1-8.

Bradshaw, John (2013), *Cat Sense: How the New Feline Science Can Make You a Better Friend to Your Pet*, New York: Basic Books.

Bramble, Ben (2016), "A New Defense of Hedonism about Well-Being", *Ergo* 3(4), 85-112.

Calver, Michael C., Jacky Grayson, Maggie Lilith, and Christopher R. Dickman (2011), "Applying the Precautionary Principle to the Issue of Impacts by Pet Cats on Urban Wildlife," *Biological Conservation* 144, 1895-901.

Casal, Paula (2003), "Is Multiculturalism Bad for Animals?", *The Journal of Political Philosophy* 11(1), 1-22.

Coppinger, Raymond and Lorna Coppinger (2016), *What Is a Dog?*, Chicago: IL: The University of Chicago Press.

Cordeiro-Rodrigues, Luis (2017a), "Hidden and Unintended Racism and Speciesism in the Portuguese Animal Rights Movement: The Case of Bullfighting", *Theoria*, 62(144)(3), 1-18.

Cordeiro-Rodrigues, Luis (2017b), "Animal Abolitionism and Racism without Racists", *Journal of Agricultural and Environmental Ethics* 30(6), 745-764.

Costello, K. and G. Hodson (2014), "Explaining Dehumanization Among Children: The Interspecies Model of Prejudice", *British Journal of Social Psychology* 53, 175-97.

Crisp, Roger (2021), "Well-Being", in Edward N. Zalta (ed.), *The Stanford Encyclopedia of Philosophy*, <https://plato.stanford.edu/archives/win2021/entries/well-being/>.

Cullity, G. (2000), "Pooled Beneficence", in M. Almeida (ed.), *Imperceptible Harms and Benefits*, Dordrecht: Kluwer Academic Publishers, 123.

Dasgupta, Shamik (2018), "Essentialism and the Nonidentity Problem", *Philosophy and Phenomenological Research* 96(3), 540-570.

Deckha, Maneesha (2017), "Is Multiculturalism Good for Animals?", in Luis Cordeiro Rodrigues and Les Mitchell (eds.), *Multiculturalism, Race and Animals: Contemporary Moral and Political Debates*, London: Palgrave, 61-93.

DeGrazia, David (1996), *Taking Animals Seriously: Mental Life and Moral Status*, Cambridge: Cambridge University Press.

Dombrowski, Daniel A. (2006), "Is the Argument from Marginal Cases Obtuse?", *Journal of Applied Philosophy* 23(2), 223-232.

Donaldson, Sue and Will Kymlicka (2011), *Zoopolis: A Political Theory of Animal Rights*, New York: Oxford University Press.

Du Toit, Jessica and David Benatar (2017), "Reproducing Companion Animals," in Christine Overall (ed.), *Pets and People: The Ethics of Our Relationship with Companion Animals*, New York: Oxford University Press, 157-71.

Du Toit, Jessica (2016), "Is Having Pets Morally Permissible?," *Journal of Applied Philosophy* 33(3), 327-343.

Dunayer, Joan (2004), *Speciesism*, MD: Derwood: Ryce Publishing.

Farrell, L. L, J. J. Schoenebeck, P. Wiener, D. N. Clements, and K. M. Summers (2015). "The Challenges of Pedigree Dog Health: Approaches to Combating

Inherited Disease", *Canine Genetics and Epidemiology* 2(3).

Fischer, Bob (2021), *Animal Ethics: A Contemporary Introduction*, New York: Routledge.

Francione, Gary L. (1995), *Animals, Property, and the Law*, Philadelphia: Temple University Press.

Francione, Gary L. (1996), *Rain without Thunder: The Ideology of the Animal Rights Movement*. PA: Philadelphia: Temple University Press.

Francione, Gary L. (2004), "Animals-Property or Persons?", in Cass R. Sunstein and martha C. Nussbaum (eds.), *Animal Rights: Current Debates and New Directions*, Oxford: Oxford University Press.

Francione, Gary L. (2007), "Animal Rights and Domesticated Nonhumans," http://www.abolitionistapproach.com/animal-rights-and-domesticated-nonhumans.

Francione, Gary L. (2000), *Introduction to Animal Rights*, Temple University Press.

Francione, Gary L. (2020), "Pets: The Inherent Problems of Domestication," https://www.abolitionistapproach.com/pets-the-inherent-problems-of-domestication.

Francione, Gary L. and A. Charlton (2013), *Eat Like You Care: An Examination of the Morality of Eating Animals*, Create Space Independent Publishing Platform.

Francis, Leslie Pickering and Anita Silvers (2007), "Liberalism and Individually Scripted ideas of the Good: Meeting the Challenge of Dependent Agency," *Social Theory and Practice* 33.

Frey, R. G. (1985), *Rights, Killing and Suffering: Moral Vegetarianism and Applied Ethics*, Oxford: Basil Blackwell.

Froding, Barbro and Martin Peterson (2011), "Animal Ethics Based on Friendship", *Journal of Animal Ethics* 1(1), 58-69.

Fruh, Kyle and Wolodymyr Wirchnianski (2017), "Neither Owners Nor Guardians: in Search of a Morally Appropriate Model for the Keeping of Companion Animals," *Journal of Agricultural and Environmental Ethics* 30, 55-66.

Gough, Alex, Alison Thomas, and Dan O'Neill (2018). *Breed Predispositions to Disease in Dogs and Cats*, Third edition, Oxford: Blackwell Publishing.

Grimm, David (2014), *Citizen Canine: Our Evolving Relationship with Cats and Dogs*, New York, NY: PublicAffairs.

Gruen, L. (2014) (ed.), *Ethics of Captivity*, Oxford: Oxford University Press.

Hadley, John & Siobhan O'Sullivan (2009), "World Poverty, Animal Minds, and the Ethics of Veterinary Expenditure," *Environmental Values* 18(3), 361-78.

Haramia, Chelsea (2015), "Why We Should Stop Creating Pets with Lives Worth Living", *Between the Species* 18(1), 75-91.

Hare, Caspar. (2007). "Voices from Another World: Must We Respect the Interests of People Who Do Not, and Will Never, Exist?" *Ethics* 117(3), 498-523.

Harman, Elizabeth (2004), "Can We Harm and Benefit in Creating." *Philosophical Perspectives* 18, 89-113.

Harpending, Henry (2002), "Kinship and Population Subdivision", *Population & Environment* 24(2): 141-147.

Harvey, Jean (2008), "Companion and Assistance Animals: Benefits, Welfare Safeguards, and Relationships", *International Journal of Applied Philosophy* 22(2), 161-76.

Jordan, Jeff (2001), "Why Friends Shouldn't Let Friends Be Eaten", *Social Theory and Practice* 27(2), 309-322.

Kavka, Gregory (1981), "The Paradox of Future Individuals", *Philosophy & Public Affairs* 11, 93-112.

Kant, Immanuel (1989), "Duties in Regard to Animals", in Tom Regan and Peter Singer (eds.), *Animal Rights and Human Obligations*, 2nd edition, Prentice-Hall, 23-24.

Kim, Claire Jean (2007), "Muticulturalism Goes Imperial: Immigrants, Animals, and the Suppression of Moral Dialogue", *Du Bois Review* 4(1), 233-49.

Kim, Claire Jean (2015), *Dangerous Crossings: Race, Species, and Nature in a Multicultural Age*, Cambridge: Cambridge University Press.

Kymlicka, Will and Sue Donaldson (2014), "Animal Rights, Multiculturalism, and the Left", *Journal of Social Philosophy* 45(1), 116-135.

Kymlicka, Will (2017), "Afterword: Realigning Multiculturalismand Animal Rights", in Luis Cordeiro-Rodrigues and Les Mitchell (eds.), *Animals, Race, and Multiculturalism*, Palgrave Macmillan.

Lawrence M. Friedman, (2019), *A History of American Law*, 4th edition, New York: Oxford University Press.

Lesk, Arthur M. (2017), *Introduction to Genemics*, 3rd edition, Oxford: Oxford

University Press.

Lorenz, Konrad (1943), "Die angeborenen Formen möglicher Erfahrung", *Zeitschrift für Tierpsychologie* 5(2), 235-409.

Lorenz, Konrad (2002), *Man Meets Dog*, Marjorie Kerr Wilson (tr.), New York: Routledge.

Loss, Scott R. and Peter P. Marra (2018), "Merchants of Doubt in the Free-Ranging Cat Conflict", *Conservation Biology* 32(2), 265-266.

Loss, Scott R. and Tom Wil & Peter P. Marra (2013), "The Impact of Free-ranging Domestic Cats on Wildlife of the United States", *Nature Communications* 4.1396.

Lynn, William, (2016), "Cat Wars: The Moral Shame of Conservation", *HuffPost*, 10. Oct. 2016. (https://www.huffpost.com/entry/cat-wars-the-moral-shame-of-conservation_b_57f697bde4b0f5cec18b7eeb)

MacLean, Douglas (1983), "A Moral Requirement for Energy Policies", in Douglas MacLean and Peter G. Brown (eds.), *Energy and the Future*, Totowa, NJ: Rowman & Littlefield, 180-197.

Marra, Peter P. and Chris Santella (2016), *Cat Wars: The Devastating Consequences of a Cuddly Killer*, Princeton, NJ: Princeton University Press.

Marshall-Pescini, Sarah, Akshay Rao, Zsófia Virányi, and Friederike Range (2017), "The Role of Domestication and Experience in 'Looking Back' Towards Humans in an Unsolvable Task," *Scientific Reports* 7(1), 46636

Martin, G. R., Twigg L. E. and D. J. Robinson (1996), "Comparison of the Diet of Feralcats from Rural and Pastoral Western Australia", *Wildlife Research* 23, 475-484.

Mary Ann Warren (2000), *Moral Status: Obligations to Persons and Other Living Things*. New York: Oxford University Press.

McMahan, Jeff (2002), *The Ethics of Killing: Problems at the Margins of Life*, New York: Oxford University Press.

Meyer, Iben, Björn Forkman, Merete Fredholm, Carmen Glanville, Bernt Guldbrandtsen, Eliza Ruiz Izaguirre, Clare Palmer, and Peter Sandøe (2022), "Pampered Pets or Poor Bastards? The Welfare of Dogs Kept as Companion Animals", *Applied Animal Behaviour Science* 251(11): 105640

Miklósi, Adám, Enikö Kubinyi, József Topál, Márta Gácsi, Zsófia Virányi, and

Vilmos Cs ányi (2003), "A Simple Reason for a Big Difference: Wolves Do Not Look Back at Humans, but Dogs Do", *Current Biology*, 13, 763–766.

Milligan, Tony (2009), "Dependent Companions", *Journal of Applied Philosophy* 26 (4), 402-413.

Molento, C. F. M. (2014), "Public Health and Animal Welfare", *Dilemmas in Animal Welfare*. CABI, 102-23.

Montague, Michael J. et. als. (2014), "Comparative Analysis of the Domestic Cat Genome Reveals Genetic Signatures Underlying Feline Biology and Domestication", *Proceedings of the National Academy of Sciences USA*, 111(48), 17230-17235.

Morin, Monte (2014), "Semi-Domesticated? House Cats Not Far Removed from Wild, Genome Shows", *Los Angeles Times*, Nov. 10, 2014.

Nagel, Thomas (2014), "What Is It Like to Be a Bat?", *Philosophical Review* 83(4), 435-50.

Norcross, Alastair (2004), "Puppies, Pigs, and People", *Philosophical Perspectives* 18, 229-45.

Normando, Simona & Antonio Mollo (2019), "Editorial: Pets without a Human Family", *Journal of Applied Animal Ethics Research* 1, 171-176.

Nussbaum, Martha (2006), *Frontiers of Justice: Disability, Nationality, Species Membership*, Cambridge, MA: Harvard University Press.

Ogata, Niwako (2016), "Separation Anxiety in Dogs: What Progress Has Been Made in Our Understanding of the Most Common Behavioral Problems in Dogs?, *Journal of Veterinary Behavior* 16, 28-35.

Okin, Susan Moller (1999), *Is Multiculturalism Bad for Women?*, Princeton University Press.

Olivier, Abraham and Luis Cordeiro-Rodrigues (2017), "Racism, Speciesism and Suffering", in Luis Cordeiro-Rodrigues and Les Mitchell (eds.), *Animals, Race, and Multiculturalism*, Palgrave Macmillan, 2017.

Packer, Rowena M. A., Anke Hendricks, Michael S. Tivers, and Charlotte C. Burn (2015), "Impact of Facial Conformation on Canine Health: Brachycephalic Obstructive Airway Syndrome", *PLoS One* 10, e0137496.

Parfit, Derek (1983), "Rights, Interests, and Possible People", in Samuel Gorovitz et. als. (eds.), *Moral Problems in Medicine*, 2nd edition, Englewood Cliffs, NJ: Prentice-Hall, 369-375.

Parfit, Derek (1984), *Reasons and Persons*, Oxford: Clarendon Press.

Parfit, Derek (2017), "Future People, the Non-Identity Problem, and Person-Affecting Principles", *Philosophy & Public Affairs* 45(2), 118-157.

Parker, Heidi G., Lisa V. Kim, Nathan B. Sutter, Scott Carlson, Travis D. Lorentzen, Tiffany B. Malek, Gary S. Johnson, Hawkins B. DeFrance, Elaine A. Ostrander, and Leonid Kruglyak (2004), "Genetic Structure of the Purebred Domestic Dog". *Science* 304(5674), 1160-4.

Palmer, Clare (2012), "Does Breeding a Bulldog Harm It? Breeding, Ethics and Harm to Animals", *Animal Welfare* 21, 157-166.

Palmer, Clare (2006), "Killing Animals in Animal Shelters", in Susan Armstrong and Richard Botzler (eds.), (2008), *The Animal Ethics Reader*, 2nd edition, New York: Routledge, 570-578.

Palmer, Clare (2011), "The Moral Relevance of the Distinction between Domesticated and Wild Animals." in Tom L. Beauchamp & Raymond G. Frey (eds.). *The Oxford Handbook of Animal Ethics*. New York: Oxford University Press, 701-725.

Palmer, Clare (2014), "Value Conflicts in Feral Cat Management: Trap-Neuter-Return or Trap-Euthanize", in Michael Appleby, Dan Weary & Peter Sandoe (eds.), *Dilemmas in Animal Welfare*. CABI International: 148-168.

Palmer, Clare & Sandøe, P. (2014). For Their Own Good: Captive Cats and Routine Confinement, in Lory Gruen (ed.), *Ethics of Captivity*. Oxford: Oxford University Press.

Parsons, Michael H., Peter B. Banks, Michael A. Deutsch and Jason Munshi-South (2018), "Temporal and Space-Use Changes by Rats in Response to Predation by Feral Cats in an Urban Ecosystem", *Frontiers in Ecology and Evolution* 27 September 2018.

Powell, Russell (2016), "What is a Pet Worth", in David Edmonds (ed.), *Philosophers Take on the World*, Oxford: Oxford University Press, 210-213.

Prince, Michael (2009), *Absent Citizens: Disability Politics and Policy in Canada*, Toronto: University of Toronto Press.

Radbil, Sam (2016), "Pets Over Everything", *Rentable Blog*, July 25 (https://www.rentable.co/blog/pets-over-everything/).

Regan, Tom (2003), *Empty Cages: Facing the Challenge of Animal Rights*, Lanham, MA: Rowman & Littlefield.

Ritchie, David George (1916), *Natural Right*. 3rd ed. London: Allen & Unwin.

Rivera-Lopez, Educardo (2009). "Individual Procreative Responsibility and the Non-Identity Problem," *Pacific Philosophical Quarterly* 90, 99-118.

Roberts, Melinda A. (2009), "The Non-Identity Problem and the Two-Envelope Problem", in Melinda A. Roberts and David T. Wasserman (eds.), *Harming Future People: Ethics, Genetics and the Non-Identity Problem*, Dordrecht, The Netherlands: Springer, 201-330.

Roberts, Melinda A. and David T. Wasserman (2017), "Dividing and Conquering the Nonidentity Problem", in S. Matthew Liao and Collin O'Neil (eds.), *Current Controversies in Bioethics*, New York: Routledge, 81-98.

Rollin, Bernard E. (1981), *Animal Rights & Human Morality*, Buffalo: Prometheus Books.

Rooney, Nicola J. (2009), "Welfare of Pedigree Dogs: Cause for Concern", *Journal of Veterinary Behavior: Clinical Applications and Research* 4, 180-186.

Rooney, Nicola J. and David Richard Sargan (2009), *Pedigree Dog Breeding in the UK: A Major Welfare Concern?* An Independent Scientific Report Commissioned by the RSPCA.

Rossi, John (2017), "Our Whimsy, Their Welfare: On the Ethics of Pedigree-Breeding," in Christine Overall (ed.), *Pets and People: The Ethics of Our Relationship with Companion Animals*, New York: Oxford University Press, 111-26.

Sapontzis, Steve (1987), *Morals, Reason, and Animals*, Philadelphia: Temple University Press.

Schaffner, Joan E. (2018), "Cat Wars: The Devastating Consequences of a Dangerous Book", *Journal of Animal Ethics* 8(2), 236-248.

Siegel, Harvey (1988), *Rationality Redeemed? Further Dialogues on an Educational Ideal*. New York: Routledge.

Singer, Peter (1980), "Utilitarianism and Vegetarianism", *Philosophy & Public Affairs*

9(4), 325-337.

Singer, Peter (2024), *Consider the Turkey*, Princeton, NJ: Princeton University Press.

Smilansky, Saul (2013), "Morally, Should We Prefer Never to Have Existed?", *Australasian Journal of Philosophy* 91(J), 655-66.

Stewart, Heather (2018), "Parents of Pets? A Defense of Interspecies Parenting and Family Building", *Analize: Journal of Gender and Feminist Studies* 11, 239-63.

Tantillo, J. A. (2006), "Killing Cats and Killing Birds: Philosophical Issues Pertaining to Feral Cats", in J. R. August (Ed.), *Consultations in Feline Internal Medicine* (5th ed., Vol. 5,), St. Louis, MO: Elsevier Saunders, 701-708.

Townley, Cynthia (2010), "Animals as Friends", *Between the Species*, 13(10), , 45-59.

Tuan, Yi-Fu (1984), *Dominance and Affection: The Making of Pets*, New Haven: Yale University Press.

Turner, Victor W. (1969), *The Ritual Process: Structure and Anti-Structure*. Ithaca, NY: Cornell University Press.

Valdman, Mikhail (2009), "A Theory of Wrongful Exploitation", *Philosophers' Imprint* 9(6), 1-14.

Varner, Gary (2002), "Pets, Companion Animals, and Domesticated Partners," in D. Benatar (ed.) *Ethics for Everyday*, Boston, MA: McGraw-Hill Education, 450-75.

von Holdt, Bridgett, Emily Shuldiner, Ilana Janowitz Koch, Rebecca Y Kartzinel, Andrew Hogan, Lauren Brubaker, Shelby Wanser, Daniel Stahler, Clive D. L. Wynne, Elaine A. Ostrander, Janet S. Sinsheimer, Monique A. R. Udell (2017), "Structural Variants Underlie Hyper-Sociability: A Novel Theory of Dog Domestication", *Science Advances* 3(7), e1700398.

Wolch, Jennifer (1996), "Zoopolis," *Capitalism Nature Socialism* 7, 21-48.

Wolf, Clark (2009), "Do Future Persons Presently Have Alternate Possible Identities?", in Melinda A. Roberts and David T. Wasserman (eds.), *Harming Future People: Ethics, Genetics and the Non-Identity Problem*, Dordrecht, The Netherlands: Springer, 93-114.

Wolf, P. (2016), "By Any Means Necessary: War Is Declared on U.S. Cats", *Vox Felina*, 14 Sep 2016. (http://www.voxfelina.com/2016/09/war-is-declared-on-cats/)

Wong, Sophia Isako (2009), "Duties of Justice to Citizens with Cognitive

Disabilities," *Metaphilosophy* 40, 382-401.

Zeuner, Frederick Everard (1963), *A History of Domesticated Animals*, Harper & Row.

찾아보기

주제별 찾아보기

ㄱ

가두어 기르기 vs 놓아기르기 143-168
가장자리 인간 33, 73, 173, 178, 196, 251, 255-258, 273, 280, 355-56, 384
가축 45, 98, 285, 340-43, 351, 357, 359
가축화 29, 37, 41, 44, 47, 50, 108-109, 187, 357
감응력 22, 173, 177, 323, 331, 333, 335, 336, 345
감응력이 있는 존재를 향한 존중과 불필요한 해악을 금지 ☞ 보편적 가치
강아지 공장 12, 19, 51, 61, 65-66, 211-12, 274-275, 341
개 30, 43-48, 61-63, 68-70, 76-78, 88-89, 92-94, 108-09, 140, 143-45, 166, 167, 189-91, 193, 195, 201-13, 220-21, 230-32, 240-41, 243-45, 300-01, 306, 308-15, 318-19, 354, 357, 360, 361, 363-64, 375, 376, 379
개 식용 11, 79, 284-88, 292-95, 301-03, 312-315, 321-23, 335, 337, 339-47, 382-3, 384, 387-88
개 식용 금지법 12, 285-286, 322, 347
개체 상황 235-240
개체에게 영향을 끼치는 직관 223-24, 233-39
거주권 18, 170, 176, 177-79, 183-84, 280

결함 있는 개 사례 220-24, 230-32, 240-45
경계 고양이 107-142, 365, 367, 369, 371
경계 동물 16-17, 18, 47, 56-57, 90-94, 99-106, 168, 169-171, 175-76, 280, 327, 342, 364, 365, 372, 375
경시화 22, 323, 332-35, 386
경험 기계 151-157, 163, 186
계약, 동물과 인간 사이의 ~ 36, 50-53, 358-59
고갈 또는 보존 사례 218-19, 224, 240, 242-44
고양이 146-51
고양이 목깃 166-167
고양이 방울 167
고양이 전쟁 121, 368
『고양이 전쟁』 114
고양이 파티오 167
고통 없는 죽음[도살], 동물의 ~ 21, 51, 135, 186, 273, 287-88, 293-94, 298-301, 310, 319, 355, 359, 369
고통, 동물의 ~ 11, 18, 21, 60-61, 66, 76, 87, 91, 104, 117-9, 122, 128, 131, 133, 139-40, 141, 160, 170-71, 212, 255, 258, 270-71, 279, 287, 290-94, 322, 329, 331-39, 342-43, 345-47, 386

공장식 사육[축산, 농장] 10, 20, 22, 42, 51-52, 91-92, 104, 151, 160-61, 186, 250, 258, 272-273, 277-79, 290, 294, 302, 323-24, 336-38, 340, 346-347, 386

공포 효과 가설 113-114

과잉 개체 122, 127, 141

과잉 살해 118

과잉 포식 114

기본적 사회화, 동물의 ~ 192-195

길고양이 11-13, 16-17, 24, 94, 97-142, 146, 166-168, 301, 363, 366, 369, 372, 375

길들여진 동물 41, 357

길들임[길들여짐] 17, 22, 23, 41-47, 50-53, 79, 84, 88-89, 99, 108-09, 143-46, 148, 153, 160-61, 167, 183-88, 317, 349-352, 355

ㄴ

나쁜 엄마 사례 214-15, 224, 227, 234, 236, 240, 243, 376, 378

놓아기르기 ☞ 가두어 기르기 vs 놓아기르기

농장 동물 10, 12, 14, 18, 20, 41, 51-57, 60, 91-92, 98, 104-05, 160, 165, 169-170, 174-175, 186, 206, 208, 250, 27, 274, 280, 357, 360

난폭 운전 237-238

노예 46-47, 65-66, 89, 183, 187, 216-17, 223-24, 229, 231, 241-44, 253-55, 262-64, 269, 274, 278, 286, 309-10, 325, 335, 345, 361, 373, 377, 381

노예화 41, 46, 357

늑대 30, 43, 45-50, 79, 108, 133, 201, 204, 211, 358

ㄷ

다문화주의 12, 21-22, 289-290, 292, 302, 322-347, 385-86

다문화주의적 제국주의 346

당혹스러운 결론 234-37

대체 가능성 297-98, 316-19, 352, 360

대물 맥락과 대언 맥락 238-239, 379

도구화, 권리의 338

도덕적 권리 126, 250, 254, 256, 258

도덕적 의무 128, 175, 250, 343

도덕적 정신 분열 20, 249, 258-261, 266, 275, 380

도덕적 지위 15, 19-20, 32-36, 58, 82, 84-85, 90, 138-39, 192, 245, 249, 250-257, 260-61, 266, 269-70, 273, 280, 327, 330, 356, 360, 362, 373, 380
  간접적 ~ 34, 252-53, 354-35, 362
  직접적 ~ 11, 34, 252-53, 354-35, 362

도덕 행위자 vs 도덕 수동자 127

도둑고양이 24, 97-98, 130, 141-42, 363

독단주의 325-26

동무 관계 ☞ 친구 관계

동물권 단체 13, 59, 93, 98, 107, 138, 145, 284, 290, 312, 314, 321, 340, 346, 367-68, 369, 375, 385

동물 보호법 264-265, 270, 272, 278, 294, 355

동물 보호의 기본 원칙 270, 272, 278
동물의 도덕적 지위 250-257
동물의 법적 지위 250, 257-258, 266-268, 277-281
동물 인격 278
동물 정치학 327
동반 생명체 278
들고양이(살쾡이) 109, 110, 111, 113, 132, 141, 365

ㅁ
마라도 길고양이 논쟁 366
매정한 부모 사례 217, 220, 224, 226, 229-31, 237, 241-44, 377
목줄 (개의) 80-81, 145, 186, 190-191, 281
무리 316, 319, 351
민주적 정치 행위자 171, 177-179, 183, 195
물건, ~으로서의 동물 14-15, 19-20, 32-34, 76, 83, 247-281, 296-98, 351, 354-56

ㅂ
반려동물 ☞ 애완동물 vs 반려동물
반려 모형 15-16, 18, 20, 30-32, 37, 71-83, 90, 139, 170, 245, 303, 357
배회 고양이 110
법적 권리 20
법적 지위 20, 81, 248-57, 260-61, 266, 269-70, 277, 281, 361
보호자-피보호자 관계 ☞ 피보호자 모형

부모-자식 관계 31, 37-38, 45, 53, 74, 83, 175-76, 362
비둘기 17, 47, 81, 99, 101-03, 105, 107, 138-40, 170, 202, 280, 363, 375
비동일성 문제 19, 53, 88, 205-07, 213-245, 377-78, 379
불가침의 권리 172-175, 273
보신탕 12, 285-289, 312, 387-88
불살생 337
보편적 가치 22, 323-347, 385
본성, (인간과) 동물의 자연적 ~ 13, 16-17, 30-31, 36, 45, 46, 48, 50-51, 66, 86-87, 91-92, 117, 144-46, 151, 160-168, 188, 221, 274-75, 293, 296, 311, 343, 352, 356, 358
블랙박스화 103-04, 140, 363

ㅅ
사회적 기생 동물 49, 61, 142, 188
살쾡이 ☞ 들고양이
생물학적 삶 300, 316, 383
선택적 교배 19, 41, 51, 76-77, 87-88, 201-214, 220-21, 245, 375-76, 379
선호주의 162-165, 371
성급한 엄마 사례 214-217, 224-45, 376-77
성 차별주의 22, 254-55, 323, 326, 329-30, 341, 345
수탁 관계 18, 171, 184, 189, 196
스티븐스 사건 121-22
스티븐스 섬 115, 366
시민권 17-18, 169-197, 280-81, 327

신뢰 모형 18, 171, 181-188, 196, 373
순종 혈통 19, 202-04, 206-08, 211-12, 231-32, 240, 245, 375
시간 의존성 주장 221-222, 239, 378
〈식량일기〉 284, 287, 315, 316
산테리아 동물 희생 제의 289, 291-93, 322, 337, 339, 344, 385, 387

ㅇ

〈야묘도추〉 ☞ 〈파적도〉
야생 동물 10, 14, 16, 18, 41, 47, 56, 57-58, 60, 81, 88, 91-93, 98-99, 101-10, 114, 118, 123, 127-29, 153, 168, 169-176, 193, 252, 264, 279-80, 356, 358, 368, 369
안락사, 동물의 ~ 9, 11-14, 17, 51, 123, 128, 133-134, 138, 243, 263, 300-301, 355, 364
애완 74-75, 361
애완동물 vs 반려동물 9, 15-16, 18, 31, 73-83, 100, 170-71, 197, 245, 275, 302-303, 312-313, 316-319, 342, 361
애완동물 폐기론 14-15, 30-31, 65, 70, 71, 91-93, 145
애견가 협회 202, 206-10
애견 쇼 202-03, 210
애정 10-11, 14, 16, 32, 38, 64, 83-90, 119, 138-39, 170, 212, 357
『어린 왕자』 22-23, 317, 349-352, 384, 388
역량 이론, 누스바움의 ~ 92-94
열등화 22, 323, 332-335, 341, 344, 386

오스트레일리아 고양이 정책 114-117, 122-23, 133-34, 141, 367
오스트레일리아 원주민 자녀 강제 분리 정책 332-34
외모 차별주의 131, 140
완전주의 17, 160-65, 371
우정 논증 21, 80, 288, 303-315, 323, 340, 383, 384
위태로움, 존재의 205, 222
유비
 인간과 동물의 ~ 19, 172-75, 183, 196, 249, 257-258, 280
 중증 지적 장애인과 동물의 ~ 18, 171, 178-84, 187, 190-91, 196, 280
유익함에 따른 우정 305-07, 310-11, 384
유전적 병목 현상 207, 220
유전성 질환, 애완견의 ~ 202-204, 207-213
유형 ☞ 무리
유형 성숙 42-43, 88-89, 188, 191, 211
유해 동물 17, 81, 101, 103, 107, 121, 138,
육체적 쾌락 149-151, 154, 158-59
의존적 행위자 18, 171, 182-191, 280
의존성 15-16, 18, 30-32, 38-39, 41, 45-53, 54-56, 59, 60-61, 63-67, 75, 79, 87, 90-94, 98, 100, 101-02, 104, 106, 108, 110, 140-142, 143, 145, 157, 171, 175, 184, 187-190, 204, 212, 231, 279-80, 308, 314, 357, 363
유기견 13, 24, 55-56, 59, 65-66, 93, 99, 106-109, 140, 301, 321, 363-64, 375
이익 논변 56-57

인민 주권 171, 177-178, 183,
인간을 향한 존중과 불필요한 해악의 금지 ☞ 보편적 가치
인종 차별주의 22, 117, 254-55, 323-324, 328-32, 334, 341, 345
이중 잣대 22, 290, 294, 302, 314-15, 319, 323, 326-27, 336-40, 345-46
잉글리시불도그 208-10, 375-76

ㅈ

자율성 16, 31, 90-91, 105, 162-63, 186, 193, 195, 297-98, 372
자치권 18, 169-171, 176, 280
장난감 모형 14-15, 30-35, 55, 59, 70, 71-78, 82, 89-90, 247, 356
장미꽃 317, 350-51, 384
전기적 삶 299-300, 316-19, 383
절대주의 325
절반만 길들여진, ~ 고양이 109, 140, 161, 165
정체성 219-222, 233-42, 379
정치적 관계, 동물과 인간의 ~ 169-171, 175-176, 192
정치적 대표 18, 171, 192
정형 행동 144, 149
존엄성 21, 46-47, 65, 66, 85-86, 92, 157, 188-89, 286-88, 293, 295-301, 358, 360
존재 양화사 235-240
존재하지 않는 것보다 가치 있는 삶 222-223, 225-233
종 차별주의 22, 58, 72-73, 139-40, 196, 255, 323, 333, 341-343
또 하나의 종 차별주의 17, 22, 101, 139-40, 300, 323, 341-42
주관적 선 18, 171, 180-86, 192, 195, 196, 374
주관적 경험 173-74, 180-185
주인-재산 모형 31-32, 356
재산 14, 31-32, 35, 64, 75-76, 81-82, 90, 92, 248, 260-64, 381
중성화 12-13, 11, 123-125, 134-36
즐거움에 따른 우정 305-07, 310-11, 384
지배 16, 78, 83-90, 351-52
지속 가능한 삶 87, 156-57
진공 효과 124
진화 논증 146, 158

ㅊ

차별화 22, 323, 332-334, 386
착취 16, 49-50, 84, 193-94, 260
책임, 애완동물에 대한 ~ 22, 23, 35, 36, 42, 54-59, 102, 134, 139, 279, 327, 351-52
최소 압도의 원리 135-138
취약성 15, 30-31, 45-53, 54-56, 59, 60, 63, 66, 79, 87, 90-94, 102-05, 108, 140, 143, 145, 157, 158, 173-74, 187-89, 231, 309, 358, 376
친구[동무] 관계 20-21, 23, 50, 74-80, 170-71, 197, 245, 287-88, 295, 301-15, 317, 342, 350-52, 362

ㅋ

캣맘 12, 109, 113, 119-126, 130-34, 138-42, 166-67, 366, 369, 371
코셔 289, 291-93, 322, 339, 346, 385
쾌락 논증 146, 149
쾌락주의 17, 160-64, 371
큐리오시티 134, 138

ㅌ

탁월성에 따른 우정 305-06, 308, 310, 384
토이 스토리 33-34, 75
툭눈금붕어 87-88

ㅍ

〈파적도〉 141
퍼피밀 ☞ 강아지 공장
펫 숍 12, 75
포식 문제 10, 17, 58, 60, 101, 106-07, 113-119, 121, 124-134, 139-140, 146, 149, 166-168, 170, 192, 194, 279, 366, 367, 369, 386
품종 (개량) 12-14, 16, 87, 143, 202-04, 206-10, 245, 275, 375,
품종 장벽 207, 375
피보호자 모형 14-15, 30-32, 35-39, 45, 50, 53, 55, 58-59, 61, 66-70, 71-75, 89-90, 303, 356, 357
〈포켓몬스터〉 311-12

ㅎ

한갓 감각적인 존재 134, 300-01
한정 기술구 238-239
할랄 289, 291-93, 322, 339, 346, 385
해악 금지 원칙 212
해악, 경계 고양이의 17, 100-01, 105, 107, 111-124, 137-39, 194,
행동에 의한 논증 146, 150-51, 158
행동적 쾌락 150-151, 154, 158-59
행위자-연결망 이론 103-04
혈통 개 202-03, 207-211, 220, 231, 245
혈통 대장 206
협력자 181-185, 190, 192, 194-85, 280, 374
환경론자와 고양이 애호가의 갈등 120-122
확장된 가족 38-39, 67
확장된 동물권 이론 169, 172-76

기타

14세 엄마 사례 215-217, 229-30, 244
feral cat 110-11, 365
P짱 283-84, 287, 315, 316
stray cat 110-11, 365
TNR(포획-중성화-방사) 14, 123-125, 131, 133, 136-138
TE(포획-안락사) 14, 133-134, 138, 301

인명 찾아보기

노직 146, 151-155, 163, 173, 371
누스바움 92, 162, 185
데카 337, 386
데카르트 34, 156, 354
도덜드슨과 킴리커 17-18, 47, 61, 99, 103, 105, 169-97, 279-80, 327-28, 370, 373
뒤투아 64-65, 91
레건 9, 67, 12, 124, 127, 129, 134-38, 163-165, 172-174, 324, 369, 372
레이첼스 299-300, 316, 383
로렌츠 73, 89, 318, 361, 363
로크 344
롤스톤 3세 122
마라와 산텔라 114-15, 140
베너타 60-61, 359, 360, 377
벤담 139-40, 334, 342
부디안스키 42-47, 61-62, 79, 109, 147-148, 360
브램블 149
브래드쇼 116-17, 130-31
빙기창 132, 369
부넌 124-125, 134, 137
산되 160-61
생텍쥐페리 317, 349
스튜어트 36-38, 67, 83
시걸 325

싱어 9, 162, 194, 222, 254, 288-89, 342-343, 354, 359, 376
아리스토텔레스 257, 304-13, 352, 384
아바트 79, 116, 149-151, 154, 158-159, 161, 164, 362
앰브루스터 80-82
이종찬 103, 124, 363
최준규 267-69, 274
카잘 338, 385
칸트 34, 153, 163, 172, 296-99, 355, 371, 383
캐프커 205, 216-17, 222
캘리콧 121-122
코르데이로-로드리게스 327, 332, 385
킴리커 329-30, 338
탄틸로 117
토머식 118
투안 44-45, 78, 84-87
파머 52, 56-57, 114, 134, 137, 161, 232, 240, 365
파핏 214-15, 220, 221, 229, 242, 376, 378
프랜시온 20, 65-66, 91, 172, 174, 187, 249, 260-262, 356
프루와 위치니안스키 30-32, 35, 67-68, 71-72, 88
피셔 116, 148